Legal Practice in
Energy Investment and Financing

能源行业
投融资法律实务

王彬　王清华　施珵——著

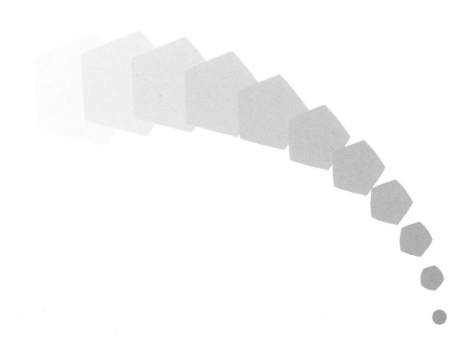

北京大学出版社
PEKING UNIVERSITY PRESS

图书在版编目(CIP)数据

能源行业投融资法律实务 / 王彬，王清华，施珵著. -- 北京：北京大学出版社，2024.12. -- ISBN 978-7-301-35948-8

Ⅰ.D922.291.914

中国国家版本馆 CIP 数据核字第 2024MF5605 号

书　　　名	能源行业投融资法律实务 NENGYUAN HANGYE TOURONGZI FALÜ SHIWU
著作责任者	王　彬　王清华　施　珵　著
责 任 编 辑	朱梅全
标 准 书 号	ISBN 978-7-301-35948-8
出 版 发 行	北京大学出版社
地　　　址	北京市海淀区成府路 205 号　100871
网　　　址	http://www.pup.cn　新浪微博：@北京大学出版社
电 子 邮 箱	zpup@pup.cn
电　　　话	邮购部 010-62752015　发行部 010-62750672 编辑部 021-62071998
印 刷 者	北京圣夫亚美印刷有限公司
经 销 者	新华书店
	730 毫米×1020 毫米　16 开本　23.5 印张　361 千字 2024 年 12 月第 1 版　2024 年 12 月第 1 次印刷
定　　　价	88.00 元

未经许可，不得以任何方式复制或抄袭本书之部分或全部内容。
版权所有，侵权必究
举报电话：010-62752024　电子邮箱：fd@pup.cn
图书如有印装质量问题，请与出版部联系，电话：010-62756370

目 录

第一篇 能源行业与投融资有关的准入政策及相关法律法规

第一章 煤炭领域与投融资有关的准入政策及相关法律法规 003
- 一、国家和地方层面准入政策 003
- 二、国家和地方层面对煤炭领域的鼓励政策 005

第二章 石油、天然气领域与投融资有关的准入政策及相关法律法规 018
- 一、国家和地方层面准入政策 018
- 二、国家和地方层面对石油、天然气领域的鼓励政策 021

第三章 风电领域与投融资有关的准入政策及相关法律法规 034
- 一、国家和地方层面准入政策 034
- 二、国家和地方层面对风电领域的鼓励政策 036

第四章 光伏领域与投融资有关的准入政策及相关法律法规 050
- 一、国家和地方层面准入政策 050
- 二、国家和地方层面对光伏领域的鼓励政策 052

第五章 氢能领域与投融资有关的准入政策及相关法律法规 063
- 一、国家和地方层面准入政策 063
- 二、国家和地方层面对氢能领域的鼓励政策 066

第六章　核电领域与投融资有关的准入政策及相关法律法规　082
一、国家和地方层面准入政策　082
二、国家和地方层面对核电领域的鼓励政策　085

第二篇　能源行业投融资项目的合规问题与法律风险防范

第一章　煤炭领域投融资项目的合规问题与法律风险　097
一、开发阶段的合规性要求　098
二、建设阶段的合规性要求　105
三、运营阶段的合规性要求　108
四、刑事法律责任和行政法律责任　111
五、典型案例　117

第二章　石油、天然气领域投融资项目的合规问题与法律风险　123
一、石油、天然气领域投融资项目的合规问题与法律风险　123
二、建设阶段的合规性要求　127
三、运营阶段的合规性要求　129
四、刑事法律责任和行政法律责任　131
五、典型案例　135

第三章　风电领域的合规问题与法律风险　139
一、开发阶段的合规性要求　140
二、建设阶段的合规性要求　151
三、运营阶段的合规性要求　154
四、刑事法律责任和行政法律责任　156
五、典型案例　165

第四章　光伏领域的合规问题与法律风险　170
一、开发阶段的合规性要求　171
二、建设阶段的合规性要求　174

三、运营阶段的合规性要求　　　　　　　　　　177
　　　四、刑事法律责任和行政法律责任　　　　　　　178
　　　五、典型案例　　　　　　　　　　　　　　　　181

第五章　氢能领域的合规问题与法律风险　　　186
　　　一、开发阶段的合规性要求　　　　　　　　　　187
　　　二、建设阶段的合规性要求　　　　　　　　　　192
　　　三、运营阶段的合规性要求　　　　　　　　　　200
　　　四、刑事法律责任和行政法律责任　　　　　　　202
　　　五、典型案例　　　　　　　　　　　　　　　　210

第六章　核电领域的合规问题与法律风险　　　215
　　　一、开发阶段的合规性要求　　　　　　　　　　216
　　　二、建设阶段的合规性要求　　　　　　　　　　219
　　　三、运营阶段的合规性要求　　　　　　　　　　225
　　　四、核电领域国际合作的合规风险　　　　　　　229
　　　五、刑事法律责任和行政法律责任　　　　　　　234
　　　六、典型案例　　　　　　　　　　　　　　　　240

第三篇　能源行业投融资的主要类型及其法律实务

第一章　能源行业投融资和并购现状及发展趋势　　249
　　　一、煤炭领域的投融资和并购现状及发展趋势　　249
　　　二、油气领域的投融资和并购现状及发展趋势　　253
　　　三、风电领域的投融资和并购现状及发展趋势　　257
　　　四、光伏领域的投融资和并购现状及发展趋势　　261
　　　五、氢能领域的投融资和并购现状及发展趋势　　264
　　　六、核电领域的投融资和并购现状及发展趋势　　268

第二章　能源行业股权投融资　　　　　　　　271
　　　一、能源行业股权投融资的主要风险　　　　　　271
　　　二、股权投融资过程中法律尽职调查的主要要点　275
　　　三、股权投融资的主要交易条款　　　　　　　　305

第三章　能源行业债权投融资　307
一、能源行业债权投融资的主要类型和风险　307
二、债权投融资过程中法律尽职调查的主要要点　317
三、债权投融资的主要交易条款和交易文件
　　——以新能源基础设施公募REITs为例　334

第四章　能源行业并购　340
一、股权并购和资产并购　340
二、并购基本流程　341
三、并购过程中尽职调查的主要要点　343
四、并购的主要交易条款　345
五、主要政府审批　348

附　录　能源项目法律尽职调查报告模板　355

参考文献　366

后　记　369

第一篇

能源行业与投融资
有关的准入政策及相关法律法规

第一章

煤炭领域与投融资有关的准入政策及相关法律法规

一、国家和地方层面准入政策

（一）国家层面准入政策

就可参与煤炭开发的主体类型而言，2016年修正的《中华人民共和国煤炭法》（以下简称《煤炭法》）删去了原《煤炭法》第18条和第19条规定的生产许可和煤炭经营审批的条款。① 因此，目前我国的各类经济主体均可参与煤炭的开发利用。

就参与煤炭开发主体的注册资本而言，根据《注册资本登记制度改革方案》（国发〔2014〕7号）和2018年修正后的《中华人民共和国公司法》（以下简称《公司法》），煤炭行业不属于实行注册资本认缴登记

---

① 2016年修正后的《煤炭法》第18条规定："开办煤矿企业，应当具备下列条件：（一）有煤矿建设项目可行性研究报告或者开采方案；（二）有计划开采的矿区范围、开采范围和资源综合利用方案；（三）有开采所需的地质、测量、水文资料和其他资料；（四）有符合煤矿安全生产和环境保护要求的矿山设计；（五）有合理的煤矿矿井生产规模与其相适应的资金、设备和技术人员；（六）法律、行政法规规定的其他条件。"
第19条规定："开办煤矿企业，必须依法向煤炭管理部门提出申请；依照本法规定的条件和国务院规定的分级管理的权限审查批准。审查批准煤矿企业，须由地质矿产主管部门对其开采范围和资源综合利用方案进行复核并签署意见。经批准开办的煤矿企业，凭批准文件由地质矿产主管部门颁发采矿许可证。"

制的行业类型。2023年修订的《公司法》亦未对煤炭行业的注册资本进行特殊规定，仅是针对一般公司设置了五年的认缴出资期限。因此，从事煤炭开发利用的主体在实缴注册资本方面并没有特别规定。

尽管我国法律并未就从事煤炭开发利用的主体规定特别的准入要求，但是煤炭开发项目本身实行核准制。《政府核准的投资项目目录（2016年本）》（国发〔2016〕72号）规定："国家规划矿区内新增年生产能力120万吨及以上煤炭开发项目由国务院行业管理部门核准，其中新增年生产能力500万吨及以上的项目由国务院投资主管部门核准并报国务院备案；国家规划矿区内的其余煤炭开发项目和一般煤炭开发项目由省级政府核准。国家规定禁止建设或列入淘汰退出范围的项目，不得核准。"

（二）地方层面准入政策

目前我国各地在煤炭领域针对市场主体的准入并未作出特别限制，个别地区对煤炭开发项目设置了一定的准入门槛。比如，郑州对煤炭开发项目作出了特别规定。根据郑州市人民政府于2005年12月30日发布的《郑州市煤炭管理办法》（郑州市人民政府令第148号），本市行政区域内新建煤矿，年设计生产能力不得小于30万吨。

（三）针对外商的特殊准入政策

目前我国在煤炭领域并未针对外国投资者设置特别的准入政策。根据《中华人民共和国外商投资法》（以下简称《外商投资法》）第4条规定，"国家对外商投资实行准入前国民待遇加负面清单管理制度"。根据《外商投资准入特别管理措施（负面清单）（2021年版）》（中华人民共和国国家发展和改革委员会、中华人民共和国商务部令第47号），煤炭行业并不属于禁止外国投资者投资的行业。根据《鼓励外商投资产业目录（2022年版）》，与能源行业有关的以下产业均被列入外商投资的产业："石油、天然气（含页岩气、煤层气）的勘探、开发和矿井瓦斯利用""酚油加工、洗油加工、蒽油加工、萘油加工、煤沥青制备高端化学品（不含改质沥青）""石化化工原料低碳升级工艺开发：电驱动乙烯裂解；逆向水煤气变换和部分氧化的工艺，将二氧化碳与轻烃作为原料转化为一氧化碳""低浓度煤矿瓦斯和乏风利用设备制造""洁净煤技术产品的开发与利用及设备制造（煤炭气化、液化）、煤矿井下监测及灾害预报系统、煤炭安全检测综合管理系统开发、制造""煤炭洗选及粉煤灰（包括脱硫石膏）、煤矸石等综合利用""单机30万千瓦及以上，采用循环流化床、增压流化床、整体煤气化联合循环发电等洁净煤发电项目以及利用煤矸石、中煤、煤泥等低热值煤发电项目的建设、经营"。

此外，我国还不断放宽能源领域外资市场准入。根据2020年12月国务院新闻办公室发布的《新时代的中国能源发展》白皮书，我国将全面提升能源领域的市场化水平，进一步放宽能源领域外资市场准入，支持各类市场主体依法平等进入负面清单以外的能源领域，形成多元市场主体共同参与的格局。全面实行准入前国民待遇加负面清单管理制度，能源领域外商投资准入限制持续减少。全面取消煤炭、油气、电力（除核电外）、新能源等领域外资准入限制。

二、国家和地方层面对煤炭领域的鼓励政策

（一）国家层面鼓励政策

长期以来，煤炭行业作为基础性的战略产业，资金来源渠道较为有限，国家预算内资金占主导地位，主要以"政府投资、银行贷款"的投融资模式为主。单一的投融资模式使得煤炭行业缺乏有效的融资渠道。不过，随着我国资本市场的发展，煤炭行业的融资渠道也不断拓宽。[1] 当前，我国煤炭行业的投融资已经基本形成了一个融合银行、外商投资以及社会多元主体的混合型融资模式。在当前煤炭行业里，融资过程具

---

[1] 马晓微、魏一鸣：《我国能源投融资现状及面临的机遇与挑战》，载《中国能源》2009年第12期。

有以下特点：金融贷款主要倾向于支持大型和中型企业，而民间资金则逐渐成为中小型煤矿企业获得融资的主流途径。[1] 此外，中央和地方层面的奖励补贴措施也极大激励了中小煤矿的发展，各类财政补贴、税收优惠措施在地方层面出台，促进项目落地，减轻煤炭企业的融资困难问题。

1. 项目融资

政策层面，2021年11月17日国务院常务会议决定，在前期设立碳减排金融支持工具的基础上，再设立2000亿元支持煤炭清洁高效利用专项再贷款，形成政策规模，推动绿色低碳发展。按照聚焦重点、更可操作的要求和市场化原则，专项支持煤炭安全高效绿色智能开采、煤炭清洁高效加工、煤电清洁高效利用、工业清洁燃烧和清洁供热、民用清洁采暖、煤炭资源综合利用和大力推进煤层气开发利用。统筹研究合理降低项目资本金比例、适当税收优惠、加强政府专项债资金支持、加快折旧等措施，加大对煤炭清洁高效利用项目的支持力度。[2]

2022年5月4日，中国人民银行发布公告，宣布增加1000亿元支持煤炭清洁高效利用专项再贷款额度，从而将该专项再贷款的总额提高到了3000亿元。该笔资金旨在推动煤炭的开发和使用，以及提升煤炭的储备能力。新增的额度将主要用于支持与煤炭安全生产、储备相关的领域，并为煤电企业的煤电供应提供保障。[3]

2. 项目建设

2022年10月27日，国家发展改革委、国家统计局发布的《关于进一步做好原料用能不纳入能源消费总量控制有关工作的通知》（发改环资〔2022〕803号）指出："用于生产非能源用途的烯烃、芳烃、炔烃、醇类、合成氨等产品的煤炭、石油、天然气及其制品等，属于原料

---

[1] 马晓微：《我国未来能源融资环境展望与融资模式设计》，载《中国能源》2010年第8期。

[2] 《政策天气2021：约束与鼓励并进》，http://www.ccoalnews.com/news/202112/07/c151485.html，2024年6月20日访问。

[3] 许余洁、谭盛钰、孙李平：《央行专项再贷款如何保障能源安全》，载《金融市场研究》2022年第7期。

用能范畴；若用作燃料、动力使用，不属于原料用能范畴"；"在国家开展'十四五'省级人民政府节能目标责任评价考核中，将原料用能消费量从各地区能源消费总量中扣除，据此核算各地区能耗强度降低指标"；"在核算能耗强度时，原料用能消费量从各地区能源消费总量中扣除，地区生产总值不作调整。在核算能耗强度降低率时，原料用能消费量同步从基年和目标年度能源消费总量中扣除。"

2021年5月31日，工业和信息化部印发《关于发布"5G＋工业互联网"十个典型应用场和五个重点行业实践情况的通知》，其中采矿业被列入多个重点行业，新元煤矿、千业水泥、庞庞塔煤矿、鲍店煤矿等利用5G技术积极实践远程设备操控、设备协同作业、无人智能巡检、生产现场监测等典型应用场景，成效显著。

2022年3月25日，《中共中央、国务院关于加快建设全国统一大市场的意见》发布，提出"建设全国统一的能源市场。在有效保障能源安全供应的前提下，结合实现碳达峰碳中和目标任务，有序推进全国能源市场建设"。保障供应和实现碳中和是建设统一能源市场的重要目标，需要重点关注以下三个方面：一是建立更加公平透明的煤炭贸易交易制度规则，减少煤炭投机性贸易的机会；二是消除区域交易壁垒，持续推动国内市场高效畅通和规模拓展；三是健全煤炭价格调控机制，引导煤炭价格合理稳定运行。①

3. 奖励补贴

在财政补贴方面，根据《安全生产预防和应急救援能力建设补助资金管理办法》（财资环〔2022〕93号），安全生产补助资金重点支持范围包括：（1）安全生产应急救援力量建设；（2）危险化学品重大安全风险防控；（3）尾矿库风险隐患治理；（4）煤矿及重点非煤矿山重大灾害风险防控；（5）党中央、国务院确定的其他促进安全生产工作。

在税收优惠方面，《中华人民共和国资源税法》（以下简称《资源税法》）第6条规定："有下列情形之一的，免征资源税：（一）开采原油

---

① 高俊莲、张佳琪、张博：《构建全国统一煤炭大市场的思考与对策》，载《煤炭经济研究》2023年第7期。

以及在油田范围内运输原油过程中用于加热的原油、天然气；（二）煤炭开采企业因安全生产需要抽采的煤成（层）气。有下列情形之一的，减征资源税：（一）从低丰度油气田开采的原油、天然气，减征百分之二十资源税；（二）高含硫天然气、三次采油和从深水油气田开采的原油、天然气，减征百分之三十资源税；（三）稠油、高凝油减征百分之四十资源税；（四）从衰竭期矿山开采的矿产品，减征百分之三十资源税。……"

另外，根据财政部、税务总局、国家发展改革委发布的《关于延续西部大开发企业所得税政策的公告》（财政部、税务总局、国家发展改革委2020年第23号），自2021年1月1日至2030年12月31日，对设在西部地区的鼓励类产业企业减按15%的税率征收企业所得税。根据《西部地区鼓励类产业目录（2020年本）》（中华人民共和国国家发展和改革委员会令第40号），300万吨/年及以上（焦煤150万吨/年及以上）安全高效煤矿（含矿井、露天）建设与生产，安全高产高效采煤技术开发利用属于陕西省、甘肃省、宁夏回族自治区、新疆维吾尔自治区（含新疆生产建设兵团）、内蒙古自治区的鼓励类产业，因此设立在西部地区的相关企业可减按15%的税率征收企业所得税。

除财政补贴外，国家还出台政策促进煤电的市场化发展。2023年11月8日，国家发展改革委、国家能源局联合印发《关于建立煤电容量电价机制的通知》（发改价格〔2023〕1501号），自2024年1月1日起建立煤电容量电价机制，将现行煤电单一制电价调整为两部制电价。具体而言，"两部制电价"分为"电量电价"和"容量电价"，"两部制电价"是指"电量电价"通过市场化方式形成，"容量电价"根据煤电转型进度等实际情况逐步调整。这充分体现了煤电对电力系统的支撑调节价值，以便更好地保障电力系统安全运行，为承载更大规模的新能源发展奠定坚实基础。

（二）地方层面鼓励政策

地方政策的出台极大鼓励了煤炭行业的资金来源渠道多元化，地方政府不断颁布煤炭资源、运输、税费、立项等方面的投资政策，促进煤炭行业的项目落地。地方层面的鼓励政策也有利于吸引更多社会资本和外资进入煤炭行业。有研究者提议，我国应该逐步建立发展"国家投资、地方筹资、社会融资、利用外资"的良好机制，为各类投资主体创造自由公平的投资环境。[①] 目前来看，我国煤炭投资的几个主要渠道为：国有资本、民间资本和外资，其中，地方政策的出台更能够从投融资实践角度鼓励社会资本和外资的投资热情，疏通各类投资渠道，并规范投资环境。

1. 项目融资

以煤炭等传统能源作为主要能源的中西部省份，对于煤炭产业的开发及升级出台了一系列支持性政策以拓宽煤炭产业的融资途径。比如，2020年6月2日内蒙古自治区能源局等机构发布的《关于加快全区煤矿智能化建设的实施意见》指出："落实支持政策。发展改革、工信、科技厅等部门利用现有资金渠道，支持开展煤矿智能化建设的技术创新、科研攻关等，对符合要求的相关建设项目予以支持"；"将煤矿相关智能化改造纳入煤矿安全技术改造范围，相关投入列入安全费用使用范围；金融机构要加大对智能化煤矿、煤矿智能化改造的支持；鼓励企业发起设立相关市场化基金，支持煤矿智能化发展。"

2021年10月15日，山西省银保监会也发布了《关于做好煤电行业保供金融服务工作的通知》（晋银保监发〔2021〕27号），指出保障能源保供企业合理融资需求。银行保险机构要积极配合地方政府，支持省内煤炭主产区和重点煤炭企业增加电煤供应，满足保供企业合理融资需求；保险机构要积极争取"险资入晋"，加大保险资金支持保供力度；对短期偿付压力较大但符合支持条件的企业，在风险可控、自主协商基础上，可予以贷款展期、续贷；坚持减费让利，合理确定企业贷款利率，降低企业融资成本。山西省通过该文件的发布与执行，确保能源供应保障，服务经济平稳运行，并更好发挥金融对能源行业绿色低碳转型发展的助推作用。

---

① 杨建：《煤炭行业投融资改革发展前景与建设银行信贷营销对策》，载《中国投资学会获奖科研课题评奖会论文集（2004—2005年度）》，2005年。

2. 项目建设

内蒙古、山东、辽宁等地也为煤炭行业的建设发展出台了相应支持政策（如表 1-1-1 所示）。

表 1-1-1 部分地区煤炭行业支持性政策

地区	文件名称	规定内容
内蒙古	《关于加快全区煤矿智能化建设的实施意见》	对验收通过的智能化示范煤矿，在产能置换、产能核增等方面优先予以支持；在煤矿安全改造资金安排上，对应用井下智能装备、机器人岗位替代、推进煤矿开采减人提效的煤矿予以重点支持；对新建智能化煤矿，在规划和年度计划中优先考虑
山东	《关于加快推进全省煤矿智能化发展的实施意见》（鲁发改能源〔2020〕1427号）	发改部门优先审批或核准按智能化标准建设的新建矿井。能源部门优先释放符合条件的智能化矿井先进产能，优先给予智能化典型矿井产能置换，优先争取中央预算内投资支持煤矿智能化建设。财政部门统筹现有资金，积极落实煤矿安全改造中央基建投资项目配套资金。金融部门支持市场化基金投资煤矿智能化相关项目。科技部门支持煤矿智能化领域企业申报高新技术企业，对煤矿企业新建的国家级、省级科技创新平台，按政策给予支持。国资部门在国有煤炭企业经营业绩考核中将智能化建设投入视同利润。煤监部门将煤矿智能化技术和装备纳入安全改造先进适用技术装备遴选范围
辽宁	《辽宁省矿产资源总体规划（2021—2025年）》（辽自然资发〔2022〕127号）	鼓励沈阳、阜新、铁岭地区开展煤层气抽采工艺新技术研究，开展煤层气开发利用、残余煤炭资源液化、气化技术研究。加强煤矸石分选工艺技术创新，持续提升煤矸石综合利用水平，真正实现"吃干榨净""变废为宝"，促进全省能源结构调整
山西	《全面推进煤矿智能化和煤炭工业互联网平台建设实施方案》（晋政办发〔2023〕27号）	山西省将组建省煤炭工业互联网平台公司和省级控股融资租赁公司，以提高煤炭行业智能化发展水平，实现煤炭产业高质量发展。其中，加大金融政策支持是该方案提出的一项重要举措。山西省在组建山西省煤炭工业互联网平台公司的同时，组建了省级控股的融资租赁公司，向煤炭企业提供智能化设备融资租赁服务

3. 奖励补贴

山西、山东根据《资源税法》出台了一系列税收优惠政策（如表 1-1-2 所示）。

表 1-1-2　部分地区煤炭奖补政策

地区	文件名称	规定内容
山西	《山西省人民代表大会常务委员会关于资源税具体适用税率等有关事项的决定》（山西省人民代表大会常务委员会公告第五十四号）	有下列情形之一的，减征或者免征资源税： (1) 纳税人开采或者生产应税产品过程中，因意外事故或者自然灾害等原因遭受重大损失的，减征当年度30%资源税，但减税额不超过当年度直接经济损失的30%。 (2) 纳税人开采共伴生矿、低品位矿的，依据地质勘查报告和矿产资源储量备案证明，减征30%资源税。 (3) 纳税人开采尾矿的，免征资源税
山东	《山东省煤炭资源税从价计征暂行办法》（鲁财税〔2019〕36号）	(1) 对衰竭期煤矿开采的煤炭，资源税减征30%。 衰竭期煤矿，是指剩余可采储量下降到原设计可采储量的20%（含）以下，或者剩余服务年限不超过5年的煤矿。 (2) 对充填开采置换出来的煤炭，资源税减征50%。 纳税人开采的煤炭同时符合上述减税情形的，纳税人只能选择其中一项执行，不能叠加适用

（三）针对外商的特殊鼓励政策

煤炭领域是我国鼓励外商投资的重点领域，外国投资者在我国投资煤炭项目具备良好的政策环境。外资进入我国煤炭行业的时间较早，但整体规模较小，因此，煤炭行业吸收外商直接投资的空间仍然较大。政策方面，中央和地方均出台了一系列措施鼓励外商在煤炭领域的投资，扩大煤炭行业利用外资规模，特别是促进外资参与煤炭行业结构调整，推动形成国有、民营和外资共同参与煤炭经营的格局，拓宽煤炭行业的融资渠道。①

如前所述，在《鼓励外商投资产业目录（2022年版）》中，石油、天然气（含页岩气、煤层气）的勘探、开发和矿井瓦斯利用；酚油加工、洗油加工、蒽油加工、萘油加工、煤沥青制备高端化学品（不含改质沥青）；低浓度煤矿瓦斯和乏风利用设备制造；洁净煤技术产品的开发与利用及设备制造（煤炭气化、液化）；煤矿井下监测及灾害预报系统、煤炭安全检测综合管理系统开发、制造等被列为鼓励外商投资的产业。

1. 项目融资

国家层面，根据《国务院关于进一步做好利用外资工作的意见》（国发〔2019〕23号）的规定，降低资金跨境使用成本，支持外商投资企业扩大人民币跨境使用，支持外商投资企业自主选择借用外债模式，降低融资成本。同时，鼓励外商投资企业资本金依法用于境内股权投资。《国务院办公厅关于进一步做好稳外贸稳外资工作的意见》（国办发〔2020〕28号）规定，给予重点外资企业金融支持。外资企业同等适用现有1.5万亿元再贷款再贴现专项额度支持。加大对重点外资企业的金融支持力度，进出口银行5700亿元新增贷款规模可用于积极支持符合条件的重点外资企业。

地方层面，我国各地在吸引外资方面提供了较多的政策优惠（如表1-1-3所示），包括融资方面。

---

① 邓立、李子慧：《积极扩大利用外资加快煤炭行业结构调整》，载《中国外资》2005年第5期。

表 1-1-3　部分地区吸引外商投融资方面优惠政策

地区	文件名称	规定内容
河北	《河北省人民政府关于落实国务院扩大对外开放积极利用外资若干措施的意见》（冀政发〔2017〕6号）	建立天使投资、风险投资、股权投资、并购基金、上市平台等全链条基金体系，完善股权、债券、融资租赁、资产证券化、信用担保、信用保险等金融工具，为外商投资企业提供多元化、低成本的融资方式。整合上市公司等有关资源，为重大外资项目在证券市场进行融资。按照《河北省人民政府关于加快推进企业上市工作的实施意见》（冀政字〔2015〕36号）相关规定，外商投资企业在主板或创业板上市的给予200万元奖励，在"新三板"挂牌的给予150万元奖励，在股权交易所挂牌的给予30万元奖励。支持外商投资企业发行企业债券、公司债券、可转换债券和运用非金融企业债务金融工具进行融资。允许符合条件的外商投资企业开展本外币资金集中运营，支持境外借款融资，提高资金使用效率和投资便利化水平。设立股权产权交易平台，畅通外资退出通道
上海	《上海市人民政府关于本市进一步促进外商投资的若干意见》（沪府规〔2019〕37号）	支持外商投资企业依法依规在主板、科创板、中小企业板上市、在新三板挂牌以及发行公司债券等方式拓展融资渠道
浙江	《浙江省人民政府关于促进外资增长的若干意见》（浙政发〔2018〕23号）	鼓励省属国有企业引入符合条件的外资参与混合所有制改革。我省支持民营企业境内上市、"新三板"挂牌和区域性股权市场融资等政策，外资企业同等享受。支持外资企业在境内和境外发行债券，允许其将境外发债资金回流。支持外资企业开展本外币全口径跨境融资，在一定倍数净资产额度内获得本外币融资。支持外资企业在中国（浙江）自由贸易试验区开展飞机、船舶等经营性租赁业务，争取开展经营性租赁收取外币租金业务试点。放宽中国（浙江）自由贸易试验区内跨国公司外汇资金集中运营管理业务准入条件

(续表)

地区	文件名称	规定内容
北京	《北京市关于进一步加强稳外资工作的若干措施》（京商资发字〔2021〕14号）	实施跨国公司本外币一体化资金池业务试点，对跨境资金流动实施双向宏观审慎管理。稳步推进贸易外汇收支便利化试点，进一步扩大便利化试点银行和试点企业范围。在全市优化升级资本项目收入支付便利化政策，推动银行采取单证合并、线上办理等方式。在中关村海淀园区升级外债便利化政策，注册在中关村海淀园区且符合规定条件的企业实施外债便利化试点政策，试点额度由500万美元进一步提高到1000万美元。支持符合条件的中关村国家自主创新示范区一区十六园内企业可将外债资金用于符合规定的股权投资（房地产投资除外）。放宽企业外债签约币种、提款币种和偿还币种须保持一致的要求，但提款币种和偿还币种须保持一致。将外债注销登记、内保外贷注销登记、境外放款注销登记下放银行办理。支持北京地区银行不断提升跨境金融服务能力，为优质诚信企业货物贸易、服务贸易跨境人民币结算以及资本项目人民币收入境内依法合规使用提供便利化服务。优化外汇收支单证审核流程，按照展业原则办理货物贸易、服务贸易项下购付汇、收结汇及划转等手续，便利真实合规跨境贸易外汇收支业务。强化金融支持稳外资作用，加强银行等金融机构与外资企业的对接，对重点外资企业和外资重点项目建立投贷融资服务机制

2. 项目建设

国家层面，《国务院关于进一步做好利用外资工作的意见》规定，优化外资项目规划用地审批程序。持续深化规划用地"放管服"改革，加快外资项目落地进度。合并规划选址和用地预审，合并建设用地规划许可和用地批准，推进多测整合、多验合一，推进信息共享，简化报件审批材料。《国务院办公厅关于进一步做好稳外贸稳外资工作的意见》规定，加大重点外资项目支持服务力度。对全国范围内投资额1亿美元以上的重点外资项目，梳理形成清单，在前期、在建和投产等环节，内外资一视同仁加大用海、用地、能耗、环保等方面服务保障力度。

地方层面，我国多个地方出台政策加快外资项目落地。如江苏、上海、青海等地均明确要求优化外资项目规划用地审批程序，以"多规合一"为基础，推动规划用地"多审合一、多证合一"，合并建设项目选址意见书、建设项目用地预审意见。河北、广东、黑龙江等地对重大外资项目实行"一事一议"，为外资项目和企业提供优质的服务，提高外商投资便利度。

3. 奖励补贴

奖励补贴方面，我国大多数地区均出台了关于支持外商投资重点产业、优化外商投资奖励的政策，如表 1-1-4 所示。

表 1-1-4　部分地区吸引外商投资奖励补贴方面优惠政策

地区	文件名称	规定内容
广东	《广东省进一步扩大对外开放积极利用外资若干政策措施（修订版）》（粤府〔2018〕78号）	2017—2022年，对在广东设立的年实际外资金额（不含外方股东贷款）超过5000万美元的新项目（房地产业、金融业及类金融业项目除外）、超过3000万美元的增资项目和超过1000万美元的外资跨国公司总部或地区总部，省财政按其当年实际外资金额不低于2%的比例予以奖励，最高奖励1亿元。 外资跨国公司总部及地区总部对省级财政年度贡献首次超过1亿元的，省财政按其当年对省级财政贡献量的30%给予一次性奖励，最高奖励1亿元
	《广东省进一步做好稳外资工作若干措施》（粤府办〔2020〕15号）	落实好省财政对重大外资项目的资金支持，对符合条件的年实际外资金额（不含外方股东贷款）超过5000万美元的新项目、超过3000万美元的增资项目等按不低于2%的比例予以奖励，最高奖励1亿元
上海	《本市贯彻〈国务院关于进一步做好利用外资工作的意见〉若干措施》（沪府规〔2020〕5号）	加大对重大外资项目支持力度，对在本市设立的符合本市产业发展导向的外商投资新设或增资项目，各区可按照其对本区域的经济社会综合贡献度给予奖励

（续表）

地区	文件名称	规定内容
江苏	《省政府关于促进利用外资稳中提质做好招商安商稳商工作的若干意见》（苏政发〔2020〕43号）	对符合当地产业发展导向的外商投资新设或增资项目，各地可按照其对当地的经济社会综合贡献度给予奖励
云南	《云南省提升利用外资水平政策措施》（云政办发〔2021〕12号）	优化调整外商投资奖励政策。适当放宽奖励时限，对2019年1月1日之前已登记注册但未完成注册资本金缴纳的外商投资企业，自2021年1月1日起缴纳的注册资本金可按照外资新项目申报奖励；已完成注册资本金缴纳的项目，新增注册资本金可按照外资增资项目申报奖励，申报条件按照《云南省鼓励外商投资奖励办法（试行）》执行
黑龙江	《黑龙江省鼓励外商投资奖励办法（试行）》（黑政规〔2021〕12号）	对在我省设立的当年实际到位外资金额1000万美元（含）以上的项目及增资项目（不含住宅房地产业、金融业及类金融业项目），按其当年实际到位外资金额（折合人民币计算，下同）的2%，予以奖励，最高奖励金额5000万元人民币
辽宁	《辽宁省优质外商投资项目奖励实施细则》（辽商四处〔2018〕189号）	外商投资新项目。对在辽宁新设立的当年实际到位外资金额超过5000万美元的项目，按其当年实际到位外资额不低于2%的比例给予奖励，最高奖励金额1000万元人民币。 外商增资项目。对已在辽宁设立的当年实际到位外资金额超过3000万美元的增资项目，按其当年实际到位外资额不低于2%的比例给予奖励，最高奖励金额1000万元人民币
山西	《山西省人民政府关于进一步做好重点领域利用外资工作的实施意见》（晋政发〔2021〕26号）	对当年实际到位资金超过1000万美元的外资项目或注册企业，按照实际到位外资金额的5%给予人民币奖励（比如，实际到位外资1000万美元奖励人民币50万元，下同），单个企业最高奖励不超过1000万元。资产规模超过5000万美元的跨国公司在我省设立区域性地区总部或总部型机构的，按照注册资金的10%给予人民币奖励，单个企业最高奖励不超过1000万元。奖励资金从现有招商引资专项资金预算中统筹安排，政策执行期为2021—2023年

(续表)

地区	文件名称	规定内容
河北	《河北省人民政府关于落实国务院扩大对外开放积极利用外资若干措施的意见》（冀政发〔2017〕6号）	对符合全省鼓励外商投资重点产业目录、当年实际到位外资5000万美元以上的重大项目和境外世界500强、知名跨国公司投资项目，从全省开发区发展专项资金中予以奖补。对重点鼓励的重大外商投资项目，根据其贡献大小，在建设和生产经营期分别给予奖补。对省市重点外商投资工业项目建设工程规费实行减免。对外商投资企业新增注册资本按其经营年限及实缴额给予一定比例的奖励。对外商投资的产业链配套项目，同等同时享受相关优惠政策
山东	《山东省进一步做好利用外资工作的若干措施》（鲁政发〔2020〕14号）	对符合产业政策导向、年度实际使用外资额超过5000万美元的新上项目、超过3000万美元的增资项目，省市财政按其当年实际使用外资金额不低于3%的比例予以奖励。对世界500强在我省投资的重大外资项目，按"一事一议"原则给予支持

第二章

石油、天然气领域与投融资有关的准入政策及相关法律法规

一、国家和地方层面准入政策

（一）国家层面准入政策

《中共中央、国务院关于深化石油天然气体制改革的若干意见》（中发〔2017〕15号）指出，完善并有序放开油气勘查开采体制，提升资源持续保障能力。实行勘查区块竞争出让制度和更加严格的区块退出机制，加强安全、环保等资质管理，在保护性开发的前提下，允许符合准入要求并获得资质的市场主体参与常规油气勘查开采，逐步形成以大型国有油气公司为主导、多种经济成分共同参与的勘查开采体系。根据《市场准入负面清单（2022年版）》（发改体改规〔2022〕397号），石油、天然气的勘查开采、生产经营及对外合作属于许可准入类，因此，目前我国的各类经济主体均可参与石油、天然气的开发利用。

另外，根据我国2023年修订的《公司法》及《国务院关于印发注册资本登记制度改革方案的通知》（国发〔2014〕7号）的规定，不实行注册资本认缴登记制的27类行业中并未包括能源行业。因此，从事石油、天然气开发利用的主体在实缴注册资本方面也没有特别规定。

2020 年，国家发展改革委、科技部、工信部、财政部、人社部、中国人民银行等六部委联合发布了《关于支持民营企业加快改革发展与转型升级的实施意见》（发改体改〔2020〕1566 号），其中在市场准入方面，涉及石油、化工、电力、天然气领域和行业，在符合市场准入要求条件下，公平给予资质、认证认可，不得额外设置前置条件等。据此，民营企业在能源领域的市场准入条件方面，也未面临额外的市场准入前置条件。

因此，我国目前的法律法规对从事石油、天然气开发利用的主体没有特别的准入要求，仅要求石油、天然气建设项目实行核准制。关于核准的标准，自然资源部曾经出台过《自然资源部关于推进矿产资源管理改革若干事项的意见（试行）》（自然资规〔2019〕7 号），规定在中华人民共和国境内注册，净资产不低于 3 亿元人民币的内外资公司，均有资格按规定取得油气矿业权。从事油气勘查开采应符合安全、环保等资质要求和规定，并具有相应的油气勘查开采技术能力。虽然该部门规章已过有效期，但是在 2023 年 7 月 26 日发布的《自然资源部关于深化矿产资源管理改革若干事项的意见》（自然资规〔2023〕6 号）中仍保留了上述规定，因此实践中，石油、天然气建设项目在审核过程中可能仍需遵守相应要求。

此外，对于天然气管网建设的相关准入规范，2023 年 1 月国家能源局发布《2023 年能源监管工作要点》（国能发监管〔2023〕4 号），指出加快出台天然气管网设施托运商准入规则。对于天然气相关的生产和供应预计会制定更进一步的准入规则。2023 年 9 月，国家能源局综合司就《天然气利用政策（征求意见稿）》公开征求意见，其中提出"要规范城燃企业准入门槛，促进城燃企业兼并重组，整合优化"。

（二）地方层面准入政策

目前我国各地在石油、天然气领域针对市场主体的准入并未作出特别限制。

对于城市天然气管网建设，一些地方政府也在大力推进规范准入门槛。例如，浙江省印发了《浙江省城市运行安全专业委员会办公室、浙江省住房和城乡建设厅关于深入推进城镇燃气安全管理工作的指导意见》（浙建〔2023〕5 号），要求持续推进管道燃气扁平化规模化改革。此外，广东省、河北省等也提出城燃企业规模化发展运作的指导政策，规范城燃企业的准入门槛。河南省也于 2023 年 4 月下发《河南省管道燃气特许经营评估管理办法（试行）》（豫建行规〔2023〕1 号），就管道燃气特许经营行为作出规范要求，强化管道燃气特许经营评估管理和相关标准门槛。

（三）针对外商的特殊准入政策

目前我国在石油、天然气领域并未针对外国投资者设置特别的准入政策。根据《外商投资法》第 4 条规定，国家对外商投资实行准入前国民待遇加负面清单管理制度。《外商投资准入特别管理措施（负面清单）（2019 年版）》（中华人民共和国国家发展和改革委员会、中华人民共和国商务部令第 25 号）取消了石油、天然气勘探开发限于合资、合作的限制。根据《外商投资准入特别管理措施（负面清单）（2021 年版）》，石油、天然气行业并不属于禁止外国投资者投资的行业。与之相反，石油、天然气的勘探、开发、利用等属于鼓励外商投资产业。根据《鼓励外商投资产业目录（2022 年版）》，以下被列为鼓励外商投资的产业：石油、天然气（含页岩气、煤层气）的勘探、开发和矿井瓦斯利用；物探、钻井、测井、录井、井下作业等石油勘探开发新技术的开发与应用；石油勘探、钻井、集输设备制造；工作水深大于 1500 米的浮式钻井系统和浮式生产系统及配套海底采油、集输设备；海上石油污染清理与生态修复技术及相关产品开发，海水富营养化防治技术、海洋生物爆发性生长灾害防治技术、海岸带生态环境修复技术研发；高端油气开采装备（石油机械压裂装备）制造；深远海油气钻井平台（船）、浮式液化天然气装置（FLNG）、浮式储存及再气化装置（FSRU）等海洋油气装备的设计、研发；生物天然气原料预处理及进料、发酵、提纯、沼液处理装置制造；气源落实地区天然气调峰电站、天然气分布式能源站的建设、经营；使用天然气、电力和可再生能源驱动的区域供能（冷、热）项目的建设、经营；生物天然气项目建设、经营。

此外，我国还不断放宽能源领域外资市场准入。根据 2020 年 12 月国务院新闻办公室发布的《新时代的中国能源发展》白皮书，我国将全面提升能源领域的市场化水平，进一步放宽能源领域外资市场准入，支持各类市场主体依法平等进入负面清单以外的能源领域，形成多元市场主体共同参与的格局。全面实行准入前国民待遇加负面清单管理制度，能源领域外商投资准入限制持续减少。全面取消煤炭、油气、电力（除核电外）、新能源等领域外资准入限制。

二、国家和地方层面对石油、天然气领域的鼓励政策

（一）国家层面鼓励政策

过去，石油、天然气领域主要依靠政府投资和银行贷款进行融资，通过其他融资方式获得的资金较少。随着行业融资实践的发展，石油、天然气行业逐渐发展出了多种融资渠道，不再依靠过去单一的政府和银行，债权和股票融资逐渐占据一定份额。但目前而言，石油、天然气行业融资仍然以间接融资为主，银行贷款和自筹资金仍是融资的主要来源。企业通过上市、发行股票或发行债券进行筹资的占比仍然较小，其他融资方式仍处于探索阶段。① 因此，国家层面出台鼓励融资、项目落地和其他奖励补贴措施等，调整企业融资结构，并充分利用资本市场进行直接债务融资，广泛吸收社会资金。

2023 年 2 月 27 日，国家能源局公布了《加快油气勘探开发与新能源融合发展行动方案（2023—2025 年）》（国能发油气〔2023〕21 号）。该方案指出：到 2025 年，大力推动油气勘探开发与新能源融合发展，积极扩大油气企业开发利用绿电规模，坚持在保护中开发、在开发中保护、环保优先，加快开发利用地热、风能和太阳能资源，创新能源供需动态匹配核心技术和工作模式，积极推进环境友好、节能减排、多能融

---

① 马晓微、魏一鸣：《我国能源投融资现状及面临的机遇与挑战》，载《中国能源》2009 年第 12 期。

合的油气生产体系，努力打造"低碳""零碳"油气田。大力推进油气企业发展新能源产业，持续推动能源生产供应结构转型升级。积极推进陆上油气勘探开发自消纳风电和光伏发电，风光发电集中式和分布式开发。

1. 项目融资

政策层面，2018年4月26日国家发展改革委、国家能源局发布了《关于加快储气设施建设和完善储气调峰辅助服务市场机制的意见》（发改能源规〔2018〕637号），研究对地下储气库建设的垫底气采购支出给予中央财政补贴，对重点地区应急储气设施建设给予中央预算内投资补助支持。在第三方机构评估论证基础上，研究液化天然气接收站项目进口环节增值税返还政策按实际接卸量执行。支持地方政府、金融机构、企业等在防范风险基础上创新合作机制和投融资模式，创新和灵活运用贷款、基金、租赁、证券等多种金融工具，积极推广政府和社会资本合作（PPP）等模式，吸引社会资本参与储气设施建设运营。

2017年3月17日，国家能源局发布了《国家能源局关于深化能源行业投融资体制改革的实施意见》（国能法改〔2017〕88号）。对于城市燃气管网、液化天然气（LNG）储运设施等领域，该意见鼓励推广运用政府和社会资本合作（PPP）模式，通过简化PPP项目审批流程、建立主要由市场决定能源价格的机制等措施，为社会资本投资能源领域创造有利条件。同时，该意见还提出畅通能源领域投资项目的直接融资渠道，包括股票上市融资、资产证券化、企业债券等。其中，关于资产证券化业务，该意见指出，鼓励金融机构选择符合条件的能源信贷资产、企业应收款、信托受益权、基础设施收益权等为基础资产，开展形式多样的资产证券化业务，盘活存量能源设施资产。对于债券市场融资，该意见鼓励有条件的能源企业发行企业债券、项目收益债等，丰富债券品种，以畅通债券市场融资渠道。此外，国家还鼓励社会资本进入油气勘探开采领域。2022年12月，中共中央、国务院印发的《扩大内需战略规划纲要（2022—2035年）》指出，增强国内生产供应能力。推动国内油气增储上产，加强陆海油气开发，引导和鼓励社会资本进入油气勘探开采领域。

实践中,石油和天然气领域已经涌现出多种创新的投资策略,如采矿权租赁、钻井合作以及特许权使用费等方式。首先,关于采矿权,鉴于石油和天然气等能源资源的不断减少,投资者可以通过租用石油和天然气公司的采矿权来实现投资回报。其次,钻井合作为投资者提供了直接参与钻井业务的机会,从而获得相应的投资回报。最后,特许权使用费投资涉及购买从石油和天然气生产中获得部分收入的权利。在这种情况下,投资者并不直接投资于生产活动本身,而是获得了从生产中提取价值的一定比例的权益,从而获得相应收入。[①] 这是实践中不断发展出来的传统能源领域的投资新思路,但投资者在评估这些投资方式时,必须考虑到相关风险、回报潜力等,进而作出符合自身投资需求的决定。

2. 项目建设

2022年10月27日,国家发展改革委、国家统计局发布了《关于进一步做好原料用能不纳入能源消费总量控制有关工作的通知》,其中指出,用于生产非能源用途的烯烃、芳烃、炔烃、醇类、合成氨等产品的煤炭、石油、天然气及其制品等,属于原料用能范畴;若用作燃料、动力使用,不属于原料用能范畴。在国家开展"十四五"省级人民政府节能目标责任评价考核中,将原料用能消费量从各地区能源消费总量中扣除,据此核算各地区能耗强度降低指标。在核算能耗强度时,原料用能消费量从各地区能源消费总量中扣除,地区生产总值不作调整。在核算能耗强度降低率时,原料用能消费量同步从基年和目标年度能源消费总量中扣除。

2020年4月10日,国家发展改革委、财政部、自然资源部、住房城乡建设部、国家能源局发布了《关于加快推进天然气储备能力建设的实施意见》(发改价格〔2020〕567号),从多个维度支持发展天然气储备项目落地。

在项目建设方面,加快建立并完善统一、规范的储气设施设计、建

---

① 《石油天然气投资新思路》,https://oil.in-en.com/html/oil-2959502.shtml,2024年6月10日访问。

设、验收、运行、退役等行业标准,尽快形成储气设施标准体系。完善已开发油气田、盐矿和地下含水层等地质信息公开机制,便于投资主体选址建设储气设施项目。对于拟作为地下储气库的油气田、盐矿依法加快注销矿业权,积极探索地下空间租赁新模式。[①]

优化储气设施建设用地审批和规划许可、环评安评等相关审批流程,提高审批效率。各地要保障储气设施建设用地需求,对分期分批建设的储气设施,做好新增建设用地统筹安排。储气设施建设的项目用地符合《划拨用地目录》的,可以通过划拨方式办理用地手续,不符合《划拨用地目录》的实行有偿使用。[②]

2018年4月26日,国家发展改革委、国家能源局发布了《关于加快储气设施建设和完善储气调峰辅助服务市场机制的意见》,指出各企业要切实加快国家规划的地下储气库、液化天然气(LNG)接收站及配套管道建设,各省(区、市)相关部门要给予大力支持。各省(区、市)相关部门要做好本地区应急储气设施建设规划与土地利用、城乡建设等规划的衔接,优化、简化审批手续,优先保障储气设施建设用地需求。各级管道企业要优先满足储气设施对管网的接入需求。鼓励储气设施集约运营、合建共用,支持区域级、省级应急储气中心建设,减少设施用地,降低运行成本。

此外,2018年9月5日,国务院公布《国务院关于促进天然气协调稳定发展的若干意见》(国发〔2018〕31号),指出强化天然气基础设施建设与互联互通,加快天然气管道、LNG接收站等项目建设,集中开展管道互联互通重大工程,加快推动纳入环渤海地区LNG储运体系实施方案的各项目落地实施。注重与国土空间规划相衔接,合理安排各类基础设施建设规模、结构、布局和时序,加强项目用地用海保障。抓紧出台油气管网体制改革方案,推动天然气管网等基础设施向第三方市场主体公平开放。深化"放管服"改革,简化优化前置要件审批,积极推行并联审批等方式,缩短项目建设手续办理和审批周期。根据市场

[①] 《关于加快推进天然气储备能力建设的实施意见》。

[②] 同上。

发展需求，积极发展沿海、内河小型 LNG 船舶运输，出台 LNG 罐箱多式联运相关法规政策和标准规范。

3. 奖励补贴

在财政补贴方面，根据《关于加快推进天然气储备能力建设的实施意见》的规定，在 2020 年年底前，对重点地区保障行政区域内平均 3 天用气需求量的应急储气设施建设，给予中央预算内投资补助，补助金额不超过项目总投资（不含征地拆迁等补偿支持）的 30%。鼓励有条件的地区出台投资支持政策，对储气设施建设给予资金补助或奖励。

根据《财政部关于〈可再生能源发展专项资金管理暂行办法〉的补充通知》（财建〔2019〕298 号），可再生能源发展专项资金支持煤层气（煤矿瓦斯）、页岩气、致密气等非常规天然气开采利用。2018 年，补贴标准为 0.3 元/立方米。自 2019 年起，不再按定额标准进行补贴。按照"多增多补"的原则，对超过上年开采利用量的，按照超额程度给予梯级奖补；相应地，对未达到上年开采利用量的，按照未达标程度扣减奖补资金。同时，对取暖季生产的非常规天然气增量部分，给予超额系数折算，体现"冬增冬补"。

根据《国务院关于促进天然气协调稳定发展的若干意见》，要求国家发展改革委等部门进一步研究将中央财政对非常规天然气补贴政策延续到"十四五"时期，将致密气纳入补贴范围；对重点地区应急储气设施建设给予中央预算内投资补助支持，研究中央财政对超过储备目标的气量给予补贴等支持政策，在准确计量认定的基础上研究对垫底气的支持政策；研究根据 LNG 接收站实际接收量实行增值税按比例返还的政策。这些研究中的补贴政策有利于建立天然气发展综合协调机制。

在税收优惠方面，根据《关于加快推进天然气储备能力建设的实施意见》，在准确计量认定的基础上，国家发展改革委等部门将进一步研究对达到储气目标的企业给予地下储气库垫底气支持政策，包括储气设施经营企业按现行政策规定适用增值税期末留抵税额退税政策；支持地方政府专项债券资金用于符合条件的储气设施建设；鼓励金融机构提供多种金融服务，支持储气设施建设；支持储气企业发行债券融资，支持储气项目发行项目收益债券。

根据《关于促进生物天然气产业化发展的指导意见》（发改能源规〔2019〕1895号），生物天然气企业按规定享受资源综合利用、环境保护节能节水等相关税收优惠政策。在生物天然气项目建设过程中采购相关进口设备按规定享受关税和进口环节增值税优惠政策。秸秆等原料预处理和农业有机肥加工等涉及农产品初加工环节享受农业用电电价政策。各地要做好秸秆综合利用、农机购置、畜禽粪污资源化利用、有机肥替代化肥等专项资金与生物天然气项目原料保障、有机肥利用等相关政策的衔接。

另外，根据财政部、税务总局、国家发展改革委发布的《关于延续西部大开发企业所得税政策的公告》，自2021年1月1日至2030年12月31日，对设在西部地区的鼓励类产业企业减按15%的税率征收企业所得税。根据《西部地区鼓励类产业目录（2020年本）》，包括石油、天然气等能源储备设施和系统建设及运营、相关化工产品开发及生产等都被列为西部地区鼓励类产业。因此，设立在西部地区的相关企业可减按15%的税率征收企业所得税。

综合以上政策来看，我国对石油和天然气的需求仍然处于增长阶段，未来可能会有更多有利于油气领域综合协调发展的积极政策出台，推动国内石油资源的勘探开发，保持国内石油供应的基础地位。在"立足国内"的基础上，通过"开拓国外"的方式，以保障石油、天然气等基础能源的供应安全。[1]

（二）地方层面鼓励政策

地方层面，同样出台了各类政策鼓励石油、天然气企业进行融资，并不断探索多样的融资方式，如天然气收费收益权证券化、石化企业发

---

[1] 邱中建、赵文智、胡素云、张国生：《我国油气中长期发展趋势与战略选择》，载《中国工程科学》2011年第6期。

行债券等,鼓励各级地方产业投资基金加大对石油、天然气企业的投资支持。目前我国石油、天然气行业的债券、证券化产品仍在探索阶段,且因为石油、天然气行业本身即为投资周期较长的领域,多样的投资方式仍需根据实践的发展不断完善、成熟。

1. 项目融资

福建省发展和改革委员会等部门于 2022 年 7 月 14 日发布了《关于促进石化化工高质量发展 加快打造万亿支柱产业的实施意见》(闽发改规〔2022〕7 号),鼓励和引导各类政府及社会基金加大对石化化工产业的投资,建立金融机构与重点石化化工企业的协调沟通机制,加大政银企对接力度,深化产融合作。鼓励金融机构创新产品和服务,为企业量身定制融资方案,优先配置信贷资源、增加资金供给,加大信贷等支持力度。支持符合条件的企业发行企业债券、公司债券、中期票据、短期融资券等各类债券融资工具。鼓励各级地方产业股权投资基金加大对石化化工企业的并购扩张等投资支持力度。

湖北省人民政府于 2019 年 4 月 4 日发布了《湖北省人民政府关于促进天然气协调稳定发展的实施意见》(鄂政发〔2019〕11 号),支持各地及金融机构、相关企业等在防范风险基础上创新合作机制和投融资模式,加大储气设施建设运营领域融资支持。争取中央预算内投资和企业债券、通过以奖代补方式安排省预算内投资,对重点储气设施建设给予支持。加强储气设施建设与国土空间规划、岸线规划衔接,做好项目用地、岸线保障。

天津市人民政府于 2019 年 3 月 8 日发布了《天津市人民政府印发关于加快产供储销体系建设促进全市天然气协调稳定发展实施方案的通知》(津政发〔2019〕9 号),指出要完善配套政策。配合国家层面做好相关法律法规、标准规范及技术要求的修订工作。强化储气调峰等天然气设施的用地保障。统筹中央及市级现有相关财政专项资金,鼓励有关区人民政府因地制宜予以配套财政支持。支持天然气基础设施项目建设,创新和灵活运用多种金融工具,加大对天然气基础设施建设运营领域的融资支持力度。积极引入社会资本投资、建设、运营天然气基础设施，推广政府和社会资本合作（PPP）模式。

江西省人民政府办公厅于 2017 年 6 月 12 日发布了《江西省人民政府办公厅关于进一步加快天然气发展的若干意见》（赣府厅发〔2017〕35 号），支持符合条件的天然气基础设施企业发行企业债券融资，支持储气设施建设项目发行项目收益债券。支持天然气基础设施企业上市融资。鼓励银行业金融机构在风险可控、商业可持续的前提下，为天然气管道项目提供中长期信贷支持，积极开展特许经营权、收费权和购买服务协议预期收益等担保创新类贷款业务，加大对天然气管道项目的支持力度。各地要采取有效措施，支持天然气加快发展。

2. 项目建设

福建、湖北、山西、天津、江西、江苏等地为石油、天然气行业的发展还出台了支持政策（如表 1-2-1 所示）。

表 1-2-1 部分地区石油、天然气支持政策

地区	文件名称	规定内容
福建	《关于促进石化化工高质量发展加快打造万亿支柱产业的实施意见》	对石化化工产业发展前沿领域的重大项目和产业链补链延链项目，依法依规在项目用地、资金补助、环境容量、能耗指标等方面优先予以支持。对列入省级重点的石化化工项目的用地，在符合详细规划、安全要求和不改变用途的情况下，允许适当增加工业用地容积率，不再增收土地价款。盘活化工园区（集中区）存量建设用地，引导不符合园区产业方向的低效企业退出
湖北	《湖北省人民政府关于促进天然气协调稳定发展的实施意见》	统筹平衡页岩气勘探开发与生态环境保护，加大宜昌、恩施地区页岩气勘探开发力度，在资源潜力较好的区块开展矿权招标和商业性勘探开发，争取国家设立鄂西页岩气勘探开发综合示范区，引导支持有实力的企业投资省内页岩气勘探开发和配套管网建设，尽快实现页岩气规模化开采

(续表)

地区	文件名称	规定内容
山西	《山西省人民政府办公厅关于促进天然气（煤层气）协调稳定发展的实施意见》（晋政办发〔2019〕14号）	统筹规划建设储气设施。统一规划、统筹布局储气设施，鼓励各类投资主体合资合作建设储气设施项目。按照集约化、规模化建设原则，稳步推进省内LNG储气设施建设，配套气化反输能力，实现双向输送。支持通过购买、租赁、合建等形式，参与沿海LNG接收站建设项目。积极探索开展废弃矿井作为地下储气库可行性研究。 将天然气（煤层气）建设项目纳入省重点工程，在用地等方面予以综合保障，统筹做好项目建设与城乡规划、生态环境保护等方面的衔接，进一步加大项目建设支持力度。加快制定煤层气勘探开采相关省级标准。探索研究煤层气输入地对输出地的补偿机制。 全面落实市场准入负面清单制度和推进企业投资项目承诺制改革，提高天然气（煤层气）领域投资便利化水平。加快优化审批服务流程，精简办事环节，缩短涉及煤层气勘探开采、天然气基础设施和储气调峰设施项目手续办理和审批周期，全力营造"六最"营商环境
天津	《天津市人民政府印发关于加快产供储销体系建设促进全市天然气协调稳定发展实施方案的通知》	优化建设环境。将储气设施和天然气基础设施互联互通重点工程、"卡脖子"段工程等纳入行政审批"绿色通道"，在依法、合规、高效的前提下，给予规划选址、用地预审等方面的支持和配合，简化优化核准和建设程序，推动项目尽快落地建设、建成投运
江西	《江西省人民政府办公厅关于进一步加快天然气发展的若干意见》	强化用地保障。对天然气管网、加气站、储气设施等天然气设施周边的土地予以预留和保护，保障天然气设施改扩建合理用地需求，确保天然气设施与周边的安全保护距离符合有关法律、法规、规范的强制性规定。在符合当地土地利用总体规划的前提下，支持利用工业、基础设施和公共服务设施等各种性质的土地建设天然气管网、加气站、储气设施等天然气设施，允许以划拨、出让、租赁等多种方式提供用地。鼓励在现有加油站闲置土地上依法依规增设加气设施
江苏	《江苏省政府关于促进天然气协调稳定发展的实施意见》（苏政发〔2018〕150号）	省自然资源厅加强重大天然气基础设施项目用地用海保障，各级国土资源、规划部门优先安排集约化、规模化储气设施用地指标，落实项目选址。各相关部门要进一步深化"放管服"改革，简化优化前置要件审批，积极推行并联审批，缩短项目前期，推进我省天然气项目尽快开工

3. 奖励补贴

江西、广西、上海出台了石油、天然气奖补政策(如表1-2-2所示)。

表1-2-2 部分地区石油、天然气奖补政策

地区	文件名称	规定内容
江西	《江西省人民政府办公厅关于进一步加快天然气发展的若干意见》	依法落实相关税收优惠政策,优化纳税服务,对社会环境效益突出且暂时无法盈利的天然气基础设施和用气项目,尤其是省级天然气管道建设项目,给予有力支持。认真落实天然气项目建设过程中各项行政事业性收费减免政策
广西	《广西西江船舶液化天然气加注站推广应用工作方案》(桂交水运发〔2019〕8号)	加大LNG动力船、加注站政策扶持力度。适时研究出台LNG及LNG—柴油双燃料动力船、加注站建造资金补助或以奖代补等支持政策,鼓励港航企业、能源企业等各类社会资本参与LNG船及加注站设施建设和经营,促进LNG加注站资源共享共用。按照国家有关要求,落实纯天然气动力船免征车船税政策
上海	《上海市浦东新区绿色金融发展若干规定》(上海市人民代表大会常务委员会公告〔十五届〕第一一五号)	市中小微企业政策性融资担保基金应当为开展绿色项目融资的中小微企业加大担保支持力度,提高绿色融资担保业务比重和担保额度,给予费率优惠。市人民政府相关部门应当完善资本金补充、风险补偿和绩效考核机制。对于获得市中小微企业政策性融资担保基金担保的浦东新区中小微企业,浦东新区相关部门应当按照规定给予经费补助等支持。本市支持浦东新区金融基础设施机构和金融机构等依法合规开展天然气、电力、氢能等绿色相关衍生产品和业务,推动浦东新区金融基础设施机构和金融机构依法参与创设、交易碳衍生品等相关业务

(三)针对外商的特殊鼓励政策

石油、天然气领域是我国鼓励外商投资的重点领域,外国投资者在我国投资石油、天然气项目具备良好的政策环境。我国政府正积极出台政策促进石油、天然气行业合理利用外资,适当放宽外资限制,并进一

步拓展鼓励外商投资领域。① 采取的一些激励措施如外商以产量分成、风险勘探等其他直接投资的方式参与石油、天然气企业的项目，对外商企业基于金融支持、提供政策优惠等，促进外资在石油、天然气领域的投入。

根据《鼓励外商投资产业目录（2022年版）》，以下被列为鼓励外商投资的产业：石油、天然气（含页岩气、煤层气）的勘探、开发和矿井瓦斯利用；物探、钻井、测井、录井、井下作业等石油勘探开发新技术的开发与应用；石油勘探、钻井、集输设备制造；工作水深大于1500米的浮式钻井系统和浮式生产系统及配套海底采油、集输设备；海上石油污染清理与生态修复技术及相关产品开发，海水富营养化防治技术、海洋生物爆发性生长灾害防治技术、海岸带生态环境修复技术研发；高端油气开采装备（石油机械压裂装备）制造；深远海油气钻井平台（船）、浮式液化天然气装置（FLNG）、浮式储存及再气化装置（FSRU）等海洋油气装备的设计、研发；生物天然气原料预处理及进料、发酵、提纯、沼液处理装置制造；气源落实地区天然气调峰电站、天然气分布式能源站的建设、经营；使用天然气、电力和可再生能源驱动的区域供能（冷、热）项目的建设、经营；生物天然气项目建设、经营。

1. 项目融资

国家层面，根据《国务院关于进一步做好利用外资工作的意见》的规定，降低资金跨境使用成本，支持外商投资企业扩大人民币跨境使用，支持外商投资企业自主选择借用外债模式，降低融资成本。同时，鼓励外商投资企业资本金依法用于境内股权投资。《国务院办公厅关于进一步做好稳外贸稳外资工作的意见》规定，给予重点外资企业金融支持。外资企业同等适用现有1.5万亿元再贷款再贴现专项额度支持。加大对重点外资企业的金融支持力度，进出口银行5700亿元新增贷款规模可用于积极支持符合条件的重点外资企业。

---

① 傅文君：《我国石油投融资体制存在的问题及对策分析》，载《中国管理信息化》2018年第24期。

地方层面，我国各地在吸引外资方面提供了较多的政策优惠。相关内容可参见本篇第一章"煤炭领域与投融资有关的准入政策及相关法律法规"表 1-1-3 "部分地区吸引外商投融资方面优惠政策"，此处不再赘述。

2. 项目建设

国家层面，《国务院关于进一步做好利用外资工作的意见》规定，优化外资项目规划用地审批程序。持续深化规划用地"放管服"改革，加快外资项目落地进度。合并规划选址和用地预审，合并建设用地规划许可和用地批准，推进多测整合、多验合一，推进信息共享，简化报件审批材料。《国务院办公厅关于进一步做好稳外贸稳外资工作的意见》规定，加大重点外资项目支持服务力度。对全国范围内投资额 1 亿美元以上的重点外资项目，梳理形成清单，在前期、在建和投产等环节，内外资一视同仁加大用海、用地、能耗、环保等方面服务保障力度。

地方层面，我国多个地方出台政策加快外资项目落地。如江苏、上海、青海等省市均明确要求优化外资项目规划用地审批程序，以"多规合一"为基础，推动规划用地"多审合一、多证合一"，合并建设项目选址意见书、建设项目用地预审意见。河北、广东、黑龙江等地对重大外资项目实行"一事一议"，为外资项目和企业提供优质的服务，提高外商投资便利度。

2022 年，国家能源局石油天然气司、国务院发展研究中心资源与环境政策研究所、自然资源部油气资源战略研究中心编写的《中国天然气发展报告（2022）》发布，报告预计我国天然气需求将持续增长。[1] 目前我国天然气供给由国产气、进口管道气、进口液化天然气（LNG）三部分组成，其中进口 LNG 被认为是最灵活的天然气来源。[2] 2018 年，我国成为全球最大的天然气进口国。在我国，已经投入运营的中外合资 LNG 接收站包括有英国石油公司（BP）参与的广东大鹏 LNG 接收站，

---

[1]《中国天然气发展报告（2022）》，https://www.nea.gov.cn/2022-08/19/c_1310654101.htm，2024 年 6 月 10 日访问。

[2]《用数据说话，洞悉 LNG 接口产业链的模式、机遇与挑战》，https://pdf.dfcfw.com/pdf/H3_AP201812181271834078_1.pdf，2024 年 6 月 10 日访问。

以及有太平洋油气有限公司参与的中石油江苏如东 LNG 接收站。① 对于外资能源企业,在我国投资 LNG 具有可观的发展前景。

3. 奖励补贴

奖励补贴方面,我国大多数地区均出台了关于支持外商投资重点产业、优化外商投资奖励的政策。相关内容可参见本篇第一章"煤炭领域与投融资有关的准入政策及相关法律法规"表 1-1-4 "部分地区吸引外商投资奖励补贴方面优惠政策",此处不再赘述。

---

① 高燕、李伟诚:《天然气产业链的关键环节——外商投资 LNG 接收站的准入与建设》,https://www.sohu.com/a/390872371_120051855,2024 年 6 月 10 日访问。

第三章

风电领域与投融资有关的准入政策及相关法律法规

一、国家和地方层面准入政策

（一）国家层面准入政策

2009 年修正后的《中华人民共和国可再生能源法》（以下简称《可再生能源法》）第 2 条规定，风能属于可再生能源；第 4 条规定，国家鼓励各种所有制经济主体参与可再生能源的开发利用，依法保护可再生能源开发利用者的合法权益。因此，目前我国的各类经济主体均可参与风电的开发利用。

另外，根据我国现行的《公司法》及相关法律规定，暂不实行注册资本认缴登记制的 27 类行业中并未包括能源行业，因此，从事风电开发利用的主体在实缴注册资本方面也没有特别规定。我国目前的法律法规对从事风电开发利用的主体也没有特别的准入要求，仅要求风电建设项目实行核准制。根据《国务院关于发布政府核准的投资项目目录（2016 年本）的通知》（国发〔2016〕72 号）的规定，对于风电建设项目实行核准制，由地方政府在国家依据总量控制制定的建设规划及年度开发指导规模内核准。

（二）地方层面准入政策

目前我国各地在风电领域针对市场主体的准入并未作出特别限制，

个别地区，如内蒙古、贵州等地对风电建设项目提出了特别要求。

具体而言，内蒙古自治区人民政府办公厅于 2022 年 3 月 4 日发布了《内蒙古自治区人民政府办公厅关于推动全区风电光伏新能源产业高质量发展的意见》（内政办发〔2022〕19 号），要求风电、光伏发电项目要采用先进高效的设备，风电机组单机容量不小于 4 兆瓦。新建市场化并网新能源项目，配建储能规模原则上不低于新能源项目装机容量的 15％，储能时长 4 小时以上；新建保障性并网新能源项目，配建储能规模原则上不低于新能源项目装机容量的 15％，储能时长 2 小时以上。

《贵州省风电光伏发电项目管理暂行办法》（黔能源新〔2021〕97 号）要求，贵州省能源局统筹全省风电发电项目管理，并建立全省风电发电规划项目库，未列入规划项目库的风电发电项目，原则上不得核准。贵州省能源局发布的《关于做好我省 2022 年风电光伏发电年度建设规模项目申报工作的通知》明确指出，原则上申报的风电单体项目不超过 10 万千瓦；基地化项目规划规模达到 100 万千瓦及以上，有明确实施路径的基地化规划的风电、光伏发电项目优先开发。

（三）针对外商的特殊准入政策

目前我国在风电领域并未针对外国投资者设置特别的准入政策。《可再生能源法》第 4 条规定，国家鼓励各种所有制经济主体参与可再生能源的开发利用，依法保护可再生能源开发利用者的合法权益。根据《外商投资法》的规定，国家坚持对外开放的基本国策，鼓励外国投资者依法在中国境内投资。国家对外商投资实行准入前国民待遇加负面清单管理制度。根据《外商投资准入特别管理措施（负面清单）（2021 年版）》的规定，新能源行业并不属于禁止外国投资者投资的行业。与之相反，新能源电站等新能源有关的项目属于鼓励外商投资产业。

此外，我国还不断放宽能源领域外资市场准入。根据 2020 年 12 月国务院新闻办公室发布的《新时代的中国能源发展》白皮书，我国将全面提升能源领域的市场化水平，进一步放宽能源领域外资市场准入，支持各类市场主体依法平等进入负面清单以外的能源领域，形成多元市场主体共同参与的格局。全面实行准入前国民待遇加负面清单管理制度，能源领域外商投资准入限制持续减少。全面取消煤炭、油气、电力（除核电外）、新能源等领域外资准入限制。

二、国家和地方层面对风电领域的鼓励政策

（一）国家层面鼓励政策

风电领域属于资本密集型行业，项目投资主要集中在场地选址、设备采购、基础设施和风电场建设、运营维护等方面，投资规模通常较大，需要大量的资本支持。[1] 此外，风电项目具有投资回报期较长、投资风险较高等特点，行业特点也影响着融资方式的选择。目前，风电行业的主要融资方式包括银行贷款、股东投资、股票发行、债权融资等方式，[2] 但各类融资方式发展并不均衡。风电企业融资主要仍依赖于传统的债务融资方式，股权融资、风险投资等直接融资方式的使用有限。[3] 然而，大规模的债务融资增加了企业的经营成本，影响企业再筹资能力。[4] 风电行业资金需求巨大，融资方式与行业需求不匹配的问题长期存在，风电行业的融资结构仍有待优化，融资方式仍有待拓展。针对相关问题，我国已出台了融资支持政策等促进风电行业的发展。此外，对于风电项目的开展，各地政府也提供了切实可行的项目支持政策，并特别关注分散式风电、海上风电等新兴增长点，助力行业创新发展。

1. 项目融资

从法律层面看，《可再生能源法》对发展风电等可再生能源提供信贷支持、税收优惠作出规定，提供了相关政策的法律基础。《可再生能

---

[1] 潘绍贵：《浅析风电企业新项目融资的合理规划》，载《中国产经》2024年第1期。
[2] 徐淑顺：《风力发电行业的资金筹措与融资渠道研究》，载《现代营销（下旬刊）》2023年第9期。
[3] 孙珏琦、尹东权：《碳中和目标下推进风电产业投融资的调查与思考》，载《黑龙江金融》2022年第4期。
[4] 吴荣明：《商业银行支持风电行业发展的调研与思考》，载《金融纵横》2019年第7期。

源法》第 25 条规定，对列入国家可再生能源产业发展指导目录、符合信贷条件的可再生能源开发利用项目，金融机构可以提供有财政贴息的优惠贷款。第 26 条规定，国家对列入可再生能源产业发展指导目录的项目给予税收优惠。具体办法由国务院规定。

从政策层面看，2021 年 2 月 24 日国家发展改革委联合财政部、中国人民银行、银保监会、国家能源局发布了《关于引导加大金融支持力度 促进风电和光伏发电等行业健康有序发展的通知》（发改运行〔2021〕266 号），明确了金融机构按照商业化原则与可再生能源企业协商展期或续贷；金融机构按照市场化、法治化原则自主发放补贴确权贷款；对补贴确权贷款给予合理支持；补贴资金在贷款行定点开户管理；通过核发绿色电力证书方式适当弥补企业分担的利息成本；足额征收可再生能源电价附加；优先发放补贴和进一步加大信贷支持力度。

除信贷支持外，光电等清洁能源项目也可以申报基础设施不动产投资信托基金（REITs）。2021 年 6 月 29 日，国家发展改革委发布《国家发展改革委关于进一步做好基础设施领域不动产投资信托基金（REITs）试点工作的通知》（发改投资〔2021〕958 号），明确了能源基础设施申报范围，风电、光伏发电等清洁能源项目可申报 REITs，为风电项目融资提供了新模式。

除此之外，我国还鼓励金融机构加大支持力度，创新融资方式，加快推动已列入补贴清单发电项目的资产证券化进程。可再生能源发电、节能减排技术改造、能源清洁化利用、新能源汽车及配套设施建设、绿色节能建筑等领域的项目在其流入的资金中包含中央财政补贴的，可以将该中央财政补贴（包括价格补贴）作为资产证券化的基础资产之一。[1] 因此，对于风电项目的补贴收入可纳入资产证券化的基础资产。

2020 年 9 月 9 日，财政部公布《财政部对十三届全国人大三次会议第 8605 号建议的答复》（财建函〔2020〕94 号），就中国华电集团董事长、党组书记温枢刚提出的"关于解决可再生能源电价补贴欠费问

---

[1] 陈莹莹：《绿色金融地方试点或启动》，https://www.cs.com.cn/xwzx/jr/201607/t20160725_5019093.html，2024 年 6 月 10 日访问。

题"的建议作出答复。其中指出,鼓励金融机构按照市场化原则,对列入补贴发电项目清单的企业予以支持,合理安排信贷资金规模,创新融资方式,加快推动资产证券化进程。

在绿色债券方面,根据国家发展改革委办公厅发布的《绿色债券发行指引》(发改办财金〔2015〕3504号)规定,企业申请发行绿色债券,在相关手续齐备、偿债保障措施完善的基础上,绿色债券比照"加快和简化审核类"债券审核程序,提高审核效率。可适当调整审核准入条件,包括债券募集资金占项目总投资比例放宽至80%;不受发债指标限制;在资产负债率低于75%的前提下,核定发债规模时不考察企业其他公司信用类产品的规模;鼓励上市公司及其子公司发行绿色债券等。

2022年5月14日,国务院办公厅转发国家发展改革委、国家能源局《关于促进新时代新能源高质量发展的实施方案》(国办函〔2022〕39号),提出要丰富绿色金融产品和服务。新能源领域涵盖了广泛的企业数量,它们面临不同的融资困难和不同的需求。金融机构需要在产品和服务上进行创新,从而在风险能够得到控制的前提下增加对新能源项目的支持,包括增加绿色债券和绿色信贷的投入。新能源项目已经被列为基础设施不动产投资信托基金(REITs)试点支持的项目之一,国家应尽快对项目的流程和规则进行完善,推动新能源项目上市,并加大支持的规模。同时,国家应对全国碳排放权交易市场进行优化,支持将符合条件的新能源项目温室气体核证减排量纳入全国碳市场进行配额清缴抵销。①

2. 项目建设

2021年12月22日,国家能源局发布了《能源领域深化"放管服"改革优化营商环境实施意见》(国能发法改〔2021〕63号),从多个维度支持发展包括风电在内的新能源项目落地。

---

① 《〈关于促进新时代新能源高质量发展的实施方案〉政策解读》,https://www.nea.gov.cn/2022-05/30/c_1310608538.htm?eqid=a6543667001ac0a50000000364591c1f,2024年7月20日访问。

根据上述实施意见,在项目建设方面,简化新能源项目核准(备案)手续,对于依法依规已履行行政许可手续的项目,不得针对项目开工建设、并网运行及竣工验收等环节增加或变相增加办理环节和申请材料。就电网企业而言,要做好新能源、分布式能源、新型储能、微电网和增量配电网等项目接入电网及电网互联服务,为相关项目开展接入系统设计提供必要的信息,明确配变可开发容量等信息查询流程及办理时限。

此外,《关于印发促进工业经济平稳增长的若干政策的通知》(发改产业〔2022〕273号)在用地、用能和环境政策方面提出,支持不同产业用地类型按程序合理转换,完善土地用途变更、整合、置换等政策;鼓励采用长期租赁、先租后让、弹性年期供应等方式供应产业用地;落实好新增可再生能源和原料用能消费不纳入能源消费总量控制政策,从而为风电企业的发展提供了用地及用能保障。

2022年5月14日,国务院办公厅转发的《关于促进新时代新能源高质量发展的实施方案》确立了到2030年我国风电、太阳能发电总装机容量的目标,并不断促进构建清洁低碳、安全高效的能源体系。该实施方案的内容较既往政策最大的亮点是明确"推动风电项目由核准制调整为备案制",但目前风电备案制只在部分地区开展,尚未在全国范围内推广,未来具体如何落实还需要进一步关注各地具体的配套制度。[①]该实施方案主要从四个方面提出了包括风电在内的新能源开发利用的举措。一是加快推进以沙漠、戈壁、荒漠地区为重点的大型风电光伏发电基地建设。加大力度规划建设以大型风光电基地为基础、以其周边清洁高效先进节能的煤电为支撑、以稳定安全可靠的特高压输变电线路为载体的新能源供给消纳体系。二是促进新能源开发利用与乡村振兴融合发展,充分调动农村农民发展新能源的积极性,积极推进乡村分散式风电开发。三是推动新能源在工业和建筑领域的应用。在具备条件的工业企业、工业园区,加快发展分布式光伏、分散式风电等新能源项目。四是

---

① 易芳、李德庭、焦芙蓉、王心怡:《ESG绿色低碳转型系列(三十):风电行业2022年回顾及2023年展望》,https://www.junhe.com/legal-updates/2107,2024年6月10日访问。

引导全社会消费新能源等绿色电力。该实施方案通过制定一系列有力的措施，积极推动包括风电在内的各类新能源项目的实际执行和落地，为新能源行业的增长和可持续发展提供了有力支持。

2023年4月6日，国家能源局发布了《2023年能源工作指导意见》（国能发规划〔2023〕30号），提出大力发展风电太阳能发电。推动第一批以沙漠、戈壁、荒漠地区为重点的大型风电光伏基地项目并网投产，建设第二批、第三批项目，积极推进光热发电规模化发展。稳妥建设海上风电基地，谋划启动建设海上光伏。大力推进分散式陆上风电和分布式光伏发电项目建设。推动绿证核发全覆盖，做好与碳交易的衔接，完善基于绿证的可再生能源电力消纳保障机制，科学设置各省（区、市）的消纳责任权重，全年风电、光伏装机增加1.6亿千瓦左右。近年来，我国陆上风电的建设技术已日趋成熟，国家风电发展政策逐渐向海上发电倾斜，陆上风电发展空间较大，海上风电发展前景较好，我国东部沿海的海上风电资源潜力巨大。[1]

在风电项目实施阶段，未来可能会进一步鼓励科技创新，以提高风电效率和降低成本，包括研究经费支持、技术创新奖励等措施。由于风电项目对环境存在一定影响，未来政策可能更加关注于加强环境保护，以减少风电项目可能对环境造成的负面影响，可能包括环境影响评估、生态补偿等措施。此外，随着风电的不断发展，未来政策导向也可能更多聚焦于风电的市场化发展，以提高我国风电行业的竞争力。[2]

3. 奖励补贴

在财政补贴方面，《可再生能源法》第24条规定，国家财政设立可再生能源发展基金，用于补贴上网电价，支持事项包括可再生能源开发利用的科学技术研究、标准制定和示范工程等。

我国风电经过数十年的发展，已经形成比较大规模的陆地风电，因此我国目前的陆地风电补贴政策逐步退坡。根据2020年1月财政部、

---

[1] 《2023年中国风电行业细分市场分析：陆上风电发展空间大 海上风电发展前景好》，https://new.qq.com/rain/a/20230511A03GWB00，2024年6月10日访问。

[2] 《绿色能源的崛起：2023年风力发电行业的发展现状及前景》，载"电力能源互联网"微信公众号2023年7月6日，https://mp.weixin.qq.com/s/ddq_NKKy3i0BUcdT_giEgA。

国家发展改革委、国家能源局发布的《关于促进非水可再生能源发电健康发展的若干意见》（财建〔2020〕4 号），新增海上风电和光热项目不再纳入中央财政补贴范围，但是按规定完成核准（备案）并于 2021 年 12 月 31 日前全部机组完成并网的存量海上风力发电和太阳能光热发电项目，按相应价格政策纳入中央财政补贴范围。因此，自 2022 年起新增海上风电项目不再纳入中央财政补贴范围，但根据《关于完善能源绿色低碳转型体制机制和政策措施的意见》（发改能源〔2022〕206 号），符合条件的海上风电等可再生能源项目可按规定申请减免海域使用金。

在税收优惠方面，根据 2015 年财政部、国家税务总局发布的《关于风力发电增值税政策的通知》（财税〔2015〕74 号），对于销售自产利用风力生产的电力产品，实行增值税即征即退 50％的政策。

根据《企业所得税优惠事项管理目录（2017 年版）》，从事国家重点扶持的公共基础设施项目投资经营的所得定期减免企业所得税。具体为，企业从事《公共基础设施项目企业所得税优惠目录》规定的港口码头、机场、铁路、公路、城市公共交通、电力、水利等项目的投资经营的所得，自项目取得第一笔生产经营收入所属纳税年度起，第一年至第三年免征企业所得税，第四年至第六年减半征收企业所得税；企业承包经营、承包建设和内部自建自用的项目，不得享受上述规定的企业所得税优惠。根据《公共基础设施项目企业所得税优惠目录（2008 年版）》（财税〔2008〕116 号），风力发电新建项目被列入企业所得税优惠目录，因此按照前述规定可以享受企业所得税减免。

另外，根据财政部、税务总局、国家发展改革委发布的《关于延续西部大开发企业所得税政策的公告》，自 2021 年 1 月 1 日至 2030 年 12 月 31 日，对设在西部地区的鼓励类产业企业减按 15％的税率征收企业所得税。根据《西部地区鼓励类产业目录（2020 年本）》，风电相关的发电场、制造业等均属于西部地区鼓励类产业，因此设立在西部地区的相关企业可减按 15％的税率征收企业所得税。

（二）地方层面鼓励政策

风力发电行业的发展前景广阔，但行业可持续发展规划中的资金问题难以得到有效解决。因此，优化融资路径和策略是关键，各地支持政策也聚焦于风电行业的资金筹措和融资渠道，鼓励多元化融资方式，拓宽融资渠道。[①] 与此同时，各地不断探索支持风电项目实施的各项政策，为风电项目的落地运营提供政策保证。地方政策根据各地的风电行业实践进行制定，企业融资方面，主要聚焦于创新融资手段，打造多元化投融资渠道；项目落地方面，做好政策支持和建立配套措施；奖励补贴方面，虽然自2022年起新建的风电项目不再纳入中央财政补贴，但各地仍因地制宜出台了风电奖补政策，继续为风电企业提供补贴支持等。

1. 项目融资

在地方层面，江苏省、广东省广州市等地鼓励发展绿色债券、绿色信贷、基础设施不动产投资信托基金（REITs）、资产证券化、上市融资等等，积极拓宽融资渠道。2021年9月22日，江苏省人民政府办公厅转发了人民银行南京分行等部门发布的《关于大力发展绿色金融的指导意见》（苏政办发〔2021〕80号），强调拓宽绿色直接融资渠道。指导金融机构做好绿色债券需求摸排和项目储备工作，创新推广碳中和债券、蓝色债券和可持续发展挂钩债券等创新金融产品。支持金融机构发行绿色金融债券，支持符合条件的企业发行绿色企业债、公司债、债务融资工具、资产支持证券等，探索运用信用风险缓释凭证和担保增信等方式降低绿色债券发行成本。支持符合条件的绿色企业在主板、创业板、科创板、新三板等多层次资本市场上市或挂牌。支持优势绿色龙头企业利用资本市场融资，开展并购重组。

2019年7月29日，江苏省生态环境厅等七部门印发《江苏省绿色

[①] 徐淑顺：《风力发电行业的资金筹措与融资渠道研究》，载《现代营销（下旬刊）》2023年第9期。

债券贴息政策实施细则（试行）》等四个文件的通知，其中《江苏省绿色债券贴息政策实施细则（试行）》明确了绿色债券贴息支持对象、贴息金额和实施程序，按照"先付息、后补贴"原则，对成功发行绿色债券的非金融企业实施贴息，贴息额度达30%，贴息持续2年，单只债券每年最高不超过200万元。

《江苏省绿色产业企业发行上市奖励政策实施细则（试行）》明确，支持对象为自2018年9月30日起进入上市流程的省内企业，主营业务符合国家发展改革委《绿色产业指导目录（2019年版）》中明确的节能环保产业、清洁生产产业、清洁能源产业、生态环境产业、基础设施绿色升级、绿色服务等方向。具体奖励金额方面，取得江苏证监局辅导备案确认日期通知的，一次性奖励20万元；取得中国证监会首次公开发行股票并上市行政许可申请受理通知书的（申请科创板上市企业取得上海证券交易所受理通知的），一次性奖励40万元；公司成功在上海证券交易所或深圳证券交易所上市的，一次性奖励200万元；在境外成功上市的，一次性奖励200万元。风力发电装备制造、风力发电设施建设和运营均被纳入《绿色产业指导目录（2019年版）》，因此设立在江苏省的主营业务为风电相关企业进入上市流程，可以享受相应的奖励。

2020年4月22日，广东省广州市黄埔区人民政府、广州开发区管委会印发了《广州市黄埔区、广州开发区促进绿色金融发展政策措施》（穗埔府规〔2020〕11号），提出十项措施推动当地绿色金融发展，对成功申请绿色信贷的企业按其贷款金额的1%给予贴息，单个企业每年最高100万元，贴息期限3年；对成功发行贴标绿色债券的企业在债券存续期内按其实际付息额的10%给予贴息，同一笔债券业务补贴期最长3年，单个企业每年最高200万元。

2. 项目建设

在项目落地方面，部分地区在现有的风电建设项目审批流程基础上进一步细化，加速风电项目落地，如河北省张家口市出台了《关于优化风电光伏项目审批流程的指导意见（试行）》，新疆维吾尔自治区出台了《服务推进自治区大型风电光伏基地建设操作指引（1.0版）》。部分地区从减轻企业负担的方面出台政策，保障风电项目落地建设，如河南省发布了《关于进一步优化可再生能源项目建设环境切实减轻企业负担的通知》，江西省能源局出台了《江西省能源局关于开展风电、光伏发电规划库调整工作的通知》。还有部分地区通过简化一系列行政手续，促进风电的发展，如河北省张家口市发布了《关于风电项目由核准制调整为备案制的公告》，为提高项目审批效率，自2022年9月1日起，将风电项目由核准制调整为备案制；又如宁夏回族自治区发布了《关于做好沙漠戈壁荒漠光伏等新能源产业用地保障工作的通知》，简化风电场用地审批手续。

此外，山东、广东、浙江等地为加速海上风电的发展还出台了支持政策（如表1-3-1所示）。

表1-3-1　部分地区海上风电支持政策

地区	文件名称	规定内容
山东	《2022年"稳中求进"高质量发展政策清单（第二批）》（鲁政发〔2022〕4号）	2023年年底前建成并网的海上风电项目，免于配建或租赁储能设施。对电网企业建设有困难或规划建设时序不匹配的配套送出工程，允许发电企业投资建设，由电网企业依法依规回购
内蒙古	《内蒙古自治区人民政府办公厅关于推动全区风电光伏新能源产业高质量发展的意见》	集中式风电项目重点布局在荒漠地区、边境沿线，集中式光伏发电项目重点布局在沙漠地区、采煤沉陷区、露天煤矿排土场等区域，风电、光伏项目优先实行基地化、集约化、规模化开发。因地制宜推进分散式风电、分布式光伏多场景融合发展。 建立自治区推进新能源发展工作机制，统筹解决重大问题。自治区发展改革、工业和信息化、能源、自然资源、林草、生态环境等相关部门要加强协调配合，优化精简审批流程，为新能源项目落地创造有利条件。各盟市要组织实施好各类新能源项目，切实承担监督管理主体责任，配合电网企业做好送出工程各项前期工作

(续表)

地区	文件名称	规定内容
浙江	《关于促进浙江省新能源高质量发展的实施意见（修改稿）》	加强规划计划和项目推进。加快建设浙江海上风电基地，积极推进在建项目。组织修编《浙江省海上风电发展规划》，实现我省近海海上风电规模化发展。逐步探索利用专属经济区建设深远海海上风电。结合浙江沿海水域通航环境实际，制定出台风电场建设和运维安全管理办法等配套管理制度，建立协同管理机制，加强信息通报、联合监管和应急处置联动，组建专业运维船队，集约运维资源和救助力量，建立运维救助一体化机制和运维救助联防体，提升区域性海上风电应急处置能力
	《浙江省推动工业经济稳进提质行动方案》（浙发改产业〔2022〕80号）	大力发展新能源产业，出台海上风电发展支持政策，大力推进"风光倍增工程"，2022年开工100万千瓦、并网60万千瓦
广东	《促进海上风电有序开发和相关产业可持续发展的实施方案》（粤府办〔2021〕18号）	一是统筹保障国防、通信等基础设施安全。在场址规划阶段加强与有关单位沟通衔接，做好对相关设施的合理避让，积极配合做好项目建设对设施安全影响的评估论证，建立健全保护协商工作机制。二是建立健全海上风电应急救援协调机制。将海上风电应急救援纳入现行海上搜救机制，加快推动汕尾、揭阳应急救援基地建设，并加快规划完善粤西应急救援基地；建立省市联动的海上风电应急救援协同机制，完善应急救援预案，研究制定海上风电船舶通航安全管理规定；强化海上风电应急救援队伍建设和资金保障。三是提升海上风电建设运维安全管理水平。研究制定海上风电项目施工建设安全指引，督促各市落实属地管理责任和企业安全生产主体责任，加强施工现场人员及船机设备安全管理；积极配合海事、海洋综合执法等部门开展安全教育、航行通告、场区驱赶（捕钓鱼船）、禁锚区设置、外侵物处置等工作。完善海上风电水上交通安全监管设施设备、智慧海事系统建设，强化建设运维通航安全资金保障。四是推动资源开发与生态保护协同发展。加强海上风电开发的研究论证，确保规划场址避开生态红线区域，符合国土空间规划要求；加强海洋生态环境影响监测预警，做好建设施工中的生态保护，降低对鸟类、渔业、海洋生物影响；落实项目投产运营后生态修复、环境监测评价等工作

3. 奖励补贴

自 2021 年起新建的陆上风电项目已经不再纳入中央财政补贴范围，2022 年起新建的风电项目及并网的海上风电项目也不再纳入中央财政补贴，但各地为延续国家财政支持政策，仍根据各地实际情况出台了风电奖补政策（如表 1-3-2 所示），尤其是在海上风电领域。

表 1-3-2　部分地区风电奖补政策

地区	文件名称	规定内容
山东	《2022 年"稳中求进"高质量发展政策清单（第二批）》	对 2022—2024 年建成并网的"十四五"海上风电项目，分别按照每千瓦 800 元、500 元、300 元的标准给予财政补贴，补贴规模分别不超过 200 万千瓦、340 万千瓦、160 万千瓦。 充分发挥新旧动能转换基金作用，按照市场化方式，吸引更多社会资本，支持海上光伏和海上风电开发建设。支持各市将符合专项债券发行使用条件的海上光伏和海上风电项目纳入项目库，按规定程序予以支持。对销售自产的利用风力生产的电力产品，实行增值税即征即退 50%；对符合规定条件的进口大功率风力发电机组等关键零部件及原材料，免征关税和进口环节增值税
	《关于振作工业经济运行　促进工业平稳增长　推动加快高质量发展行动方案》（鲁发改工业〔2022〕267 号）	对于全省统筹布局建设的海上风电项目，建成投用后形成的能源增量，50% 由省级统筹，50% 留给所在市
浙江	《关于 2022 年风电、光伏项目开发建设有关事项的通知》（舟发改能源〔2022〕13 号）	2022 年和 2023 年，全省享受海上风电省级补贴规模分别按 60 万千瓦和 150 万千瓦控制，补贴标准分别为 0.03 元/千瓦时和 0.015 元/千瓦时。以项目全容量并网年份确定相应的补贴标准，按照"先建先得"原则确定享受省级补贴的项目，直至补贴规模用完。项目补贴期限为 10 年，从项目全容量并网的第二年开始，按等效年利用小时数 2600 小时进行补贴

(续表)

地区	文件名称	规定内容
上海	《上海市可再生能源和新能源发展专项资金扶持办法（2020版）》（沪发改规范〔2020〕7号）	近海风电奖励标准为0.1元/千瓦时，深远海风电项目奖励标准另行研究确定
广东	《促进海上风电有序开发和相关产业可持续发展的实施方案》	2022年起，省财政对省管海域未能享受国家补贴的项目进行投资补贴，项目并网价格执行我省燃煤发电基准价（平价），推动项目开发由补贴向平价平稳过渡。其中：补贴范围为2018年底前已完成核准、在2022年至2024年全容量并网的省管海域项目，对2025年起并网的项目不再补贴；补贴标准为2022年、2023年、2024年全容量并网项目每千瓦分别补贴1500元、1000元、500元；补贴资金由省财政设立海上风电补贴专项资金解决，具体补贴办法由省发展改革委会同省财政厅另行制定。鼓励相关地市政府配套财政资金支持项目建设和产业发展

（三）针对外商的特殊鼓励政策

风能领域是我国鼓励外商投资的重点领域，外国投资者在我国投资风能项目具备良好的政策环境。从政策角度而言，国家和地方努力营造良好的投资环境，积极创造条件，吸引外商投资风电资源。在项目建设层面，各级政府部门加强协调沟通，建立有效的协调、配合和沟通机制，努力形成风电行业吸引外资信息畅通、工作效率高、引资效果好的局面。[1] 此外，国内风电企业也积极在寻求与外资企业合作，国家和地方层面也出台政策鼓励外资企业在风电行业的投资，推动风力发电行业持续发展。

根据《鼓励外商投资产业目录（2022年版）》，新能源电站（包括风能）的建设、经营被列为鼓励外商投资的产业。具体为：在中西部地

---

[1] 尚莉、曹宏、弓晶：《甘肃省利用外资发展风电产业调查》，载《甘肃金融》2009年第9期。

区外商投资优势产业目录中，太阳能、风能发电设备及零部件制造为湖南、云南、青海、新疆、西藏、内蒙古的优势产业。此外，在河北、山西、上海等地针对外商投资的鼓励政策中，新能源行业均被列为鼓励和支持外商投资行业。

1. 项目融资

国家层面，根据《国务院关于进一步做好利用外资工作的意见》的规定，降低资金跨境使用成本，支持外商投资企业扩大人民币跨境使用，支持外商投资企业自主选择借用外债模式，降低融资成本。同时鼓励外商投资企业资本金依法用于境内股权投资。《国务院办公厅关于进一步做好稳外贸稳外资工作的意见》规定，给予重点外资企业金融支持。外资企业同等适用现有1.5万亿元再贷款再贴现专项额度支持。加大对重点外资企业的金融支持力度，进出口银行5700亿元新增贷款规模可用于积极支持符合条件的重点外资企业。

地方层面，我国各地在吸引外资方面提供了较多的政策优惠。相关内容可参见本篇第一章"煤炭领域与投融资有关的准入政策及相关法律法规"表1-1-3"部分地区吸引外商投融资方面优惠政策"，此处不再赘述。

2. 项目建设

国家层面，《国务院关于进一步做好利用外资工作的意见》规定，优化外资项目规划用地审批程序。持续深化规划用地"放管服"改革，加快外资项目落地进度。合并规划选址和用地预审，合并建设用地规划许可和用地批准，推进多测整合、多验合一，推进信息共享，简化报件审批材料。《国务院办公厅关于进一步做好稳外贸稳外资工作的意见》规定，加大重点外资项目支持服务力度。对全国范围内投资额1亿美元以上的重点外资项目，梳理形成清单，在前期、在建和投产等环节，内外资一视同仁加大用海、用地、能耗、环保等方面服务保障力度。

地方层面，我国多个地方出台政策加快外资项目落地。如江苏、上海、青海等地均明确要求优化外资项目规划用地审批程序，以"多规合一"为基础，推动规划用地"多审合一、多证合一"，合并建设项目选址意见书、建设项目用地预审意见。河北、广东、黑龙江等地对重大外资项目实行"一事一议",为外资项目和企业提供优质的服务,提高外商投资便利度。

2021年2月27日,云南省人民政府办公厅发布了《云南省提升利用外资水平政策措施》,明确支持外商投资能源装备制造业,各州、市在风电、光伏电站项目招投标过程中,支持鼓励项目投资企业与具备外资能力的装备制造业企业签订共同开发协议,组成联合体参与项目投资建设。此外,2021年4月27日,宁夏回族自治区发展改革委发布了《宁夏回族自治区发展改革委关于进一步深化改革做好外资工作的通知》(宁发改开放外资〔2021〕255号),对拟申请核准的外商投资项目,项目单位提交项目申请报告,除《外商投资项目核准和备案管理办法》中有关核准的规定内容外,无须附企业财务报表、资金信用证明、环境影响评价审批文件、节能审查意见、国有资产出资确认文件。除法律、行政法规另有规定外,外资项目核准手续可与其他许可手续并行办理。

3. 奖励补贴

奖励补贴方面,我国大多数地区均出台了关于支持外商投资重点产业、优化外商投资奖励的政策。相关内容可参见本篇第一章"煤炭领域与投融资有关的准入政策及相关法律法规"表1-1-4"部分地区吸引外商投资奖励补贴方面优惠政策",此处不再赘述。

第四章

光伏领域与投融资有关的准入政策及相关法律法规

一、国家和地方层面准入政策

（一）国家层面准入政策

与风电一样，光伏也属于《可再生能源法》第2条规定的可再生能源，该法并未对光伏领域的准入主体作出特别限制，因此我国各类经济主体均可参与光伏能源的开发与利用。光伏产业隶属于能源行业，不属于我国现行《公司法》及其他法律规定的暂不实行注册资本认缴登记制的行业类型，因此，从事光伏能源开发与利用的主体实行注册资本认缴登记制，对实缴注册资本没有特别规定。

与风电建设项目的核准制不同，光伏建设项目准入门槛相对较低。根据《国务院关于发布政府核准的投资项目目录（2016年本）的通知》规定，企业投资建设本目录内的固定资产投资项目，须按照规定报送有关项目核准机关核准。企业投资建设本目录外的项目，实行备案管理。经查询，光伏未被列入需政府核准的投资项目目录，因此光伏建设项目实行备案管理。

（二）地方层面准入政策

目前我国各地在光伏领域针对市场主体的准入并未作出特别限制，

另外光伏建设项目属于备案管理，未发现对光伏建设项目设置特别的准入政策。与风电领域相同，内蒙古、贵州对光伏项目的准入作出规定。2022年3月4日发布的《内蒙古自治区人民政府办公厅关于推动全区风电光伏新能源产业高质量发展的意见》指出，光伏发电项目要采用先进高效的设备，多晶硅电池组件和单晶硅电池组件的光电转换效率分别不低于18%和20.5%。新建市场化并网新能源项目，配建储能规模原则上不低于新能源项目装机容量的15%，储能时长4小时以上；新建保障性并网新能源项目，配建储能规模原则上不低于新能源项目装机容量的15%，储能时长2小时以上。

《贵州省风电光伏发电项目管理暂行办法》规定，贵州省能源局将统筹全省风电、光伏发电项目管理，并建立全省光伏发电规划项目库，未列入规划项目库的光伏发电项目，原则上不得备案。贵州省能源局发布的《关于做好我省2022年风电光伏发电年度建设规模项目申报工作的通知》则明确指出，原则上申报的光伏发电单体项目不超过20万千瓦；基地化项目规划规模达到100万千瓦及以上，有明确实施路径的基地化规划的风电、光伏发电项目优先开发。

（三）针对外商的特殊准入政策

与风电领域一样，我国在光伏领域并未针对外国投资者设置特别的准入政策，且光伏行业隶属于新能源行业，并不属于禁止外国投资者投资行业。与之相反，《鼓励外商投资产业目录（2022年版）》将光伏发电成套设备或关键设备制造纳入全国鼓励外商投资产业目录。在不断放宽能源领域外资市场准入的背景下，光伏领域已不存在外资准入限制。

二、国家和地方层面对光伏领域的鼓励政策

（一）国家层面鼓励政策

与风电项目的行业特点相似，光伏产业需要进行大规模的基础设施建设，包括土地租赁、设备购买、电站建设等。因此，需要巨额的资金支持，行业融资需求巨大。同时，因为光伏产业投资周期长，投资者需要承担长期的投资风险和不确定性，所以融资难度较大。[①] 目前，银行贷款和融资租赁是我国新能源光伏发电企业主要采用的两种融资方式，其他融资方式如绿色债券、资产证券化等也时有应用，多元化的融资渠道正在不断拓宽。国家出台了一系列的支持政策来推动我国光伏新能源产业的发展，包括融资扶持政策、电力采购政策、税收优惠等一系列传统的促进措施，还包括试点光伏不动产投资信托基金（REITs）等新兴融资手段。

1. 项目融资

在信贷支持、不动产投资信托基金（REITs）、资产证券化及绿色债券方面，光伏领域与风电领域享受同等的金融支持政策。

除此之外，2020年1月，财政部、国家发展改革委、国家能源局发布的《关于促进非水可再生能源发电健康发展的若干意见》指出，要积极支持户用分布式光伏发展。通过定额补贴方式，支持自然人安装使用"自发自用、余电上网"模式的户用分布式光伏设备。同时，根据行业技术进步、成本变化以及户用光伏市场情况，及时调整自然人分布式光伏发电项目定额补贴标准。

《智能光伏产业发展行动计划（2021—2025年）》（工信部联电子〔2021〕226号）明确要通过市场机制引导多方资本促进智能光伏产业

---

① 宋瑞：《新能源光伏发电企业融资风险分析》，载《国际商务财会》2024年第3期。

发展，支持设立智能光伏领域产业发展基金，探索政府和社会资本合作模式。发挥国家产融合作平台作用，引导金融投资机构加大对智能光伏产业的精准支持力度。落实《关于加强产融合作推动工业绿色发展的指导意见》，充分利用中央及地方相关渠道，推动资源集约化整合和协同支持，结合新基建等重大项目，加大对智能光伏产业进步及有关公共服务平台等扶持。

2. 项目建设

与风电领域相同，《能源领域深化"放管服"改革优化营商环境实施意见》《关于印发促进工业经济平稳增长的若干政策的通知》也适用于光伏领域。

此外，《智能光伏产业发展行动计划（2021—2025年）》对发展智能光伏产业作出了进一步的政策支持。要求持续深化智能光伏产业发展协调机制，共同研究解决产业发展中出现的重大问题。各部门结合自身职能职责确定年度工作目标，加强与有关政策、规划衔接，推动行动计划同自然资源、生态环境、财政、税收、金融、贸易、证券监督等部门政策联动，确保各项任务措施落实到位。加强央地合作，深化地方协调工作机制，鼓励地方出台配套支持政策。

2022年5月14日，国务院办公厅转发的《关于促进新时代新能源高质量发展的实施方案》提出加快推进以沙漠、戈壁、荒漠地区为重点的大型风电光伏发电基地建设，加大力度支持农民利用自有建筑屋顶建设户用光伏，推动太阳能与既有和新建建筑深度融合发展，完善光伏建筑一体化应用技术体系，提高光伏安装覆盖率等举措，促进光伏等新能源高质量发展。

2022年11月25日，国家能源局综合司发布《国家能源局综合司关于积极推动新能源发电项目应并尽并、能并早并有关工作的通知》，要求各电网企业在确保电网安全稳定、电力有序供应前提下，按照"应并尽并、能并早并"原则，对具备并网条件的风电、光伏发电项目，切实采取有效措施，保障及时并网，允许分批并网，不得将全容量建成作为新能源项目并网必要条件。

3. 奖励补贴

在财政补贴方面，光伏领域补贴与风电领域补贴的发展历程类似，自《可再生能源法》颁布以来，可再生能源发展基金对可再生能源的部分财政支出在全国范围内实行分摊，并对光伏发电的上网电价进行补贴。同时自 2009 年起，我国政府接连颁布了一系列支持光伏产业发展的财政补贴政策。[①] 经过数十年的发展，光伏产业逐渐成熟，光伏产业技术水平不断提高，光伏电站的建设成本也逐年降低，因此我国在中央补贴层面对光伏产业的财政补贴逐渐减少并退出。2020 年 1 月，财政部、国家发展改革委、国家能源局发布的《关于促进非水可再生能源发电健康发展的若干意见》指出，风电、光伏等可再生能源已基本具备与煤电等传统能源平价的条件，推动风电、光伏补贴退坡机制的实施，引导风电、光伏尽快实现平价上网。2021 年 5 月 11 日，国家能源局发布《国家能源局关于 2021 年风电、光伏发电开发建设有关事项的通知》（国能发新能〔2021〕25 号），当年度户用光伏发电项目国家财政补贴预算额度 5 亿元，继续稳步推进户用光伏发电建设。

在税收优惠方面，鉴于光伏领域与风电领域同属《公共基础设施项目企业所得税优惠目录（2008 年版）》（财税〔2008〕116 号）中所列项目，因此，光伏行业企业享受的企业所得税税收优惠政策与风电领域相同，具体可参考本编第三章之风电领域税收优惠相关规定。另外，根据《西部地区鼓励类产业目录（2020 年本）》，光伏相关的发电场、制造业等均属于西部地区鼓励类产业，因此设立在西部地区的相关企业可减按 15% 的税率征收企业所得税。

而有关增值税税收优惠，根据《财政部、国家税务总局关于继续执行光伏发电增值税政策的通知》（财税〔2016〕81 号）规定，光伏发电产品增值税即征即退 50% 的优惠已于 2018 年年底到期，目前光伏领域暂无统一的增值税税收优惠政策。

---

① 《周期、成长共振，光伏 20 年回顾及展望》，https://pdf.dfcfw.com/pdf/H3_AP202302131583073061_1.pdf，2024 年 6 月 20 日访问。

我国政府一直积极鼓励和支持光伏发电产业的发展，多次出台政策扶持措施，促进光伏市场的快速发展。预计未来，政策支持将继续对光伏发电市场提供有力的保障。① 但近年来，我国政府正逐渐推动光伏行业从政府补贴导向转为市场导向，促进光伏产业的市场化竞争，市场化竞争将进一步推动我国光伏行业的优质发展。

除了具体的产业政策，顶层设计方面，我国确立的碳达峰、碳中和目标，也奠定了我国光伏行业未来发展的整体基调。② 近两年，国家各部委不断下发关于光伏产业利好政策，为光伏产业市场健康、有序发展奠定了良好的基础。③ 我国光伏产业经过多年发展，产业链完整，制造能力突出，市场占比较高，未来国家产业政策将进一步引导市场化程度的提高。

（二）地方层面鼓励政策

我国地方政策在支持光伏产业发展方面进行了积极的试点与探索，不仅鼓励各类融资方式，如光伏发电企业未来收益权的资产证券化，还致力于搭建融资信息共享平台，并以此为桥梁，实现政府、金融机构和企业之间长期的互联合作，破解信息不对称形成的融资障碍。④ 对于光伏项目建设，各地政府也积极应对，政府机构进行职责划分，并沟通协作，特别是在项目审批、项目建设等方面简化流程，加速项目落地，为光伏项目实施提供便利。

1. 项目融资

在地方层面，光伏领域的融资鼓励政策基本与风电领域保持一致，主要致力于鼓励发展绿色债券、资产证券化，拓宽投融资渠道。

---

① 《前沿 | 光伏产业全景，市场爆发趋势详解》，http://www.21spv.com/news/show.php?itemid=180750，2024 年 6 月 20 日访问。

② 《2023 年光伏行业市场现状以及 2024 年前景趋势分析》，载"术道有方分享"微信公众号 2023 年 12 月 26 日，https://mp.weixin.qq.com/s/7G9Tw3kkRENu5b4RwyDEeA。

③ 《2023 年光伏行业回顾与 2024 年信用风险展望》，https://finance.sina.com.cn/money/bond/market/2023-12-07/doc-imzxcwqy5032820.shtml，2024 年 7 月 10 日访问。

④ 黄梦哲：《光伏发电企业融资现状及创新路径》，载《商业会计》2023 年第 3 期。

浙江省发展改革委发布的《关于促进浙江省新能源高质量发展的实施意见（征求意见稿）》中明确提到将加大绿色金融支持力度。以省碳达峰碳中和数字平台建设为契机，依托省企业信用信息服务平台、金融综合服务应用，加强海上风电、光伏项目等在金融领域的信息共享，推进碳账户金融应用场景建设。积极拓宽投融资渠道，综合运用绿色信贷、绿色保险、绿色债券、绿色产业基金等绿色金融产品和工具，在风险可控的前提下加大对海上风电、光伏项目、生物质能的支持力度，引导金融机构建立符合新能源企业和风电光伏项目特点的信贷管理机制。创新金融产品和服务手段，加大对新能源领域小微企业、民营企业的金融支持力度。符合条件的能源领域公益性项目可申请地方政府专项债券支持。探索开展风电、太阳能电站基础设施不动产投资信托基金（REITs）、资产证券化业务。鼓励保险机构开发针对新能源的保险产品和服务。

深圳市发展改革委发布了《深圳市关于大力推进分布式光伏发电的若干措施》，提出创新光伏项目投融资服务，明确了应由市发展改革委、财政局、生态环境局、市场监管局、地方金融监管局、深圳银保监局按职责分工负责，推动分布式光伏发电的发展。包括：充分发挥投资引导基金等政策性基金引导作用，鼓励社会资本积极投资建设光伏项目。鼓励银行等金融机构探索创新金融产品和服务，采取灵活的贷款担保方式，加大对光伏项目的信贷支持。鼓励采用融资租赁方式为光伏发电项目提供一体化融资租赁服务；鼓励各类基金、保险、信托等与产业资本结合；鼓励担保机构对光伏项目开展信用担保。

新疆维吾尔自治区发布了《关于建立新能源开发管理工作机制的通知》（新发改规〔2022〕10号），提出创新融资方式。发行绿色金融债、碳中和债等绿色债券，建立绿色产业基金，积极支持新疆新能源项目申报国家基础设施不动产投资信托基金（REITs）试点。

2. 项目建设

在项目落地方面，除与风电领域相类似的政策支持外，还有地方就光伏领域项目特别出台鼓励政策（如表 1-4-1 所示）。如浙江针对分布式光伏和集中式光伏出台了不同的鼓励政策，山东就漂浮式海上光伏项目落地实施出台鼓励政策，云南从光伏项目的项目审批、项目建设等方面作出指示以加速项目落地。

表 1-4-1　部分地区光伏领域项目鼓励政策

地区	文件名称	规定内容
浙江	《关于促进浙江省新能源高质量发展的实施意见（修改稿）》	3. 深挖分布式光伏潜力。开展整县（市、区）推进屋顶分布式光伏规模化开发试点，推广光伏建筑融合发展，支持党政机关、学校、医院等新建公共建筑安装分布式光伏，鼓励现有公共建筑安装分布式光伏。深化可再生能源建筑应用，开展建筑屋顶光伏行动。允许分布式光伏电站在原电站容量不增加的基础上，通过改造升级腾退屋顶资源新上项目。 4. 鼓励集中式复合光伏。在符合国土空间总体规划的基础上组织编制全省集中式光伏专项规划，并做好与其他相关专项规划的衔接。鼓励使用废弃矿山、低丘缓坡等非耕地和园地资源，结合现代农业、渔业养殖等功能建设集中式复合光伏项目。探索光伏风电用海立体分层设权，拓展海域立体利用空间，鼓励利用围海养殖区、近海滩涂区、围而未填海域等海域空间建设滩涂光伏项目。鼓励光伏与生态修复、污染治理相结合
云南	《关于加快光伏发电发展的若干政策措施》（云政发〔2022〕16号）	（八）简化审批流程。光伏发电项目实行属地备案制度，国家级大型光伏基地、"风光水储"多能互补基地建设项目，跨州、市项目由省级主管部门负责组织协调，项目所在地州、市人民政府负责项目的组织实施；跨县、市、区项目由州、市主管部门负责组织协调，项目所在地县级人民政府负责组织实施；其他项目由县、市、区主管部门备案并组织实施。配套接网工程按照电压等级实行核准或审批管理。提高行政审批效率，开辟绿色通道，土地、林地现场踏勘由省、州市、县三级行业主管部门联合开展，实行并行审批。

(续表)

地区	文件名称	规定内容
云南	《关于加快光伏发电发展的若干政策措施》（云政发〔2022〕16号）	（九）推动项目加快建设，限期投产。各州、市人民政府应督促项目业主在取得开发权后，1个月内完成项目备案。完成备案后，加快推进项目前期工作，完成时限不得超过2个月，因项目业主自身原因逾期未完成的，责令限期整改；整改期满仍未开工建设的，取消备案，收回开发权，项目业主2年内不得参与我省光伏开发建设。装机规模10万千瓦及以下项目，开工6个月内应具备投产条件；10万千瓦以上项目，开工8个月内应具备投产条件。全容量并网最长期限不得超过1年。因项目业主推进不力，未按照时限要求建成投产的，责令其限期整改。因不可抗力因素（地震、重大自然灾害等）影响，项目业主及时向州、市能源主管部门报备的，项目建设周期可顺期延长。项目所在地州、市人民政府要加强组织领导，指导督促项目业主加快推进，对因政府部门工作影响项目建设进度的，通报和约谈有关责任单位和责任人。 （十一）完善统筹协调机制。充分发挥云南省可再生能源发展和煤电改造升级协调工作领导小组（以下简称领导小组）作用，统筹推进全省光伏项目建设，协调解决项目建设中存在的困难和问题。省发展改革委负责不定期组织研究项目实施过程中的重大问题。省能源局履行领导小组办公室职责，强化上下联动与左右协同，加强日常动态跟踪与监管，每月定期召开领导小组办公室会议，每月牵头组织对各地在建项目投资进度进行排序，每10天进行1次调度，对投资进度连续3个月排名靠前的进行通报表扬；对年度完成投资靠前的，将区域内次年计划新开工项目优先纳入省级重大项目。省自然资源厅负责项目用地指标保障，加快土地调规与使用土地行政审批。省生态环境厅指导加快项目环境影响评价行政审批。省水利厅负责加快水土保持方案行政审批。省林草局负责项目用林指标保障、使用林地行政审批。领导小组各成员单位要按照职责分工做好工作配合。有关州、市人民政府成立工作领导小组，建立统筹协调机制，将加快光伏发电项目建设纳入州、市人民政府重要议事日程，主要领导亲自挂帅，高位推动，压实责任，确保本行政区域内列入年度建设的项目按期投产

(续表)

地区	文件名称	规定内容
新疆	《关于建立新能源开发管理工作机制的通知》	对于不形成实际压占土地、不改变地表形态，不影响农业生产的农光互补、牧光互补等项目，允许不改变土地原有用途和性质，以"复合用地"方式使用

3. 奖励补贴

近年来，我国中央层面对光伏产业的财政补贴逐渐减少甚至于取消，仅保留户用光伏补贴。但是，各地为加速光伏产业的发展，仍根据各地实际情况出台了光伏发电奖励补贴政策（如表1-4-2所示），从海上光伏、分布式光伏多个层面对光伏产业进行扶持。

表1-4-2 部分地区光伏发电奖励补贴政策

地区	文件名称	规定内容
北京	《关于进一步支持光伏发电系统推广应用的通知》（京发改规〔2020〕6号）	对于本市行政区域范围内已完成备案，并于2020年1月1日至2021年12月31日期间采用"自发自用为主，余量上网"模式并网发电的分布式光伏发电项目，市级财政按项目实际发电量给予补贴，每个项目的补贴期限为5年，补贴对象为法人单位或个人。其中： 1. 常规类项目保持补贴标准不变。 适用一般工商业电价、大工业电价或农业生产电价的项目补贴标准为每千瓦时0.3元（含税）。个人利用自有产权住宅建设的户用光伏发电项目补贴标准为每千瓦时0.3元（含税）。 2. 提高部分领域补贴标准。 学校、社会福利场所等执行居民电价的非居民用户项目补贴标准为每千瓦时0.4元（含税）。 3. 支持高端应用。 全部实现光伏建筑一体化应用（光伏组件作为建筑构件）的项目，补贴标准为每千瓦时0.4元（含税）
上海	《上海市可再生能源和新能源发展专项资金扶持办法》（沪发改规范〔2022〕14号）	（第五条）（二）常规光伏项目，光伏电站奖励标准0.1元/千瓦时，执行居民用户电价的学校分布式光伏奖励标准0.12元/千瓦时，其他分布式光伏奖励标准0.05元/千瓦时。 （三）光伏建筑一体化项目奖励标准0.3元/千瓦时

(续表)

地区	文件名称	规定内容
上海	《徐汇区节能减排降碳专项资金管理办法》（徐发改规〔2024〕2号）	新建并网的分布式光伏、光伏电站等可再生能源项目，经认定，可按照并网规模对出资方给予1200元/千瓦奖励，其中光伏建筑一体化项目可按照并网规模对出资方给予1500元/千瓦奖励，单个项目奖励最高不超过150万元。对于提供场地建设光伏且并网的产权单位，经认定，可另按照300元/千瓦给予奖励，单个项目奖励最高不超过30万元
广东	《深圳市关于大力推进分布式光伏发电的若干措施》（深发改规〔2022〕13号）	对于本市范围内于2022年1月1日至2025年12月31日期间建成，并网计量的薄膜光伏示范项目纳入补贴范围。市级财政对纳入补贴范围在本政策有效期内的发电量予以补贴
浙江	《金华市区光伏发展补贴实施办法》（金发改能源〔2022〕42号）	（二）补贴对象 在金华市区投资兴建分布式光伏发电项目的投资方。 （三）补贴标准 分布式光伏发电项目按发电量给予补贴，补贴标准为0.10元/千瓦时，补贴时间为3年（自建成并网次月起，连续计算36个月），一年发放一次

（三）针对外商的特殊鼓励政策

在全国鼓励外商投资产业目录中，薄膜电池发电玻璃、太阳能集光镜玻璃、建筑用光伏发电玻璃生产，高新太阳能电池生产专用设备制造，新能源发电成套设备或关键设备制造，电池制造，太阳能空调制造，直径8英寸及以上硅单晶制造，直径12英寸及以上硅片制造，新能源电站建设、经营，以及清洁能源微电网的建设、经营都赫然在列。而在中西部地区外商投资优势产业目录中，也有许多与光伏相关的产品，开发本地的丰富资源，与现有产业形成配套。可以说，外国投资者在我国投资光伏项目具备良好的政策环境。

1. 项目融资

国家层面，光伏领域与风电领域相同，根据《国务院关于进一步做好利用外资工作的意见》规定，降低资金跨境使用成本，支持外商投资企业扩大人民币跨境使用，支持外商投资企业自主选择借用外债模式，降低融资成本。鼓励外商投资企业资本金依法用于境内股权投资。《国务院办公厅关于进一步做好稳外贸稳外资工作的意见》规定，给予重点外资企业金融支持：外资企业同等适用现有1.5万亿元再贷款再贴现专项额度支持，进出口银行5700亿元新增贷款规模可用于积极支持符合条件的重点外资企业。在信贷方面、外债方面，光伏领域的外资企业仍可享受金融支持政策。

地方层面，河北、上海、浙江等地针对外资企业出台的鼓励政策中，并未就光伏领域作出特殊规定，因此光伏领域进行投资的外国投资者可享受与其他能源行业同等的融资支持政策。相关内容可参见本篇第一章"煤炭领域与投融资有关的准入政策及相关法律法规"表1-1-3"部分地区吸引外商投融资方面优惠政策"，此处不再赘述。

2. 项目建设

国家层面，光伏领域的外资企业同样适用《国务院关于进一步做好利用外资工作的意见》的规定，即享受规划用地"放管服"改革，加快外资项目落地进度的支持政策。

地方层面，我国各地针对外商投资项目落地的奖励政策中，并未对风电领域及光伏领域进行区分。因此，各地外商投资在光伏领域的项目落地奖励政策中，与光电领域一致。除明确优化外资项目行政审批程序外，也明确为外资项目和企业提供优质的服务，对重大外资项目实行"一事一议"。

例如，山西省在《山西省人民政府关于进一步做好重点领域利用外资工作的实施意见》中明确，取消外资企业审批备案管理，实施外商投资信息报告制度。授权各设区市、国家级经济开发区的市场监管部门作为辖区内外资企业登记注册机关，进一步优化程序，压缩登记注册时间（不超过3个工作日）。下放外资项目备案（或核准）权限到各设区市、省级以上开发区项目备案部门。省级以上开发区要落实"领办代办"制度，为外商投资企业和项目提供优质服务。同时，开展外资项目调度，省、市政府要建立外资工作专班，对外资重点项目实施台账管理，对在谈、签约、新注册、存量企业再投资项目各个环节全流程跟踪服务，及时协调解决企业生产经营和项目建设中的具体问题。

3. 奖励补贴

在奖励补贴方面，光伏领域与风电领域同属鼓励外商投资产业目录，因此各地尚未单独就外资在光伏领域出台特别的补贴政策。与外商投资奖励补贴相关的内容可参见本篇第一章"煤炭领域与投融资有关的准入政策及相关法律法规"表 1-1-4"部分地区吸引外商投资奖励补贴方面优惠政策"，此处不再赘述。

第五章

氢能领域与投融资有关的准入政策及相关法律法规

一、国家和地方层面准入政策

（一）国家层面准入政策

与风电、光伏领域一样，我国未对氢能领域的准入主体进行特别限制。但是，氢燃料电池汽车、加氢站作为氢能产业中的重要组成部分，国家层面对该领域作出了准入规定或行业标准要求，从而规范其管理与运营。

针对燃料电池汽车，2020 年 7 月，工业和信息化部修订了《新能源汽车生产企业及产品准入管理规定》，要求通过审查的新能源汽车[①]生产企业及产品，由工业和信息化部通过《道路机动车辆生产企业及产品公告》发布。新能源汽车生产企业应当按照《道路机动车辆生产企业及产品公告》载明的许可要求生产新能源汽车产品。根据《新能源汽车生产企业及产品准入管理规定》，申请新能源汽车生产企业准入的，应当符合以下条件：

---

① 根据《新能源汽车生产企业及产品准入管理规定》第 3 条的规定，新能源汽车是指采用新型动力系统，完全或者主要依靠新型能源驱动的汽车，包括插电式混合动力（含增程式）汽车、纯电动汽车和燃料电池汽车等。

（1）符合国家有关法律、行政法规、规章和汽车产业发展政策及宏观调控政策的要求。

（2）申请人是已取得道路机动车辆生产企业准入的汽车生产企业，或者是已按照国家有关投资管理规定完成投资项目手续的新建汽车生产企业。汽车生产企业跨产品类别生产新能源汽车的，也应当按照国家有关投资管理规定完成投资项目手续。

（3）具备生产新能源汽车产品所必需的生产能力、产品生产一致性保证能力、售后服务及产品安全保障能力，符合《新能源汽车生产企业准入审查要求》。具备工业和信息化部规定条件的大型汽车企业集团，在企业集团统一规划、统一管理、承担相应监管责任的前提下，对其下属企业（包括下属子公司及分公司）的准入条件予以简化，适用《企业集团下属企业的准入审查要求》。

（4）符合相同类别的常规汽车生产企业准入管理规则。

受限于上述新能源汽车准入规定，实践中非传统车企成功进入新能源汽车市场的路径包括纯新建模式、收购模式和委托生产模式三种。[①]

就加氢站而言，加氢站均应依法进行备案，其建设和运营单位应当符合有关技术规范和标准。目前国内加氢站建设参考的标准主要有《加氢站技术规范》（GB 50516—2010）和《加氢站安全技术规范》（GB/T 34584—2017），这两个标准均引用了《氢气站设计规定》（GB 50177—2005）。

除以上市场准入规定外，氢燃料电池汽车、加氢站建设还涉及多项审批和许可要求。同光伏产业一样，氢能产业未被列入需政府核准的投资项目目录，氢能建设项目一般以实行备案管理为主。因此在立项阶段，应当进行企业投资项目备案、建设项目用地预审与选址意见书、建设用地规划许可、建设工程规划许可；报建阶段涉及建筑工程施工许可、环评审批或备案、消防设计审查等；在竣工阶段，国家层面虽未明确规定，但目前上海、内蒙古等地已提出针对加氢站专项竣工验收要

---

① 王凯：《新势力进入新能源汽车生产的主要路径总结》，http://junhe.com/legal-updates/1468，2024年6月20日访问。

求。此外，如果加氢站向车用氢气瓶充装氢气，则依据《中华人民共和国特种设备安全法》（以下简称《特种设备安全法》）须办理《气瓶充装许可证》后方可开展充装活动，若加氢站经营单位因生产经营需要，确需办理经营许可的，可向住建局申请办理《燃气经营许可证》。有关氢能领域在开发、建设和运营各阶段合规性要求的详细内容请见第二篇"能源行业投融资项目的合规问题与法律风险防范"之第三章"风电领域的合规问题与法律风险"。

2023年7月19日，国家标准化管理委员会与国家发展改革委、工业和信息化部、生态环境部、应急管理部、国家能源局联合印发了《氢能产业标准体系建设指南（2023版）》（国标委联〔2023〕34号），这是国家层面首个氢能全产业链标准体系建设指南，主要对于氢制备、氢存储和输运、氢加注和氢能应用等方面进行了规范。这一指南旨在推动国内氢能行业的标准化发展，以实现更加安全和高效的氢能产业发展。有鉴于此，未来在进行氢能项目时，必须遵循新颁布的标准和规范，以确保合规性和可持续性。

（二）地方层面准入政策

随着2019年我国将"推动充电、加氢等设施建设"写入政府工作报告，各地方政府积极响应并出台支持政策，但目前并没有发现关于氢能产业的准入限制。

尽管如此，由于多地政府针对氢能产业制定了详细的备案及管理办法，如内蒙古自治区乌海市发展改革委制定了《乌海市加氢站管理办法（试行）（2019—2022）》等，因此我们提醒氢能产业项目建设和运营单位要及时关注相关法律法规，避免合规风险。

此外，氢气一直以来都被列入《危险化学品名录》，使得制氢项目的开发主体被要求必须持有危险化学品生产许可证，并且只能在化工园区内进行。这使得氢能项目成本过高，而无法快速地实现规模化发展。

不过，不少地区近年来已经开始对制氢政策予以松绑。① 例如，河北省发布的《河北省氢能产业安全管理办法（试行）》（冀政办字〔2023〕85号），明确绿氢生产不需取得危险化学品安全生产许可，允许在化工园区外建设电解水制氢（太阳能、风能等可再生能源）等绿氢生产项目和制氢加氢一体站。又如，广东省出台了《广东省燃料电池汽车加氢站建设管理暂行办法》（粤建城〔2023〕90号），允许在非化工园区建设制氢加氢一体站；吉林省发布了《支持氢能产业发展的若干政策措施（试行）》（吉政发〔2022〕22号），提出开展分布式可再生能源制氢加氢一体站在非化工园区示范建设。此前，将氢作为危化品管理，涉及的投资、土地、审批等环节的门槛较高，且危化品管理的审批流程复杂，无形中产生了更多成本。② 随着近年来松绑政策的落地，氢能项目的成本将得到控制，从而有助于加快氢能产业的发展。③

（三）针对外商的特殊准入政策

根据《外商投资准入特别管理措施（负面清单）（2021年版）》和《自由贸易试验区外商投资准入特别管理措施（负面清单）（2021年版）》，氢能产业均不在其中，因此对氢能产业的外商投资无特别限制。

二、国家和地方层面对氢能领域的鼓励政策

（一）国家层面鼓励政策

我国针对氢能的鼓励政策始于2006年，出台了《国家中长期科学和技术发展规划纲要（2006—2020年）》，将氢能及燃料电池技术写入国家发展规划。在起步阶段主要围绕对加氢站给予财政补贴、加大高效

---

① 李玲、张胜杰：《氢能产用获政策松绑》，http：//www.cnenergynews.cn/guonei/2023/07/17/detail_20230717134842.html，2024年7月20日访问。
② 《氢能产用获政策松绑，多地允许化工园区外制氢》，https：//www.thepaper.cn/newsDetail_forward_23880493，2024年7月20日访问。
③ 李玲、张胜杰：《氢能产用获政策松绑》，http：//www.cnenergynews.cn/guonei/2023/07/17/detail_20230717134842.html，2024年7月20日访问。

制氢加氢技术研发、氢燃料电池技术研究等支持性政策为主，未明确制定和颁布氢能发展规划及相关政策法规。2016 年起，我国进入氢能产业推广阶段，《中国氢能产业基础设施发展蓝皮书（2016）》首次提出了我国氢能产业发展路线图，将"氢能与燃料电池技术创新"纳入重点任务。2019 年起，我国进入氢能产业高速发展阶段，氢能首次被写入政府工作报告，2024 年 11 月 8 日通过的《中华人民共和国能源法》（以下简称《能源法》）也承认氢能的能源属性。《能源法》第 2 条规定："本法所称能源，是指直接或者通过加工、转换而取得有用能的各种资源，包括煤炭、石油、天然气、核能、水能、风能、太阳能、生物质能、地热能、海洋能以及电力、热力、氢能等。"

国家发展改革委、国家能源局等也印发了一些鼓励和规范氢能源行业项目融资、项目建设和奖励补贴政策。

1. 项目融资

2016 年 12 月，国务院印发的《"十三五"节能减排综合工作方案》（国发〔2016〕74 号）要求："健全绿色金融体系。加强绿色金融体系的顶层设计，推进绿色金融业务创新。鼓励银行业金融机构对节能减排重点工程给予多元化融资支持。健全市场化绿色信贷担保机制，对于使用绿色信贷的项目单位，可按规定申请财政贴息支持。对银行机构实施绿色评级，鼓励金融机构进一步完善绿色信贷机制，支持以用能权、碳排放权、排污权和节能项目收益权等为抵（质）押的绿色信贷。推进绿色债券市场发展，积极推动金融机构发行绿色金融债券，鼓励企业发行绿色债券。研究设立绿色发展基金，鼓励社会资本按市场化原则设立节能环保产业投资基金。支持符合条件的节能减排项目通过资本市场融资，鼓励绿色信贷资产、节能减排项目应收账款证券化。在环境高风险领域建立环境污染强制责任保险制度。积极推动绿色金融领域国际合作。"

2021 年 10 月，国家发展改革委等部门印发的《"十四五"全国清洁生产推行方案》（发改环资〔2021〕1524 号）规定："强化政策激励。……强化绿色金融支持，引导企业扩大清洁生产投资。……"

2022年3月，国家发展改革委、国家能源局发布的《氢能产业发展中长期规划（2021—2035年）》提出："加强金融支持，鼓励银行业金融机构按照风险可控、商业可持续性原则支持氢能产业发展，运用科技化手段为优质企业提供精准化、差异化金融服务。鼓励产业投资基金、创业投资基金等按照市场化原则支持氢能创新型企业，促进科技成果转移转化。支持符合条件的氢能企业在科创板、创业板等注册上市融资。"

自2022年《氢能产业发展中长期规划（2021—2035年）》出台以来，国家层面和地方层面的氢能产业政策以及氢能规划不断出台，国家层面表现在推进氢能标准化工作和重点领域氢能应用布局等；地方层面，全国已有多个省区市发布氢能规划和指导意见等，以此促进氢能产业发展。随着国家和地方层面的持续发力，2024年，在中长期规划的基础上，我国氢能"1+N政策体系"将初步完善。① 此外，一些制约氢能发展的政策问题，如氢的"危化品属性"问题等已在实践中不断受到关注，将有望得到进一步解决。

2. 项目建设

与风电、光伏领域相同，《能源领域深化"放管服"改革优化营商环境实施意见》《关于印发促进工业经济平稳增长的若干政策的通知》同样适用于氢能领域。

此外，2019年9月，自然资源部发布的《自然资源部关于以"多规合一"为基础推进规划用地"多审合一、多证合一"改革的通知》（自然资规〔2019〕2号）要求，涉及新增建设用地，用地预审权限在自然资源部的，建设单位向地方自然资源主管部门提出用地预审与选址申请，由地方自然资源主管部门受理；经省级自然资源主管部门报自然资源部通过用地预审后，地方自然资源主管部门向建设单位核发建设项目用地预审与选址意见书。用地预审权限在省级以下自然资源主管部门的，由省级自然资源主管部门确定建设项目用地预审与选址意见书办理的层级和权限。使用已经依法批准的建设用地进行建设的项目，不再办理用地预审；需要办理规划选址的，由地方自然资源主管部门对规划选

---

① 吴昊：《迎接"氢电并行"时代——展望2024年中国氢能产业发展十大趋势》，载《中国改革报》2024年1月3日第4版。

址情况进行审查，核发建设项目用地预审与选址意见书。以出让方式取得国有土地使用权的，市、县自然资源主管部门依据规划条件编制土地出让方案，经依法批准后组织土地供应，将规划条件纳入国有建设用地使用权出让合同。建设单位在签订国有建设用地使用权出让合同后，市、县自然资源主管部门向建设单位核发建设用地规划许可证。

2023年12月17日，国家发展改革委发布了《产业结构调整指导目录（2024年本）》，氢能进入国家发展改革委产业结构鼓励类项目。该文件对鼓励类投资项目，按照国家有关投资管理规定进行审批、核准或备案，其中新能源部分包括了氢能技术与应用。文件中涉及的氢能项目包括了可再生能源制氢、运氢及高密度储氢技术开发应用及设备制造，以及氢能、风电与光伏发电互补系统技术开发与应用等，不断更新氢能产业。

2023年8月25日，工业和信息化部等七部门印发《汽车行业稳增长工作方案（2023—2024年）》（工信部联通装〔2023〕145号），提到"鼓励地方加快氢能基础设施建设"，旨在为燃料电池汽车的应用提供配套的基础设施服务。氢能绿色低碳、应用广泛，尤其在现阶段，我国不断支持燃料电池汽车的发展，氢能更加受到关注，其不仅作为低碳高效的清洁能源得到推崇，更对于我国实现碳达峰碳中和目标具有重要意义。

3. 奖励补贴

国家层面，早在2014年提出的新能源汽车支持性政策中便涉及了针对氢能产业的补贴规定，此后鲜有针对氢能燃料电池的专门财政支持政策。直至2020年，我国逐步加大了对氢燃料电池乘用车的财税支持力度，《关于开展燃料电池汽车示范应用的通知》（财建〔2020〕394号）的发布开启了燃料电池汽车以奖代补的新阶段。此外，在税收优惠方面，氢加工制造、氢能燃料电池制造、输氢管道和加氢站建设被列入《西部地区鼓励类产业目录（2020年本）》中贵州省和内蒙古自治区新增的鼓励类产业。我国国家层面对氢能产业（包括氢燃料电池汽车、加氢站等）的奖励补贴政策如表1-5-1所示，主要包括加氢站建设补贴、新能源汽车补贴、燃料电池领域关税下调等。

表 1-5-1　国家层面氢能产业奖励补贴政策

发文机关	文件名称	主要内容
财政部、科技部、工业和信息化部、发展改革委	《关于新能源汽车充电设施建设奖励的通知》（财建〔2014〕692号）	对符合国家技术标准且日加氢能力不少于200公斤的新建燃料电池汽车加氢站每个站奖励400万元
财政部、科技部、工业和信息化部、发展改革委	《关于2016—2020年新能源汽车推广应用财政支持政策的通知》（财建〔2015〕134号）	补助标准。补助标准主要依据节能减排效果，并综合考虑生产成本、规模效应、技术进步等因素逐步退坡。2017—2020年除燃料电池汽车外其他车型补助标准适当退坡，即氢燃料电池汽车纳入补贴且不退坡
财政部、工业和信息化部、科技部、发展改革委	《关于调整完善新能源汽车推广应用财政补贴政策的通知》（财建〔2018〕18号）	完善新能源汽车补贴标准。根据成本变化等情况，调整优化新能源乘用车补贴标准，合理降低新能源客车和新能源专用车补贴标准。燃料电池汽车补贴力度保持不变，燃料电池乘用车按燃料电池系统的额定功率进行补贴，燃料电池客车和专用车采用定额补贴方式
财政部、工业和信息化部、科技部、发展改革委	《关于完善新能源汽车推广应用财政补贴政策的通知》（财建〔2020〕86号）	将当前对燃料电池汽车的购置补贴，调整为选择有基础、有积极性、有特色的城市或区域，重点围绕关键零部件的技术攻关和产业化应用开展示范，中央财政将采取"以奖代补"方式对示范城市给予奖励
财政部、工业和信息化部、科技部、发展改革委、国家能源局	《关于开展燃料电池汽车示范应用的通知》	对符合条件的城市群开展燃料电池汽车关键核心技术产业化攻关和示范应用给予奖励，形成布局合理、各有侧重、协同推进的燃料电池汽车发展新模式。示范期暂定为四年。示范期间，五部门将采取"以奖代补"方式，对入围示范的城市群按照其目标完成情况给予奖励
国务院关税税则委员会	《关于2022年关税调整方案的通知》（税委会〔2021〕18号）	燃料电池领域共有5项相关产品税率下调：燃料电池增压器由7%降至5%；燃料电池循环泵由7%降至2%；燃料电池用膜电极组件由8%降至4%；燃料电池用双极板由8%降至4%；燃料电池用碳电极片由10%降至5%
财政部、税务总局、工业和信息化部	《关于延续新能源汽车免征车辆购置税政策的公告》（财政部、税务总局、工业和信息化部2022年第27号）	对购置日期在2023年1月1日至2023年12月31日期间内的新能源汽车，免征车辆购置税

（二）地方层面鼓励政策

2021年8月和10月，财政部、工业和信息化部、科技部、国家发展改革委和国家能源局分批批准建立了京津冀、上海、广东、河南、河北五大燃料电池汽车示范应用城市群，并以北京市大兴区、上海市、广东省佛山市、河南省郑州市、河北省张家口市为各城市群的牵头城市，聚焦氢能技术研发、加氢站建设布局、氢燃料电池汽车推广应用等。至此，我国氢燃料电池示范城市群"3＋2"的格局形成，将加快氢能产业发展步伐。[①]

五大燃料电池汽车示范城市群覆盖了北京市、天津市、河北省、山东省、上海市、江苏省、浙江省、宁夏回族自治区、内蒙古自治区、广东省、福建省、安徽省、河南省等地区，各地政府研究制定了多项有利于氢能产业发展的融资、项目落地和奖励补贴政策。

1. 项目融资

与风电和光伏领域类似，地方政府发布针对氢能产业发展实施方案，主要是引导金融机构加大对氢能产业重点项目的信贷支持，鼓励社会资本以独资、合资、合作、项目融资、私募股权融资、上市融资等方式投资氢能产业。此外，部分地方政府还发布了专门针对氢能产业的政策，如表1-5-2所示。

表1-5-2　氢能产业地方层面融资鼓励政策

地区	文件名称	主要内容
河南	《河南省加快新能源汽车推广应用若干政策》（豫政办〔2019〕36号）	鼓励新能源汽车应用融资新模式。统筹现有产业发展类基金，引导金融机构、民间资本采取股权投资等方式参与新能源汽车推广应用、设施建设等重大项目。支持各省辖市设立专项资（基）金，推动新能源汽车推广应用模式创新等工作

[①] 《五大城市群探路"氢能"燃料电池汽车迎利好》，https://finance.sina.com.cn/chanjing/cyxw/2022-10-24/doc-imqmmthc1872893.shtml，2024年7月20日访问。

(续表)

地区	文件名称	主要内容
河北	《河北省推进氢能产业发展实施意见》（冀发改能源〔2019〕1075号）	拓宽融资渠道。加强银企对接合作平台建设，加大对氢能项目信贷支持，积极支持符合条件的氢能企业上市融资。落实促进科技金融深度融合的政策措施，发挥新型金融工具的助推孵化作用，支持初创型、成长型氢能企业发展。鼓励各类资本设立氢能产业基金及创新创业基金，吸引和撬动社会资金积极参与，提升市场主体活力和发展潜力
山东	《山东省氢能产业中长期发展规划（2020—2030年）》（鲁政办字〔2020〕81号）	积极推进金融机构与氢能企业银企对接，引导金融机构加大对氢能产业重点项目的资金支持；鼓励社会资本以独资、合资、合作、项目融资、私募股权融资、上市融资等方式，投资氢能产业
上海	《上海市加快新能源汽车产业发展实施计划（2021—2025年）》（沪府办〔2021〕10号）	支持加氢站、充换电设施、智能路侧设施和重大功能性平台项目纳入"新基建"示范，在财税、低息贷款等方面给予支持
上海	《关于支持中国（上海）自由贸易试验区临港新片区氢能产业高质量发展的若干政策》（沪发改高技〔2022〕83号）	做强做专临港氢能产业基金。推动上海国资、社会资本共同参与，支持临港氢能产业基金做大规模、做专水平，重点投资氢能产业核心零部件、材料和装备等关键技术创新与转化、重点企业引进培育等，加快氢能产业在临港集聚发展；积极推动东西部氢能产业跨区域合作，支持参与国内大型风光资源发电制氢产业基地投资，为上海氢能装备开拓国内市场空间。落实"浦江之光"行动，支持临港新片区氢能企业在科创板上市融资
北京	《北京市氢能产业发展实施方案（2021—2025年）》（京经信发〔2021〕79号）	吸引社会资本投资，建立产业投资基金，重点支持应用场景构建、车辆推广融资租赁、热电联供示范等商业模式，在示范初期降低企业投资和成本压力，提升消费者使用意愿，加快氢能全场景推广应用
北京	《大兴区促进氢能产业发展暂行办法（2022年修订版）》（京兴政发〔2022〕6号）	第八条 支持企业融资发展。企业上年度用于生产、研发等正常经营活动申请的银行贷款或融资租赁，并按约定贷款用途或应用于融资租赁项目实际使用的，按照一年期银行贷款基准利率，给予最高不超过三年、每年最高不超过500万元的贴息支持，贴息利率以实际发生为准，不高于上年度银行同期贷款基准利率
浙江	《浙江省加快培育氢燃料电池汽车产业发展实施方案》（浙发改产业〔2021〕388号）	鼓励金融机构对氢燃料电池产业链上创新企业提供优惠贷款等专项服务。发挥省产业基金引导作用，通过参与项目投资等多种手段，支持初创型、成长型氢燃料电池企业快速发展

2. 项目建设

在地方层面项目落地的鼓励政策方面，除与风电和光伏领域相类似的政策支持外，各地方政府出台了针对氢能产业的具体实施指南，为加氢站建设项目用地、规划用地审批等方面提供保障。此外，在项目审批方面，多地政府出台管理办法简化加氢站审批和监管流程，要求在"加氢站建设项目审批过程中，各部门应依据法定职责有序实行同步并联办理或提前对接，各司其职、各负其责做好各自专业范畴的审批工作"[①]。另外，在环境保护和消防设计审查方面，也有部分地方政府规定，在满足条件的前提下，允许以免于规划许可方式办理消防设计审核和充装证；"对处于工业园区的氢能项目应编制环境影响报告表的，可简化为环境影响登记表依法备案登记，不再实施审批"[②]。有关详细内容见表1-5-3所示。

表 1-5-3 地方层面氢能产业项目落地鼓励政策

地区	文件名称	主要内容
河南	《河南省加快新能源汽车推广应用若干政策》	保障配套设施建设用地。将新建集中式充换电站、燃料电池加氢站、物流分拨中心建设用地纳入公用设施营业网点用地范围，其用途按照城市规划确定的用途管理，采取招标拍卖、挂牌出让或租赁方式供应土地。……供应其他新建项目用地需配套建设充电基础设施的，将配套建设要求纳入土地供应条件，允许土地使用权取得人与其他市场主体合作，按要求投资建设运营充电设施。在符合规划的前提下，原划拨土地使用权人利用现有建设用地新建充电站的，可采用协议方式办理相关用地手续。……严格充电站用地改变用途管理，确需改变用途的，应依法办理规划用地手续
河北	《河北省推进氢能产业发展实施意见》	对于先进氢能产业项目，优先列入省、市重点项目计划，市、县政府负责落实耕地占补平衡和用地指标，予以优先保障。因受资源环境条件约束，项目所在城市或范围内保障能力不足，补充耕地确实难以及时、足额落实的，可在省级补充耕地指标库中申请调剂解决。对处于工业园区的氢能项目应编制环境影响报告表的，可简化为环境影响登记表依法备案登记，不再实施审批

---

① 《广东省燃料电池汽车加氢站建设管理暂行办法》第5条。
② 《承德市人民政府对河北省第十三届人民代表大会第四次会议第1451号建议的答复》，https://www.chengde.gov.cn/art/2021/11/29/art_9949_812440.html，2024年7月20日访问。

(续表)

地区	文件名称	主要内容
山东	《山东省氢能产业中长期发展规划（2020—2030年）》	强化用地保障。对于符合省级规划布局、带动力强的省级重点项目用地纳入保障范围，给予用地保障。有关市、县（市）等要把氢能产业项目用地纳入当地国土空间规划，统筹保障项目用地
广东	《广东省加快氢燃料电池汽车产业发展实施方案》（粤发改产业函〔2020〕2055号）	支持大型物流园区、大型露天停车场利用自有土地建设撬装加氢站，简化撬装加氢站建设审批和监管流程，在满足安全规范的前提下，允许以免于规划许可方式办理消防设计审核和充装证
上海	《上海市加快新能源汽车产业发展实施计划（2021—2025年）》	推动加氢基础设施建设。出台加氢站布局专项规划，制定建设审批管理办法。在安全可控前提下，支持符合条件的加油（气）站改建为油（气）氢合建站，鼓励70MPa加氢站布局。支持利用物流园区、港口、工业园区内存量土地新建加氢站
上海	《关于支持本市燃料电池汽车产业发展若干政策》（沪发改规范〔2021〕10号）	支持加氢站布局建设。2025年底前，车用加氢站经营建设主体在本市区域内按照有关规定建设加氢站，完成竣工验收并取得燃气经营许可证（车用氢气）的，本市按照不超过核定的设备购置和安装投资总额30%给予补助，补助标准向具备70MPa加注能力的加氢站适当倾斜
山西	《长治市加氢站建设运营管理实施意见（试行）》（长政办发〔2021〕42号）	第六条 加氢站项目建设审批过程中，各有关部门应依据法定职责简化完善相应流程，除特别事项外，有序实现同步并联办理或提前对接，不互为前置
浙江	《浙江省加快培育氢燃料电池汽车产业发展实施方案》	强化要素保障。将加氢站布局纳入国土空间规划，做好加氢站建设项目用地保障和规划用地审批工作
吉林	《支持氢能产业发展的若干政策措施（试行）》	支持氢能一体化发展。鼓励可再生能源制氢与绿氢自消纳一体化示范项目建设，在项目立项、节能审查等方面予以支持。加强事前事中事后全链条全领域监管。积极争取将省内符合条件的氢能项目纳入国家重点领域、重大规划项目清单，加强要素保障

3. 奖励补贴

在奖励补贴方面，广东于 2015 年率先提出对氢能产业发展加大资金投入，其他省份随后于 2019 年开始陆续研究出台氢能产业发展鼓励政策，其中北京、上海的补贴领域覆盖十分全面。目前奖励补贴的主要方式为向企业提供专项资金、氢能重大装备保费补贴、房租补贴、并购补贴、贷款补贴、采购补贴、运输补贴、课题奖金等资金支持，同时给予企业所得税优惠、研发费用税前加计扣除、固定资产加速折旧等税收优惠政策，扶持氢能企业落地发展，支持产业集聚，推动优质氢能产业项目落地和科技成果转化。

鉴于加氢站是氢燃料电池汽车商业化发展的关键因素，各地方政府对加氢站建设支持力度明显增加。例如，广东省佛山市曾发布氢能源产业发展规划，指出要积极创新，系统推动加氢站建设。在加氢站建设方面，大胆探索、先试先行，通过机制体制创新突破，创新应用油氢合建站、站内制氢—加氢一体站、新建建站等模式，加快推进加氢站建设。[①] 此外，各地着重强调氢能的应用，特别是氢能在燃料电池汽车中的应用，不少地区已出台相关政策对于氢燃料电池汽车购置进行补贴。[②] 例如，北京实施了车辆置换计划，提出往返于各港口至北京的运输线路、重点企业物流专线和以农副产品为重点的生活必需品运输线路上，实现氢燃料电池牵引车和载货车的分阶段替换。各地就氢能产业奖励补贴政策见表 1-5-4 所示。

[①] 《佛山市人民政府关于印发佛山市氢能源产业发展规划（2018—2030 年）的通知》（佛府函〔2018〕191 号），2018 年 11 月 23 日发布。

[②] 钟俊鹏、侯彰慧、姚远：《"氢"风徐来，水波已兴——中国氢能行业全产业链优惠政策概览》，https://www.zhonglun.com/Content/2022/11-01/1452568323.html，2024 年 7 月 20 日访问。

表 1-5-4　地方层面氢能产业奖励补贴政策

地区	文件名称	主要内容
广东	《广东省省级新能源汽车推广应用专项资金管理办法（修订）》（粤财工〔2015〕201号）	加氢站日加氢能力不少于200公斤的补贴100万元/站，补助范围为全省范围内（不含深圳），符合相应国家和行业标准，于2015年底前竣工验收并投入使用的充换电设施
	《广东省加快氢燃料电池汽车产业发展实施方案》	对加氢站建设给予一定补贴。自政策发布日起，按照"总量控制，先建先得"原则进行补贴，省财政对2022年前建成并投用，且日加氢能力（按照压缩机每日工作12小时的加气能力计算）500公斤及以上的加氢站给予补贴。其中，属于油、氢、气、电一体化综合能源补给站，每站补助250万元；独立占地固定式加氢站，每站补助200万元；撬装式加氢站，每站补助150万元。鼓励市区根据实际情况对加氢基础设施建设给予补贴，各级财政补贴合计不超过500万元/站，且不超过加氢站固定资产投资50%，超过部分省级财政补贴作相应扣减
	《佛山市南海区促进加氢站建设运营及氢能源车辆运行扶持办法（2022年修订）》	加氢站建设补贴。即按加氢站类型（固定式加氢站、撬装式加氢站）、日加氢能力（500公斤及以上、1000公斤及以上）、总储氢质量、压缩机能力、加氢机能力的标准依梯度补贴。 加氢运营扶持。2024年度，加氢站运营企业加氢补贴标准为：加氢价格符合广东燃料电池汽车应用示范城市群政策要求的，按18元/kg补贴；2024年度，自用撬装式加氢装置运营企业加氢补贴标准10元/kg补贴
河南	《河南省加快新能源汽车推广应用若干政策》	实施新能源汽车配套设施建设奖励。对新能源汽车充电站、燃料电池加氢站、总装机功率600 kW（千瓦）以上或集中建设20个以上充电桩的公共用途充电桩群，省财政按照主要设备投资总额的30%给予奖励
河北	《河北省推进氢能产业发展实施意见》	加大财税支持。对生产首台（套）氢能装备企业列入《河北省重点领域首台（套）重大装备产品公告目录》的产品投保综合保险，经评审符合条件，省级财政给予保费补贴。对认定为国家级的氢能科技型中小企业，优先列入省级科技型中小企业支持计划，给予专项资金支持。落实国家新能源汽车推广应用财政补贴政策，对符合条件的氢燃料电池汽车购置和加氢站建设给予适当补贴。落实高新技术企业税收支持政策，享受企业研发费用税前加计扣除、固定资产加速折旧等优惠政策

(续表)

地区	文件名称	主要内容
山东	《山东省氢能产业中长期发展规划（2020—2030年）》	加大资金投入。统筹各级科技发展、新能源汽车推广运营等资金，用好新旧动能转换基金等政策，择优选取氢能产业项目纳入省新旧动能转换基金投资项目库，积极促进氢能产业发展。落实高新技术企业所得税优惠、研发费用税前加计扣除、固定资产加速折旧等税收优惠政策
北京	《北京市氢能产业发展实施方案（2021—2025年）》	（保障措施）完善财政补贴、产业化推进措施和科技攻关支持政策、用地规划办法、安全监管办法、车辆运营及道路运输支持政策；构建完整的氢能与燃料电池技术标准体系，保持国内标准引领地位
北京	《大兴区促进氢能产业发展暂行办法（2022年修订版）》	第三条　支持企业落地发展。企业自注册之日起三年内，对首次纳入规模以上统计范围的禁限目录外的企业，自该年起每年实现正增长的，连续三年给予资金支持，每家企业每年支持资金最高不超过1000万元。 第四条　支持产业集聚发展。鼓励企业在大兴国际氢能示范区集聚落地。企业租赁具有合法合规手续的办公、研发、生产类用房，且建筑面积2000平方米（含）以下的，经评审，自合同签订年度起连续三年给予100%房租补贴；建筑面积2000平方米以上的，经评审，超出面积部分按照50%给予房租补贴。每家企业每年补贴最高不超过500万元。 第七条　支持主导重大课题研究及标准编制。对主导国家级重大科技专项或国家自然科学基金等项目，促进区域发展并结题的企业或机构，按项目结题时自筹投入资金的30%给予支持，单个项目支持资金最高不超过100万元；对主导省（市）级重大科技专项或省（市）级自然科学基金等项目并结题的企业或机构，按项目结题时自筹投入资金的30%给予支持，单个项目支持资金最高不超过50万元。对主导编制氢能产业国际标准、国家标准、行业（或团体、地方、军用）标准并发布，且促进区域经济发展的企业或机构，分别给予100万元、50万元和20万元的支持资金

(续表)

地区	文件名称	主要内容
上海	《上海市加快新能源汽车产业发展实施计划（2021—2025年）》	用足用好临港新片区重点产业扶持政策，临港新片区内新能源汽车领域相关企业，从事集成电路、人工智能关键领域核心环节相关产品（技术）业务，并开展实质性生产或研发活动，自设立之日起5年内减按15%的税率征收企业所得税。出台支持燃料电池汽车产业发展扶持政策，对车辆示范运行、关键零部件应用、加氢站建设及运营等给予补贴
	《关于支持本市燃料电池汽车产业发展若干政策》	支持加氢站布局建设。2025年底前，车用加氢站经营建设主体在本市区域内按照有关规定建设加氢站，完成竣工验收并取得燃气经营许可证（车用氢气）的，本市按照不超过核定的设备购置和安装投资总额30%给予补助，补助标准向具备70MPa加注能力的加氢站适当倾斜。其中，2022年、2023年、2024—2025年底前取得燃气经营许可证的，每座加氢站补助资金最高分别不超过500万元、400万元、300万元。补助资金分三年拨付。相关申请由市住房城乡建设管理委统一受理，资金由统筹资金中市级财政出资部分和加氢站所在区按照1∶1比例安排
浙江	《浙江省加快培育氢燃料电池汽车产业发展实施方案》	推进加氢站规划建设。根据氢燃料电池汽车推广应用需要，合理规划布局加氢站。由省建设厅作为加氢站建设、运营的主管部门，制定加氢站建设运营管理办法。省级新能源汽车推广应用政策将各地加氢站建设和运营情况纳入奖励因素，建设的奖励因素额度不超过固定资产投资额（不含土地）的50%
	《省发展改革委关于〈浙江省加氢站布局规划研究（2022—2025年）〉课题的采购公告》	研判世界及我国氢能源发展形势，分析全省氢能发展现状，开展调研，结合《浙江省加快培育氢燃料电池汽车产业发展实施方案》，制定浙江省加氢站布局规划（2022—2025年），提出加氢站发展目标、站点布局、重点任务和举措以及保障措施等。课题预算金额：15万元

(续表)

地区	文件名称	主要内容
浙江	《宁波市氢能示范应用扶持暂行办法》（甬能源综合〔2021〕93号）	第八条　加氢站建设补贴。对政策期内建成的并符合第六条标准的加氢站按最高不超过以下标准，且不超过设备购置、安装费、土建施工费总和的50%，享受一次性市级建设补贴：对日加氢能力1000公斤以上的加氢站最高补贴500万元，日加氢能力500公斤以上的加氢站最高补贴300万元，日加氢能力500公斤以下的加氢站最高补贴100万元。 第九条　加氢站加氢补贴标准。鼓励加氢站运营企业寻找性价比更优的氢气来源，不断降低氢气价格。对符合第六条标准且销售价格不高于35元/公斤的加氢站按最高不超过以下标准给予加氢补贴：2021年度最高补贴14元/公斤，2022年度最高补贴14元/公斤，2023年度最高补贴12元/公斤，2024年度最高补贴8元/公斤，2025年度最高补贴6元/公斤
湖北	《武汉市支持氢能产业发展财政资金管理办法》（武经信规〔2022〕8号）	对于年度销售收入超过1000万元的本市燃料电池核心零部件生产企业，按照销售收入2%—5%的比例给予超额累进制阶梯奖励。单个企业每年度最高奖励1000万元。自2022年10月30日开始实施，有效期五年
湖北	《湖北省应对气候变化"十四五"规划》（鄂环发〔2022〕26号）	积极扩大电力、氢能、天然气等清洁能源在交通领域应用，推动城市公共服务车辆电动化替代，推广使用LNG、CNG燃料车，推进重型车辆氢燃料电池应用，加快发展电动船舶。……大力发展可再生能源制氢，推进制氢、加氢试点项目建设

（三）针对外商的特殊鼓励政策

《鼓励外商投资产业目录（2022年版）》中，将氢能制备与储运设备及检查系统制造，燃料电池和混合燃料等新能源发动机，新能源汽车关键零部件研发、制造，高技术绿色电池制造：动力镍氢电池、锌镍蓄电池、钠盐电池、锌银蓄电池、锂离子电池、太阳能电池、燃料电池等，加氢站建设、经营等新能源领域列为鼓励外商投资的产业。此外，随同《鼓励外商投资产业目录（2022年版）》发布的《中西部地区外商投资优势产业目录》中，氢储能、碳纤维等成为多个省份投资优势产业。

因此，氢能产业是我国鼓励外商投资的重点领域，外国投资者在我国投资新能源项目具备良好的政策环境。国家及各地方将在氢能产业土地供应等项目落地政策方面平等对待外资和内资企业。

1. 项目融资

国家层面，与光伏领域与风电领域一致，《国务院关于进一步做好利用外资工作的意见》和《国务院办公厅关于进一步做好稳外贸稳外资工作的意见》的规定，同样适用于氢能领域。

地方层面，我国各地针对外商投资项目落地的奖励政策普遍适用于氢能领域，相关内容可参见本篇第一章"煤炭领域与投融资有关的准入政策及相关法律法规"表1-1-3"部分地区吸引外商投融资方面优惠政策"，此处不再赘述。

此外，以江苏省为代表的多个地区出台政策降低资金跨境使用成本。例如，江苏省人民政府发布的《省政府关于促进利用外资稳中提质做好招商安商稳商工作的若干意见》规定："在有条件的地区开展跨境人民币创新试点业务，推动实施允许外资企业人民币资本金用于向境内关联企业发放委托贷款等措施。全面推广资本项目收入支出便利化。推进外债登记管理便利化。落实全口径跨境融资宏观审慎管理政策，支持外商投资企业自主选择借用外债模式。允许非投资性外资企业在不违反现行外商投资准入负面清单且境内所投项目真实、合规的前提下，依法开展境内股权投资。"

2. 项目落地

国家层面，《国务院关于进一步做好利用外资工作的意见》和《国务院办公厅关于进一步做好稳外贸稳外资工作的意见》中有关优化外资项目规划用地审批程序，加大重点外资项目支持服务力度的规定，同样适用于氢能领域。

地方层面，江苏、上海、青海、河北、广东、黑龙江等地出台的有关优化外资项目规划用地审批程序，对重大外资项目实行"一事一议"等规定，同样适用于氢能领域。《云南省提升利用外资水平政策措施》中作出了类似规定："各州、市在安排新增建设用地计划指标时，对国家级开发区主导产业引进外资、促进转型升级等用地予以倾斜支持；在省级印发年度土地利用计划管理文件前，各州、市可按照有关规定预支使用新增建设用地计划指标。在土地供应时，依法平等对待外资企业和内资企业，各级政府在涉及到国有建设用地使用权的招标拍卖挂牌出让中，依法依规设置土地出让条件。"

3. 奖励补贴

奖励补贴方面，上海、江苏、广东、云南等多地出台了关于支持外商投资重点产业、优化外商投资奖励等政策。与外商投资奖励补贴相关的内容可参见本篇第一章"煤炭领域与投融资有关的准入政策及相关法律法规"表 1-1-4 "部分地区吸引外商投资奖励补贴方面优惠政策"，此处不再赘述。

第六章

核电领域与投融资有关的准入政策及相关法律法规

一、国家和地方层面准入政策

(一) 国家层面准入政策

根据国务院发布的《政府核准的投资项目目录（2016年本）》，核电站建设项目由国务院核准。除需经国家审批外，在我国参与建设核电项目还需符合《中华人民共和国核安全法》（以下简称《核安全法》）等法律法规对核电安全许可的各项要求，有关核电项目在开发阶段、建设阶段和运营阶段的合规性要求，详见第二篇"能源行业投融资项目的合规问题与法律风险防范"。

我国核电领域的准入门槛比较高，目前在我国能够控股建造和运营核电站的有四家企业：中国广核集团、中核集团、国家电力投资集团、中国华能集团。其他民营企业，允许以参股形式介入核电项目。2010年5月，根据国务院公布的《国务院关于鼓励和引导民间投资健康发展的若干意见》（国发〔2010〕13号），鼓励民间资本参与电力建设，支持民间资本参股建设核电站。2020年9月，我国批准了首例民营资本参股投资民用核电项目——浙江三澳核电一期工程，中广核苍南核电有限公司负责该项目的开发、建设和运营，其股权结构中首次引入民营资本，由吉利迈捷投资有限公司持股 2%，吉利迈捷投资有限公司的控股股东为吉利科技集团有限公司。

目前，我国正在制定关于核电项目的投资经营市场准入的法律法规，尚未生效，具体如下：

2024 年 11 月 8 日通过的《能源法》第 27 条规定，国务院能源主管部门会同国务院有关部门统筹协调全国核电发展和布局，依据职责加强对核电站规划、选址、设计、建造、运行等环节的管理和监督。

原国务院法制办公室于 2016 年 9 月发布的《核电管理条例（送审稿）》第 6 条规定，国家鼓励核电项目投资主体多元化，支持各类国有企业、民间资本、境外投资者参股投资核电项目，支持各类资本参股、控股核电装备制造、技术服务等领域，依法保护投资者权益。《核电管理条例（送审稿）》虽尚未正式生效，但该条例基本明确我国核电项目投资主体的准入制度。该条例要求国家对核电项目控股股东或者实际控制人实行准入制度。控股股东或者实际控制人应当是国务院国有资产监督管理机构履行出资人职责的企业。核电项目投资主体的准入条件具体为：

（1）具有满足国家相关法律法规要求的、完善的核安全管理体系、质量保证体系和核应急保障体系，建立良好的核安全文化；

（2）持有其他核电项目 25% 以上股份，并具有作为参股股东至少 8 年的参与核电项目建设、运行的经验，其中至少包括 1 个机组的完整建设周期及其 3 年运行的经验；

（3）具有数量不少于 300 人、符合核电相关资质要求的人才队伍，其中具有 5 年以上核电相关经验的员工数量不得低于 50%，且专业配置应当满足核电项目管理的需要；

（4）具有较强的资金保障和融资能力；

（5）国务院规定的其他条件。

核电项目控股股东或者实际控制人的准入资质，应该在满足上述条件的基础上，经国务院能源主管部门及投资主管部门审核后，报国务院批准。

（二）地方层面准入政策

《核安全法》第 22 条规定："国家建立核设施安全许可制度。核设施营运单位进行核设施选址、建造、运行、退役等活动，应当向国务院核安全监督管理部门申请许可。"根据《能源法》第 27 条规定，国务院能源主管部门会同国务院有关部门统筹协调全国核电发展和布局，依据职责加强对核电站规划、选址、设计、建造、运行等环节的管理和监督。因此，我国的核电项目核准是需要核报国务院的，因此目前暂无地方层面关于核电项目的准入政策规定。

（三）针对外商的特殊准入政策

目前，我国国家层面对核电领域的准入政策是，根据《外商投资准入特别管理措施（负面清单）（2024 年版）》和《自由贸易试验区外商投资准入特别管理措施（负面清单）（2021 年版）》，均要求核电站的建设、经营须由中方控股；采矿业领域，禁止投资放射性矿产勘查、开采及选矿。因此，我国并不限制外商投资者以参股形式投资核电站项目，但不得投资放射性矿产勘查、开采及选矿。外国投资者在我国境内开展核民用产业领域的投资活动，应同时满足我国针对外商投资准入规定及前述民用涉核产业准入政策。

近年来，我国也尝试不断放宽核电领域外资市场准入。2018 年，中国核燃料产业首次向外资开放，但只限自由贸易试验区范围内。《自由贸易试验区外商投资准入特别管理措施（负面清单）（2018 年版）》取消了自由贸易试验区范围内外商投资放射性矿产冶炼加工及核燃料生产的限制，并删除了"核燃料、核材料、铀产品以及相关核技术的生产经营和进出口由具有资质的中央企业实行专营"的限定。2020 年，国家发展改革委、商务部发布的《外商投资准入特别管理措施（负面清单）（2020 年版）》，沿用了《自由贸易试验区外商投资准入特别管理措施（负面清单）（2018 年版）》的规定，取消了禁止外商投资放射性矿产冶炼、加工和核燃料生产的规定。但是，依然禁止外商投资放射性矿产的勘查、开采及选矿。

原国务院法制办公室于 2016 年发布的《核电管理条例（送审稿）》第 6 条也有类似规定，即国家鼓励核电项目投资主体多元化，支持各类国有企业、民间资本、境外投资者参股投资核电项目，支持各类资本参股、控股核电装备制造、技术服务等领域，依法保护投资者权益。

此外，我国还与其他国家签署了一些和平利用核能的协定，外国投资者投资我国核民用领域的具体产业范围以及双方开展投资合作的主体资格，不仅适用我国国内法律和政策，还需要考虑双方政府的具体安排。[①] 例如，我国已经和美国、加拿大、俄罗斯、伊朗、日本、韩国等签订了和平利用核能合作协议。以 1985 年签订的《中华人民共和国政府和美利坚合众国政府和平利用核能合作协定》为例，对于中国和美国在核能利用方面的合作方式、合作范围和合作对象等作出了规定，因此对于外资进入核电领域的范围，也需视双方签订的协议（国际条约）而定，而非仅仅适用我国的国内法律。

二、国家和地方层面对核电领域的鼓励政策

（一）国家层面鼓励政策

核电能够大规模代替化石能源，是一类重要的绿色能源，但核电领域的融资面临着巨额建设资金缺口。我国核电行业的融资主要以政府融资为主，依靠政府对相关企业的非货币性投资及财政补贴，以及通过股东方资本金出资、银行固定资产贷款等方式进行融资。[②] 但随着核电行业的进一步发展，在争取财政融资的同时，我国核电企业也积极寻求银行融资、国际融资、商业融资和证券融资等多元化、市场化融资渠道。对于寻求市场化融资或民间融资的项目，政府仍将起着重要作用，政府

---

① 杨卫东、卢锴：《图解我国核民用产业外商投资市场准入政策》，载"阳光时代法律观察"微信公众号 2016 年 8 月 30 日，https://mp.weixin.qq.com/s/zlTdJthakJoKoaZvGZdW-FQ。

② 马智胜、孟寒雪：《"双碳"背景下核电收益权资产证券化定价研究》，载《东华理工大学学报（社会科学版）》2022 年第 5 期。

的支持机制对项目的融资至关重要。我国陆续出台了多项支持政策强化核电项目融资能力，促进核电行业融资模式的多样化。

1. 项目融资

核能发电行业受到各级政府的高度重视和国家产业政策的重点支持。国家陆续出台了多项政策支持核能发电行业发展、鼓励和引导民营企业参股核电项目。

2010年5月，国务院公布《国务院关于鼓励和引导民间投资健康发展的若干意见》，要求为民间投资创造良好环境。该意见规定："各级人民政府有关部门安排的政府性资金，包括财政预算内投资、专项建设资金、创业投资引导资金，以及国际金融组织贷款和外国政府贷款等，要明确规则、统一标准，对包括民间投资在内的各类投资主体同等对待"；"各类金融机构要在防范风险的基础上，创新和灵活运用多种金融工具，加大对民间投资的融资支持，加强对民间投资的金融服务。各级人民政府及有关监管部门要不断完善民间投资的融资担保制度，健全创业投资机制，发展股权投资基金，继续支持民营企业通过股票、债券市场进行融资"。

2016年，《电力发展"十三五"规划（2016—2020年）》提出搭建电力产业新业态融资平台。鼓励风险投资、产业基金以多种形式参与电力产业创新；积极引导社会资本投资；鼓励通过发行专项债券、股权交易、众筹、PPP等方式，加快示范项目建设。

2019年12月，中共中央、国务院发布《中共中央、国务院关于营造更好发展环境支持民营企业改革发展的意见》，要求"完善民营企业直接融资支持制度。完善股票发行和再融资制度，提高民营企业首发上市和再融资审核效率。积极鼓励符合条件的民营企业在科创板上市。深化创业板、新三板改革，服务民营企业持续发展。支持服务民营企业的区域性股权市场建设。支持民营企业发行债券，降低可转债发行门槛。在依法合规的前提下，支持资管产品和保险资金通过投资私募股权基金等方式积极参与民营企业纾困。鼓励通过债务重组等方式合力化解股票质押风险。积极吸引社会力量参与民营企业债转股"；"健全民营企业融资增信支持体系。推进依托供应链的票据、订单等动产质押融资，鼓励第三方建立供应链综合服务平台。民营企业、中小企业以应收账款申请担保融资的，国家机关、事业单位和大型企业等应付款方应当及时确认债权债务关系。推动抵质押登记流程简便化、标准化、规范化，建立统一的动产和权利担保登记公示系统。积极探索建立为优质民营企业增信的新机制，鼓励有条件的地方设立中小民营企业风险补偿基金，研究推出民营企业增信示范项目。发展民营企业债券融资支持工具，以市场化方式增信支持民营企业融资"。

2021年9月，中共中央、国务院发布《中共中央、国务院关于完整准确全面贯彻新发展理念做好碳达峰碳中和工作的意见》，要求"积极发展绿色金融。有序推进绿色低碳金融产品和服务开发，设立碳减排货币政策工具，将绿色信贷纳入宏观审慎评估框架，引导银行等金融机构为绿色低碳项目提供长期限、低成本资金。鼓励开发性政策性金融机构按照市场化法治化原则为实现碳达峰、碳中和提供长期稳定融资支持。支持符合条件的企业上市融资和再融资用于绿色低碳项目建设运营，扩大绿色债券规模。研究设立国家低碳转型基金。鼓励社会资本设立绿色低碳产业投资基金。建立健全绿色金融标准体系"。

2023年12月2日，在第28届联合国气候大会的第三天，22个国家达成了一项宣言，内容是"到2050年全球核能装机达到目前的三倍"。这是首次有发展核能的联合宣言，表明国际社会不断认识到核能的重要性。核能低碳、经济，在减少碳排放中扮演着关键角色，并且核在能源安全与独立中发挥着重要作用。根据美国能源部发布的宣言全文，该宣言主旨内容包括：努力推进到2050年将全球核能容量增加两倍，达到目前容量三倍的目标，并邀请国际金融机构鼓励将核能纳入能源贷款政策。[①] 国际社会不断加强对核能的关注，各国也更加重视核能的发展，未来我国也将采取更多措施鼓励核能的进一步发展。

2. 项目建设

国家相关规定和政策也为核电项目的建设提供了良好的制度支持。

---

① 《22国发起2050三倍核能宣言，为气候大会历史上首次》，https://www.cnnpn.cn/article/39950.html，2024年7月20日访问。

比如,《国务院关于鼓励和引导民间投资健康发展的若干意见》要求为民间投资创造良好环境,包括"全面清理整合涉及民间投资管理的行政审批事项,简化环节、缩短时限,进一步推动管理内容、标准和程序的公开化、规范化,提高行政服务效率。进一步清理和规范涉企收费,切实减轻民营企业负担"。

《中共中央、国务院关于营造更好发展环境支持民营企业改革发展的意见》要求"进一步放开民营企业市场准入。深化'放管服'改革,进一步精简市场准入行政审批事项,不得额外对民营企业设置准入条件。全面落实放宽民营企业市场准入的政策措施,持续跟踪、定期评估市场准入有关政策落实情况,全面排查、系统清理各类显性和隐性壁垒。在电力、电信、铁路、石油、天然气等重点行业和领域,放开竞争性业务,进一步引入市场竞争机制";"破除招投标隐性壁垒。对具备相应资质条件的企业,不得设置与业务能力无关的企业规模门槛和明显超过招标项目要求的业绩门槛等。完善招投标程序监督与信息公示制度,对依法依规完成的招标,不得以中标企业性质为由对招标责任人进行追责"。2020年12月25日,国家能源局、生态环境部印发《国家能源局、生态环境部关于加强核电工程建设质量管理的通知》(国能发核电〔2020〕68号),提出明确和落实核电工程建设相关单位质量责任,全面加强核电工程建设过程质量管理,发挥现代信息化技术在核电建设管理中的作用等。

2017年2月10日,国家能源局印发《2017年能源工作指导意见》(国能规划〔2017〕46号),提出推进"放管服"改革。按照国务院统一部署,继续做好能源领域行政审批事项取消、下放工作,推动实施能源投资项目负面清单管理机制。研究推动能源投资项目行政审批机制创新,探索建立以竞争性方式确立项目业主的新机制。按照有关要求,发布试行《国家能源局权力和责任清单》。开展行政许可标准化建设,编制发布《国家能源局行政许可标准化工作指南》。持续推进"双随机、一公开"监管改革,实现检查事项全覆盖,大力推进阳光审批。

当前我国核能产业正处于发展阶段,核能正在从原有单一电力供应向多领域多用途应用拓展。① 促进核能与核电的深入发展，国家层面还需制定更为全面具体的监管法律法规、建立更为科学有效的行业标准规范等，在法律法规、标准规范的支持下，促进核能与核电项目落地，保障核能的多用途利用和可持续发展。

3. 奖励补贴

在奖励补贴方面，我国国家层面要求平等对待民间资本，清理与企业性质挂钩的产业补贴等规定，并提出一系列税收优惠政策，减轻民营企业税费负担。

《国务院关于鼓励和引导民间投资健康发展的若干意见》要求市场准入标准和优惠扶持政策要公开透明，对各类投资主体同等对待，不得单对民间资本设置附加条件。

《中共中央、国务院关于营造更好发展环境支持民营企业改革发展的意见》要求"强化公平竞争审查制度刚性约束。坚持存量清理和增量审查并重，持续清理和废除妨碍统一市场和公平竞争的各种规定和做法，加快清理与企业性质挂钩的行业准入、资质标准、产业补贴等规定和做法"；"进一步减轻企业税费负担。切实落实更大规模减税降费，实施好降低增值税税率、扩大享受税收优惠小微企业范围、加大研发费用加计扣除力度、降低社保费率等政策，实质性降低企业负担。建立完善监督检查清单制度，落实涉企收费清单制度，清理违规涉企收费、摊派事项和各类评比达标活动，加大力度清理整治第三方截留减税降费红利等行为，进一步畅通减税降费政策传导机制，切实降低民营企业成本费用"。《中共中央、国务院关于完整准确全面贯彻新发展理念做好碳达峰碳中和工作的意见》进一步要求"完善财税价格政策。各级财政要加大对绿色低碳产业发展、技术研发等的支持力度。完善政府绿色采购标准，加大绿色低碳产品采购力度。落实环境保护、节能节水、新能源和清洁能源车船税收优惠"。

我国在国家层面对核电产业的税收优惠政策具体包括如下措施（见表1-6-1）：

---

① 高彬、白云生：《"双碳"目标下我国核电积极有序发展的思考》，https://www.cnnpn.cn/article/25890.html，2024年7月20日访问。

表 1-6-1　国家层面对核电产业的税收优惠政策

主要措施	具体内容
增值税先征后退优惠	2008年4月，财政部、国家税务总局印发的《财政部、国家税务总局关于核电行业税收政策有关问题的通知》（财税〔2008〕38号）规定了关于核力发电企业的增值税政策，核力发电企业生产销售电力产品，自核电机组正式商业投产次月起15年内按一定比例返还已入库增值税：（1）自正式商业投产次月起5个年度内，返还比例为已入库税款的75%；（2）自正式商业投产次月起的第6至第10个年度内，返还比例为已入库税款的70%；（3）自正式商业投产次月起的第11至第15个年度内，返还比例为已入库税款的55%；（4）自正式商业投产次月起满15个年度以后，不再实行增值税先征后退政策。需要说明的是，核力发电企业采用按核电机组分别核算增值税退税额的办法，企业应分别核算核电机组电力产品的销售额，未分别核算或不能准确核算的，不得享受增值税先征后退政策。计算公式为：单台核电机组增值税退税额 =（单台核电机组电力产品销售额/核力发电企业电力产品销售额合计）× 核力发电企业实际缴纳增值税额 × 退税比例
城镇土地使用税优惠	根据《财政部、国家税务总局关于核电站用地征免城镇土地使用税的通知》（财税〔2007〕124号）规定，对核电站的核岛、常规岛、辅助厂房和通讯设施用地（不包括地下线路用地），生活、办公用地按规定征收城镇土地使用税，其他用地免征城镇土地使用税。对核电站应税土地在基建期内减半征收城镇土地使用税
海域使用金减免	根据《财政部、国家海洋局关于海域使用金减免管理等有关事项的通知》（财综〔2008〕71号）规定，国务院审批或核准的固定资产投资项目，属于国家发展改革委《产业结构调整指导目录》鼓励类的，海域使用金减免金额最高不超过应缴金额的20%
企业所得税优惠	（1）税率优惠方面。《中华人民共和国企业所得税法》（以下简称《企业所得税法》）第28条规定，国家需要重点扶持的高新技术企业，减按15%的税率征收企业所得税。根据科学技术部印发的《国家重点支持的高新技术领域》，核能领域被列入其中，具体包括：百万千瓦级先进压水堆核电站关键技术、铀浓缩技术及关键设备、高性能燃料零件技术、铀钚混合氧化物燃料技术、先进乏燃料后处理技术、核辐射安全与监测技术、快中子堆和高温气冷堆核电站技术等。（2）税基优惠方面。《财政部、国家税务总局关于核电行业税收政策有关问题的通知》规定，核力发电企业取得的增值税退税款，不征收企业所得税。（3）税额抵免方面。《企业所得税法》第34条规定，企业购置并实际使用用于环境保护、节能节水、安全生产等专用设备的投资额，可以按该专用设备投资额的10%从企业当年的应纳税额中抵免；当年不足抵免的，可以在后5个纳税年度中结转抵免[①]

---

① 《环境保护部政策法规司负责人就〈环境保护专用设备企业所得税优惠目录（2017年版）〉答记者问》，https://www.mee.gov.cn/gkml/sthjbgw/qt/201712/t20171229_428952.htm，2024年7月20日访问。

（二）地方层面鼓励政策

辽宁、山东、江苏、浙江、广东、福建、广西和海南等多地将核电发展列入地方经济发展规划的工作重点。各地的鼓励政策包括发行绿色债券、推动项目融资、发展政府支持下的民间融资等。此外，核电融资也借鉴国际上核电项目融资模式的经验，如"建设—经营—转让"的BOT融资模式、核电未来收益权资产证券化 ABS 模式、政府与建设单位进行合作的 PPP 模式，[1] 以及出口情形下业主和核电出口企业选择出口买方信贷、出口卖方信贷等的 EPC＋F 模式等。[2] 这些模式也为核电行业融资拓宽了思路，或成为未来新建核电项目融资模式的发展趋势。

目前，各地方政府对核电领域的支持政策如下：

1. 项目融资

融资鼓励政策方面，多地政府鼓励通过绿色金融债券、发展绿色信贷等多种方式发展绿色金融，除前文介绍的《江苏绿色债券贴息政策实施细则（试行）》《广州市黄埔区、广州开发区促进绿色金融发展政策措施》外，辽宁省、海南省等也鼓励发行绿色金融债券、发展绿色信贷，支持绿色低碳发展。

2021 年 11 月，辽宁省人民政府办公厅发布《辽宁省加快建立健全绿色低碳循环发展经济体系任务措施》（辽政办发〔2021〕29 号），明确对清洁能源产业加大财税扶持力度。包括安排专项资金支持新能源基础设施建设、清洁能源产业发展、节约能源和清洁生产工艺技术和设备等。发挥财政资金撬动作用，大力吸引社会资本参与政府重点支持的节能低碳产品、清洁能源、清洁生产等领域 PPP 项目建设。

2022 年 3 月，《海南省发展和改革委员会、海南省工业和信息化厅关于振作工业经济运行推动工业高质量发展的行动方案的通知》（琼发改产业〔2022〕181 号）发布，提出推动昌江核电二期、昌江小型堆示

---

[1] 李兴平、宁童祯、张维：《"中三角"区域核电企业融资模式研究》，载《东华理工大学学报（社会科学版）》2019 年第 4 期。

[2] 顾为为：《"一带一路"核电出口融资模式竞争力分析》，载《中国能源》2019 年第 4 期。

范工程、万宁气电、海口气电、洋浦热电联产等重大能源项目建设。推动发行绿色金融债券，发展绿色信贷，支持制造业绿色低碳发展，促进绿色低碳技术推广应用。持续做好绿色金融评价工作，积极拓展评价结果应用场景，着力提升银行业金融机构绿色金融绩效。

2. 项目建设

在项目落地鼓励政策方面，浙江、辽宁、山东等地明确，通过加大项目审批核准、项目融资、土地供应、加大简政放权力度等方式，加大对核电项目建设支持力度。

2010年12月发布的《浙江省核电关联产业发展规划（2010—2015年）》（浙政发〔2010〕69号）提出，"大力支持企业获取核安全许可证。依托中核集团公司、省核学会等建立核电关联企业取证服务平台，定期举行核电质保培训班，辅导企业建立符合国家核安全法规要求的质保体系，协助有条件企业申报并尽早获得核安全许可证，使更多企业的产品和服务进入核电产业领域。取得核安全许可证的核电关联企业符合条件的，享受高新技术企业优惠政策，并在项目融资、土地供给等方面给予支持"；"加大中国核电城建设支持力度。积极争取中国核电城培育发展成为国家级高技术产业基地，加大项目审批核准、项目融资和土地供给等方面的支持力度"。

2022年1月，辽宁省政府工作报告提出，千方百计扩大有效投资。适度超前开展基础设施投资，加快建设红沿河核电、徐大堡核电等前期工作；狠抓招商引资，深化以商招商、产业链招商，做好上门招商，大力开展粤港澳大湾区、长三角、京津冀招商引资促进周活动；招商引资实际到位资金增长10%以上。[1]

2022年3月，《山东省能源局关于印发2022年全省能源工作指导意见的通知》（鲁能源办〔2022〕1号）提出，深入推进"放管服"改革。加大简政放权力度，动态调整权责清单，推进证照分离改革，行政

---

[1] 《2022年省政府工作报告——2022年1月20日在辽宁省第十三届人民代表大会第六次会议上》，https://ln.gov.cn/web/zwgkx/zfgzbg/szfgzbg/C3923E37586E47CE9B4DAE6BFB26C196/index.shtml，2024年7月10日访问。

许可全程网办率达100%。

此外，部分地区还提出了明确的核电建设目标。例如，广东省政府印发的《广东省能源发展"十四五"规划》中明确，积极安全有序发展核电：在确保安全的前提下，高效建设惠州太平岭核电一期项目，积极有序推动陆丰核电、廉江核电等项目开工，并推动后续一批项目开展前期工作；做好核电厂址保护工作。"十四五"时期新增核电装机容量约240万千瓦。《山东省人民政府关于印发山东半岛城市群发展规划的通知》（鲁政发〔2021〕24号）中明确，积极安全有序发展核电，实施核能高效开发利用计划，打造胶东半岛千万千瓦级核电基地，开展海阳核能综合利用实践。

3. 奖励补贴

核电领域的奖励补贴政策主要集中于国家层面的支持政策，详见本章前述国家层面鼓励政策。

（三）针对外商的特殊鼓励政策

核电产业作为战略性新兴产业，在风险可控的前提下，应当考虑合理利用外资和国际金融市场，将外资有序引入核电项目，加速核电项目国际化。[①]

《鼓励外商投资产业目录（2022年版）》包括全国鼓励外商投资产业目录、中西部地区外商投资优势产业目录两部分。其中，全国鼓励外商投资产业目录将如下产业列入鼓励外商投资的产业：核反应堆主工艺设备设计、研发、制造，核电站的建设、经营；中西部地区外商投资优势产业目录中将"核电物料转运设备及其配套件生产"列入山西省外商投资优势产业目录，将"核电装备的生产：核电电机、电缆、核岛堆内构件等关键配套部件研发生产"列入黑龙江省外商投资优势产业目录。

1. 项目融资

地方层面，我国各地并未就核电领域的外商投资吸引政策作出特别

[①] 左越：《浅谈核电项目融资中的问题和发展前景》，载《财富时代》2022年第4期。

规定。与外商投资有关的内容可参见本篇第一章"煤炭领域与投融资有关的准入政策及相关法律法规"表 1-1-3"部分地区吸引外商投融资方面优惠政策",此处不再赘述。

2. 项目落地

2007 年 12 月,国务院新闻办公室发布的《中国的能源状况与政策》白皮书提出,鼓励外商投资和经营电站等能源设施。中国鼓励外商投资电力、煤气的生产和供应。鼓励投资中方控股的核电,以及可再生能源和新能源发电等电站的建设与经营。鼓励外商投资规模容量以上的火电、水电、核电及火电脱硫技术与设备制造。进一步优化外商投资环境。中国政府信守加入世界贸易组织的有关承诺,在能源管理方面,清理了与世界贸易组织规则不一致的行政法规和部门规章。按照世界贸易组织的透明度要求,放宽了公益性地质资料的范围,并将进一步加强能源政策的对外发布,完善能源数据统计系统,及时公布能源统计数据,确保能源政策、统计数据以及资料信息的公开与透明。

本篇前述有关外商企业适用的项目落地鼓励政策同样适用于外商企业对核电领域的投资。

3. 奖励补贴

奖励补贴方面,我国大多数地区均出台了关于支持外商投资重点产业、优化外商投资奖励的政策。相关内容可参见本篇第一章"煤炭领域与投融资有关的准入政策及相关法律法规"表 1-1-4"部分地区吸引外商投资奖励补贴方面优惠政策",此处不再赘述。

第二篇

能源行业投融资项目的合规问题与法律风险防范

第一章

煤炭领域投融资项目的合规问题与法律风险

在碳达峰、碳中和背景下,煤炭作为我国当前的主体能源,同时也是碳排放的主要来源,在可持续发展方面面临着一定的挑战。《能源生产和消费革命战略(2016—2030)》(发改基础〔2016〕2795号)指出,要推动煤炭清洁高效开发利用,实现煤炭转型发展。自"十三五"以来,全国累计退出煤矿5600处左右,退出落后煤炭产能10亿吨/年以上,煤炭市场实现了从严重供大于求向供需动态平衡的转变。①

然而,从长期来看,煤炭还将在我国经济社会发展中起重要作用。根据中国煤炭工业协会发布的《2022煤炭行业发展年度报告》,从生产端来看,2022年全国原煤产量45.6亿吨,同比增长10.5%,产量再创历史新高。从行业效益上看,2022年全国规模以上煤炭企业营收达4.02万亿元,同比增长19.5%;利润总额1.02万亿元,同比增长44.3%。②

就煤炭行业的合规方面而言,由于煤炭行业具有政策性强、涉及审批事项多、审批流程较长且复杂等特点,因而在煤矿项目开发、建设、运营的各个环节存在较多的合规性风险。过去数年,国家发展改革委、生态环境部、国家能源局等多部委也针对煤炭行业出台了一系列规定,为煤炭行业的合规运营提供了依据。此外,目前政策也开始更多地关注煤炭行业与"双碳"目标的结合,包括加快煤矿智能化绿色化

---

① 《2022煤炭行业发展年度报告》,http://www.coalchina.org.cn/index.php?m=content&c=index&a=show&catid=9&id=146684,2024年7月10日访问。
② 同上。

发展，建立绿色低碳、集约高效的新型煤炭工业，开展煤炭清洁高效利用等。

一、开发阶段的合规性要求

总体上说，国内煤矿项目在开发阶段涉及较多的审批与备案事项，包括煤炭矿区总体规划的编制审批、开展建设项目环境影响评价以及其他项目开发前置文件等。

（一）矿区总体规划

矿区总体规划，是指对矿区建设规模、井（矿）田划分、煤矿生产能力与建设顺序、煤炭加工、地面配套设施，以及矿区环境保护和其他外部关系等进行的全面规划。① 就煤炭矿区总体规划而言，一般需要满足如下合规要求：

1. 编制主体

《国务院关于促进煤炭工业健康发展的若干意见》（国发〔2005〕18号）指出，应由国家投资完成煤炭资源的找煤、普查和必要的详查，统一管理煤炭资源一级探矿权市场，在此基础上编制矿区总体开发规划和矿业权设置方案。据此，煤炭矿区总体规划的编制应以政府为主导。根据2012年6月13日国家发展改革委发布的《煤炭矿区总体规划管理暂行规定》，煤炭矿区总体规划由省级发展改革委委托具有甲级煤炭工程咨询资质的单位编制。

2. 矿区总体规划的内容

根据《煤炭矿区总体规划管理暂行规定》第3条，煤炭资源开发须首先编制矿区总体规划。经批准的矿区总体规划将作为煤炭工业发展规划、煤矿建设项目开展前期准备工作和办理核准的基本依据，也是各级主管机关依法对煤炭矿区进行管理的依据。根据《煤炭矿区总体规划管

---

① 《煤炭工业矿区总体规划文件编制标准》（GB/T 50651—2011），2010年12月24日发布。

理暂行规定》第 10 条，煤炭矿区总体规划设计文件应当包括如下内容：

（1）规划编制的依据、指导思想和原则；

（2）矿区概况，包括矿区位置、资源条件、勘查程度等；

（3）矿区开发目的和必要性，矿区开发对地区经济社会发展的作用和意义，煤炭市场前景和产品竞争力；

（4）矿区开发企业基本情况，生产和在建矿区应当说明矿区生产开发现状；

（5）矿区和井（矿）田范围确定依据，井田划分的技术经济比较；

（6）矿井（露天矿）建设规模、服务年限、开拓方式、井口位置和工业场地；

（7）矿区建设规模、均衡生产服务年限、煤炭资源补充勘查意见和矿井建设顺序；

（8）煤炭洗选加工，包括煤质特征、原煤可选性、产品利用方向、煤炭洗选加工及布局等；

（9）矿区与煤伴生资源、煤层气（煤矿瓦斯）、矿井水和煤矸石等资源综合开发利用方案；

（10）外部建设条件，矿区铁路、公路、供电电源及供电方案、供水水源及供水方式、通讯等；

（11）矿区总平面布置及辅助设施，包括矿区地面布置、建设用地、防洪排涝等；

（12）矿区安全生产分析与灾害防治等；

（13）矿区环境保护、水土保持和节能减排等；

（14）矿区劳动定员和矿区静态总投资；

（15）规划矿井（露天矿）基本特征表、勘查程度图、井（矿）田划分图、矿区及井（矿）田拐点坐标表。

3. 矿区总体规划的审批

在完成煤炭矿区总体规划的编制后，需由相关主管部门就矿区总体规划进行评估与审批。其中，对于资源储量为中型、规划总规模 300 万吨/年及以上的矿区，其总体规划由矿区所在省级发展改革委会同省级煤炭行业管理等部门提出审查意见后，报国家发展改革委审批。对于前述规模以下的矿区，其总体规划一般由省级发展改革委审批，并报国家发展改革委备案。①

就审批流程而言，审批机关应委托具有资质的评估机构进行评估或组织专家进行评审，评估机构应当在规定的时间内出具评估报告，并可在评估时要求规划申报单位就有关问题进行说明。对于同意批复的，审批机关应当向规划申报单位下达批复文件。若相关矿区可能会对公众利益造成重大影响的，省级发展改革委在就矿区总体规划报批前，还需采取适当方式征求公众意见。②

此外，已获批的矿区总体规划在相关矿区的范围、井（矿）田划分和建设规模方面发生较大变化的情况下，应编制矿区总体规划（修改版），并重新报批。③ 一般来说，该等矿区总体规划（修改版）距原矿区规划的批复时间不少于 5 年。

（二）规划环评和建设项目环评文件

矿区总体规划的重要内容包括矿区环境保护、水土保持和节能减排等事项。由于矿区往往涉及几百到几千平方公里的广阔范围，在该等范围内可能会涉及较多的环境保护事项，而煤炭矿区的大规模开采也可能对区域生态的稳定性造成较大影响。因此，煤矿建设项目需按照相关法律法规的要求开展环评工作。

1. 同步开展规划环评工作

根据《国家环境保护总局办公厅关于加强煤炭矿区总体规划和煤矿建设项目环境影响评价工作的通知》（环办〔2006〕129 号）的规定，矿区总体规划要依法进行环境影响评价，经批准的矿区总体规划环境影响评价文件是煤炭开发建设活动的基本依据。根据《关于进一步加强煤炭资源开发环境影响评价管理的通知》（环环评〔2020〕63 号，以下简

---

① 《煤炭矿区总体规划管理暂行规定》。
② 同上。
③ 同上。

称《煤炭环评管理通知》）的规定，发展改革（能源主管）部门在组织编制煤炭矿区总体规划时，应坚持"生态优先、绿色发展"的理念，根据法律法规要求，同步组织开展规划环评工作，编制环境影响报告书。因此，煤矿建设项目应当在组织编制煤炭矿区总体规划时，依法同步编制环境影响报告书。

2. 规划环评工作流程

根据《煤炭环评管理通知》，规划编制部门在报批煤炭矿区总体规划草案前，应将规划环评文件报送与规划审批部门同级的生态环境主管部门，并抄送规划审批部门。生态环境主管部门应会同审批部门召集有关部门代表和专家成立审查小组，对环境影响报告书进行审查。审查小组应当就环境影响报告书提出书面审查意见。规划环评文件的审查结论和审查意见将作为矿区总体规划批准的重要依据。

若审查小组对规划环评文件提出修改意见，一般来说，规划编制部门还应当根据环境影响报告书结论和审查意见对规划草案进行修改完善，并将修改完善后的规划环境影响报告书、审查意见及落实情况与规划草案一并报送规划审批部门。对于未依法履行环评工作的煤炭矿区总体规划，不得予以实施。

3. 煤炭建设项目环评

根据《建设项目环境保护管理条例》《建设项目环境影响评价分类管理名录（2021年版）》等文件的规定，煤炭开采项目应当依法编制环境影响报告书，并在开工建设前将其报送相关环境保护主管部门审批，未经审批或审批未通过的，建设单位不得开工建设。已经获批的煤炭建设项目发生重大变动的，相关建设单位还应当重新报批建设项目环境影响报告书。[①]

就煤炭建设项目环评和规划环评的关系而言，由于规划环评一般由政府主管部门编制，因此对项目环评有一定的指导和约束作用。根据

---

① 根据《环境保护部办公厅关于印发环评管理中部分行业建设项目重大变动清单的通知》（环办〔2015〕52号）的规定，该等重大变动主要包括项目规模、地点、生产工艺以及环境保护措施的变动。

《煤炭环评管理通知》的规定，符合煤炭矿区总体规划和规划环评的煤炭采选建设项目，应依法编制项目环评文件，在开工建设前取得批复。此外，《环境保护部关于加强规划环境影响评价与建设项目环境影响评价联动工作的意见》（环发〔2015〕178号）也指出，环保主管部门在审批环评文件时，应结合项目的规划环评情况，并以项目环评是否符合规划环评结论及审查意见为审批的依据。对于符合规划环评结论及审查意见的，项目环评文件应当进行简化。

（三）项目核准及前置文件

根据《政府核准的投资项目目录（2016年本）》，煤矿项目属于须经政府核准的项目。其中，国家规划矿区内新增年产能120万吨及以上煤炭开发项目应由国务院相关部门核准；国家规划矿区内的其余煤炭开发项目由省级政府核准。煤矿项目在进行核准程序前，涉及较多前期工作。随着近年来政府机构简政放权、"放管服"的推进，煤矿项目核准程序持续不断优化，相关前置文件也得到了精简。具体而言，目前煤矿项目核准涉及如下前置手续：

1. 煤矿开发项目核准办事指南要求的申请材料

根据国家能源局官网公布的煤矿项目核准办事指南，煤矿项目的申请材料包括[①]：

（1）项目核准请示文件。一般来说，煤矿项目核准请示文件可由省级发展改革部门（或省级政府指定的煤炭投资主管部门）转报或计划单列企业集团、中央管理企业报送。同时，该等项目核准请示文件应当包含对该项目社会稳定风险评估报告的意见，并附社会稳定风险评估报告。根据《国家发展改革委重大固定资产投资项目社会稳定风险评估暂行办法》（发改投资〔2012〕2492号）第6条的规定，在向国家发展改革委报送项目可行性研究报告、项目申请报告的申报文件中，应包含对该项目社会稳定风险评估报告的意见，并附社会稳定风险评估报告。

---

① 相关内容详见"国家能源局行政审批在线办事系统"（https://xzsp.nea.gov.cn/nea/）。

（2）项目申请报告。根据《企业投资项目核准和备案管理办法》第17条的规定，企业办理项目核准手续的，应当按照国家有关要求编制项目申请报告。

（3）用地预审与选址意见书。自然资源部于2019年发布的《自然资源部关于以"多规合一"为基础推进规划用地"多审合一、多证合一"改革的通知》已明确指出要合并规划选址和用地预审，即由自然资源主管部门统一核发建设项目用地预审与选址意见书，不再单独核发建设项目选址意见书、建设项目用地预审意见。

此外，根据国家能源局公开的相关答复，目前已取消煤炭项目"路条"的要求。[1] 尽管根据《关于加强煤炭建设项目管理的通知》（发改能源〔2006〕1039号）的规定，在开展煤炭项目前期工作时，可就项目是否符合国家煤炭发展规划和产业政策等问题，向国家发展改革委提出咨询。国家发展改革委将依据有关规定出具咨询复函。但国家发展改革委等五部门于2013年发布的《关于改进规范投资项目核准行为加强协同监管的通知》（发改投资〔2013〕2662号）已明确指出："除核电、大型水利水电等特定项目外，坚决取消前期工作咨询复函等变相审批行为。"

2. 其他前置要件

（1）产能置换方案及批复

《国务院关于煤炭行业化解过剩产能实现脱困发展的意见》（国发〔2016〕7号）规定："从2016年起，3年内原则上停止审批新建煤矿项目、新增产能的技术改造项目和产能核增项目；确需新建煤矿的，一律实行减量置换。在建煤矿项目应按一定比例与淘汰落后产能和化解过剩产能挂钩，已完成淘汰落后产能和化解过剩产能任务的在建煤矿项目应由省级人民政府有关部门予以公告。"

《国家能源局关于有序推进煤矿项目核准建设投产工作的通知》（国能发煤炭〔2018〕84号）规定，坚持产能置换长效机制。自2019年起，煤炭产能置换的规模比例、指标折算系数及认定情形等要求仍按现

---

[1] 详见"国家能源局行政审批在线办事系统"（https：//xzsp.nea.gov.cn/nea/）。

有规定执行。各级发展改革委（能源局）、煤炭行业管理部门不得核准（审批）不符合产能置换等产业政策要求的煤矿项目。据此，煤矿项目应在产能置换方案获得相关部门确认后，方可办理其他手续。

(2) 社会稳定风险评估

《国家发展改革委重大固定资产投资项目社会稳定风险评估暂行办法》第3条第1款规定："项目单位在组织开展重大项目前期工作时，应当对社会稳定风险进行调查分析，征询相关群众意见，查找并列出风险点、风险发生的可能性及影响程度，提出防范和化解风险的方案措施，提出采取相关措施后的社会稳定风险等级建议。"根据该规定，项目申报文件应当包含对该项目社会稳定风险评估报告的意见，并附社会稳定风险评估报告。社会稳定风险评估报告应当作为核准项目的重要依据。若该等评估报告认为项目存在高风险或者中风险的，国家发展改革委将不予审批、核准和核报；存在低风险但有可靠防控措施的，国家发展改革委可以审批、核准或者核报国务院审批、核准，并应在批复文件中对相关问题提出落实防范、化解风险措施的要求。

（四）取水许可与水资源论证报告书

2016年以前，煤矿建设项目前期涉水行政审批事项包括取水许可和水资源论证报告书审批。

就取水许可而言，根据《中华人民共和国水法》和《取水许可管理办法》等法律法规规定，国家对水资源依法实行取水许可制度和有偿使用制度，单位或个人需要取水的，须向有权审批的机构提交申请。根据《取水许可和水资源费征收管理条例》规定，审批机构受理取水申请后，应当对取水申请材料进行全面审查，并综合考虑取水可能对水资源的节约保护和对经济社会发展带来的影响，决定是否批准取水申请。只有获得取水许可批准文件的建设项目才能开始建设取水工程或设施。

就水资源论证报告书而言，《建设项目水资源论证管理办法》第2条规定："对于直接从江河、湖泊或地下取水并需申请取水许可证的新建、改建、扩建的建设项目（以下简称建设项目），建设项目业主单位（以下简称业主单位）应当按照本办法的规定进行建设项目水资源论证，编制建设项目水资源论证报告书。"根据该办法，相关建设单位在向具有取水许可审批权限的机构提交取水许可申请材料时，必须随申请一并提交建设项目水资源论证报告书，此报告书将被视为取水许可审批的重要依据。若未能提交建设项目水资源论证报告书，且在通知后仍未进行补正的，将被视为自动放弃取水许可申请。

2016年后，根据水利部办公厅《关于做好取水许可和建设项目水资源论证报告书审批整合工作的通知》（办资源〔2016〕221号）以及《国务院关于印发清理规范投资项目报建审批事项实施方案的通知》（国发〔2016〕29号）等相关规定，明确将水利部门的取水许可和建设项目水资源论证报告书合并为一项投资项目报建审批事项。根据目前的规定，申请取水的单位或者个人在向具有审批权限的取水许可审批机关提出申请时，应一并提交报告书，审批机关不再单独受理申请人的报告书审查申请。审批机关应按规定及时并一次收清所有申请材料。

二、建设阶段的合规性要求

（一）开工备案

根据《关于加强煤炭建设项目管理的通知》的规定，煤炭建设项目实行项目开工备案。煤矿建设项目开工前，建设单位应将项目核准、初步设计和安全设施设计批复文件，采矿许可证，设计、施工和监理单位资质证，施工企业安全生产许可证，中标文件，工程质量监督手续，保证安全施工的措施，以及拟开工日期等，向省级发展改革委、煤炭行业管理部门、煤矿安全监管部门和煤矿安全监察机构告知备案，有关部门应出具备案回执。

此外，各省对于煤矿开工备案也进行了具体的规定。随着"放管服"的推进，各地都基本取消了煤矿建设项目开工审批。以内蒙古为例，《内蒙古自治区能源局关于做好煤矿建设项目管理工作有关事宜的通知》（内能煤运字〔2020〕665号）规定，煤矿建设项目开工备案应提交以下材料：（1）煤矿建设项目初步设计批复文件复印件；（2）建设用地批复复印件；（3）煤矿建设项目安全设施设计批复文件复印件；（4）煤矿建设项目环境影响评价批复文件复印件；（5）煤矿建设项目水土保持方案报告书批复文件复印件；（6）采矿许可证复印件；（7）经招标确定的施工单位中标文书、资质证书、安全生产许可证、施工合同复印件等；（8）经招标确定的监理单位中标文书、资质证书、监理合同复印件等；（9）煤炭工业工程质量监督机构出具的质监注册登记表、《煤炭工业建设工程质量监督书》和资质证书复印件。该通知对煤矿建设项目开工备案所需提供的材料作了进一步细化和明确，以加强煤矿建设项目管理。

（二）矿山地质环境保护与土地复垦方案

早在 2017 年发布的《国土资源部办公厅关于做好矿山地质环境保护与土地复垦方案编报有关工作的通知》（国土资规〔2016〕21 号，现已失效）中就明确了矿山地质环境保护与治理恢复方案和土地复垦方案的编制要求。根据该规定，矿山企业应当合并编制环境保护与治理恢复方案和土地复垦方案，无须单独编制矿山地质环境保护与治理恢复方案、土地复垦方案。根据《矿山地质环境保护规定》第 12 条的规定，矿山地质环境保护与土地复垦方案应当包括如下内容：

（1）矿山基本情况；

（2）矿区基础信息；

（3）矿山地质环境影响和土地损毁评估；

（4）矿山地质环境治理与土地复垦可行性分析；

（5）矿山地质环境治理与土地复垦工程；

（6）矿山地质环境治理与土地复垦工作部署；

（7）经费估算与进度安排；

（8）保障措施与效益分析。

具体而言，煤矿企业应当以其采矿权为单位进行上述方案的编制，即一个采矿权对应一份方案文件的编制，煤矿采矿权申请人可以选择自行编制方案，或委托有关机构编制方案，并在办理建设用地申请或者采矿权申请手续时，随有关报批材料报送土地复垦方案。在编制的环境保护与土地复垦方案经过审批通过后，煤矿企业需按照编制的方案开展具体矿山地质环境保护与土地复垦工作。环境保护与土地复垦工作由国土资源主管部门进行监督管理。

（三）水土保持设施验收报告

随着转变政府职能、"放管服"的深入推进，目前生产建设项目水土保持设施验收审批已经取消，转变为由生产建设单位自主验收，水利主管部门仅进行事中事后监管。《国务院关于取消一批行政许可事项的决定》（国发〔2017〕46号）明确提出由生产建设单位在建设项目投产前，依据经批复的水土保持方案及批复意见，组织第三方机构编制水土保持设施验收报告，向社会公开并向水土保持方案审批机关报备。[①]

生产建设项目水土保持设施自主验收（以下简称"水土保持自主验收"）包括水土保持设施验收报告编制和竣工验收两个阶段。根据《生产建设项目水土保持设施自主验收规程（试行）》（办水保〔2018〕133号）的规定，建设单位的水土保持自主验收应当包括水土保持设施建设完成情况、水土保持设施质量、水土流失防治效果以及水土保持设施的运行、管理及维护情况。

根据上述规定，就煤矿项目建设主体而言，建设单位应当在煤矿项目竣工验收前，组织第三方机构编制水土保持设施验收报告。具备验收条件的，建设单位应当组织开展水土保持设施竣工验收，并在自主验收完成后按规范格式制发水土保持设施验收鉴定书。建设单位应当在水土保持设施验收合格后，及时在其官方网站或者其他网站公示相关验收材料，并向水利行政主管部门报备水土保持设施验收材料。

---

① 另外，根据2023年1月17日发布的《生产建设项目水土保持方案管理办法》（水利部令第53号）的规定，生产建设单位应当在生产建设项目开工建设前完成水土保持方案的编制，向相关水行政主管部门提交审批申请并取得批准手续。

三、运营阶段的合规性要求

（一）依法取得煤矿企业安全生产许可证

我国对煤矿矿山企业实施安全生产许可制度。根据《煤矿企业安全生产许可证实施办法》的规定，煤矿企业应当依法取得安全生产许可证。未取得安全生产许可证的煤矿企业不得开展煤矿的生产活动。

根据《煤矿企业安全生产许可证实施办法》的规定，煤矿企业申请安全生产许可证，需要满足一系列安全生产条件，包括但不限于建立、健全相关人员岗位的安全生产责任制，制定安全生产规章制度和各工种操作规程，设置安全生产管理机构，安全投入需满足安全生产的要求，工伤保险缴纳，以及制定重大危险源检测、评估和监控措施等。此外，除了具备上述相应安全生产条件外，对于不同的煤矿项目，其安全设施、设备、工艺还须符合一定条件。

就安全生产许可证的申请主体而言，《煤矿企业安全生产许可证实施办法》第3条规定："煤矿企业除本企业申请办理安全生产许可证外，其所属矿（井、露天坑）也应当申请办理安全生产许可证，一矿（井、露天坑）一证。煤矿企业实行多级管理的，其上级煤矿企业也应当申请办理安全生产许可证。"

（二）依法采取安全事故隐患预防措施

法律对煤矿企业的安全生产事故隐患的预防措施也提出了要求。安全生产事故隐患系生产经营单位违反安全生产法律、法规、规章、标准、规程和安全生产管理制度的规定，或者因其他因素在生产经营活动中存在可能导致事故发生的物的危险状态、人的不安全行为和管理上的缺陷[1]，通常是导致安全事故发生的直接原因。根据《中华人民共和国

---

[1] 黄典剑：《安全风险分级管控和隐患排查治理双重预防机制建设探讨》，载《中国安全生产》2017年第7期。

矿山安全法》(以下简称《矿山安全法》)的相关规定，矿山企业应对矿山项目冒顶、片帮、边坡滑落和地表塌陷，瓦斯爆炸、煤尘爆炸，以及粉尘、有毒有害气体、放射性物质和其他有害物质引起的危害等采取预防措施。矿山企业必须建立、健全安全生产责任制，若矿山企业主管人员对矿山事故隐患不采取措施，发生重大人员伤亡事故的，还可能构成犯罪，受到刑事处罚。

(三) 环保合规

如前所述，煤矿项目在开发阶段涉及一系列环评事项。在生产经营活动中，煤矿企业作为环保部门重点监管的工业单位也涉及诸多环保合规的风险。煤矿项目运营中涉及大气、水、噪声污染防治、固体废物污染防治、土壤污染防治等方面的合规要求。

根据 2017 年修正后的《中华人民共和国水污染防治法》的规定，矿山开采区的运营、管理单位应当采取防渗漏等防护措施，并建设地下水水质监测井进行监测，防止地下水污染，对于报废矿井还需要采取措施进行封井或回填。2021 年 10 月颁布的《地下水管理条例》第 52 条还规定，矿产资源开采、地下工程建设疏干排水量达到规模的，还应当依法申请取水许可，安装排水计量设施，定期向取水许可审批机关报送疏干排水量和地下水水位状况。

《中华人民共和国大气污染防治法》也对煤炭经营过程中涉及的大气污染进行了规定。根据该法的规定，国家鼓励煤炭清洁高效利用。国家采取有利于煤炭清洁高效利用的经济、技术政策和措施，鼓励和支持洁净煤技术的开发和推广，并鼓励煤矿企业等采用合理、可行的技术措施对煤层气进行开采利用。同时，国家推行煤炭洗选加工，以降低煤炭的硫分和灰分。就新建煤矿而言，其应当同步建设配套的煤炭洗选设施，使煤炭的硫分、灰分含量达到规定标准，以减少燃煤时可能产生的污染气体排放；已建成的煤矿除所采煤炭属于低硫分、低灰分或者根据已达标排放的燃煤电厂要求不需要洗选的以外，应当限期建成配套的煤炭洗选设施。

此外，《中华人民共和国固体废物污染环境防治法》第 42 条规定：

"矿山企业应当采取科学的开采方法和选矿工艺，减少尾矿、煤矸石、废石等矿业固体废物的产生量和贮存量。国家鼓励采取先进工艺对尾矿、煤矸石、废石等矿业固体废物进行综合利用。尾矿、煤矸石、废石等矿业固体废物贮存设施停止使用后，矿山企业应当按照国家有关环境保护等规定进行封场，防止造成环境污染和生态破坏。"

（四）煤矿项目托管合规

煤矿托管是指委托方（煤矿业主）并不直接开展煤矿生产，而是将煤炭生产的全过程委托给承托方进行管理和运营。煤炭企业应当依法对外托管矿山。根据国家煤矿安全监察局于 2019 年 12 月发布的《煤矿整体托管安全管理办法（试行）》（煤安监行管〔2019〕47 号，以下简称《煤矿托管管理办法》），煤矿托管须采取整体托管方式，不得违规将采掘工作面或者井巷维修作业作为独立工程对外承包。据此，煤矿整体托管方式系我国明文规定煤矿企业主体可以实施的经营方式。但是，煤矿项目托管方式仍存在较多的限制。

1. 应满足托管资质的要求

《煤矿托管管理办法》对可以托管的矿井提出了要求，即证照齐全、合法有效的生产矿井才可依照该办法进行托管。托管煤矿须重新办理安全生产许可证，未取得安全生产许可证的托管煤矿，承托方不得组织生产活动。

根据《煤矿托管管理办法》的规定，就煤炭项目的承托方而言，除符合一般的法人资格和营业资格的要求外，还应属于大型国有煤炭企业或具有煤矿生产专业运营管理经验且上一年度所托管煤矿未发生较大及以上生产安全事故的单位，并且还需满足无处于安全生产领域联合惩戒期限内的失信行为以及具备符合要求的煤矿专业技术人员及员工等。承托方也应当对托管煤矿承担安全生产管理责任，确保安全生产投入的有效实施。

委托方应当依据相关法律规定与承托方签订托管协议，并遵照托管协议约定的托管方式、托管时间及双方的安全生产责任的约定进行煤矿的托管，国家鼓励委托方和承托方签订长期托管协议。此外，托管煤矿的安全主体责任并不因煤矿托管而发生转移。委托方对托管煤矿负有保证安全生产的主体责任，并配备满足监督管理要求的人员。

2. 应严格按照煤矿托管的形式要求开展托管

如前所述，煤矿企业可以采取托管的方式进行经营活动，但煤矿企业进行煤矿托管应符合法律规定的形式，避免被认定为以承包等方式擅自将采矿权转让他人。具体而言，煤矿企业应当按照《国家安全监管总局、国家煤矿安监局关于加强托管煤矿安全监管监察工作的通知》（安监总煤监〔2015〕15号）和《煤矿托管管理办法》等规定的要求，依法整体托管煤矿，不得将采掘工作面或者井巷维修作业作为独立工程对外承包。对于承托方，其应对托管煤矿的生产、技术、安全等方面实施全面管理，不得进行部分托管，或以技术服务、分项承包的形式进行托管，不得将托管煤矿转委托第三方。

四、刑事法律责任和行政法律责任

（一）刑事法律责任

由于煤矿项目的复杂性以及煤矿在建设、运营等阶段严格的合规要求，煤矿领域一直是刑事风险较为多发的领域。近年来，在各地纷纷开展涉煤项目"倒查"的背景下，涉煤刑事案件频发。煤炭行业主要涉及的犯罪包括非法采矿罪、非法占用农用地罪、污染环境罪、重大责任事故罪以及相关渎职类犯罪等。

表2-1-1从刑事责任承担主体、构成要求以及刑罚三个方面对上述刑事法律责任进行说明[①]：

---

① 相关罪名、刑罚等依据2023年修正的《中华人民共和国刑法》进行整理。

表 2-1-1　煤炭项目主要刑事法律责任

罪名	刑事责任承担主体	构成要件	刑罚
非法采矿罪	非法采矿的主体（单位和个人）	• 行为要件：未取得采矿许可证擅自采矿，擅自进入国家规划矿区、对国民经济具有重要价值的矿区和他人矿区范围采矿，或者擅自开采国家规定实行保护性开采的特定矿种，情节严重的	• 三年以下有期徒刑、拘役或者管制，并处或者单处罚金 • 情节特别严重的，处三年以上七年以下有期徒刑，并处罚金
非法占用农用地罪	非法占用的主体（单位或个人）	• 行为要件：违反土地管理法规，非法占用耕地、林地等农用地，改变被占用土地用途，数量较大 • 结果要件：造成耕地、林地等农用地大量毁坏的	• 五年以下有期徒刑或者拘役，并处或者单处罚金
污染环境罪	实施污染环境行为的主体（单位或个人）	• 行为要件：违反国家规定，排放、倾倒或者处置有放射性的废物、含传染病病原体的废物、有毒物质或者其他有害物质 • 结果要件：严重污染环境的	• 三年以下有期徒刑或者拘役，并处或者单处罚金 • 情节严重的，处三年以上七年以下有期徒刑，并处罚金 • 情节特别严重的，处七年以上有期徒刑，并处罚金
重大责任事故罪	对生产、作业负有组织、指挥或者管理职责的负责人、管理人员、实际控制人、投资人等人员，以及直接从事生产、作业的人员（个人）	• 主观要件：过失，即行为人应当预见到自己的行为可能发生重大伤亡事故或者造成其他严重后果，因为疏忽大意而没有预见或者已经预见而轻信能够避免 • 行为要件：在生产、作业中违反有关安全管理的规定 • 结果要件：发生重大伤亡事故或者造成其他严重后果的	• 三年以下有期徒刑或者拘役 • 情节特别恶劣的，处三年以上七年以下有期徒刑

(续表)

罪名	刑事责任承担主体	构成要件	刑罚
滥用职权罪	国家机关工作人员	• 行为要件：超越职权，违法决定、处理其无权决定、处理的事项，或者违反规定处理公务 • 结果要件：致使公共财产、国家和人民利益遭受重大损失	• 三年以下有期徒刑或者拘役 • 情节特别严重的，处三年以上七年以下有期徒刑 • 徇私舞弊犯本罪的，处五年以下有期徒刑或者拘役；情节特别严重的，处五年以上十年以下有期徒刑
危险作业罪	从事危险作业行为的主体	• 行为要件：（1）关闭、破坏直接关系生产安全的监控、报警、防护、救生设备、设施，或者篡改、隐瞒、销毁其相关数据、信息的；（2）因存在重大事故隐患被依法责令停产停业、停止施工、停止使用有关设备、设施、场所或者立即采取排除危险的整改措施，而拒不执行的；（3）涉及安全生产的事项未经依法批准或者许可，擅自从事矿山开采、金属冶炼、建筑施工，以及危险物品生产、经营、储存等高度危险的生产作业活动的 • 结果要件：具有发生重大伤亡事故或者其他严重后果的现实危险的	• 一年以下有期徒刑、拘役或者管制

（二）行政法律责任

如前所述，煤矿项目在开发至运营过程中均涉及环保、安全、生产及行政许可与主管机关核准等多方面的合规事项，因而煤矿企业面临着众多合规风险，相关规范散见于各类关于前述合规事项的法律法规中。

煤矿项目在开发至运营过程中的风险，主要包括如下内容（见

表 2-1-2)：

表 2-1-2　煤炭项目主要行政法律责任

风险行为	主管部门/处罚主体	处罚类型	依据
未取得采矿许可证擅自采矿	县级以上自然资源主管部门	• 责令改正；拒不改正的，没收直接用于违法开采的工具、设备以及违法采出的矿产品，并处罚款，可责令停业整顿	《中华人民共和国矿产资源法》第67条：违反本法规定，采矿权人未取得采矿许可证进行矿产资源开采作业的，由县级以上人民政府自然资源主管部门责令改正；拒不改正的，没收直接用于违法开采的工具、设备以及违法采出的矿产品，处违法采出的矿产品市场价值一倍以上三倍以下罚款，没有采出矿产品或者违法采出的矿产品市场价值不足10万元的，处10万元以上50万元以下罚款，并可以责令停业整顿
越界开采	县级以上自然资源主管部门	• 责令改正，处以罚款；拒不改正的，可以责令停业整顿 • 情节严重的，吊销勘查许可证、采矿许可证	《中华人民共和国矿产资源法》第68条第1款：违反本法规定，未按照经批准的勘查方案、开采方案进行矿产资源勘查、开采作业，造成矿产资源破坏的，由县级以上人民政府自然资源主管部门责令改正，处10万元以上50万元以下罚款；拒不改正的，可以责令停业整顿；情节严重的，原矿业权出让部门可以吊销其勘查许可证、采矿许可证
未经批准擅自转让探矿权、采矿权	国务院或省级地质矿产主管部门	• 责令改正，没收违法所得，处10万元以下的罚款 • 情节严重的，由原发证机关吊销勘查许可证、采矿许可证	《探矿权采矿权转让管理办法》第14条：未经审批管理机关批准，擅自转让探矿权、采矿权的，由登记管理机关责令改正，没收违法所得，处10万元以下的罚款；情节严重的，由原发证机关吊销勘查许可证、采矿许可证

（续表）

风险行为	主管部门/处罚主体	处罚类型	依据
违反矿区总体规划进行建设生产	省级发展改革委	• 责令停止建设、生产，并对相关企业负责人、直接负责的主管人员和其他直接责任人员处以罚款 • 构成犯罪的，依法追究刑事责任	《煤炭矿区总体规划管理暂行规定》第21条：矿区煤炭开发企业在矿区总体规划未经批准或者违反经批准的矿区总体规划，擅自从事煤矿建设、生产的，由省级发展改革委会同有关部门责令停止建设、生产，并对相关企业负责人、直接负责的主管人员和其他直接责任人员处1000元以上1万元以下的罚款；构成犯罪的，依法追究刑事责任
未依法报批建设项目环境影响报告书、报告表	县级以上生态环境主管部门	• 责令停止建设，根据违法情节和危害后果处以罚款，并可以责令恢复原状 • 对建设单位直接负责的主管人员和其他直接责任人员，依法给予行政处分	《中华人民共和国环境影响评价法》第31条：未依法报批建设项目环境影响报告书、报告表，或者未依照本法第24条的规定重新报批或者报请重新审核环境影响报告书、报告表，擅自开工建设的，由县级以上生态环境主管部门责令停止建设，根据违法情节和危害后果，处建设项目总投资额1%以上5%以下的罚款，并可以责令恢复原状；对建设单位直接负责的主管人员和其他直接责任人员，依法给予行政处分
未依法办理核准手续开工建设或者未按照核准的建设地点、建设规模、建设内容等进行建设	国务院主管部门或省级政府	• 责令停止建设或者责令停产 • 对企业及直接负责的主管人员和其他直接责任人员处以罚款	《企业投资项目核准和备案管理办法》第56条第1款：实行核准管理的项目，企业未依法办理核准手续开工建设或者未按照核准的建设地点、建设规模、建设内容等进行建设的，由核准机关责令停止建设或者责令停产，对企业处项目总投资额1‰以上5‰以下的罚款；对直接负责的主管人员和其他直接责任人员处2万元以上5万元以下的罚款，属于国家工作人员的，依法给予处分。项目应视情况予以拆除或者补办相关手续

（续表）

风险行为	主管部门/处罚主体	处罚类型	依据
煤矿企业倒卖、出租、出借或者以其他形式非法转让安全生产许可证	国家矿山安全监察局或各省级局	• 没收违法所得，处10万元以上50万元以下的罚款 • 吊销安全生产许可证 • 构成犯罪的，依法追究刑事责任	•《煤矿企业安全生产许可证实施办法》第39条：取得安全生产许可证的煤矿企业，倒卖、出租、出借或者以其他形式非法转让安全生产许可证的，没收违法所得，处10万元以上50万元以下的罚款，吊销其安全生产许可证；构成犯罪的，依法追究刑事责任
未取得安全生产许可证，擅自进行生产的，或冒用、使用伪造的或接受转让的安全许可证	国家矿山安全监察局或各省级局	• 责令停止生产，没收违法所得，并处10万元以上50万元以下的罚款 • 构成犯罪的，依法追究刑事责任	•《煤矿企业安全生产许可证实施办法》第40条：发现煤矿企业有下列行为之一的，责令停止生产，没收违法所得，并处10万元以上50万元以下的罚款；构成犯罪的，依法追究刑事责任：（1）未取得安全生产许可证，擅自进行生产的；（2）接受转让的安全生产许可证的；（3）冒用安全生产许可证的；（4）使用伪造安全生产许可证的
矿山建设工程的安全设施未经验收或者验收不合格擅自投入生产的	劳动行政主管部门和管理矿山企业的主管部门	• 责令停止生产，并由劳动行政主管部门处以罚款 • 拒不停止生产的，吊销其采矿许可证和营业执照	•《矿山安全法》第43条：矿山建设工程的安全设施未经验收或者验收不合格擅自投入生产的，由劳动行政主管部门会同管理矿山企业的主管部门责令停止生产，并由劳动行政主管部门处以罚款；拒不停止生产的，由劳动行政主管部门提请县级以上人民政府决定由有关主管部门吊销其采矿许可证和营业执照

五、典型案例

（一）违法获取

如前所述，若煤矿企业存在未获得采矿许可证、超越批准的煤矿矿区范围开采煤矿等非法采矿行为，系国家明令禁止行为，根据 2024 年修订的《中华人民共和国矿产资源法》（以下简称《矿产资源法》）的规定，可能对相关主体处以没收违法所得和罚款的行政处罚；若该等主体拒不停止其违法开采行为，则可能构成犯罪。故煤矿企业在煤矿开发及经营过程中应注意探矿权采矿权的取得手续、开采合规等问题，若以受让方式取得采矿权的，也应当依法履行审批手续，尽可能避免出现合规风险，给企业造成不必要的风险和损失。

➢ **凤城市世新煤业有限公司、曹××等非法采矿案〔（2019）辽 0604 刑初 18 号〕**

在该案中，曹××、曹×在明知凤城市世新煤业有限公司（以下简称"凤城煤业"）没有采矿许可证的情况下，于 2015 年 3 月至 6 月组织进行煤炭开采，非法开采煤炭约 1200 吨，后被凤城市国土资源局查处，没收违法所得煤炭 200 吨，处罚款合计 14.8 万元。之后，在 2016 年 4 月至 2017 年 3 月，曹××、曹×在明知凤城煤业没有采矿许可证的情况下，仍然组织煤炭开采，并将非法开采的煤炭进行销售，销售金额约为 54.7 万元。

法院认为，被告单位凤城煤业违反《矿产资源法》[①] 的规定，未取得采矿许可证擅自采矿，情节严重，被告人曹××、曹×作为被告单位直接负责的主管人员，其行为均已构成非法采矿罪且系共同犯罪，判处

---

① 需要说明的是，本案判决作出于 2019 年，法院当时适用的是 2009 年修正的《矿产资源法》。

凤城煤业及上述直接主管人员罚金，对上述直接主管人员处以一年有期徒刑。

> **陈某某等 80 人组织、领导、参加黑社会性质组织及非法采矿等罪案**①

2015 年上半年至 2018 年 7 月，山西某公司作为黑社会首要分子陈某某的控制企业，在陈某某的指使下，先后安排公司下属煤炭企业进行越界盗采，将开采出的煤炭统一运送至公司下属洗煤厂洗选后，由集团销售处统一销售谋取非法利益，为陈某某黑社会性质组织攫取了巨额经济利益。经山西省自然资源厅认定：公司非法越界开采煤炭资源破坏可采煤炭资源总量达 655.31 万吨，总价值 423679.35 万元。

山西省长治市中级人民法院一审认为山西某公司和陈某某等人违反《矿产资源法》的规定，擅自进入他人矿区范围采矿，情节特别严重，行为均已构成非法采矿罪。以非法采矿罪判处被告单位山西某公司罚金人民币 30 亿元；以非法采矿罪判处被告人陈某某有期徒刑 6 年，并处罚金人民币 1000 万元。与其他罪刑数罪并罚后，被告人陈某某最终被判处死刑，缓期二年执行，剥夺政治权利终身，并处没收个人全部财产。后山西省高级人民法院维持原判。

[律师提示]

建议煤矿项目在开工建设前与运营过程中，应注意包括采矿权获取在内的各项事宜的取得合规问题，并在开发过程中积极向相关主管部门进行确认；在煤矿项目运营过程中，应按照法律的规定进行生产经营，不得超过采矿许可证上载明的采矿范围开采。煤矿项目以转让等方式获取相关煤矿的采矿权等其他权利的，也应取得相关主管机关的批复或进行有关事项备案，以使企业在合法合规的框架下运营，避免不合规给企业经营造成损失。

---

① 《10+4！山西环境资源审判典型案例来了》，https://www.thepaper.cn/newsDetail_forward_18405857，2024 年 7 月 10 日访问。

（二）生产合规

> **蒋某某重大责任事故、非法采矿、非法储存爆炸物案**[①]

在本案中，蒋某某于 2008 年 4 月购得金山沟煤矿所有权，相继取得采矿许可证、安全生产许可证和工商营业执照，后于 2015 年年底动员他人共同投资入股煤矿，蒋某某占金山沟煤矿 80% 股份，其他股东占 20% 股份，双方约定共同生产、经营和管理煤矿。采矿许可证有效期至 2016 年 11 月 23 日。2013 年年初，蒋某某决定超层越界开采大石炭煤层下部的 K13 煤层，后于 2014 年年底和 2015 年年底掘见 K13 煤层。2015 年 5 月 22 日，当地地质矿产勘查开发局对金山沟煤矿进行实地勘查，形成矿山实地核查报告并提交当地国土资源和房屋管理局，当地国土资源和房屋管理局同年 6 月 17 日和 8 月 7 日分别下达《责令停止违法行为通知书》和《行政处罚决定书》，责令金山沟煤矿退回本矿区范围内开采、密闭越界布置的巷道，蒋某某遂安排工人将越界布置的巷道用砖墙封闭。2016 年年初，蒋某某指使矿长邹某某组织人员非法开采 K13 煤层。至本案事故发生为止，金山沟煤矿井下越界动用煤炭资源储量 17580 吨，全矿累计非法开采矿产品价值 3286229.4 元。

非法开采期间，蒋某某严重违反安全管理规定，包括：在 K13 煤层南北两翼工作面未形成正规通风系统的情况下，采用局部通风机供风采煤；采掘工作放炮时未执行"一炮三检"和"三人连锁爆破制度"，未使用水泡泥和泡泥封堵炮眼，将未使用完的炸药、雷管违规存放在井下；采用国家明令淘汰的"巷道式采煤"工艺以掘代采。2016 年 10 月 11 日至 12 日，当地煤监局发现金山沟煤矿存在一系列违法违规行为和事故隐患，责令其继续停止井下一切采掘作业，立即改正，经验收合格、完善复工复产手续后方能采矿。金山沟煤矿在未实施任何改正的情况下，仍然继续违法采掘。同年 10 月 31 日，金山沟煤矿 K13 煤层一采煤工作面在实施爆破落煤时发生瓦斯爆炸，造成 33 名井下作业人员死亡。

[①] 《最高法发布平安中国建设第一批典型案例》，https://www.chinacourt.org/article/detail/2021/12/id/6466259.shtml，2024 年 7 月 10 日访问。

一审法院判决：蒋某某作为金山沟煤矿直接负责的主管人员，违反《矿产资源法》的规定，未取得采矿许可证擅自开采煤炭资源，行为构成非法采矿罪，情节特别严重；作为对生产、作业负有组织、指挥、管理职责的企业负责人、投资人，在组织、指挥、管理生产、作业过程中违反有关安全管理的规定，导致发生重大事故，行为构成重大责任事故罪，情节特别恶劣；违反规定非法储存民爆物品，行为构成非法储存爆炸物罪，且系非法储存爆炸物共同犯罪中的主犯，应依法并罚。对蒋某某以重大责任事故罪判处有期徒刑 7 年；以非法采矿罪判处有期徒刑 6 年，并处罚金人民币 150 万元；以非法储存爆炸物罪判处有期徒刑 8 年，决定执行有期徒刑 20 年，并处罚金人民币 150 万元。一审宣判后，蒋某某未上诉，同案其他被告人提出上诉。二审法院裁定：驳回上诉，维持原判。

[律师提示]

本案系最高人民法院发布的典型案例。在涉及违法开采煤矿的案件中，相关违法主体往往涉及一系列的违法行为，对财产安全、人身安全、资源、环境等法益均造成了严重的破坏。如在本案中，相关责任人蒋某某不仅组织实施越界开采的行为，同时在组织生产作业过程中违反了安全管理规定，造成重大事故，并将未使用完的炸药、雷管违规存放在井下，同时构成非法采矿罪、非法储存爆炸物罪及重大责任事故罪。

由于煤矿井下开采生产作业活动危险性高，相关煤矿事故的发生容易造成恶劣的社会影响，因此煤矿主体必须坚持最严格的安全标准。实践中，司法机关往往会对煤矿井下违法生产、作业行为采取从严处罚的态度。建议煤矿项目开采过程中，煤矿主体应严格按照法律的规定进行生产经营，执行严格的安全生产标准，并接受相关主管机关的检查，避免发生重大安全事故给企业经营带来损失，并导致相关责任人受到刑事处罚。

（三）环境保护

> 王×× 与山西阳泉郊区神堂煤业有限公司污染环境案 [（2019）晋 03 刑终 81 号]

在该案中，被告人王××安排车辆将山西阳泉郊区神堂煤业有限公司（以下简称"神堂煤业"）在生产中产生的煤矸石倾倒，占用农用地面积24261.1平方米（约36亩），致使农用地面积超过30亩基本功能丧失。法院认为，被告单位神堂煤业、被告人王××违反国家规定擅自排放倾倒煤矸石污染环境，后果特别严重，其行为已构成污染环境罪。此外，由于被告单位的上述行为损害了社会公共利益，在承担刑事责任的同时还应承担相应的民事责任。法院判处被告单位和被告人犯污染环境罪，并应当承担停止侵害，并恢复生态环境治理达标的责任。

[律师提示]

如前所述，煤矿项目在开工建设前，应当依法履行环评手续；在运营过程中，也需要根据法律规定承担环境义务，采取积极措施避免影响环境的行为发生。煤矿项目未履行环境行为的，轻则可能受到行政处罚，重则还会承担刑事责任。煤矿项目主体应避免因环境问题受到处罚，进而导致其项目运营的中断或终止。

（四）用地合规

> **伊泰B股（900948）非法占用农用地案**[①]

根据伊泰B股发布的公告，其下分公司内蒙古伊泰煤炭股份有限公司凯达煤矿（以下简称"凯达煤矿"）于2009年至2015年，未经审批占用农用地面积累计达410.9735亩，用于凯达煤矿新矿部、选煤厂、排矸场、回风井的建设。2020年12月20日，鄂托克前旗公安局侦查终结后，将凯达煤矿涉嫌非法占用农用地一案移送至鄂托克前旗人民检察院，该案于2021年7月16日在鄂托克前旗人民法院开庭审理。

根据鄂托克前旗人民法院就该案出具的刑事判决书［（2021）内0623刑初81号］，被告单位凯达煤矿未经审批，共计非法占用农用地面积累计达391.1335亩，用于进行凯达煤矿新矿部、选煤厂、排矸场、

---

① 《内蒙古伊泰煤炭股份有限公司关于所属煤矿涉及刑事诉讼的进展公告》，http://www.sse.com.cn/disclosure/listedinfo/announcement/c/new/2021-12-14/900948_20211214_1_KU669Zpz.pdf；《内蒙古伊泰煤炭股份有限公司关于本公司及其子公司所属煤矿涉及诉讼的公告》，https://www1.hkexnews.hk/listedco/listconews/sehk/2021/0917/2021091701481_c.pdf，2024年7月10日访问。

回风井的建设。依照《刑法》的相关规定，被告单位凯达煤矿犯非法占用农用地罪，被判处罚金20万元。

[律师提示]

本案中，涉事主体为上市公司，根据《上市公司信息披露管理办法》的规定，上市公司应就公司的重大投资行为、公司受到刑事处罚等事件立即披露，说明事件的起因、目前的状态和可能产生的影响。因此，一方面，煤矿若占用农用地，应视占用的农用地类型按照规定履行相应的审批手续，以防用地不合规导致整个项目停滞；另一方面，上市煤矿企业若在一年内购买、出售重大资产（包括但不限于煤矿资产）超过公司资产总额30%的，也应当及时披露。

第二章

石油、天然气领域投融资项目的合规问题与法律风险

一、石油、天然气领域投融资项目的合规问题与法律风险

目前，全球能源行业正经历第三次能源转型，从高碳向低碳、从化石能源向可再生能源过渡。在构建多元能源结构共同发展的过程中，化石能源尤其是以油气为主的化石能源，将继续在能源领域扮演重要角色。特别是天然气，凭借其多重优势，如灵活性、清洁性、稳定性和高效性，将在替代高污染燃料和与可再生能源协同发展等方面发挥重要作用。

截至2022年，国内原油年产量增长至2.05亿吨，同比增长为2.9%，重回2亿吨"安全线"，创下了"十二五"以来的最高增速；国内天然气产量约为2201亿立方米，同比增长6.07%，连续5年增产超过了100亿立方米。就油气储量方面，在2022年，国内油气企业持续加大勘探力度，新增石油探明地质储量超过14亿吨，新增天然气探明地质储量超过1.2万亿立方米，也处于较高的增长水平。[1]

就油气建设项目的开发合规事宜，投资者除需要关注建设项目一般性合规要求外，还需要关注针对油气行业的特殊规定。

---

[1] 齐慧：《开源节流促油气增储上产》，载《经济日报》2023年4月21日第6版。

（一）开发项目备案

根据《政府核准的投资项目目录（2016年本）》《企业投资项目核准和备案管理办法》等文件的规定，国家对原油、天然气（含煤层气）开发项目实施备案管理，即该等开发项目由具有开采权的相关企业自行决定，并在开工建设前报国务院行业管理部门备案，依法履行投资项目信息告知义务。

就油气项目的备案工作而言，主要规定在《油气开发项目备案及监管暂行办法》（发改能源规〔2019〕1805号，以下简称《油气开发备案办法》）、《国家能源局关于进一步做好油气开发项目备案填报工作的通知》（国能发油气〔2022〕89号，以下简称《油气开发备案填报工作的通知》）等文件中。具体而言，根据这些规定，油气开发项目的备案应当通过全国投资项目在线审批监管平台在线办理，企业应当在项目开工建设前将项目相关信息告知备案机关，包括企业的基本情况、项目名称、建设地点、建设内容及规模、投资总额以及项目符合产业政策的相关声明等。

《油气开发备案填报工作的通知》也对油气项目的具体填报内容进行了进一步的明确。根据该通知，油气开发项目备案应当填报的项目信息包括：

（1）油气产能建设。包括项目动用储能情况、建成产能、开发投资、经济评价指标、主要开发指标等。此外，对于达到一定产能规模的项目，开发企业还应在项目开工前线下报送开发方案。

（2）油气产能建设配套。即油气项目的配套工作及设施，包括油气田开发过程中配套的绿色低碳、节能改造、智能化升级、减碳驱油（碳捕集、利用与封存）等项目，备案内容主要为占地面积、建设内容及规模、投资等。

（3）符合产业政策的声明。即符合油气开发安全生产、生态环境保护等相关产业政策要求的声明。

此外，若项目投资主体发生变化，或项目建设地点、规模、内容等方面发生重大变化，项目投资主体还应当依法依规及时告知备案机关，并修改相关备案信息。

(二)油气开发利用方案

根据《矿产资源开采登记管理办法》的规定,开采油气矿产的主体,应当由国务院相关主管机关审查同意后,由国务院地质矿产主管部门登记,并颁发采矿许可证。申请主体在申请采矿许可证时,需要提交申请登记书和矿区范围图、申请人资质条件证明、矿产资源开发利用方案、环评报告、企业设立的批准文件以及其他相关文件。自然资源部于2023年3月刊发了《自然资源部关于印发油气勘查实施方案、开发利用方案及勘查开采工作进展报告编写大纲的通知》,完善了《油气开发利用方案编写大纲》,明确了油气开发主体应当按照该大纲要求的格式与内容编写开发利用方案,并对方案的科学性、可行性负责。

根据《油气开发利用方案编写大纲》,油气开发利用方案应当包括如下5个部分:

(1)油气项目概况。包括油气矿产的区块地理位置、相关采矿权的基本情况、探明储量的勘查历程和结果、开采简况以及编制开发利用方案所依据的技术规范。

(2)探明油气储量情况。即描述申请区块内自然资源主管部门评审备案的各类资源储量情况,变更、变更延续、延续项目要说明截至当前的储量最新情况等。

(3)油气田开采部署情况。包括开采区块内所涉及的油气藏的主要地质特征及主要开发指标,相关技术参数,开采工艺技术,油气伴生资源如溶解气、凝析油、硫化氢、二氧化碳、氦气等的储量、利用措施、利用率等。

(4)相关保障措施。即承诺按照安全、环保、土地复垦及矿山地质环境保护相关规定编制方案,报请有关部门批准后按要求施工。

(5)附图及附表。如地理位置图、地面建设平面图等。

(三)列入全国五年期石油天然气专项规划

全国五年期石油天然气专项规划(以下简称"石油天然气规划")

依据国家发展规划编制，是国家能源发展规划体系的重要组成部分。石油天然气规划由国家能源局负责编制，并经国家发展改革委审定后公开发布。① 根据《石油天然气规划管理办法》的规定，纳入石油天然气规划或符合规划布局的油气项目，建设单位可依据审定的规划向相关部门申请项目审批、核准及开工建设的支持性文件，各部门应按规定受理并给予支持；需要核准的，由相应主管部门按程序核准。未纳入规划的油气项目一般不予核准。据此，油气项目一般应纳入石油天然气规划。

（四）取得油气矿业权

2019年12月，自然资源部发布《自然资源部关于推进矿产资源管理改革若干事项的意见（试行）》（现已失效），提出全面推进矿业权竞争性出让，开放油气勘查开采市场，实行油气探采合一制度，延长探矿权期限等诸多内容，标志着我国上游油气领域改革取得了重要的阶段性成果。2023年7月，自然资源部颁布了《自然资源部关于深化矿产资源管理改革若干事项的意见》，对有关油气开采的相关制度进行了进一步完善。

根据《自然资源部关于深化矿产资源管理改革若干事项的意见》的规定，我国油气领域矿业权实行全面竞争性出让制度。除协议出让等特殊情形外，矿业权一律按照《矿业权出让交易规则》（自然资规〔2023〕1号）以招标、拍卖、挂牌方式公开竞争出让。竞争出让油气探矿权，按自然资源部、财政部制定的《关于制定矿业权出让收益起始价标准的指导意见》确定起始价。

上述规定同时明确提出开放油气勘查开采市场，油气矿业权申请人已无须具备特殊资格要求。但由于油气勘查开采本身的高风险、高投入及长周期等特性，进而要求相关油气企业须具备一定的资金实力和抗风险能力，因此该规定对油气企业净资产提出了要求：凡在中华人民共和国境内注册，净资产不低于3亿元人民币的内外资公司，均有资格按规定取得油气矿业权。此外，从事油气勘查开采应当符合安全、环保等资

---

① 《石油天然气规划管理办法》（国能发油气〔2019〕11号），2019年2月23日发布。

质要求和规定，并具有相应的油气勘查开采技术能力。

此外，2020年前，油气矿业权实行试采制度。探矿权人完成试采后，须等待环评、土地复垦等要件得到审批后，才能提交采矿权申请。《自然资源部关于深化矿产资源管理改革若干事项的意见》明确了油气探采合一制度。油气矿业权人发现可供开采的油气资源，完成试油（气）作业后决定继续开采的，在30日内向有登记权限的自然资源主管部门提交探采合一计划表后可进行开采。

二、建设阶段的合规性要求

（一）项目招投标

《必须招标的工程项目规定》第4条规定，不属于使用国有资金投资或国家融资或者国际组织或外国政府贷款的大型基础设施、公用事业等关系社会公共利益、公众安全的项目，必须招标的具体范围由国务院发展改革部门会同国务院有关部门按照确有必要、严格限定的原则制订，报国务院批准。

而根据国家发展改革委《必须招标的基础设施和公用事业项目范围规定》（发改法规规〔2018〕843号）的规定，必须招标的具体范围包括石油、天然气等能源基础设施项目。因此，即便其非国资背景亦未使用国有资金，或不属于使用国际组织或者外国政府贷款、援助资金的项目，在达到《必须招标的工程项目规定》规定的如下标准时，仍须就该等项目建设进行招标，否则相应施工合同、设备采购合同和其他服务类合同可能会被法院认定为无效[①]，甚至会影响项目的竣工验收：

（1）施工单项合同估算价在400万元人民币以上；

（2）重要设备、材料等货物的采购，单项合同估算价在200万元人

---

① 《最高人民法院关于审理建设工程施工合同纠纷案件适用法律问题的解释（一）》第1条第1款规定："建设工程施工合同具有下列情形之一的，应当依据民法典第一百五十三条第一款的规定，认定无效：……（三）建设工程必须进行招标而未招标或者中标无效的"。

民币以上；

（3）勘察、设计、监理等服务的采购，单项合同估算价在 100 万元人民币以上。

（二）取得施工许可并及时开展施工活动

根据相关法律法规，油气项目建设工程在开工前应当取得建设工程规划许可证、施工许可证。根据 2019 年修正的《中华人民共和国城乡规划法》（以下简称《城乡规划法》）第 40 条规定，在城市、镇规划区内进行建筑物、构筑物、道路、管线和其他工程建设的，建设单位或者个人应当向城市、县人民政府城乡规划主管部门或者省、自治区、直辖市人民政府确定的镇人民政府申请办理建设工程规划许可证。2019 年修正的《中华人民共和国建筑法》（以下简称《建筑法》）第 7 条规定，建筑工程开工前，建设单位应当按照国家有关规定向工程所在地县级以上人民政府建设行政主管部门申请领取施工许可证。根据 2021 年修正的《建筑工程施工许可管理办法》第 3 条规定，本办法规定应当申请领取施工许可证的建筑工程未取得施工许可证的，一律不得开工。

（三）油气项目应执行工程监理制度

《建设工程监理范围和规模标准规定》第 7 条规定，项目总投资额在 3000 万元以上的煤炭、石油、化工、天然气、电力、新能源等关系社会公共利益、公众安全的基础设施项目属于国家规定必须实行监理的其他工程。

通常，油气项目的开发建设涉及重资产的投入，项目总投资额一般远超于 3000 万元，故而相关投资者应当在建设过程中关注工程监理的执行。

（四）竣工验收

油气建设项目应根据法律法规相关规定进行环保、安全、消防、建设工程竣工验收。根据 2019 年修订的《建设工程质量管理条例》第 16 条的规定，建设单位收到建设工程竣工报告后，应当组织设计、施工、工程监理等有关单位进行竣工验收。建设工程经验收合格的，方可交付使用。

三、运营阶段的合规性要求

（一）依法取得石油天然气企业安全生产许可证

油气企业在从事生产经营活动前，应当依法取得安全生产许可证。根据《非煤矿矿山企业安全生产许可证实施办法》的规定，从事石油和天然气勘探、开发生产、储运的单位应当依法取得安全许可证；未取得安全生产许可证的，不得从事油气相关生产活动。

就安全生产许可证的申请主体而言，根据《非煤矿矿山企业安全生产许可证实施办法》，对于海洋石油天然气企业，其应向国家安全生产监督管理总局申请领取安全生产许可证；对于包括陆上石油天然气企业的其他非煤矿矿山企业申请领取安全生产许可证，应当向企业所在地省级安全生产许可证颁发管理机关或其委托的设区的市级安全生产监督管理部门提出申请。

（二）依法取得勘查许可证和采矿许可证

根据 2024 年修订的《矿产资源法》的规定，勘查、开采矿产资源，必须依法分别申请，经批准取得探矿权、采矿权，并办理登记。具体而言，开采石油、天然气矿产的企业，应当按照矿业权出让合同以及相关标准、技术规范等，分别编制勘查方案、开采方案，报原矿业权出让部门批准，取得勘查许可证、采矿许可证。根据《矿产资源勘查区块登记管理办法》的规定，登记管理机关应当自收到申请之日起 40 日内，作出准予登记或者不予登记的决定，并通知探矿权申请人。准予登记的，探矿权申请人应当自收到通知之日起 30 日内按规定缴纳探矿权使用费并缴纳探矿权价款，办理登记手续，领取勘查许可证，成为探矿权人。

但是，根据《自然资源部关于深化矿产资源管理改革若干事项的意见》的规定，油气矿业权人在勘查过程中发现可供开采的油气资源，完成试油（气）作业后决定继续开采的，应在 30 日内向有登记权限的自然资源主管部门提交探采合一计划表后方可以进行开采。在勘查开采过程中探明地质储量的区域，油气矿业权人应当及时编制矿产资源储量报告，并进行评审备案。报告探采合一计划 5 年内，矿业权人应当签订采矿权出让合同，依法办理采矿权登记。报告探采合一计划超过 5 年，油气矿业权人未转采矿权仍继续开采的，按违法采矿处理。矿业权人完成试油（气）作业后决定不再继续开采的，以及 5 年内开采完毕或无法转采并停止开采的，不再办理采矿权登记。

（三）危险化学品经营许可证

根据《危险化学品目录（2015 版）》的内容，石油醚、石油气、石油原油及天然气均属于危险化学品，因此，石油天然气生产经营单位应当在取得危险化学品经营资质后才能开展该等危险化学品经营活动。

根据《危险化学品经营许可证管理办法》的规定，经营易制爆危险化学品的企业、经营汽油加油站的企业、专门从事危险化学品仓储经营的企业、从事危险化学品经营活动的中央企业所属省级、设区的市级公司（分公司），以及带有储存设施经营除剧毒化学品、易制爆危险化学品以外的其他危险化学品的企业等经营单位，应当由设区的市级人民政府安全生产监督管理部门为其审批、发放经营许可证。经营许可证的有效期为 3 年。有效期满后，企业需要继续从事危险化学品经营活动的，应当在经营许可证有效期满 3 个月前，向有关发证机关提出经营许可证的延期申请，并提交延期申请书及相应材料。

（四）燃气许可证

对于从事城镇燃气经营活动的石油天然气企业，根据《燃气经营许可管理办法》和《城镇燃气管理条例》的规定，还应当依法取得燃气经营许可证，并在许可规定的范围内进行经营活动。申请燃气经营许可的企业应当符合燃气发展规划要求，有符合国家标准的燃气气源、燃气设施、固定的经营场所、完善的安全管理制度和健全的经营方案，同时企业的主要负责人、安全生产管理人员等应当经专业培训并经燃气管理部门考核合格。符合上述规定的，应由县级以上地方人民政府燃气管理部门核发燃气经营许可证。

四、刑事法律责任和行政法律责任

（一）刑事法律责任

与煤矿项目类似，油气开采及生产经营过程中的刑事法律责任也多见于重大责任事故、非法占用土地、污染环境及相关职务犯罪等。

就相关刑法条款罚则的规定，请参见本篇第一章第四节之"（一）刑事法律责任"中的分析。

（二）行政法律责任

油气项目涉及环保、安全、生产及行政许可与备案等多方面的合规事项。因此，相关领域企业在开发至运营过程中往往会面临诸多的合规风险挑战，与此相关的规范散见于各类关于前述合规事项的法律法规文本。

就油气项目在开发至运营过程中的风险，主要包括如下内容（见表 2-2-1）：

表 2-2-1　油气项目主要行政法律责任

风险行为	主管部门/处罚主体	处罚类型	依据
未取得采矿许可证擅自采矿	县级以上自然资源主管部门	• 责令改正；拒不改正的，没收直接用于违法开采的工具、设备以及违法采出的矿产品，并处罚款，可责令停业整顿	• 《矿产资源法》第 67 条：违反本法规定，采矿权人未取得采矿许可证进行矿产资源开采作业的，由县级以上人民政府自然资源主管部门责令改正；拒不改正的，没收直接用于违法开采的工具、设备以及违法采出的矿产品，处违法采出的矿产品市场价值一倍以上三倍以下罚款，没有采出矿产品或者违法采出的矿产品市场价值不足 10 万元的，处 10 万元以上 50 万元以下罚款，并可以责令停业整顿

(续表)

风险行为	主管部门/处罚主体	处罚类型	依据
越界开采	县级以上自然资源主管部门	• 责令改正，处以罚款；拒不改正的，可以责令停业整顿 • 情节严重的，吊销勘查许可证、采矿许可证	•《矿产资源法》第68条：违反本法规定，未按照经批准的勘查方案、开采方案进行矿产资源勘查、开采作业，造成矿产资源破坏的，由县级以上人民政府自然资源主管部门责令改正，处10万元以上50万元以下罚款；拒不改正的，可以责令停业整顿；情节严重的，原矿业权出让部门可以吊销其勘查许可证、采矿许可证
未经批准擅自转让探矿权、采矿权	国务院或省级地质矿产主管部门	• 责令改正，没收违法所得，处10万元以下的罚款 • 情节严重的，由原发证机关吊销勘查许可证、采矿许可证	•《探矿权采矿权转让管理办法》第14条：未经审批管理机关批准，擅自转让探矿权、采矿权的，由登记管理机关责令改正，没收违法所得，处10万元以下的罚款；情节严重的，由原发证机关吊销勘查许可证、采矿许可证
未取得经营许可证从事危险化学品经营的	各级安全生产监督管理部门	• 依照《中华人民共和国安全生产法》有关未经依法批准擅自生产、经营、储存危险物品的法律责任条款并处罚款	•《危险化学品经营许可证管理办法》第29条：未取得经营许可证从事危险化学品经营的，依照《中华人民共和国安全生产法》有关未经依法批准擅自生产、经营、储存危险物品的法律责任条款并处罚款；构成犯罪的，依法追究刑事责任。企业在经营许可证有效期届满后，仍然从事危险化学品经营的，依照前款规定给予处罚

(续表)

风险行为	主管部门/处罚主体	处罚类型	依据
伪造、变造或者出租、出借、转让经营许可证，或者使用伪造、变造的经营许可证	各级安全生产监督管理部门	• 处10万元以上20万元以下的罚款，有违法所得的，没收违法所得 • 构成违反治安管理行为的，依法给予治安管理处罚	•《危险化学品经营许可证管理办法》第31条：伪造、变造或者出租、出借、转让经营许可证，或者使用伪造、变造的经营许可证的，处10万元以上20万元以下的罚款，有违法所得的，没收违法所得；构成违反治安管理行为的，依法给予治安管理处罚；构成犯罪的，依法追究刑事责任
实行备案管理的项目，企业未依法将项目信息或者已备案项目信息变更情况告知备案机关，或者向备案机关提供虚假信息的	国务院主管部门或省级政府	• 由备案机关责令限期改正 • 逾期不改正的，处2万元以上5万元以下的罚款	•《企业投资项目核准和备案管理办法》第57条：实行备案管理的项目，企业未依法将项目信息或者已备案项目信息变更情况告知备案机关，或者向备案机关提供虚假信息的，由备案机关责令限期改正；逾期不改正的，处2万元以上5万元以下的罚款
有下列行为之一的：（1）未取得安全生产许可证，擅自进行生产的；（2）接受转让的安全生产许可证的；（3）冒用安全生产许可证的；（4）使用伪造的安全生产许可证的	县级以上地方人民政府安全生产监督管理部门	• 责令停止生产，没收违法所得，并处10万元以上50万元以下的罚款	•《非煤矿矿山企业安全生产许可证实施办法》第42条：非煤矿矿山企业有下列行为之一的，责令停止生产，没收违法所得，并处10万元以上50万元以下的罚款：（1）未取得安全生产许可证，擅自进行生产的；（2）接受转让的安全生产许可证的；（3）冒用安全生产许可证的；（4）使用伪造的安全生产许可证的
转让安全生产许可证	县级以上地方人民政府安全生产监督管理部门	• 没收违法所得，并处10万元以上50万元以下的罚款	•《非煤矿矿山企业安全生产许可证实施办法》第46条：非煤矿矿山企业转让安全生产许可证的，没收违法所得，并处10万元以上50万元以下的罚款

(续表)

风险行为	主管部门/处罚主体	处罚类型	依据
矿山建设工程的安全设施未经验收或者验收不合格擅自投入生产的	劳动行政主管部门和管理矿山企业的主管部门	• 责令停止生产，并由劳动行政主管部门处以罚款 • 拒不停止生产的，吊销其采矿许可证和营业执照	•《矿山安全法》第43条：矿山建设工程的安全设施未经验收或者验收不合格擅自投入生产的，由劳动行政主管部门会同管理矿山企业的主管部门责令停止生产，并由劳动行政主管部门处以罚款；拒不停止生产的，由劳动行政主管部门提请县级以上人民政府决定由有关主管部门吊销其采矿许可证和营业执照
未取得燃气经营许可证从事燃气经营活动的或燃气经营者不按照燃气经营许可证的规定从事燃气经营活动	县级以上地方人民政府燃气管理部门	• 未取得燃气经营许可证从事燃气经营活动的，由燃气管理部门责令停止违法行为，处5万元以上50万元以下罚款；有违法所得的，没收违法所得 • 不按照燃气经营许可证的规定从事燃气经营活动的，由燃气管理部门责令限期改正，处3万元以上20万元以下罚款；有违法所得的，没收违法所得；情节严重的，吊销燃气经营许可证	•《城镇燃气管理条例》第45条：违反本条例规定，未取得燃气经营许可证从事燃气经营活动的，由燃气管理部门责令停止违法行为，处5万元以上50万元以下罚款；有违法所得的，没收违法所得；构成犯罪的，依法追究刑事责任。违反本条例规定，燃气经营者不按照燃气经营许可证的规定从事燃气经营活动的，由燃气管理部门责令限期改正，处3万元以上20万元以下罚款；有违法所得的，没收违法所得；情节严重的，吊销燃气经营许可证；构成犯罪的，依法追究刑事责任
在不具备安全条件的场所储存燃气	县级以上地方人民政府燃气管理部门	• 责令限期改正，处1万元以上10万元以下罚款；有违法所得的，没收违法所得；情节严重的，吊销燃气经营许可证；造成损失的，依法承担赔偿责任	•《城镇燃气管理条例》第46条：违反本条例规定，燃气经营者在不具备安全条件的场所储存燃气的，由燃气管理部门责令限期改正，处1万元以上10万元以下罚款；有违法所得的，没收违法所得；情节严重的，吊销燃气经营许可证；造成损失的，依法承担赔偿责任；构成犯罪的，依法追究刑事责任

五、典型案例

（一）违法获取

法律明确禁止未获得采矿权进行油气开采的行为，因此，未取得采矿权而进行采矿的，可能会导致相关开发协议无效，主管机关可对相关主体处以没收违法所得和罚款的行政处罚；若该等违法开采行为属情节严重的情形，则可能构成犯罪行为。故油气企业在开发及经营过程中应注意探矿权和采矿权的取得手续合规问题及相关合规风险，避免给企业造成不必要的风险和损失。

> **陕西中胜油田工程开发有限公司与安徽英发电子有限公司、甘泉大明油气开发有限责任公司确认合同效力纠纷案[（2015）陕民一终字第 00266 号]**

2007 年 7 月 27 日、28 日，陕西中胜油田工程开发有限公司（以下简称"陕西中胜公司"）与安徽英发电子有限公司（以下简称"安徽英发公司"）签订《桥镇府君店油气风险勘探开发合作项目合同书》及《桥镇府君店油气勘探项目转让协议》，约定双方在遵守甘泉大明油气开发有限责任公司（以下简称"甘泉大明公司"）和陕西中胜公司所签订的有关合同内容的前提下，就府君店区块进行风险勘探开发合作。同时约定，陕西中胜公司需具有合法开采手续和开采区域资格，经双方确定，同意成立府君店项目，由陕西中胜公司委托安徽英发公司全面管理项目部，人员组成、经营方式及资金财务完全独立。在收益分配方面约定，陕西中胜公司以 33 平方公里的开发、勘探权利和现有六口油井等作价人民币 440 万元整，转让给安徽英发公司。在交接后，安徽英发公司付给陕西中胜公司人民币 440 万元整。合作项目内所生产的原油按销售量的 100% 归属安徽英发公司，安徽英发公司每生产销售 1 吨原油，向陕西中胜公司交付人民币 50 元管理费，当日结算当日结清。所结算的原油款在大明油田收到原油销售款后 7 个工作日,按各自原油比例转到安徽英发公司账户。在双方权利与义务方面约定,陕西中胜公司负责提供合作区块、油气勘探开发资质证书、企业营业执照及原油销售协议,负责协调开采过程中的一切对外事务,办理一切和开发有关的手续,出面解决在开发过程中产生的各种纠纷。安徽英发公司必须做到合法经营,维护好陕西中胜公司在外界的声誉。双方还对违约责任及争议解决方式、合同的变更和终止方面进行了相关约定。

法院认为,《中华人民共和国矿产资源法实施细则》第 5 条等法律及行政法规规定,进行石油、天然气勘探、开采活动,须按照法定程序报国务院指定的部门审查同意后,由国土资源部登记,取得在批准区块进行勘探、开采石油、天然气的许可证,成为该区域石油、天然气的探矿权人及采矿权人,才能在该区域进行石油、天然气勘探、开采活动,本案中,甘泉大明公司和陕西中胜公司、安徽英发公司并没有取得勘探、采矿许可证,陕西中胜公司与安徽英发公司所签《桥镇府君店油气风险勘探开发合作项目合同书》《桥镇府君店油气勘探项目转让协议》,违反了法律、行政法规强制性规定,应为无效。

陕西中胜公司在未取得勘探、采矿许可证的情况下与安徽英发公司签订《桥镇府君店油气风险勘探开发合作项目合同书》《桥镇府君店油气勘探项目转让协议》,导致本案合同无效,应当承担主要过错责任。安徽英发公司本身不具有石油勘探开采资质,且应当知道陕西中胜公司并没有在合同约定区块勘探、开采油气的行政许可,而与其签订上述合同,也应当承担相应的过错责任,结合安徽英发公司在合作中有一定收益,因此,陕西中胜公司应赔偿安徽英发公司因府君店油气勘探开采项目投入款项 4838441 元(按 6∶4 比例承担损失)。

[律师提示]

建议油气经营企业在开工建设前以及运营过程中,注意包括采矿权获取在内的各项合规事宜的取得合规问题,并在开发过程中积极向相关主管部门进行确认。油气经营企业以转让等方式获取相关油气的采矿权等其他权利的,也应取得相关主管机关的批复或进行有关事项备案,以使企业在合法合规的框架下运营,避免不合规给企业经营造成损失。

（二）安全生产经营

➢ 武汉石化石油液化气股份有限公司在不具备安全条件的场所储存燃气案①

2023年8月30日，武汉市青山区执法人员接群众举报反映有人在青山区绿色中路"以车代库"存放液化气钢瓶。经执法人员现场调查确认情况属实，武汉石化石油液化气股份有限公司清潭湖供应点将危化品运输车作为中转仓库，现场存储液化气钢瓶23只，存在安全隐患。依据《城镇燃气管理条例》第46条，青山区城管局对清潭湖供应点处以罚款1万元。

[律师提示]

建议从事燃气经营活动的企业应当依法经营，接受社会公众的监督，依法落实其安全合法经营的责任。特别是对于燃气的储存，必须确保储存条件的安全性。例如，燃气应储存在专用的气罐中，而不能像本案中的情形一样，以危化品运输车作为临时储存仓库。同时，储存空间应保证通风良好、阴凉干燥且温度较低，避免将气罐置于高温、潮湿或阳光直射的环境中。此外，企业还应定期对储存设备进行检查和维护，一旦发现泄漏或损坏，应立即更换，以消除潜在的安全隐患。

（三）用地合规

➢ 忻州中石油昆仑燃气有限公司非法占地案②

2021年6月，忻州中石油昆仑燃气有限公司获批临时用地16.86亩（批准文号：忻府自然资函〔2021〕98号）。2021年6月到2022年9月，该公司在未办理供地手续的情况下实际占用冯村集体土地10430.57平方米（合15.65亩，地类为耕地）建设忻州天然气利用项

---

① 《湖北省城镇燃气领域行政执法典型案例（第四批）》，http://zjt.hubei.gov.cn/zfxxgk/zc/qtzdgkwj/202312/P020231228394494499606.pdf，2024年6月20日访问。

② 《忻州一燃气公司！非法占地被处罚！》，https://news.qq.com/rain/a/20240206A089AR00，2024年6月20日访问。

目（冯村门站）形成永久性建筑物占地 4480.83 平方米的行为，违反了《中华人民共和国土地管理法》（以下简称《土地管理法》）第 2 条第 3 款、第 44 条、第 53 条及第 57 条第 2、3 款的规定。

忻州市规划和自然资源局依据《土地管理法》第 77 条第 1 款和《中华人民共和国土地管理法实施条例》第 52 条，参考《山西省自然资源行政处罚裁量基准（土地类）（试行）》（晋自然资发〔2023〕30 号）第 15 条第 2 项，依法没收忻州中石油昆仑燃气有限公司非法占用 4480.83 平方米土地上一切新建建筑物和其他设施，并处以罚款人民币 20.3435 万元。

[律师提示]

根据《土地管理法》的规定，油气项目主体建设占用农用地的，应当办理农用地转用审批手续。油气建设项目施工和地质勘查需要临时使用国有土地或者农民集体所有的土地的，由县级以上人民政府自然资源主管部门批准。油气建设项目主体应当根据土地权属，与有关自然资源主管部门或者农村集体经济组织、村民委员会签订临时使用土地合同，并按照合同的约定支付临时使用土地补偿费。油气建设项目主体临时使用土地的，还应当按照临时使用土地合同约定的用途使用土地，不得修建永久性建筑物。

第三章

风电领域的合规问题与法律风险

2022年1月，国家发展改革委、国家能源局印发的《"十四五"现代能源体系规划》（发改能源〔2022〕210号）提出，全面推进风电大规模开发和高质量发展，推广应用低风速风电技术。

在"双碳"背景下，风电作为清洁能源的增长主力之一，发展迅速。2022年，全国风电新增并网装机3763万千瓦，其中陆上风电新增装机3258万千瓦、海上风电新增装机505万千瓦。截至2022年年底，全国风电累计装机3.65亿千瓦，其中陆上风电累计装机3.35亿千瓦、海上风电累计装机3046万千瓦。[①] 风电在清洁能源中仅次于水电，已成为我国主要的清洁能源。[②]

在广阔的市场前景和政策利好的背景下，风电行业在选址、建设、运营等方面亦潜藏着值得投资者关注的合规风险。过去数年，国家能源局、国家海洋局等多部委出台了包括《风电开发建设管理暂行办法》（国能新能〔2011〕285号）、《海上风电开发建设管理办法》（国能新能〔2016〕394号）、《分散式风电项目开发建设暂行管理办法》（国能发新能〔2018〕30号）[③] 等在内的风电项目建设开发制度规定，为我国风电行业的合规建设提供了具有针对性的制度基础。

[①] 《重磅！〈中国可再生能源发展报告2022〉正式发布》，https://www.shdwl.cn/13863.html，2024年7月10日访问。

[②] 《海上风电行业深度研究：向海而兴，乘风破浪》，https://finance.sina.cn/2023-02-25/detail-imyhwhwx1610749.d.html，2024年6月30日访问。

[③] 《分散式风电项目开发建设暂行管理办法》已于2023年4月失效，鉴于目前未有新规代替，该办法仍有较强的参考价值。

一、开发阶段的合规性要求

一般而言,国内风电项目在开发阶段以取得项目开发权限、规划用地、环境等一系列核准与备案文件为目标。实践中,这个阶段的工作主要有项目遴选、签订开发协议、项目选址、测风测光、取得核准备案文件和项目的支持性文件等。

(一)开发协议的签署

风电项目的开发首先需要取得项目的开发权,投资者可以通过与政府签订协议取得开发权。依据行业惯例,投资者可在进行宏观选址后、开展前期工作前,根据风电场开发范围,与市(县、区、镇)级人民政府签订《风电项目开发协议》。[①]

在该等协议签署过程中,除了常规的合同合规问题,如签署主体合规、违约法律风险等,投资者在协议的内容方面还应当注意避免开发协议的政府优惠政策条款和税收挂钩。2015年国务院发布的《国务院关于税收等优惠政策相关事项的通知》(国发〔2015〕25号)规定,各地区、各部门今后制定出台新的优惠政策,除法律、行政法规已有规定事项外,涉及税收或中央批准设立的非税收入的,应报国务院批准后执行;其他由地方政府和相关部门批准后执行,其中安排支出一般不得与企业缴纳的税收或非税收入挂钩。又据《公平竞争审查制度实施细则》(国市监反垄规〔2021〕2号)规定,安排财政支出一般不得与特定经营者缴纳的税收或非税收入挂钩,主要指根据特定经营者缴纳的税收或者非税收入情况,采取列收列支或者违法违规采取先征后返、即征即退等形式,对特定经营者进行返还,或者给予特定经营者财政奖励或补

[①] 郝伟、田卓亚:《风电项目的合法合规性审查》,载"天然气法律研究"微信公众号 2021年1月3日,https://mp.weixin.qq.com/s/mwpoqXZDCEjjVkBN7GNDaQ。

贴、减免土地等自然资源有偿使用收入等优惠政策。

（二）列入政府年度开发建设方案

首先，未列入年度开发建设方案的风电项目将无法开展实施。就所有风电项目而言，根据《风电开发建设管理暂行办法》第 15 条规定，省级政府投资主管部门核准的风电场工程项目，须按照报国务院能源主管部门备案后的风电场工程建设规划和年度开发计划进行。就海上风电项目而言，根据《海上风电开发建设管理办法》第 13 条规定，未纳入海上风电发展规划的海上风电项目，开发企业不得开展海上风电项目建设。

其次，项目列入政府年度开发建设方案是风电开发项目获得相应补贴的前置条件。《风电开发建设管理暂行办法》第 9 条规定："各省（区、市）风电场工程年度开发计划内的项目经国务院能源主管部门备案后，方可享受国家可再生能源发展基金的电价补贴。"风电项目作为一项重资产、高成本、高资金投入的项目，对于政府补贴的依赖程度较大。尽管近年来，国家不断调整政策，力求实现风电不再依赖补贴发展，[①] 但目前来看，风电资源的开发仍旧是以政府补贴政策为导向的。

综上，投资者需要重点关注的是项目是否已纳入年度开发建设方案，否则可能影响项目实施以及获得政府补贴。

根据《风电开发建设管理暂行办法》《海上风电开发建设管理办法》《分散式风电项目开发建设暂行管理办法》的规定，风电项目的年度开发建设方案由中央到地方统筹安排，分工层级明确，详见表 2-3-1：

---

① 王轶辰：《预计 2020 年至 2022 年风电产业将逐步摆脱补贴依赖》，http://www.gov.cn/xinwen/2017-11/13/content_5239206.htm，2024 年 6 月 20 日访问。

表 2-3-1　风电项目年度开发建设方案安排

项目类型	层级	职责
所有风电项目①	国务院能源主管部门	• 全国风电场工程建设规划（含百万千瓦级、千万千瓦级风电基地规划）的编制和实施工作 • 确定全国风电建设规模和区域布局 • 对地方规划进行备案管理
	省级政府能源主管部门	• 根据全国风电场工程建设规划要求，按照有关技术规范要求组织编制本地区的风电场工程建设规划与年度开发计划，报国务院能源主管部门备案，并抄送国家风电建设技术归口管理单位 • 省级年度开发计划，应包括建设总规模和各项目的开发申请报告，国务院投资主管部门和省级政府投资主管部门核准的项目均应包括在内
	风电建设技术归口管理单位	• 对各省（自治区、直辖市）风电场工程建设规划与年度开发计划进行技术经济评价
海上风电项目②	国家能源局	• 统一组织全国海上风电发展规划编制和管理 • 会同国家海洋局审定各省（自治区、直辖市）海上风电发展规划 • 适时组织有关技术单位对各省（自治区、直辖市）海上风电发展规划进行评估
	各省（自治区、直辖市）能源主管部门	• 编制本省（自治区、直辖市）管理海域内的海上风电发展规划 • 落实电网接入方案和市场消纳方案 • 审定沿海县市上报的辖区海上风电规划
	各省（自治区、直辖市）海洋行政主管部门	• 根据全国和各省（自治区、直辖市）海洋主体功能区规划、海洋功能区划、海岛保护规划、海洋经济发展规划，对本地区海上风电发展规划提出用海用岛初审和环境影响评价初步意见
	海上风能资源丰富、潜在开发规模较大的沿海县市	• 鼓励该等地区编制本辖区海上风电规划，重点研究海域使用、海缆路由及配套电网工程规划等工作，上报当地省级能源主管部门审定

① 《风电开发建设管理暂行办法》第 4 条规定："本办法适用于国务院投资主管部门和省级政府投资主管部门核准的所有风电项目。海上风电开发建设还应符合《海上风电开发建设管理暂行办法》（国能新能〔2010〕29 号）的要求。"又据《海上风电开发建设管理办法》第 37 条规定，该办法自发布之日起施行，原发布的《海上风电开发建设管理暂行办法》（国能新能〔2010〕29 号）和《海上风电开发建设管理暂行办法实施细则》（国能新能〔2011〕210 号）自动失效。

② 根据《海上风电开发建设管理办法》第 2 条规定，"海上风电项目"系指沿海多年平均大潮高潮线以下海域的风电项目，包括在相应开发海域内无居民海岛上的风电项目。

(续表)

项目类型	层级	职责
分散式风电项目	地方各级能源主管部门会同国土、环保、规划等部门和相关企业	• 制订当地分散式风电开发建设规划，同时结合实际情况及时对规划进行滚动修编 • 能源主管部门根据土地、资源等提出规模及布点方案 • 电网企业据此方案，基于电网、负荷，按照电网接入条件约束进行容量和布点的优化 • 能源主管部门公开发布分散式风电规划报告并进行滚动修编

（三）前期工作的开展

根据《风电开发建设管理暂行办法》，在项目单位就风电项目申请核准前，需要完成包括选址测风、风能资源评价、建设条件论证、项目开发申请、可行性研究在内的准备工作。其中，对于前期工作申请、测风工作以及开发申请，《风电开发建设管理暂行办法》提出了如下合规要求：

1. 前期工作申请

风电项目开发企业开展前期工作之前应向省级以上政府能源主管部门提出开展风电场项目开发前期工作的申请。按照项目核准权限划分，5万千瓦及以上项目开发前期工作申请由省级政府能源主管部门受理后，上报国务院能源主管部门批复。

2. 测风

企业开展测风要向县级以上政府能源主管部门提出申请，按照气象观测管理要求开展相关工作。

3. 开发申请

项目的开发申请报告应由项目单位在预可行性研究阶段工作成果的基础上编制，包括以下内容：

（1）风电场风能资源测量与评估成果、风电场地形图测量成果、工程地质勘察成果及工程建设条件；

（2）项目建设必要性，初步确定开发任务、工程规模、设计方案和电网接入条件；

（3）初拟建设用地或用海的类别、范围，环境影响初步评价；

（4）初步的项目经济和社会效益分析。

此外，在前期工作中，风电建设项目或需进行社会稳定风险评估。根据国家发展改革委出台的《国家发展改革委重大固定资产投资项目社会稳定风险评估暂行办法》，项目单位在组织开展重大项目前期工作时，应当对社会稳定风险进行调查分析，征询相关群众意见，查找并列出风险点、风险发生的可能性及影响程度，提出防范和化解风险的方案措施，提出采取相关措施后的社会稳定风险等级建议。各级地方发展改革部门可参照该办法，建立健全本地区重大项目社会稳定风险评估机制。需要注意的是，该办法适用于国家发展改革委审批、核准或者核报国务院审批、核准的在中华人民共和国境内建设实施的固定资产投资项目，但实践中，地方亦可能要求项目单位进行该等工作。根据《风电开发建设管理暂行办法》的规定，风电建设项目由国家发展改革委或省级发展改革委进行核准，也即根据相关规定由国家发展改革委核准的项目必须进行社会稳定风险评估；而由省级发展改革委核准的风电项目，可能视当地发展改革委规定也需要进行社会稳定风险评估。

（四）项目核准

我国境内风电资源开发项目系实行核准制度，未获核准私自开工建设的项目将无法享受相应财政补贴，并将影响项目后续运营。根据《政府核准的投资项目目录（2016年本）》，风电站由地方政府在国家依据总量控制制定的建设规划及年度开发指导规模内核准。又据《风电开发建设管理暂行办法》第26条规定，风电场工程未按规定程序和条件获得核准擅自开工建设，不能享受国家可再生能源发展基金的电价补贴，电网企业不予接受其并网运行。

1. 核准申请

根据《风电开发建设管理暂行办法》《海上风电开发建设管理办法》的规定，项目单位应遵循节约、集约和合理利用土地资源的原则，按照有关法律法规与技术规定要求落实建设方案和建设条件，编写项目申请报告，申请报告应达到可行性研究的深度，并办理项目核准所需的支持性文件。

一般而言，在所有风电项目提交核准申请前，项目单位应当完成并就如下工作取得主管部门批复：

（1）项目列入全国或所在省（区、市）风电场工程建设规划及年度开发计划的依据文件；

（2）项目开发前期工作批复文件，或项目特许权协议[①]，或特许权项目中标通知书；

（3）项目可行性研究报告及其技术审查意见；

（4）土地管理部门出具的关于项目用地预审意见；

（5）环境保护管理部门出具的环境影响评价批复意见；

（6）安全生产监督管理部门出具的风电场工程安全预评价报告备案函；

（7）电网企业出具的关于风电场接入电网运行的意见，或省级以上政府能源主管部门关于项目接入电网的协调意见；

（8）金融机构同意给予项目融资贷款的文件；

（9）根据有关法律法规应提交的其他文件。

特别地，就海上风电项目，项目单位还应当落实有关利益协调解决方案或协议，完成通航安全、接入系统等相关专题的论证工作，并依法取得相应主管部门的批复文件。海底电缆按照《铺设海底电缆管道管理规定》及实施办法的规定，办理路由调查、勘测及铺设施工许可手续。

2. 办理核准

根据《风电开发建设管理暂行办法》的规定，风电场工程项目按照国务院规定的项目核准管理权限，分别由国务院投资主管部门（即国家发展改革委[②]）和省级政府投资主管部门核准。由国务院投资主管部门

[①] 《风电开发建设管理暂行办法》第14条规定："为促进风电技术进步，国务院能源主管部门可根据需要选择特定开发区域及项目，组织省级政府能源主管部门采取特许权招标方式确定项目投资开发主体及项目关键设备。也可对已明确投资开发主体的大型风电基地的项目提出统一的技术条件，会同项目所在地省级政府能源主管部门指导项目单位对关键设备集中招标采购。"

[②] 根据《企业投资项目核准和备案管理办法》第7条的规定，《政府核准的投资项目目录》所称国务院投资主管部门是指国家发展改革委。

核准的风电场工程项目，经所在地省级政府能源主管部门对项目申请报告初审后，按项目核准程序，上报国务院投资主管部门核准。项目单位属于中央企业的，所属集团公司需同时向国务院投资主管部门报送项目核准申请。

3. 风电项目的转让合规

根据《企业投资项目核准和备案管理办法》，主管机关对风电项目的核准系属行政许可事项。2019年修正的《中华人民共和国行政许可法》（以下简称《行政许可法》）第80条规定："被许可人有下列行为之一的，行政机关应当依法给予行政处罚；构成犯罪的，依法追究刑事责任：（一）涂改、倒卖、出租、出借行政许可证件，或者以其他形式非法转让行政许可的……"因此，作为行政许可的项目核准批文，禁止非法转让。为避免市场主体倒卖项目备案文件及相关权益的投机行为扰乱市场，国家能源局出台了《国家能源局关于开展新建电源项目投资开发秩序专项监管工作的通知》（国能监管〔2014〕450号），规定坚决制止新建电源项目投产前的投机行为，并将各省电源项目备案（核准）情况、电源项目投产前各项工作进展情况、电源项目投产前的股权变动等情况及电源项目建成投产情况等列为专项监管的重点内容。

需要明确的是，上述通知文件限制的仅是以投机为目的的转让行为。实践中，风电项目获核准后并不禁止合规目的下的合理转让。

例如，国电投乌兰察布600万千瓦无补贴风电项目是由内蒙古霍林河露天煤业股份有限公司（以下简称"露天煤业"）和乌兰察布市能源投资开发有限责任公司共同出资设立的合资公司（即内蒙古察哈尔新能源有限公司）投资开发的风电项目。其中露天煤业出资51%，乌兰察布市能源投资开发有限责任公司出资49%，而后露天煤业将所持合资公司的51%股权基于评估价格转让给了同属国电投集团的国电投青格洱新能源有限公司。

又如，在青海力腾新能源投资有限公司（以下简称"青海力腾公司"）与中船重工西安东仪新能源有限责任公司（以下简称"西安东仪公司"）合作的格尔木小灶火30万千瓦风电场项目中，合资成立格尔木力腾新能源有限公司（以下简称"格尔木力腾公司"）作为项目公司，青海力腾公司持有10％的股权，西安东仪公司持有90％的股权。合作双方约定由格尔木力腾公司有偿接收青海力腾公司风电场项目资源，全部转让费包括有形资产转让费和无形资产转让费。青海力腾公司向格尔木力腾公司移交了风电场项目一期项目的文件、批复等全部资料，格尔木力腾公司支付了青海力腾公司1600万元的转让费。此后，青海省发展改革委下发《关于同意变更格尔木小灶火风电场一期49.5兆瓦工程项目业主的函》，同意风电场一期项目的业主单位由青海力腾公司变更为格尔木力腾公司。

（五）项目用地/海规范

在风电项目的行政处罚、涉诉案例中，常见事由包括了用地违法。例如，国家电力投资集团有限公司旗下烟台清能风力发电公司曾因违法用地被烟台市牟平区自然资源局处罚，责令退还非法占用的土地；没收在非法占用的土地上新建的风力发电风机基座43座；罚款37230元。[1]

然而，在陆上风电项目中，用地可区分为永久用地和临时用地。其中，永久用地包括风电机组及机组变电站、采用电缆沟敷设方式的集电线路、升压变电站及运行管理中心、对外交通道路和运行期检修道路用地；临时用地包括风电机组拼装、安装场用地、采用直埋电缆敷设方式的集电线路、施工期施工道路用地及其他施工用地等。[2] 原则上，风电场工程项目应遵守节约集约用地原则，用地符合国家土地利用总体规划的要求，尽量使用荒地、未利用地，少占或不占耕地、林地。

就永久用地的使用而言，陆上风电项目中使用的永久用地应当依据《土地管理法》《城乡规划法》《建设用地审查报批管理办法》等，办理建设用地的相应手续，即以合法的方式受让取得或划拨取得建设用地使用权，取得建设用地规划许可、不动产权证书。

就临时用地的使用而言，需要关注使用和缴纳税款两类合规问题：一是根据《土地管理法》《中华人民共和国土地管理法实施条例》（以下

---

[1] 李晓素：《热点｜国家电投旗下公司风电项目违规，被没收风电基座并罚款！》，https://www.hxny.com/nd-51300-0-8.html，2024年6月20日访问。

[2] 《住房和城乡建设部、国土资源部、国家电力监管委员会关于批准发布〈电力工程项目建设用地指标（风电场）〉的通知》（建标〔2011〕209号），2011年12月14日发布。

简称《土地管理法实施条例》）的规定，不得在临时用地上修建永久性建筑物，否则会被责令限期拆除并处以罚款。二是根据《中华人民共和国耕地占用税法》，纳税人因建设项目施工或者地质勘查临时占用耕地，应当依照该法的规定缴纳耕地占用税。纳税人在批准临时占用耕地期满之日起一年内依法复垦，恢复种植条件的，全额退还已经缴纳的耕地占用税。

针对可能涉及的不同类型用地，需要遵守如下相关的合规要求（见表 2-3-2）：

表 2-3-2　风电项目主要用地规范手续

用地类型	法律规范文件	具体要求
林地	《国家林业和草原局关于规范风电场项目建设使用林地的通知》（林资发〔2019〕17号）	• 风电场建设应当节约集约使用林地。风机基础、施工和检修道路、升压站、集电线路等，禁止占用天然乔木林（竹林）地、年降雨量400毫米以下区域的有林地、一级国家级公益林地和二级国家级公益林中的有林地。本通知下发之前已经核准但未取得使用林地手续的风电场项目，要重新合理优化选址和建设方案，加强生态影响分析和评估，不得占用年降雨量400毫米以下区域的有林地和一级国家级公益林地，避让二级国家级公益林中有林地集中区域
	《建设项目使用林地审核审批管理办法》	• 对于Ⅰ、Ⅱ、Ⅲ级保护林地的使用有着较为严格的限制，实践中，不建议风电场建设使用该等级别的保护林地
	《中华人民共和国森林法实施条例》	• 勘查、开采矿藏和修建道路、水利、电力、通讯等工程，需要占用或者征收、征用林地的，必须向县级以上人民政府林业主管部门提出用地申请，并预交森林植被恢复费，领取使用林地审核同意书；申请林木采伐许可证 • 临时占用林地的，应当经县级以上人民政府林业主管部门批准。期限不得超过两年，并不得在临时占用的林地上修筑永久性建筑物；占用期满后，用地单位必须恢复林业生产条件

(续表)

用地类型	法律规范文件	具体要求
草原	《中华人民共和国草原法》	• 进行矿藏开采和工程建设，应当不占或者少占草原；确需征收、征用或者使用草原的，必须经省级以上人民政府草原行政主管部门审核同意后，依照有关土地管理的法律、行政法规办理建设用地审批手续
	《草原征占用审核审批管理规范》（林草规〔2020〕2号）	• 需要临时占用草原的，由县级以上地方林业和草原主管部门依据所在省、自治区、直辖市确定的权限分级审批。临时占用草原的期限不得超过二年，并不得在临时占用的草原上修建永久性建筑物、构筑物；占用期满，用地单位必须恢复草原植被并及时退还
基本农田	《基本农田保护条例》	• 基本农田保护区经依法划定后，任何单位和个人不得改变或者占用。国家能源、交通、水利、军事设施等重点建设项目选址确实无法避开基本农田保护区，需要占用基本农田，涉及农用地转用或者征收土地的，必须经国务院批准
生态红线	《国家林业和草原局关于规范风电场项目建设使用林地的通知》	• 严格保护生态功能重要、生态脆弱敏感区域的林地。自然遗产地、国家公园、自然保护区、森林公园、湿地公园、地质公园、风景名胜区、鸟类主要迁徙通道和迁徙地等区域以及沿海基干林带和消浪林带，为风电场项目禁止建设区域
矿床	《国土资源部关于进一步做好建设项目压覆重要矿产资源审批管理工作的通知》（国土资发〔2010〕137号）	• 建设项目压覆重要矿产资源由省级以上国土资源行政主管部门审批

就海上风电项目而言，根据《海上风电开发建设管理办法》《海域使用权管理规定》《中华人民共和国海域使用管理法》（以下简称《海域使用管理法》）等法律规范，相关的用海合规手续包括（见表2-3-3）：

表 2-3-3　风电项目主要用海规范手续

合规手续	时间点	具体要求
用海预审申请	申请核准前	项目单位向海洋行政主管部门提出用海预审申请，按规定程序和要求审查后，由海洋行政主管部门出具项目用海预审意见。 用海预审意见的有效期为二年。有效期内，项目拟用海面积、位置和用途等发生改变的，应当重新提出海域使用申请
海上风电项目环评	提出海域使用申请前	海上风电项目在提出海域使用权申请前，项目单位应依《海洋环境保护法》《防治海洋工程建设项目污染损害海洋环境管理条例》、地方海洋环境保护相关法规及相关技术标准要求，委托有相应资质的机构编制海上风电项目环境影响报告书，报海洋行政主管部门审查批准
海域使用申请	核准后	项目单位应按照程序及时向海洋行政主管部门提出海域使用申请，依法取得海域使用权后方可开工建设。 若对同一海域有两个或者两个以上用海意向人的，则应当采用招标、拍卖方式出让海域使用权
土地登记申请（若存在填海项目形成土地）	填海项目竣工之日起三个月内	海域使用权人应当自填海项目竣工之日起三个月内，凭海域使用权证书，向县级以上人民政府土地行政主管部门提出土地登记申请，由县级以上人民政府登记造册，换发国有土地使用权证书，确认土地使用权

《国家海洋局关于进一步规范海上风电用海管理的意见》（国海规范〔2016〕6号）和《海上风电开发建设管理办法》中明确规定了海上风电项目用海的"双十标准"，即选址原则上应在离岸距离不少于10公里、滩涂宽度超过10公里时海域水深不得少于10米的海域布局。此外，为了提高海域资源利用效率，《国家海洋局关于进一步规范海上风电用海管理的意见》还进一步提出了节约和集约用海的原则：单个海上风电场外缘边线包络海域面积原则上每10万千瓦控制在16平方公里左右，除因避让航道等情形以外，应当集中布置，不得随意分块。

二、建设阶段的合规性要求

（一）风电建设项目必须进行招投标

《必须招标的工程项目规定》第 4 条规定，不属于使用国有资金投资或国家融资或者国际组织或外国政府贷款的大型基础设施、公用事业等关系社会公共利益、公众安全的项目，必须招标的具体范围由国务院发展改革部门会同国务院有关部门按照确有必要、严格限定的原则制订，报国务院批准。在《必须招标的基础设施和公用事业项目范围规定》中对前述项目进行了说明，该等必须招标的关系社会公共利益、公众安全的项目包括"煤炭、石油、天然气、电力、新能源等能源基础设施项目"。

鉴于风电项目属于"电力、新能源等能源基础设施项目"，当项目采购或者发包金额达到《必须招标的工程项目规定》如下所述的规模标准的，即便其非国资背景亦未使用国有资金，仍必须就项目建设进行招标，否则相应施工合同、设备采购合同和其他服务类合同可能会被法院认定为无效[1]，甚至会影响项目的竣工验收：

(1) 施工单项合同估算价在 400 万元人民币以上；

(2) 重要设备、材料等货物的采购，单项合同估算价在 200 万元人民币以上；

(3) 勘察、设计、监理等服务的采购，单项合同估算价在 100 万元人民币以上。

---

[1] 参见《最高人民法院关于审理建设工程施工合同纠纷案件适用法律问题的解释（一）》第 1 条第 1 款规定："建设工程施工合同具有下列情形之一的，应当依据民法典第一百五十三条第一款的规定，认定无效：……（三）建设工程必须进行招标而未招标或者中标无效的"。

（二）取得施工许可并及时开展施工活动

根据相关法规，在风电项目建设工程，如其他类型的建设工程一样，在开工前应当取得建设工程规划许可证、施工许可证。《城乡规划法》第 40 条规定，在城市、镇规划区内进行建筑物、构筑物、道路、管线和其他工程建设的，建设单位或者个人应当向城市、县人民政府城乡规划主管部门或者省、自治区、直辖市人民政府确定的镇人民政府申请办理建设工程规划许可证。《建筑法》第 7 条规定，建筑工程开工前，建设单位应当按照国家有关规定向工程所在地县级以上人民政府建设行政主管部门申请领取施工许可证。根据《建筑工程施工许可管理办法》第 3 条规定，本办法规定应当申请领取施工许可证的建筑工程未取得施工许可证的，一律不得开工。

此外，针对风电开发建设项目，相关规范提出了其他的合规要求：

一是风电开发建设项目必须在完成核准手续后的 2 年内进行开工建设。《风电开发建设管理暂行办法》第 19 条强调，项目核准后 2 年内不开工建设的，项目原核准机构可按照规定收回项目。风电场工程开工以第一台风电机组基础施工为标志。

二是针对海上风电项目，其施工建设应当遵守在海上进行作业活动的相关规定，需取得水上水下活动许可证。根据《中华人民共和国水上水下作业和活动通航安全管理规定》第 5 条的规定，在管辖海域内进行包括"构筑、维修、拆除水上水下构筑物或者设施"等在内的施工作业，应当经海事管理机构许可，并核定相应安全作业区。

（三）执行工程监理制度

根据《建设工程监理范围和规模标准规定》第 7 条规定，项目总投资额在 3000 万元人民币以上的电力、新能源等项目属于国家规定必须实行监理的其他工程。

考虑到风电开发建设项目属于重资产、高投资的项目，项目总投资额通常远超 3000 万元人民币，故而投资者应当在建设过程中关注工程监理的执行。

（四）竣工验收

根据《建设工程质量管理条例》第 16 条规定，建设单位收到建设工程竣工报告后，应当组织设计、施工、工程监理等有关单位进行竣工验收。建设工程经验收合格的，方可交付使用。

针对风电建设项目，《风电开发建设管理暂行办法》提出了如下的竣工验收要求（见表 2-3-4）：

表 2-3-4　风电项目竣工验收要求

主体	时间点	竣工验收要求
项目单位	完成土建施工、设备安装和配套电力送出设施	• 办理好各专项验收（用地、环保、消防、安全、节能、档案等）
项目单位	建成电力送出配套电网设施后	• 制定整体工程竣工验收方案，报项目所在地省级政府能源主管部门备案
项目单位和电网企业	竣工验收方案出具并备案后	• 按有关技术规定和备案的验收方案进行竣工验收，并将验收结果报告提交省级政府能源主管部门
电网企业	项目竣工后	• 配合进行项目并网运行调试，按照相关技术规定进行项目电力送出工程和并网运行的竣工验收 • 完成竣工验收后将结果报告省级政府能源主管部门
省级政府能源主管部门	收到项目单位和电网企业出具的竣工验收报告及电网企业出具的送出工程和并网运行的竣工验收后	• 审核两份报告后报国务院能源主管部门备案

三、运营阶段的合规性要求

（一）发电业务许可

通常而言，风电建设项目完工后，在正式投产前需要获得发电类电力业务许可证。根据 2024 年修订的《电力业务许可证管理规定》第 17、18 条规定，申请发电类电力业务许可证的，应当提供下列材料：

（1）法定代表人签署的许可证申请表；

（2）法人营业执照副本及其复印件；

（3）企业最近 2 年的年度财务报告；成立不足 2 年的，出具企业成立以来的年度财务报告；

（4）企业生产运行负责人、技术负责人、安全负责人、财务负责人的简历、专业技术任职资格证书等有关证明材料；

（5）发电项目建设经有关主管部门审批或者核准的证明材料；

（6）发电项目通过竣工验收的证明材料；尚未组织竣工验收的，提供发电机组通过启动验收的证明材料或者有关主管部门认可的质量监督机构同意整套启动的质量监督检查报告；

（7）发电项目符合环境保护有关规定和要求的证明材料。

2020 年，国家能源局发布了《国家能源局关于贯彻落实"放管服"改革精神优化电力业务许可管理有关事项的通知》（国能发资质〔2020〕22 号），明确"经能源主管部门以备案（核准）等方式明确的分布式发电项目""项目装机容量 6MW（不含）以下的太阳能、风能、生物质能（含垃圾发电）、海洋能、地热能等可再生能源发电项目"以及"并网运行的非燃煤自备电站，以及所发电量全部自用不上网交易的自备电站"等不列入电力业务许可管理范围。即符合前述规定的风电项目在投产前无须获得电力业务许可证。

2023年，国家能源局发布了《国家能源局关于进一步规范可再生能源发电项目电力业务许可管理的通知》（国能发资质规〔2023〕67号），明确"在现有许可豁免政策基础上，将分散式风电项目纳入许可豁免范围，不要求其取得电力业务许可证"，进一步扩大电力业务许可证豁免的业务范围。

（二）建立内部监控系统

建立合理有效的内控制度是一家企业行稳致远的基石，在风电项目投入运营的阶段，企业应当通过建立适当的内部管理机构、聘用专业的工作人员、对设备运作进行及时的管控和检查等方式，完善合规运营。

《风电开发建设管理暂行办法》《海上风电开发建设管理办法》也对风电企业在运营阶段提出了如下内部管理监督的合规性要求：

一是项目单位应根据电网调度和信息管理要求，向电网调度机构及可再生能源信息管理机构传送和报告运行信息。但是，需要注意的是，未经批准，项目运行实时数据不得向境外传送，项目控制系统不能与公共互联网直接连接。项目单位长期保留的测风塔、机组附带的测风仪的使用要符合气象观测管理的有关要求。

二是就海上风电项目而言，项目单位应：

（1）建立自动化风电机组监控系统，按规定向电网调度机构和国家可再生能源信息管理中心传送风电场的相关数据。

（2）建立安全生产制度，发生重大事故和设备故障应及时向电网调度机构、当地能源主管部门和能源监管派出机构报告，当地能源主管部门和能源监管派出机构按照有关规定向国家能源局报告。

（3）长期监测项目所在区域的风资源、海洋环境等数据，监测结果应定期向省级能源主管部门、海洋行政主管部门和国家可再生能源信息管理中心报告。

（4）在新建项目投产一年后，视实际情况，及时委托有资质的咨询单位，对项目建设和运行情况进行后评估，并向省级能源主管部门报备。

（三）接受外部监督检查

能源主管部门和电力监管部门均有权对风电项目投产后的运营情况进行监督和检查，风电运营企业应当一贯合规运营，避免影响后续的项目开发和正常经营活动。

能源主管部门有权在项目投产后一年内进行"项目后评价"，该等评估结果将影响项目单位后续同类业务的开发。《风电开发建设管理暂行办法》第 23 条规定："项目投产 1 年后，国务院能源主管部门可组织有规定资质的单位，根据相关技术规定对项目建设和运行情况进行后评估，3 个月内完成评估报告，评估结果作为项目单位参与后续风电项目开发的依据。项目单位应按照评估报告对项目设施和运行管理进行必要的改进。"

国家能源局及其派出机构有权对发电业务许可的被许可人进行现场检查。根据《电力业务许可证管理规定》，在该等检查中发现被许可人有违反本规定和不履行电力业务许可证规定义务的行为，应当责令其改正。国家能源局及其派出机构进行监督检查工作的人员应当如实记录监督检查情况和处理结果。国家能源局及其派出机构可以将监督检查情况和处理结果向社会公布。因此，若在风电项目运营过程中存在不合规行为而被国家能源局及其派出机构公示，对于项目单位的社会形象和商誉将造成不小的负面影响。

四、刑事法律责任和行政法律责任

（一）刑事法律责任

根据过往案例，在风电项目建设、实施过程中可能触及的刑事法律责任主要有四类：一是在建设安装过程中，由于未达标的安全生产条件引发重大伤亡事故，如在 2021 年 4 月江苏盐城一风电企业发生高空作业事故造成 3 人死亡，直接经济损失约 688.6 万元，作业单位现场负责人涉嫌犯罪，公安机关在事故调查期间已对其立案侦查；[1] 二是在项目建设过程中未经许可非法占用农业用地、自然保护地导致地块被大量毁坏；三是以非法之目的伪造风电项目骗取补贴和资金；四是未获相应许可即开展发电业务。

表 2-3-5 从刑事责任承担主体、构成要求以及刑罚三个方面对上述刑事法律责任进行了说明[2]：

表 2-3-5　风电项目主要刑事法律责任

罪名	刑事责任承担主体	构成要件	刑罚
重大劳动安全事故罪	直接负责的主管人员和其他直接责任人员（个人）	• 行为要件：安全生产设施或者安全生产条件不符合国家规定 • 结果要件：发生重大伤亡事故或者造成其他严重后果	• 三年以下有期徒刑或者拘役 • 情节特别恶劣的，处三年以上七年以下有期徒刑
非法占用农用地罪	非法占用的主体（单位或个人）	• 行为要件：违反土地管理法规，非法占用耕地、林地等农用地，改变被占用土地用途，数量较大 • 结果要件：造成耕地、林地等农用地大量毁坏	• 五年以下有期徒刑或者拘役，并处或者单处罚金
破坏自然保护地罪	破坏保护地的主体（单位或个人）	• 行为要件：违反自然保护地管理法规，在国家公园、国家级自然保护区进行开垦、开发活动或者修建建筑物 • 结果要件：造成严重后果或者有其他恶劣情节	• 五年以下有期徒刑或者拘役，并处或者单处罚金

---

[1] 《3 人死亡！江苏射阳一风电企业 "4·28" 较大高处坠落事故调查通报》，https://www.163.com/dy/article/GN6TE6H80514C30V.html，2024 年 6 月 15 日访问。

[2] 相关罪名、刑罚等依据 2023 年修正的《刑法》进行整理。

(续表)

罪名	刑事责任承担主体	构成要件	刑罚
合同诈骗罪	诈骗主体（单位或个人）	• 主观要件：以非法占有为目的 • 行为要件：在签订、履行合同过程中，有下列情形之一： (1) 以虚构的单位或者冒用他人名义签订合同的； (2) 以伪造、变造、作废的票据或者其他虚假的产权证明作担保的； (3) 没有实际履行能力，以先履行小额合同或者部分履行合同的方法，诱骗对方当事人继续签订和履行合同的； (4) 收受对方当事人给付的货物、货款、预付款或者担保财产后逃匿的； (5) 以其他方法骗取对方当事人财物的 • 结果要件：骗取对方当事人财物	• 数额较大的，处三年以下有期徒刑或者拘役，并处或者单处罚金 • 数额巨大或者有其他严重情节的，处三年以上十年以下有期徒刑，并处罚金 • 数额特别巨大或者有其他特别严重情节的，处十年以上有期徒刑或者无期徒刑，并处罚金或者没收财产
非法经营罪	经营主体（单位或个人）	• 行为要件：有下列非法经营行为之一： (1) 未经许可经营法律、行政法规规定的专营、专卖物品或者其他限制买卖的物品的； (2) 买卖进出口许可证、进出口原产地证明以及其他法律、行政法规规定的经营许可证或者批准文件的； (3) 未经国家有关主管部门批准非法经营证券、期货、保险业务的，或者非法从事资金支付结算业务的； (4) 其他严重扰乱市场秩序的非法经营行为 • 结果要件：扰乱市场秩序	• 情节严重的，处五年以下有期徒刑或者拘役，并处或者单处违法所得一倍以上五倍以下罚金 • 情节特别严重的，处五年以上有期徒刑，并处违法所得一倍以上五倍以下罚金或者没收财产

（二）行政法律责任

1. 概述

如前文所述，风电资源开发项目作为一项复杂而庞大的工程，在开发建设至运营阶段的用地、环保、安全、消防、行政主管的行政许可前置均有规范，该等规范散见于各法律法规文本。

针对风电资源开发项目中具有代表性和针对性的行政法律责任，梳理如下（见表 2-3-6）：

表 2-3-6　风电项目主要行政法律责任

风险行为	主管部门/处罚主体	处罚类型	依据
未进行社会稳定风险评估	国家发展改革委	• 追究责任人责任	•《国家发展改革委重大固定资产投资项目社会稳定风险评估暂行办法》第 9 条：评估主体不按规定的程序和要求进行评估导致决策失误，或者隐瞒真实情况、弄虚作假，给党、国家和人民利益以及公共财产造成较大或者重大损失等后果的，应当依法依纪追究有关责任人的责任
未经核准开展风电项目建设	省级以上政府能源主管部门	• 限制开展经营活动 • 责令停工 • 追究责任人责任	•《风电开发建设管理暂行办法》第 26 条：风电场工程未按规定程序和条件获得核准擅自开工建设，不能享受国家可再生能源发展基金的电价补贴，电网企业不予接受其并网运行 •《风电开发建设管理暂行办法》第 27 条：对于违规擅自开工建设的项目，一经发现，省级以上政府能源主管部门将责令其停止建设，并依法追究有关责任人的法律和行政责任
倒卖行政许可文件	行政机关	• 行政处罚	•《行政许可法》第 80 条：被许可人有下列行为之一的，行政机关应当依法给予行政处罚；构成犯罪的，依法追究刑事责任：（一）涂改、倒卖、出租、出借行政许可证件，或者以其他形式非法转让行政许可的；……

(续表)

风险行为	主管部门/处罚主体	处罚类型	依据
未办理用地许可	县级以上人民政府自然资源主管部门	• 责令退还 • 恢复原状 • 罚款 • 处分主管人员	• 《土地管理法》第77条：未经批准或者采取欺骗手段骗取批准，非法占用土地的，由县级以上人民政府自然资源主管部门责令退还非法占用的土地，对违反土地利用总体规划擅自将农用地改为建设用地的，限期拆除在非法占用的土地上新建的建筑物和其他设施，恢复土地原状，对符合土地利用总体规划的，没收在非法占用的土地上新建的建筑物和其他设施，可以并处罚款；对非法占用土地单位的直接负责的主管人员和其他直接责任人员，依法给予处分；构成犯罪的，依法追究刑事责任
未办理用海许可	海洋行政主管部门	• 限期拆除 • 没收违法所得 • 罚款	• 《海域使用权管理规定》第46条：有非法新建用海设施的，限期拆除 • 《海域使用管理法》第42条：未经批准或者骗取批准，非法占用海域的，责令退还非法占用的海域，恢复海域原状，没收违法所得，并处非法占用海域期间内该海域面积应缴纳的海域使用金5倍以上15倍以下的罚款；对未经批准或者骗取批准，进行围海、填海活动的，并处非法占用海域期间内该海域面积应缴纳的海域使用金10倍以上20倍以下的罚款
临时用地上修建永久性建筑物	县级以上人民政府自然资源主管部门	• 责令拆除 • 罚款	• 《土地管理法实施条例》第52条：违反《土地管理法》第57条的规定，在临时使用的土地上修建永久性建筑物的，由县级以上人民政府自然资源主管部门责令限期拆除，按占用面积处土地复垦费5倍以上10倍以下的罚款；逾期不拆除的，由作出行政决定的机关依法申请人民法院强制执行

（续表）

风险行为	主管部门/处罚主体	处罚类型	依据
未进行招投标工作	有关行政监督部门	• 责令限期改正 • 罚款 • 暂停国有资金支持 • 处分主管人员	•《工程建设项目施工招标投标办法》第68条：依法必须进行招标的项目而不招标的，将必须进行招标的项目化整为零或者以其他任何方式规避招标的，有关行政监督部门责令限期改正，可以处项目合同金额5‰以上10‰以下的罚款；对全部或者部分使用国有资金的项目，项目审批部门可以暂停项目执行或者暂停资金拨付；对单位直接负责的主管人员和其他直接责任人员依法给予处分
未办理建设施工许可	建设行政主管部门	• 责令改正 • 罚款	•《建筑法》第64条：违反本法规定，未取得施工许可证或者开工报告未经批准擅自施工的，责令改正，对不符合开工条件的责令停止施工，可以处以罚款
未执行工程监理	建设行政主管部门	• 责令改正 • 罚款	•《建设工程质量管理条例》第54条：违反本条例规定，建设单位将建设工程发包给不具有相应资质等级的勘察、设计、施工单位或者委托给不具有相应资质等级的工程监理单位的，责令改正，处50万元以上100万元以下的罚款
未办理竣工验收即投产	建设行政主管部门	• 责令改正 • 罚款	•《建设工程质量管理条例》第58条：违反本条例规定，建设单位有下列行为之一的，责令改正，处工程合同价款2%以上4%以下的罚款；造成损失的，依法承担赔偿责任：(1) 未组织竣工验收，擅自交付使用的；(2) 验收不合格，擅自交付使用的；(3) 对不合格的建设工程按照合格工程验收的
未获得发电业务许可即开展发电业务	电力监管部门	• 责令改正 • 没收违法所得 • 罚款	•《电力业务许可证管理规定》第40条：未依法取得电力业务许可证非法从事电力业务的，应当责令改正，没收违法所得，可以并处以违法所得5倍以下的罚款；构成犯罪的，依法追究刑事责任

(续表)

风险行为	主管部门/处罚主体	处罚类型	依据
投产后未及时履行报告义务	省级以上政府能源主管部门	• 责令改正 • 追究责任人责任	•《风电开发建设管理暂行办法》第29条：风电场发生火灾、风电机组严重损毁以及其他停产7天以上事故，或风电机组部件发生批量质量问题，超过7天未以任何方式报告情况，或未按规定向国家可再生能源信息管理机构提交有关信息的，省级以上政府能源主管部门将责令其改正，并依法追究有关责任人的法律和行政责任

2. 针对国有企业的特殊行政法律责任

在我国，国有企业一直以来肩负着政治责任、经济责任、社会责任。在"双碳"的大政策背景下，国有企业也应坚定履行其职责，发挥其资金、政策优势进行清洁化、低碳化发展。有鉴于国有企业在其建设发展中使用的资金为国有资金，其资产属于国有资产，为防范国有资产流失，相关法规对于国有企业在风电项目的各个阶段应当履行的法律义务提出了更为严谨的要求。

（1）项目开发阶段

国家发展改革委在《国家发展改革委重大固定资产投资项目社会稳定风险评估暂行办法》中对于央企明确提出了进行社会稳定风险评估的要求。该暂行办法第6条要求，国务院有关部门、省级发展改革部门、中央管理企业在向国家发展改革委报送项目可行性研究报告、项目申请报告的申报文件中，应当包含对该项目社会稳定风险评估报告的意见，并附社会稳定风险评估报告。根据《风电开发建设管理暂行办法》第16条的规定，项目单位属于中央企业的，所属集团公司需同时向国务院投资主管部门报送项目核准申请。综上所述，央企承接的风电建设项目均必须进行社会稳定风险评估。

（2）项目建设阶段

根据《中华人民共和国招标投标法》（以下简称《招标投标法》）、

《必须招标的工程项目规定》，国有企业进行风电项目建设必须依法进行招标。

《招标投标法》第 3 条规定："在中华人民共和国境内进行下列工程建设项目包括项目的勘察、设计、施工、监理以及与工程建设有关的重要设备、材料等的采购，必须进行招标：（一）大型基础设施、公用事业等关系社会公共利益、公众安全的项目；（二）全部或者部分使用国有资金投资或者国家融资的项目；……"必须进行招标的项目而不招标的，将被处以罚款、暂停项目执行或者暂停资金拨付；单位直接负责的主管人员和其他直接责任人员也将被处分。

《必须招标的工程项目规定》对国有企业必须采用招投标的项目进行了划分，全部或者部分使用国有资金投资或者国家融资，使用预算资金 200 万元人民币以上，并且该资金占投资额 10% 以上的项目，以及使用国有企业事业单位资金，并且该资金占控股或者主导地位的项目，均应履行招投标。同时，根据《必须招标的工程项目规定》的要求，在必须招标的工程建设中勘察、设计、施工、监理以及与工程建设有关的重要设备、材料等的采购达到下列标准之一的，必须招标：① 施工单项合同估算价在 400 万元人民币以上；② 重要设备、材料等货物的采购，单项合同估算价在 200 万元人民币以上；③ 勘察、设计、监理等服务的采购，单项合同估算价在 100 万元人民币以上。同一项目中可以合并进行的勘察、设计、施工、监理以及与工程建设有关的重要设备、材料等的采购，合同估算价合计达到前述规定标准的，必须招标。根据前述规范，国有性质的投资者在拟承接风电项目建设工程中除就整体工程应进行招标工作外，对于达到《必须招标的工程项目规定》规定之限额的勘察、设计、施工、监理以及与工程建设有关的重要设备、材料等的采购也应当单独进行招标工作。

（3）项目运营阶段

国有企业集团内部往往基于现有法律规定在其对外投资建设的前期可研、建设监理、后期档案管理、竣工审计、固定资产处置、运营监管方面有着更加明确的内控制度。

在外部监管方面,审计部门也有权对国有企业的投资建设项目进行监督检查。2021年修正的《中华人民共和国审计法》第22条规定,审计机关对国有企业、国有金融机构和国有资本占控股地位或者主导地位的企业、金融机构的资产、负债、损益以及其他财务收支情况,进行审计监督。实践中,就风电项目而言审计部门可能关注风力发电项目规划建设是否合规、运营效益是否良好、风机设备回收处理是否规范等情况。[1]

3. 针对上市公司的特殊行政法律责任

作为资本市场最核心的一项制度安排,上市公司的信息披露在保护投资者尤其是中小投资者权益、降低市场信息不对称程度、提高监管部门监管效率等方面发挥着重要作用。[2] 根据2021年修订的《上市公司信息披露管理办法》的规定,对投资者作出价值判断和投资决策有重大影响的信息,上市公司应当通过定期报告或临时报告的方式进行披露。根据《上市公司信息披露管理办法》的规定,报告期内重大事件及对公司的影响应记载于年度报告中。就临时报告的要求而言,发生可能对上市公司证券及其衍生品种交易价格产生较大影响的重大事件,投资者尚未得知时,上市公司应当立即披露,说明事件的起因、目前的状态和可能产生的影响。根据2019年修订的《中华人民共和国证券法》(以下简称《证券法》)的规定,如上市公司投资参与风电开发项目建设,若一年内就该等项目购买、出售重大资产超过公司资产总额的30%,或者公司抵押、质押、出售或者报废其营业主要资产,且一次超过该等资产的30%,则应当作为公司的重大投资行为进行临时披露;在公司投资参与风电开发项目建设过程中订立重要合同、提供重大担保或者从事关联交易,可能对公司的资产、负债、权益和经营成果产生重要影响的,

---

[1] 余路畅:《审计署长沙特派办:关注风电项目建设运营情况》,https://www.audit.gov.cn/n4/n21/c10197881/content.html,2024年6月20日访问。

[2] 韩兵:《上市公司信息披露义务问题研究》,中国人民公安大学2017年硕士学位论文。

也应当向国务院证券监督管理机构和证券交易场所报送临时报告，并予公告。

此外，参与并披露风电开发建设项目是上市公司履行环境、社会及公司治理（ESG）责任的体现。目前，中国证监会对上市公司ESG信息披露仍以引导为主，除要求属于环境保护主管部门公布的重点排污单位的公司或其主要子公司根据法律、行政法规、部门规章及规范性文件的规定披露主要环境信息外①，暂未对上市公司披露ESG信息作出其他强制要求。但ESG信息披露逐渐成为大势所趋，境内外资本市场的投资者都开始愈发重视ESG投资，在投资过程中开始采用环境、社会、公司治理等非财务指标来对企业进行评判和估值。在此背景下，上市公司对ESG信息的披露可以回应投资者在投资时的关注重点。②风电作为清洁能源的一种，在减少碳排放方面发挥着举足轻重的作用，上市公司积极参与并对此进行及时信息披露，也对吸引投资有着促进作用。

五、典型案例

（一）转让合规

如本章第一节之"（四）项目核准"中所述，倒卖风电场核准文件等行政许可文件属于违规行为，该等行为是国家所禁止的。如果风电场项目合作开发或者股权收购涉及售卖、变相转让风电场项目核准审批文件的，不排除法院依据上述规定认定涉案合作协议或者股权收购协议无效。下列案件中，最高人民法院对涉及风电项目主体变更的合同予以了确认，但该等确认是以案件实际已获得当地发展改革部门的行政确认为

---

① 《公开发行证券的公司信息披露内容与格式准则第2号—年度报告的内容与格式（2021修订）》（中国证券监督管理委员会公告〔2021〕15号），2021年6月28日发布。

② 钟凯文、范秋萍、赵海洋：《ESG信息披露——从内地及香港上市公司视角出发》，http://www.meritsandtree.com/report/植德_资本市场法律评论—第03期.pdf，2024年6月20日访问。

前提的，故而投资者拟以受让形式参与风电场开发项目的仍需关注其中风险。

> **格尔木力腾新能源有限公司、青海力腾新能源投资有限公司合同纠纷〔（2019）最高法民终 211 号〕**

在该案中，当事人就风电场项目签署的《合作框架协议书》约定，青海力腾新能源投资有限公司（以下简称"青海力腾公司"）与中船重工西安东仪新能源有限责任公司（以下简称"西安东仪公司"）合资成立格尔木力腾新能源有限公司（以下简称"格尔木力腾公司"）作为项目公司，由格尔木力腾公司有偿接收青海力腾公司风电场项目资源，全部转让费包括有形资产转让费和无形资产转让费。青海力腾公司向格尔木力腾公司移交了风电场项目一期项目的文件、批复等全部手续。之后，因格尔木力腾公司仅支付了部分无形资产转让费，但未支付剩余有形资产转让费和无形资产转让费，青海力腾公司向青海省高级人民法院起诉，格尔木力腾公司向青海省高级人民法院提出反诉，请求确认《合作框架协议书》无效。案件经过二审，最终由最高人民法院判决认定《合作框架协议书》有效。

本案的争议焦点即《合作框架协议书》的效力，就此，最高人民法院将《合作框架协议书》认定为开发合作合同而不是买卖合同，并认为《合作框架协议书》关于青海力腾公司将案涉风电场一期项目前期成果注入移交格尔木力腾公司的约定，并不违反法律法规的效力性强制性规定。但在判决文书中，最高人民法院实际没有就《合作框架协议书》是否涉及风电场行政许可转让作出判断。

此外，需引起注意的是，本案中项目业主单位由青海力腾公司变更为格尔木力腾公司取得了青海省发展改革委的批准，该事实对于《合作框架协议书》和转让行为的效力认定起到了重要的作用。

[律师提示]

建议投资者在合作开发风电场项目及收购风电场项目股权前，就目标风电场项目的主体变更、审批核准手续等问题，向当地的发展改革及能源主管部门进行咨询和确认。

国有企业投资或者转让风电场项目时，还应当注意遵守《中华人民共和国企业国有资产法》《国有资产评估管理办法》等相关法律法规关于国有资产的审批、评估等程序和要求，以保证因风电场项目签署的相关协议不会因违反相关程序或限制而被司法机关否定效力。

（二）用地合规

➢ 中电电机（603988）子公司建设风电场涉嫌违规用地[①]

2020年，根据中电电机就其拟进行重大资产置换及发行股份购买资产披露的信息，河北省南宫市自然资源和规划局在检查中发现其子公司南宫市航科新能源开发有限公司、围场满族蒙古族自治县中能光伏发电有限公司未经批准非法占用集体土地22915平方米（34.37亩）建设风机和升压站，违反了《土地管理法》第43、44条的规定，进而决定对实施违法行为的主体处罚如下：（1）责令退还非法占用的22915平方米（34.37亩）土地；（2）没收在非法占地新建的13115.76平方米建筑物及其他设施；（3）处于非法占用耕地面积13005平方米，每平方米30元的罚款，耕地以外的农用地5635平方米，每平方米20元的罚款，未利用地4275平方米，每平方米15元的罚款，共计人民币566975元。又据中电电机披露，南宫市自然资源和规划局出具证明："我局于2020年3月20日依法对其作出了行政处罚，该案件已处理到位，不属于情节严重的重大违法行为。"

［律师提示］

就上市公司而言，出现重大违法事项可能引发监管关注，或将影响其重大资产重组、发行可转债等规划。

[①] 《中信建投证券股份有限公司关于中电电机股份有限公司重大资产置换及发行股份购买资产并募集配套资金暨关联交易之独立财务顾问报告》，https://static.sse.com.cn/disclosure/listedinfo/announcement/c/new/2021-09-27/603988_20210927_2_9f40XEEI.pdf，2024年6月15日访问。

若出现违规用地（海）而责令拆除已建成的关键配套设备，可能导致风电项目整体停止运行，因而投资者应当关注建设过程中的用地（海）规范，及时办理相关手续，避免因此造成后续项目运营受阻或中断。

（三）海域使用合规

> **福建省三川海上风电有限公司涉嫌非法占用海域**[①]

福建省三川海上风电有限公司于 2018 年 8 月 21 日起，在福建省莆田市秀屿区南日镇南侧海域，进行莆田平海湾海上风电场 F 区项目建设。因实施该项目，公司所建设的部分风机基础及海底电缆超出海域使用权证规定的用海范围，涉嫌违反《海域使用管理法》第 3 条的规定，属于非法占用海域的行为。

针对上述行为，莆田市自然资源局出具了莆自然海行罚〔2023〕003 号的行政处罚决定书，载明：根据《海域使用管理法》第 42 条、《财政部、国家海洋局印发〈关于调整海域、无居民海岛使用征收标准〉的通知》等规定，对福建省三川海上风电有限公司作出行政处罚，责令退还非法占用的海域；恢复海域原状；罚款人民币 1444933.7 元。

[律师提示]

就海上风电项目而言，一般涉及用海及用地规划。通常相较于陆上风电项目，海上风电项目存在以下特点：其一，海域场景孤立，需要将陆地资源输送至海上项目施工现场；其二，海洋环境复杂，容易出现极端状况，造成人员伤亡及财产损失；其三，海洋边界易发生争议，因而实际施工过程中更容易出现用海权冲突等问题。

根据《海域使用管理法》等规定，投资者开发海上风电项目前，应事先批准并取得海域使用权证书，上述文件会明确记载使用海域面积、用途等信息，若在建设及运营过程中，相关海上风电项目被执法部门发

---

① 林养东：《非法占海、未批先建！莆田这家海上风电公司两次被罚超百万》，载"海峡都市报莆田新闻"微信公众号 2023 年 12 月 15 日，https://mp.weixin.qq.com/s/gpfeP03Jt1gdwtKyFH5HCw。

现实际情况与证载信息不符，则可能导致行政处罚。建议投资者应严格按照海域使用权证书载明的相关信息进行相关建设及运营。此外，鉴于海洋内部区域边界较为模糊，底土质地多变，若投资者在实际建设过程中发现规划区域不适宜按照原本的规划方案进行建设，此时投资者需要及时向主管机关申请规划变更，避免未批先建的情况发生。①

---

① 齐元、李耕：《海上风电建设阶段常见争议浅析》，https://www.kwm.com/cn/zh/insights/latest-thinking/common-disputes-in-construction-stage-of-offshore-wind-power-projects.html，2024年6月20日访问。

第四章

光伏领域的合规问题与法律风险

2011年至今，国家、地方出台若干政策引导鼓励光伏产业的发展。随着"双碳"概念的提出及光伏领域政策的陆续出台，光伏领域应用场景不断扩大，我国光伏行业迎来新的发展高峰。

截至2023年9月，我国光伏发电总装机容量突破5亿千瓦大关，达到5.2亿千瓦。① 数据显示，在2023年前三季度，全国光伏新增装机12894万千瓦，同比增长145%。②

目前，国家能源局等已出台《光伏电站开发建设管理办法》（国能发新能规〔2022〕104号）、《分布式光伏发电项目管理暂行办法》（国能新能〔2013〕433号）、《光伏扶贫电站管理办法》（国能发新能〔2018〕29号）等针对光伏领域的专项管理规定，列示了针对光伏发电项目的一般及特殊规定。国家能源局亦在2021年发布了《光伏发电开发建设管理办法（征求意见稿）》，该办法计划适用于公共电源建设及运行的集中式光伏电站管理。

投资者投资光伏项目，应在关注建设项目一般性合规要求的基础上，着眼于光伏产业的特殊性，遵守前述规定中的特定要求。

---

① 《我国户用光伏装机突破1亿千瓦覆盖农户超过500万》，https://www.nea.gov.cn/2023-11/14/c_1310750360.htm，2024年7月10日访问。

② 《王大鹏：2023年前三季度，全国可再生能源新增装机1.72亿千瓦，同比增长93%》，https://www.nea.gov.cn/2023-10/30/c_1310747914.htm，2024年7月10日访问。

一、开发阶段的合规性要求

（一）开发协议的签署

公共电源建设及运行管理的集中式光伏发电项目与风电领域开发类似，常见的开发方式仍是由投资者与当地政府签署开发协议，约定开发事宜及投资政策。如本篇第三章第一节"开发阶段的合规性要求"之"（一）开发协议的签署"所述，需要关注并避免将法律规定的与税收直接挂钩的条款纳入开发协议。

在屋顶分布式光伏发电项目开发中，投资者需要与建筑物所有人签署协议。根据《国家发展改革委关于完善陆上风电光伏发电上网标杆电价政策的通知》（发改价格〔2015〕3044号）的规定，分布式光伏发电项目可以选择"自发自用、余电上网"或"全额上网"中任一并网模式。"自发自用、余电上网"模式是指所发电量以用户侧自发自用为主，产生的多余电量接入电网系统消纳的并网模式；"全额上网"模式是指光伏电站的发电量由电网企业按照当地光伏电站上网标杆电价收购后全部并入国家电网的并网模式。对于"全额上网"的电站项目，电站所发电量全部并入国家电网，因此，投资方与屋顶业主间是单纯的租赁关系，双方签署《屋顶租赁及使用合同》，约定屋顶租期、租金、屋顶使用及维修等事项。投资方自行完成电站建设，所发电量全部并入国家电网。而对于"自发自用、余电上网"模式的项目，电站投资者通常与屋顶业主签署《合同能源管理协议暨屋顶租赁与使用协议》（以下简称"EMC合同"），合同中往往在对屋顶租赁有关的期限、租金等事项进行约定的同时，还会对业主用电的电价（如给予业主一定的电价优惠用以抵充屋顶租金）、项目的开发建设等进行约定。[①]

特别地，建议投资者在与屋顶业主签署EMC合同中重点关注如下

[①] 《安理观法丨屋顶分布式光伏电站开发建设尽职调查与EMC合同签署要点》，https：//www.anlilaw.com/100031/1811，2024年7月10日访问。

问题：

一是合同的主体必须为屋顶业主或是已取得屋顶业主转租许可的一方，否则租赁行为可能被屋顶业主主张无效，从而影响项目建设和运营。

二是事先对房屋权属进行调查，查清是否存在如房屋产权不清晰、房屋违规建设问题、房屋建造质量问题等不稳定的潜在风险。

三是合同期限不得超过法定的 20 年租赁期限。根据《中华人民共和国民法典》（以下简称《民法典》）第 705 条规定，租赁期限不得超过 20 年。超过 20 年的，超过部分无效。由于 EMC 合同具有租赁协议的属性，租赁期限届满，当事人可以续订租赁合同。但是，约定的租赁期限自续订之日起不得超过 20 年。

四是应当明确合同终止后，相关设备和电站的所有权应归属于投资者，避免此后的争议和纠纷。

（二）列入政府年度开发规模

与风电项目类似，投资者在光伏发电项目的开展前期也应当关注项目是否被纳入年度开发规模。

就集中式光伏发电项目以及非利用附属场所的分布式光伏发电项目而言，《光伏电站开发建设管理办法》规定，国家能源局编制全国可再生能源发展规划，确定全国光伏电站开发建设的总体目标和重大布局，并结合发展实际与需要适时调整。

分布式光伏发电项目，此前根据相关政策规定不受年度规模限制。随着相关规定的废止，目前不少地区明确了将其中一些分布式光伏发电项目纳入年度规模管理。早在 2021 年内蒙古就明确将工商业分布式光伏发电项目纳入年度规模管理，纳入后方可履行备案手续；2022 年河北也提出地面分布式光伏发电项目，并将其纳入年度保障性规模管理；2023 年安徽也规定新增备案小于 6MW 的地面光伏电站纳入年度建设规模管理，未纳入年度建设规模的项目不得开工建设、不得并网。

（三）备案管理

1. 发展改革部门备案

根据《企业投资项目核准和备案管理条例》《政府核准的投资项目目录（2016年本）》的规定，对于政府核准的投资项目目录以外的项目，实行备案管理，备案机关及其权限由省、自治区、直辖市和计划单列市人民政府规定。而光伏发电项目并未被列入需核准的项目清单，故而光伏发电项目的开展办理备案手续即可。

2. 能源部门备案

如上文所述，光伏领域项目可分为集中式光伏发电项目和分布式光伏发电项目。《光伏电站开发建设管理办法》《分布式光伏发电项目管理暂行办法》分别针对两类项目进行规制，并针对两类项目的特性提出了不同的备案管理原则要求（见表2-4-1）。

表 2-4-1　光伏发电项目备案要求

类型	备案部门	具体要求
集中式光伏发电项目	各省（区、市）光伏发电项目备案机关	• 各省（区、市）可制定本省（区、市）光伏发电项目备案管理办法，明确备案机关及其权限等
分布式光伏发电项目	省级及以下能源主管部门	• 具体备案办法由省级人民政府制定 • 应根据分布式光伏发电项目特点尽可能简化程序，免除发电业务许可、规划选址、土地预审、水土保持、环境影响评价、节能评估及社会风险评估等支持性文件
分布式光伏发电项目（个人利用自有住宅及在住宅区域内建设的）	当地能源主管部门	• 当地电网企业直接登记并集中向当地能源主管部门备案 • 不需要国家资金补贴的项目由省级能源主管部门自行管理

投资者需要关注的重点问题是，光伏发电项目在完成备案后的转让和变更将受限。《光伏电站开发建设管理办法》《分布式光伏发电项目管

理暂行办法》均明确要求项目单位不得自行变更光伏发电项目备案文件的重要事项，包括项目投资主体、项目场址、建设规模等。确需变更时，由备案部门按程序办理。随着《光伏电站开发建设管理办法》于2022年被修订，以及新备案的集中式光伏发电项目、工商业分布式光伏发电项目电价补贴的陆续退出，光伏备案文件所附随的补贴收益不复存在，光伏电站作为绿电项目更多的是平衡能耗企业的碳排放额度，电站运营需要更细致、更市场化的成本收益分析，但发电项目作为地方政府招商引资的优惠工具，本身带有政府补助性质，光伏发电项目转让依然需要谨慎关注交易风险。

（四）用地规范

集中式光伏发电项目主要是利用荒漠、山区等集中建立大型光伏电站，发电直接并入公共电网，接入高压输电系统供给远距离负荷，并由电网统一调配向用户供电。该等项目的土地取得方式包括出让、划拨、租赁，需要遵守《土地管理法》《土地管理法实施条例》《城乡规划法》《建设用地审查报批管理办法》等关于土地流转使用的基本法律法规。

为支持绿色能源行业的发展，推进大型光伏基地的建设，以及加强项目用地管理，《自然资源部办公厅、国家林业和草原局办公室、国家能源局综合司关于支持光伏发电产业发展规范用地管理有关工作的通知》（自然资办发〔2023〕12号）规定，鼓励利用未利用地和存量建设用地发展光伏发电产业。在严格保护生态前提下，鼓励在沙漠、戈壁、荒漠等区域选址建设大型光伏基地；对于油田、气田以及难以复垦或修复的采煤沉陷区，推进其中的非耕地区域规划建设光伏基地。

二、建设阶段的合规性要求

（一）光伏建设项目必须进行招投标

根据《必须招标的基础设施和公用事业项目范围规定》《必须招标

的工程项目规定》的规定，电力、新能源等能源基础设施项目均属于必须进行招标的项目范围。有鉴于光伏电站的建造成本较高，该类项目的建设合同金额一般都达到需要招标的标准。

特别地，就分布式光伏发电项目，《分布式光伏发电项目管理暂行办法》对承接项目设计、安装、使用设备作出了要求。承担项目设计、查咨询、安装和监理的单位，应具有国家规定的相应资质；采用的光伏电池组件、逆变器等设备应通过符合国家规定的认证认可机构的检测认证，符合相关接入电网的技术要求。因此，投资者在就该等项目进行招投标时，应当在招标公告中明确投标人的资质要求，并在评标过程中基于资质要求进行选聘。

（二）取得施工许可并及时开展施工活动

根据《城乡规划法》《建筑法》《建筑工程施工许可管理办法》等的规定，如其他类型的建设工程一样，光伏电站的建设项目在开工前应当取得建设工程规划许可证、施工许可证。

光伏电站的建设施工应在一定期限内开展并完工。根据《光伏电站开发建设管理办法》，集中式光伏发电项目中，各省级能源主管部门和备案机关可视需要组织核查备案后两年内未开工建设或者未办理任何其他手续的项目，及时废止确实不具备建设条件的项目。就分布式光伏发电项目而言，《分布式光伏发电项目管理暂行办法》规定，在年度指导规模指标范围内的分布式光伏发电项目，自备案之日起两年内未建成投产的，在年度指导规模中取消，并同时取消享受国家资金补贴的资格。

（三）工程监理

根据《建设工程监理范围和规模标准规定》第 7 条规定，项目总投资额在 3000 万元以上的电力、新能源等项目属于国家规定必须实行监理的其他工程，即若光伏项目的总投资额达到 3000 万元以上，则应当实行监理。

有鉴于《分布式光伏发电项目管理暂行办法》的规定,在监理单位的选聘过程中,投资者应当对监理单位的资质提出要求。

(四)竣工验收及并网验收

1. 竣工验收

光伏电站建设项目,应根据法律法规相关规定进行环保、安全、消防、建设工程竣工验收。

2. 并网验收

光伏电站在并入电网运行前,必须通过电网企业并网验收。《光伏电站开发建设管理办法》《分布式光伏发电项目管理暂行办法》就电网企业的验收及接网意见的出具提出了如下要求(见表2-4-2):

表 2-4-2 光伏发电项目并网验收要求

项目	出具主体	并网验收要求	出具时间
集中式光伏发电项目	/	/	项目单位提交并网运行申请书后,电网企业应按国家有关技术标准规范和管理规定,在规定时间内配合开展光伏电站涉网设备和电力送出工程的并网调试、竣工验收,并参照《新能源场站并网调度协议示范文本》《购售电合同示范文本》与项目单位签订并网调度协议和购售电合同	对出具接网意见无相关规定
分布式光伏发电项目	35千伏及以下电压等级	地级市或县级电网企业	按照简化程序办理相关并网手续,并提供并网咨询、电能表安装、并网调试及验收等服务	20—30个工作日
	35千伏以上电压等级		根据其接入方式、电量使用范围,本着简便和及时高效的原则做好并网管理,提供相关服务	

三、运营阶段的合规性要求

（一）发电业务许可

根据《电力业务许可证管理规定》的规定，除国家能源局规定的特殊情况外，任何单位或者个人未取得电力业务许可证，不得从事电力业务。与风电项目类似，在光伏发电建设项目完工后，在正式投产前需要获得发电类电力业务许可证。

根据《国家能源局关于贯彻落实"放管服"改革精神优化电力业务许可管理有关事项的通知》，已经备案的分布式光伏发电项目、项目装机容量 6MW（不含）以下的光伏发电项目均被豁免取得发电业务许可，可直接投入运营。

（二）投后监管

根据《光伏电站开发建设管理办法》，光伏发电项目单位负责电站建设和运营，是光伏电站的安全生产责任主体。国家能源局负责全国光伏电站开发建设和运行的监督管理工作。省级能源主管部门在国家能源局指导下，负责本省（区、市）光伏电站开发建设和运行的监督管理工作。国家能源局派出机构负责所辖区域内光伏电站的国家规划与政策执行、资质许可、公平接网、电力消纳等方面的监管工作。电网企业承担光伏电站并网条件的落实或认定、电网接入、调度能力优化、电量收购等工作，配合各级能源主管部门分析测算电网消纳能力与接入送出条件。有关方面按照国家法律法规和部门职责等规定做好光伏电站的安全生产监督管理工作。

根据《分布式光伏发电项目管理暂行办法》，国务院能源主管部门负责全国分布式光伏发电规划指导和监督管理；地方能源主管部门在国务院能源主管部门指导下，负责本地区分布式光伏发电规划、建设的监督管理；国家能源局派出机构负责对本地区分布式光伏发电规划和政策执行、并网运行、市场公平及运行安全进行监管。

四、刑事法律责任和行政法律责任

（一）刑事法律责任

与风电类项目类似，结合相关案例，光伏电站项目中的刑事法律责任也多见于重大责任事故、非法占用土地、骗取补贴和资金以及应获得许可而未获许可即开展发电业务。

就相关刑法条款罚则的规定，请参见本篇第三章之第四节之"（一）刑事法律责任"中的分析。

（二）行政法律责任

1. 概述

根据相关法律法规，对光伏发电项目开发建设至运营阶段的用地、环保、安全、消防等事项均有规范，该等规范散见于各法律法规文本。

针对光伏发电项目中具有代表性和针对性的行政法律责任，梳理如下（见表2-4-3）：

表 2-4-3　光伏发电项目主要行政法律责任

风险行为	主管部门/处罚主体	处罚类型	依据
倒卖行政许可文件	行政机关	行政处罚	•《行政许可法》第80条：被许可人有下列行为之一的，行政机关应当依法给予行政处罚；构成犯罪的，依法追究刑事责任：（一）涂改、倒卖、出租、出借行政许可证件，或者以其他形式非法转让行政许可的；……

(续表)

风险行为	主管部门/处罚主体	处罚类型	依据
未办理用地许可	县级以上人民政府自然资源主管部门	• 责令退还 • 恢复原状 • 罚款 • 处分主管人员	•《土地管理法》第77条：未经批准或者采取欺骗手段骗取批准，非法占用土地的，由县级以上人民政府自然资源主管部门责令退还非法占用的土地，对违反土地利用总体规划擅自将农用地改为建设用地的，限期拆除在非法占用的土地上新建的建筑物和其他设施，恢复土地原状，对符合土地利用总体规划的，没收在非法占用的土地上新建的建筑物和其他设施，可以并处罚款；对非法占用土地单位的直接负责的主管人员和其他直接责任人员，依法给予处分；构成犯罪的，依法追究刑事责任
未进行招投标工作	有关行政监督部门	• 责令限期改正 • 罚款 • 暂停国有资金支持 • 处分主管人员	•《工程建设项目施工招标投标办法》第68条：依法必须进行招标的项目而不招标的，将必须进行招标的项目化整为零或者以其他任何方式规避招标的，有关行政监督部门责令限期改正，可以处项目合同金额5‰以上10‰以下的罚款；对全部或者部分使用国有资金的项目，项目审批部门可以暂停项目执行或者暂停资金拨付；对单位直接负责的主管人员和其他直接责任人员依法给予处分
未办理建设施工许可	建设行政主管部门	• 责令改正 • 罚款	•《建筑法》第64条：违反本法规定，未取得施工许可证或者开工报告未经批准擅自施工的，责令改正，对不符合开工条件的责令停止施工，可以处以罚款
未执行工程监理	建设行政主管部门	• 责令改正 • 罚款	•《建设工程质量管理条例》第54条：违反本条例规定，建设单位将建设工程发包给不具有相应资质等级的勘察、设计、施工单位或者委托给不具有相应资质等级的工程监理单位的，责令改正，处50万元以上100万元以下的罚款

（续表）

风险行为	主管部门/处罚主体	处罚类型	依据
未办理竣工验收即投产	建设行政主管部门	• 责令改正 • 罚款	•《建设工程质量管理条例》第58条：违反本条例规定，建设单位有下列行为之一的，责令改正，处工程合同价款2%以上4%以下的罚款；造成损失的，依法承担赔偿责任：（1）未组织竣工验收，擅自交付使用的；（2）验收不合格，擅自交付使用的；（3）对不合格的建设工程按照合格工程验收的
未获得发电业务许可即开展发电业务	电力监管部门	• 责令改正 • 没收违法所得 • 罚款	•《电力业务许可证管理规定》第40条：未依法取得电力业务许可证非法从事电力业务的，应当责令改正，没收违法所得，可以并处以违法所得5倍以下的罚款；构成犯罪的，依法追究刑事责任
未经水行政主管部门对其工程建设方案审查同意在河道、湖泊管理范围内从事工程设施建设活动①	水行政主管部门	• 责令停止违法行为 • 严重影响防洪的，责令限期拆除，逾期不拆除的，强行拆除 • 影响行洪但尚可采取补救措施的，责令限期采取补救措施，同时可处罚款	•《中华人民共和国防洪法》第57条：违反本法第27条规定，未经水行政主管部门对其工程建设方案审查同意或者未按照有关水行政主管部门审查批准的位置、界限，在河道、湖泊管理范围内从事工程设施建设活动的，责令停止违法行为，补办审查同意或者审查批准手续；工程设施建设严重影响防洪的，责令限期拆除，逾期不拆除的，强行拆除，所需费用由建设单位承担；影响行洪但尚可采取补救措施的，责令限期采取补救措施，可以处1万元以上10万元以下的罚款

2. 针对国有企业的特殊行政法律责任

在国有企业投资光伏发电项目中，也应当肩负起其政治责任、经济责任、社会责任，发挥其资金、政策优势推动我国清洁能源事业的发展。

---

① 根据《水利部关于加强河湖水域岸线空间管控的指导意见》（水河湖〔2022〕216号）的规定，目前光伏发电、风力发电等项目已不得在河道、湖泊、水库内建设。此后，光伏发电项目仅能在湖泊周边、水库库汊建设。

在项目建设阶段，根据《招标投标法》《必须招标的工程项目规定》，国有企业进行光伏发电项目建设必须依法进行招标，否则将被处以罚款、暂停项目执行或者暂停资金拨付；单位直接负责的主管人员和其他直接责任人员也将被处分。

在项目运营阶段，一方面，国有企业应做好内部管控，避免国有资产的流失；另一方面，应当配合外部监管机构如审计部门对其项目开发过程中财务收支、规划合规、运营效益情况的监督。

3. 针对上市公司的特殊行政法律责任

《证券法》《上市公司重大资产重组管理办法》《上市公司收购管理办法》等相关法律法规未就上市公司参与光伏发电建设项目提出特定的要求，但上市公司应遵守《上市公司信息披露管理办法》履行其重大投资事项的披露义务，并进行 ESG 信息的披露。具体探讨详见本篇第三章第四节之"（二）行政法律责任"之"3. 针对上市公司的特殊行政法律责任"。

五、典 型 案 例

（一）上市公司监管关切

经公开检索，监管机关对上市公司开展的光伏项目的关注点主要集中在项目进展情况、项目前景说明以及项目财务处理的合规性三大方面，该等关切常以问询函的方式提出，要求上市公司对相关问题作出答复。

> **项目进展关切：易成新能（300080）**[①]

2022 年 4 月，中国证监会对易成新能 2021 年年报进行了问询，其

[①] 《河南易成新能源股份有限公司关于 2021 年年报问询函部分回复的公告》，https://pdf.dfcfw.com/pdf/H2_AN202204271561968802_1.pdf？1651081533000.pdf，2024 年 6 月 15 日访问。

中对公司募投项目 53.05MWp 分布式光伏电站建设项目表达关切，并要求其结合募投项目面临的市场和技术环境，说明该募投项目的具体进展、投资进度是否符合预期、是否存在实施障碍、是否能够如期完成实施。就该项问询，易成新能从募集资金使用情况、募投项目进展情况两大方面进行了答复，公司募投项目投资进度符合预期，不存在实施障碍，预计 2022 年 12 月 31 日能够达到可使用状态，并就受疫情及组件价格上涨导致的投资进度放缓进行了说明。

> **项目前景关切：锦浪科技（300763）**[①]

2022 年 2 月，锦浪科技向不特定对象发行可转换公司债券，其中主要资金将用于分布式光伏发电建设项目。就此，中国证监会在其申请中对项目的可行性提出了问询，要求：（1）结合光伏发电项目已取得的用电合同或意向性协议、目标客户生产用电情况、发行人现有光伏电站的装机容量、单位成本等，说明项目装机容量规模的规划依据及规模合理性；（2）光伏发电项目实施所需的全部审批程序、资质是否已取得，建成后拟采用的运维模式及相关维护费用情况，发行人是否具备相应运营能力。就该等关切，锦浪科技从以下方面进行了答复：

一是阐述项目规划概况以及公司内部项目风控管理情况，说明公司已对项目的推进作出了充分的部署；

二是通过数据说明公司拟建设项目的用电量、装机容量、消纳比例等预估情况，说明公司已对项目前景进行了合理预测；

三是列示已获得的行政许可文件，说明其关注到了项目建设开发过程中的行政合规性；

四是展示公司就项目所涉各部门分工及能力体现，说明公司已具备相应的分布式光伏电站运营能力。

[①] 《锦浪科技股份有限公司与海通证券股份有限公司关于锦浪科技股份有限公司申请向不特定对象发行可转换公司债券的审核问询函的回复（修订稿）》，https://reportdocs.static.szse.cn/UpFiles/rasinfodisc1/202111/RAS_202111_00017D26935C0E3FC8D1E03168CC343F.pdf，2024 年 6 月 15 日访问。

➤ **项目财务处理关切：中来股份（300393）**[①]

中来股份控股子公司苏州中来民生能源有限公司在2020年及以前年度，主要通过分期收款销售分布式光伏电站开展业务（以下简称"赊销业务模式"），该等业务模式以电站后期收益还本付息支付电站建设款，分期收款年限一般为10—20年，在还本付息完成后，电站的全部收益归农户所有。对此，深圳证券交易所要求披露苏州中来民生能源有限公司开展赊销业务模式的具体年度、各年度销售的电站数量、赊销业务模式合同的主要内容以及相关会计处理等内容。此外，中来股份还被要求结合截至2021年6月30日全部赊销电站的累计回款额等数据，说明按该回款进度收回全部销售总价所需的年限，并说明相关估算、假设是否谨慎、合理。

[律师提示]

投资者应建立较为完善的光伏电站开发管理体系，对业务流程各个环节进行全过程风险控制、监督和专业管理，通过前期踏勘对目标客户的基本情况、经营状况、实际消纳情况等方面进行综合分析评估，尽可能减少出现项目实施与预期收益出现巨大偏差的情形。在财务管理方面，投资人应当针对特殊运营模式下的会计入账聘请专业机构结合相应会计准则进行规范。

（二）用地合规与生态环境保护

➤ **云南省弥渡县弥渡惠扬农业新能源科技有限公司非法占用林地案**［（2020）云2925刑初57号］[②]

2019年森林督查中发现，云南省弥渡县弥渡惠扬农业新能源科技有限公司非法占用林地23.92公顷（358.77亩）建设光伏项目。2020年6月14日，弥渡县人民法院判决弥渡惠扬农业新能源科技有限公司

[①]《关于对苏州中来光伏新材股份有限公司的关注函》，https://reportdocs.static.szse.cn/UpFiles/fxklwxhj/NMK30039344156.pdf，2024年11月1日访问。

[②]《民法典涉林典型案例》，http://lyj.guiyang.gov.cn/lyxw_502951/syyw/202112/t20211231_72177200.html，2024年7月10日访问。

犯非法占用农用地罪，罚金 50000 元；判决其法定代表人杨某犯非法占用农用地罪，判处有期徒刑六个月，缓刑一年，并处罚金 10000 元。省级公益林地和有林地范围内的 43038 片光伏板方阵已拆除并恢复植被。

通过云南专员办与云南省检察院督办，该案成为云南省首例民事公益诉讼与生态损害赔偿磋商案，2020 年 9 月 11 日签订生态环境损害赔偿协议，赔偿 3449200 元用于本案生态环境损害修复。弥渡县县长、分管副县长被诫勉谈话，6 名县管干部被追责问责。

[律师提示]

投资者应在项目初期阶段积极关注项目选址的合理合规性，从国家、地方政府政策以及国土、林业、水利等多个方面论证土地可行性，避免触及"生态红线"，避免后续出现违建拆除等问题。

（三）依法取得水行政许可

➢ 江苏省泗洪县天岗湖水面光伏发电项目遭拆除整改案①

江苏省泗洪县天岗湖水面光伏发电项目是国家能源局 2017 年批复的国家光伏发电领跑者示范基地项目，共 200MW，由中广核新能源在 2018 年建成，共占水面约 9 平方千米，占泗洪县境内天岗湖水域面积约 70%。该项目已办理了环评、土地、规划等手续，但未依法依规办理水行政许可手续。2022 年 5 月，该项目被水利部认定为"妨碍河道行洪突出"，造成碍洪问题，并被要求拆除整改。在淮河水利委员会、江苏省河长办和宿迁市政府的督促下，截至 2023 年 5 月，该项目已拆除行洪通道和岸线保护区内违建光伏设施。

[律师提示]

涉水光伏项目的建设需要满足相关的防洪管理要求和建设要求。从行政许可的角度看，可以对光伏发电项目涉水区域区分河湖管理范围和洪泛区、蓄滞洪区，建设光伏项目位置不同，涉及行政许可的审批手续

---

① 《教训深刻！只因未办这个手续，75 亿"违建"光伏项目被拆！》，https://emcreative.eastmoney.com/app_fortune/article/index.html? artCode = 20230706112400410387850&postId=1328070167，2024 年 7 月 10 日访问。

也不同。在《水利部关于加强河湖水域岸线空间管控的指导意见》发布前，并不存在就光伏项目能否占用河湖管理范围的特别规定。与河湖管理范围建设项目涉水许可的相关要求规定在《中华人民共和国防洪法》（以下简称《防洪法》）第 27 条："建设跨河、穿河、穿堤、临河的桥梁、码头、道路、渡口、管道、缆线、取水、排水等工程设施，应当符合防洪标准、岸线规划、航运要求和其他技术要求，不得危害堤防安全、影响河势稳定、妨碍行洪畅通；其工程建设方案未经有关水行政主管部门根据前述防洪要求审查同意的，建设单位不得开工建设。前款工程设施需要占用河道、湖泊管理范围内土地，跨越河道、湖泊空间或者穿越河床的，建设单位应当经有关水行政主管部门对该工程设施建设的位置和界限审查批准后，方可依法办理开工手续；安排施工时，应当按照水行政主管部门审查批准的位置和界限进行。"据此，实践中，存在地方水利部门根据该规定审查同意了占用河湖管理范围的光伏项目。前述案例就是由于未取得水行政许可而导致被拆除。

根据《水利部关于加强河湖水域岸线空间管控的指导意见》的规定，禁止相关投资者在河道、湖泊、水库内建设光伏项目。因此，涉水光伏项目目前仅能在防洪区内建设。根据《防洪法》第 33 条的规定，若投资者拟建设的光伏项目涉及洪泛区、蓄滞洪区的，应当就洪水对建设项目可能产生的影响和建设项目对防洪可能产生的影响作出评价，编制洪水影响评价报告，提出防御措施。此外，在蓄滞洪区内建设的光伏电厂，其洪水影响评价报告还应当包括建设单位自行安排的防洪避洪方案。建设项目投入生产或者使用时，其防洪工程设施应当经水行政主管部门验收。

第五章

氢能领域的合规问题与法律风险

在全球碳中和背景下，氢能逐渐成为新能源投资领域新的投资热点。目前，全球氢气产量约为每年 7000 万吨，市场规模为千亿美元。据国际氢能委员会（Hydrogen Council）预测，到 2030 年，全球氢能领域投资总额将达 5000 亿美元；到 2050 年，氢能将承担全球 18% 的能源终端需求，氢能产业将创造 3000 万个工作岗位，创造超过 2.5 万亿美元的市场价值。① 而据中国氢能联盟的预测，我国要在 2060 年前实现碳中和目标，氢能将在重工业、运输、建筑供暖等难以脱碳的行业发挥重要作用，氢气的年需求量将从 2021 年的 3300 万吨增长至 1.3 亿吨。②

为配合并支持氢能产业发展，各地政府也先后出台了氢能相关规划。就氢能产业中发展基础较好的氢燃料电池汽车行业来说，江苏省、北京市先后于 2019 年、2020 年发布了相关发展规划，通过提高氢能及氢燃料电池汽车整车及关键零部件的生产，促进氢能制造整体产业链的形成。围绕氢能产业全产业链的搭建，浙江省发展改革委等于 2019 年发布了《浙江省加快培育氢能产业发展的指导意见》（浙发改产业〔2019〕375 号），提倡从氢燃料电池、加氢设施等方面完善浙江省氢能装备和核心零部件产业体系；山东省人民政府办公厅于 2020 年 6 月发

---

① 海南省绿色金融研究院：《"十四五"开局，氢能源产业发展迎来重要窗口期》，https://www.yicai.com/news/101276377.html，2024 年 6 月 10 日访问。

② 吕红桥：《专家预测：在碳中和情景下 氢能在我国终端能源消费中占比将达 20% 左右》，http://finance.cnr.cn/txcj/20210422/t20210422_525467869.shtml，2024 年 6 月 10 日访问。

布了《山东省氢能产业中长期发展规划（2020—2030年）》，强调结合本省工业发展基础，利用氢资源储备，分阶段推进氢气制取、储运、燃料电池技术和整车制造产业的全产业链发展；海南省也于2023年12月发布了《海南省氢能产业发展中长期规划（2023—2035年）》，强调从应用端入手，立足海南能源结构、地理区位特点，重点在船舶、汽车、航天、化工、能源等领域推广相关应用，并坚持分步实施推进氢能发展的各阶段重点工作。

2022年3月，国家发展改革委、国家能源局联合印发《氢能产业发展中长期规划（2021—2035年）》（以下简称《氢能规划》），明确了氢能作为未来国家能源体系的重要组成部分，提出：到2025年，基本掌握核心技术和制造工艺，燃料电池车辆保有量约5万辆，部署建设一批加氢站，可再生能源制氢量达到10万—20万吨/年，实现二氧化碳减排100万—200万吨/年；到2030年，形成较为完备的氢能产业技术创新体系、清洁能源制氢及供应体系，有力支撑碳达峰目标的实现；到2035年，形成氢能产业体系，构建涵盖交通、储能、工业等领域的多元氢能应用生态，可再生能源制氢在终端能源消费中的比重明显提升。随后，根据《氢能规划》设立的目标，各地也相继出台了具有针对性的地方性政策文件，为氢能产业的未来发展提供了政策支持，进一步释放了氢能产业的投融资潜力。伴随着氢能产业的发展，相关建设项目投融资过程中可能遇到的法律风险也更加复杂。

一、开发阶段的合规性要求

1. 项目合规性

目前我国尚未出台针对氢能领域投资的专门性法律法规或公布氢能领域禁止投资的政策性文件，多数文件均以鼓励氢能产业发展为主。但是，各地氢能产业规划的重点不同，在支持力度和支持项目的类别上也存在一定差异。总的来看，根据《氢能规划》的预期，我国氢能产业创新应用示范工程将主要集中在交通、储能、发电和工业四大领域，在具体项目上，主要集中在加氢站建设与氢燃料电池开发这两个重点环节（见表 2-5-1）。

表 2-5-1 "十四五"时期氢能产业创新应用示范工程

行业类别	发展重点
交通	氢燃料电池货车、商用车，及氢燃料电池在船舶、航空器领域的示范应用
储能	氢储能与波动性可再生能源发电协同运行，布局储能/加氢一体站
发电	氢电融合，氢燃料电池在金融、商业、通信基站备用电源等领域应用
工业	氢能冶金示范应用，可再生能源制氢在部分行业替代化石能源的示范

来源：《氢能规划》。

需要注意的是，以氢气制造为例，氢气按照生产方式可分为绿氢、蓝氢和灰氢。其中，蓝氢是用天然气制造的氢气，在生产过程中利用碳捕集、利用与封存（CCUS）等先进技术实现低排放；灰氢是通过化石燃料燃烧产生的氢气；绿氢是利用可再生能源制造的氢气，最典型的就是光伏发电、电解制氢。但是，由于灰氢的技术成熟成本低，目前仍是全球制氢最主要采取的方式，而尽管绿氢没有任何碳排放，但受限于技术及成本，应用规模还很有限。[①] 因此，如果企业在氢能项目建设过程中采用灰氢的制造工艺，由于其基础原料仍为化石原料，可能在未来面临化石燃料政策上的变化，进而影响项目的整体稳定性。

2. 项目选址

（1）项目选址的优惠政策。从全国范围来看，根据国家发展改革委发布的《西部地区鼓励类产业目录（2020 年本）》，氢加工制造、氢能燃料电池制造、输氢管道和加氢站建设是贵州省和内蒙古自治区新增的鼓励类产业。根据《关于延续西部大开发企业所得税政策的公告》的规定，对设在西部地区以《西部地区鼓励类产业目录（2020 年本）》中新鼓励类产业项目为主营业务，且其当年度主营业务收入占企业收入总额 60% 以上的企业，自 2021 年 1 月 1 日至 2030 年 12 月 31 日，可减按

---

① 李冬铃：《绿氢行业迎投资新风口》，http：//www.sinopecnews.com.cn/xnews/content/2021-12/30/content_7013451.html，2024 年 6 月 10 日访问。

15%的税率缴纳企业所得税。因此，如企业选择在贵州省、内蒙古自治区设立相关氢能产业项目，将能够享受相应的税收减免政策。

（2）项目选址的技术标准。从地区范围内来看，针对不同的氢能产业建设项目有不同的选址要求。以加氢站建设为例，根据住房和城乡建设部发布的《加氢站技术规范》中所规定的标准，在城市中心区不应建设一级加氢站。在城市中心区的加氢站，宜靠近城市道路，但不应设在城市主干道的交叉路口附近。考虑到项目实际建设过程中，还需保持储氢容器、氢气压缩机、放空管口与站外建筑物、构筑物之间一定的安全防火距离，因此，在进行加氢站选址设计时，应当与城市道路预留一定空间，并结合当地城市道路规划细节，确定相关氢能产业项目地址。

3. 项目立项

根据《企业投资项目核准和备案管理条例》的规定，我国对企业投资项目，根据其项目类型的不同，实施核准或备案管理，其中，对关系国家安全、涉及全国重大生产力布局、战略性资源开发和重大公共利益等项目，实行核准管理。具体项目范围以及核准机关、核准权限依照政府核准的投资项目目录执行。对于政府核准的投资项目目录以外的项目，实行备案管理，备案机关及其权限由省、自治区、直辖市和计划单列市人民政府规定。

对氢能项目而言，《政府核准的投资项目目录（2016年本）》中并未将氢能项目列入需要政府核准的能源类投资项目，因此，通常而言，氢能领域投资项目以备案为主。但是，根据该目录的规定，液化石油气接收、存储设施（不含油气田、炼油厂的配套项目）需要地方政府核准；新建（含异地扩建）进口液化天然气接收、储运设施项目由国务院行业管理部门核准，其中新建接收储运能力300万吨及以上的项目由国务院投资主管部门核准并报国务院备案，其余项目由省级政府核准。考虑到目前加氢站项目建设过程中仍可能使用天然气等能源作为基础能源，或建设项目涉及加油（气）加氢合建站，则可能属于需要地方政府核准的建设项目。

4. 用地审批

根据《城市用地分类与规划建设用地标准》（GB 50137—2011），

加氢站用地属于"商业服务业设施用地",加氢站的用地应符合"商业用地"的性质。通常而言,建设项目用地主要由投资者通过受让国有土地使用权的方式获得,但是根据《土地管理法》第 54 条的规定,建设单位使用国有土地的,应当以出让等有偿方式使用,但是用于城市基础设施用地和公益事业用地以及国家重点扶持的能源、交通、水利等基础设施用地建设项目的,经县级以上人民政府批准,可以以划拨的方式取得。因此,投资者在氢能产业项目投资建设前,应当积极与当地政府沟通,确定相关国有土地使用权的获得方式,以符合后续行政审批要求。

需要注意的是,根据《土地管理法》第 56 条的规定,无论是以出让还是划拨的方式使用国有土地,均应当按照土地使用权出让等有偿使用合同的约定或者土地使用权划拨批准文件的规定使用土地;确需改变该幅土地建设用途的,应当经有关人民政府自然资源主管部门同意,报原批准用地的人民政府批准。其中,涉及在城市规划区内改变土地用途的,在报批前,应当先经有关城市规划行政主管部门同意。

5. 规划审批

根据《城乡规划法》的相关规定,使用国有土地进行项目建设的,按照获得国有土地使用权的不同方式,需要分别履行不同的审批程序。对于以划拨方式提供国有土地使用权的建设项目,经有关部门批准、核准、备案后,建设单位应当向城市、县人民政府城乡规划主管部门提出建设用地规划许可申请,由城市、县人民政府城乡规划主管部门依据控制性详细规划核定建设用地的位置、面积、允许建设的范围,核发建设用地规划许可证。对于以出让方式取得国有土地使用权的建设项目,建设单位在取得建设项目的批准、核准、备案文件和签订国有土地使用权出让合同后,向城市、县人民政府城乡规划主管部门领取建设用地规划许可证。

此外,对于以划拨方式获得国有土地使用权的建设项目,如该建设项目按照国家规定需要有关部门批准或者核准,建设单位在报送有关部门批准或者核准前,应当向城乡规划主管部门申请核发选址意见书。而对于以出让方式获得国有土地使用权的建设项目，在国有土地使用权出让前，城市、县人民政府城乡规划主管部门应当依据控制性详细规划，提出出让地块的位置、使用性质、开发强度等规划条件，作为国有土地使用权出让合同的组成部分。未确定规划条件的地块，不得出让国有土地使用权（见表2-5-2）。

表 2-5-2　以划拨/出让方式获得国有土地使用权的行政审批

适用对象	划拨土地	出让土地
前置程序	选址意见书（如需）	国有土地使用权出让合同
申请单位	城市、县人民政府城乡规划主管部门	城市、县人民政府城乡规划主管部门
许可类型	建设用地规划许可证	建设用地规划许可证

综上，建设单位在进行氢能建设项目开发的过程中，应当首先明确通过划拨还是出让的方式获得国有土地使用权，根据土地的类型不同获得选址意见书或签订国有土地使用权出让合同，并在此基础上，向城市、县人民政府城乡规划主管部门申领建设用地规划许可证。

6. 报建审批

根据《城乡规划法》的相关规定，在城市、镇规划区内进行建筑物、构筑物、道路、管线和其他工程建设的，建设单位或者个人应当向城市、县人民政府城乡规划主管部门或者省、自治区、直辖市人民政府确定的镇人民政府申请办理建设工程规划许可证。申请办理建设工程规划许可证，应当提交使用土地的有关证明文件、建设工程设计方案等材料。需要建设单位编制修建性详细规划的建设项目，还应当提交修建性详细规划。对符合控制性详细规划和规划条件的，由城市、县人民政府城乡规划主管部门或者省、自治区、直辖市人民政府确定的镇人民政府核发建设工程规划许可证。据此，投资者在进行氢能项目建设前，涉及使用国有土地构建新的建筑物和其他建设工程的，应当首先获得建设工程规划许可证。

二、建设阶段的合规性要求

1. 氢能建设项目标准及规范

根据财政部与国家能源局等五部门联合发布的《关于开展燃料电池汽车示范应用的通知》，我国将在开展燃料电池汽车示范应用工作的过程中，逐步建立健全安全标准及监管模式，确保生产、运输、加注、使用安全，明确牵头部门，出台加氢站建设审批管理办法。但是目前，就氢能项目的建设，全国尚未形成统一规范性文件，各地在制定加氢站建设项目规范性文件时主要参考一些国家标准（见表 2-5-3）：

表 2-5-3　与加氢站建设相关的国家标准

序号	实施日期	名称
1	2009.10.01	《氢气使用安全技术规程》（GB 4962—2008）
2	2015.01.01	《移动式加氢设施安全技术规范》（GB/T 31139—2014）
3	2018.05.01	《加氢站安全技术规范》（GB/T 34584—2017）
4	2018.05.01	《氢能车辆加氢设施安全运行管理规程》（GB/Z 34541—2017）
5	2018.05.01	《加氢站用储氢装置安全技术要求》（GB/Z 34583—2017）
6	2010.12.01	《加氢站技术规范》（GB 50516—2010）
7	2021.10.01	《汽车加油加气加氢站技术标准》（GB 50156—2021）
8	2022.10.01	《危险化学品企业特殊作业安全规范》（GB 30871—2022）
9	2022.04.01	《加氢站氢气阀门技术要求及试验方法》（GB/T 42177—2022）

不难看出，现阶段我国关于氢能建设项目的标准性文件主要集中于加氢站建设方面，这些文件往往从加氢站的设计制造、平面布置、安装等各方面进行标准化规定（见表 2-5-4）。山东省住房和城乡建设厅于 2020 年 7 月发布了《山东省加氢站技术导则》（JD14-052-2020），要求加氢站、加氢合建站应设消防给水系统，并配置灭火器材，同时对加氢站、加氢合建站的安全设施、报警系统、建筑设施材料与给水排水等各项建设类目进行了专门性的规定。上海于 2022 年 1 月发布了《上海市

燃料电池汽车加氢站建设运营管理办法》，对加氢站建设、审批、设计等各环节进行了较全面的规范性规定。而广东省住房和城乡建设厅等12部门于2023年6月发布了《广东省燃料电池汽车加氢站建设管理暂行办法》，对加氢站的规划、建设、运营和安全管理等方面进行了较为全面的规定。

表 2-5-4　全国部分省市与加氢站等氢能建设项目相关的地方性标准

序号	实施日期	地区	名称
1	2020.01.28	河北省	《氢燃料电池混合动力100％低地板有轨电车设计规范》（DB13/T 5156—2019）
2	2020.08.16	山东省	《氢燃料电池电动汽车运行规范》（DB37/T 4060—2020）
3	2020.09.20	山东省	《车用加氢站运营管理规范》（DB37/T 4073—2020）
4	2021.05.01	上海市	《车用气瓶氢气充装安全技术条件》（DB31/T 1282—2021）
5	2021.10.01	上海市	《燃料电池汽车及加氢站公共数据采集规范》（DB31/T 1313—2021）
6	2022.01.13	山东省	《加氢站氢气取样安全技术规范》（DB37/T 4449—2021）

由于我国尚未出台针对包括加氢站在内的氢能产业建设项目统一的建设审批标准，因此地方政府一般会在地方性规范文件中强制要求经营企业符合相对应的国家标准，特别是已经生效实施的国家标准，关于加氢站等氢能产业的建设规定主要参考各地相关建设标准和规范。需要注意的是，各地在实践过程中可能根据实际情况出台地方性的标准，因此建议投资者在进行项目建设的过程中，应当及时关注当地出台的相应标准性文件，对建设项目施工进行有针对性的规划建设。

2. 项目招投标

根据《招标投标法》的规定，在中华人民共和国境内进行大型基础设施、公用事业等关系社会公共利益、公众安全的项目，以及全部或者部分使用国有资金投资或者国家融资的项目的勘察、设计、施工、监理以及与工程建设有关的重要设备、材料等的采购时，必须进行招标。目前来看，氢能项目尚未被列入必须进行公开招投标的项目类型，但是由于氢能项目在建设过程中会用到一定国家资金，如果该等资金占比达到《必须招标的工程项目规定》的限额，则可能需要通过公开招标的方式进行采购。

3. 施工许可证

根据住房和城乡建设部《建筑工程施工许可管理办法》的规定，在中华人民共和国境内从事各类房屋建筑及其附属设施的建造、装修装饰和与其配套的线路、管道、设备的安装，以及城镇市政基础设施工程的施工，建设单位在开工前应当依照本办法的规定，向工程所在地的县级以上地方人民政府住房城乡建设主管部门申请领取施工许可证。工程投资额在30万元以下或者建筑面积在300平方米以下的建筑工程，可以不申请办理施工许可证。省、自治区、直辖市人民政府住房城乡建设主管部门可以根据当地的实际情况，对限额进行调整，并报国务院住房城乡建设主管部门备案。按照国务院规定的权限和程序批准开工报告的建筑工程，不再领取施工许可证。

考虑到多数氢能产业项目的投资总额较高，且建筑面积较大，因此通常氢能领域建设项目的投资者应当在进行氢能项目施工前，向有关部门申请办理施工许可证。

4. 环境影响评价文件批复/备案及竣工验收

根据《中华人民共和国环境影响评价法》（以下简称《环境影响评价法》）的规定，国家根据建设项目对环境的影响程度，对建设项目的环境影响评价实行分类管理。建设单位应当按照下列规定组织编制环境影响报告书、环境影响报告表或者填报环境影响登记表：（1）可能造成重大环境影响的，应当编制环境影响报告书，对产生的环境影响进行全面评价；（2）可能造成轻度环境影响的，应当编制环境影响报告表，对产生的环境影响进行分析或者专项评价；（3）对环境影响很小、不需要进行环境影响评价的，应当填报环境影响登记表。

同时，根据《建设项目环境保护管理条例》的规定，依法应当编制环境影响报告书、环境影响报告表的建设项目，建设单位应当在开工建设前将环境影响报告书、环境影响报告表报有审批权的环境保护行政主管部门审批；建设项目的环境影响评价文件未依法经审批部门审查或者审查后未予批准的，建设单位不得开工建设。依法应当填报环境影响登记表的建设项目，建设单位应当按照国务院环境保护行政主管部门的规定，将环境影响登记表报建设项目所在地县级环境保护行政主管部门备案。

目前我国制氢原料以化石能源为主导，制氢过程会导致二氧化碳排放量快速增加，因此，从整体来看，氢能产业发展仍会对环境产生一定负面影响。但是，由于氢气在燃烧后产生的氢能是零排放的清洁能源，也能从积极层面促进"双碳"目标的达成。实践中，结合氢能项目的规模、生产方式和建设项目内容，投资者可能需要编制环境影响报告书或报告表。

此外，针对环境影响报告书或环境影响报告表中披露、设计的需要配套建设的环境保护设施，必须与主体工程同时设计、同时施工、同时投产使用。根据《建设项目环境保护管理条例》的规定，编制环境影响报告书、环境影响报告表的建设项目竣工后，建设单位应当按照国务院环境保护行政主管部门规定的标准和程序，对配套建设的环境保护设施进行验收，编制验收报告。据此，投资者应当根据环境影响报告书或报告表中的配套设计进行项目建设，并申请竣工验收。

5. 防雷装置设计审核

根据《防雷装置设计审核和竣工验收规定》的规定，《建筑物防雷设计规范》（GB 50057—2010）规定的第一、二、三类防雷建筑物，以及油库、气库、加油加气站、液化天然气、油（气）管道站场、阀室等爆炸和火灾危险环境及设施等建（构）筑物、场所和设施的防雷装置应当经过设计审核和竣工验收。根据《建筑物防雷设计规范》的规定，第一类防雷建筑物包括但不限于：制造、使用或贮存火炸药及其制品的危险建筑物，因电火花而引起爆炸、爆轰，会造成巨大破坏和人身伤亡的建筑物，以及连续出现或长期出现或频繁出现爆炸性气体混合物的场所的建筑物。由于氢气属于易燃易爆气体，且实践中较常见与加油加气站合建，因此，在制氢站和氢气燃料电池汽车等氢能领域建设项目建设过程中，通常会涉及防雷装置的设计与审核。

根据《防雷装置设计审核和竣工验收规定》的规定，防雷装置设计实行审核制度。申请防雷装置初步设计审核时，建设单位应当向气象主管机构提出申请，填写《防雷装置设计审核申报表》，一并提交《防雷装置设计审核申请书》、总规划平面图、设计单位和人员的资质证和资格证书的复印件、防雷装置初步设计说明书、初步设计图纸及相关资料。申请防雷装置施工图设计审核时，还应当提交施工图设计图纸、设计中所采用的防雷产品等相关资料。在施工完成后，防雷装置实行竣工验收制度。建设单位应当向气象主管机构提出申请，填写《防雷装置竣工验收申请书》。

6. 消防设计审查与验收

根据《建设工程消防设计审查验收管理暂行规定》的规定，生产、储存、装卸易燃易爆危险物品的工厂、仓库和专用车站、码头，易燃易爆气体和液体的充装站、供应站、调压站属于特殊建设工程。由于氢气属于易燃易爆气体，而氢能建设项目通常会涉及氢气的充装、供应，因此在涉及氢能项目建设的过程中，应当按照特殊建设工程项目的消防要求予以管理。

根据《建设工程消防设计审查验收管理暂行规定》的规定，特殊建设工程的建设单位应当向消防设计审查验收主管部门申请消防设计审查，消防设计审查验收主管部门依法对审查的结果负责。特殊建设工程未经消防设计审查或者审查不合格的，建设单位、施工单位不得施工。建设单位申请消防设计审查的，通常需要提交消防设计审查申请表、消防设计文件和建设工程规划许可文件（如需）等。

此外，特殊建设工程实行消防验收制度。特殊建设工程竣工验收后，建设单位应当向消防设计审查验收主管部门申请消防验收；未经消防验收或者消防验收不合格的，禁止投入使用。消防设计审查验收主管部门受理消防验收申请后，应当按照国家有关规定，对特殊建设工程进行现场评定。

7. 安全设施预评价、设计审查与竣工验收

根据 2015 年修改后的《建设项目安全设施"三同时"监督管理办法》[①] 的规定，涉及生产、储存危险化学品（包括使用长输管道输送危险化学品）的建设项目在进行可行性研究时，生产经营单位应当按照国家规定，进行安全预评价。根据《危险化学品目录（2015 版）》的规定，氢气属于危险化学品（CAS 号：1333-74-0）。因此，在涉及氢气生产、储存的建设项目时，应当对相关建设项目进行安全设施预评价。生产经营单位应当委托具有相应资质的安全评价机构，对其建设项目进行安全预评价，并编制安全预评价报告。

同时，根据《建设项目安全设施"三同时"监督管理办法》，生产经营单位在建设项目初步设计时，应当委托有相应资质的设计单位对建设项目安全设施同时进行设计，编制安全设施设计。由于加氢站等氢能领域项目建设涉及危险化学品，因此，生产经营单位还应当向安全生产监督管理部门提出审查申请，并提交建设项目安全设施设计、建设项目安全预评价报告等相关文件资料。没有建设项目审批、核准或者备案文件的，不予批准，并不得开工建设。

此外，根据前述管理办法，建设项目安全设施的施工应当由取得相应资质的施工单位进行，并与建设项目主体工程同时施工。在建设项目主体工程完成后，生产经营单位应当对安全设施进行检查，对发现的问题及时整改，涉及危险化学品的建设项目，还需要在正式投入生产或者使用前进行试运行。试运行时间应当不少于 30 日，最长不得超过 180 日，并在建设项目试运行前将试运行方案报负责建设项目安全许可的安全生产监督管理部门备案。试运行完成后，生产经营单位需委托具有相应资质的安全评价机构对安全设施进行验收评价，并编制建设项目安全验收评价报告。

[①] 《建设项目安全设施"三同时"监督管理暂行办法》于 2011 年 2 月 1 日起实施，部分条款已根据 2015 年 5 月 1 日起实施的《国家安全监管总局关于修改〈生产安全事故报告和调查处理条例〉罚款处罚暂行规定等四部规章的决定》（国家安全生产监督管理总局令第 77 号）修改。

8. 应急预案的编制、评审和实施

生产经营单位应急预案分为综合应急预案、专项应急预案和现场处置方案。根据《生产安全事故应急预案管理办法》的规定，生产经营单位风险种类多、可能发生多种类型事故的，应当组织编制综合应急预案；对于某一种或者多种类型的事故风险，生产经营单位可以编制相应的专项应急预案，或将专项应急预案并入综合应急预案；对于危险性较大的场所、装置或者设施，生产经营单位应当编制现场处置方案。对于加氢站为主的氢能建设项目，需要结合项目的规划设计和实施情况分析需要编制的应急预案类型。通常而言，由于加氢站加注结构复杂，且涉及的风险种类较多，投资者应当在编制综合应急预案的同时，对可能发生的氢气泄漏、火灾、爆炸等其他事故编制专项应急预案。考虑到氢气属于危险化学品，投资者应当一并制备现场处置方案以降低突发事故风险。

同时，《生产安全事故应急预案管理办法》规定，生产经营单位的应急预案经评审或者论证后，由本单位主要负责人签署，向本单位从业人员公布，并及时发放到本单位有关部门、岗位和相关应急救援队伍。由于加氢站等与氢能相关的建设项目属于易燃易爆品的生产，因此，生产经营单位应当在应急预案公布之日起20个工作日内，按照分级属地原则，向县级以上人民政府应急管理部门和其他负有安全生产监督管理职责的部门进行备案，并依法向社会公布。氢能项目建设过程中如涉及油气运输管道运营的，还应当将该等应急预案抄送所经行政区域的县级人民政府应急管理部门。

此外，生产经营单位应当制定本单位的应急预案演练计划，至少每半年组织一次生产安全事故应急预案演练，并将演练情况报送所在地县级以上地方人民政府负有安全生产监督管理职责的部门。

9. 职业病危害预评价、防护设计、控制效果与验收

我国根据建设项目可能产生职业病危害的风险程度，将建设项目分为职业病危害一般、较重和严重三个类别。根据《建设项目职业病危害风险分类管理目录》的分类，加氢站、氢电池燃料制造等类目并不直接

涉及职业病，但是与氢电池燃料制造相关的电池制造业（行业编码：C384）、汽车零部件及配件制造（行业编码：C367）等行业的职业病风险级别均为严重。因此，氢能建设项目仍需注意职业病风险。

根据《建设项目职业病防护设施"三同时"监督管理办法》的规定，涉及职业病风险的建设项目，建设单位应当在建设项目可行性论证阶段进行职业病危害预评价，编制预评价报告。对属于职业病危害严重的建设项目，建设单位主要负责人或其指定的负责人应当组织外单位职业卫生专业技术人员参加预评价报告的评审工作，并形成评审意见。

同时，存在职业病危害的建设项目，建设单位应当在施工前按照职业病防治有关法律、法规、规章和标准的要求，进行职业病防护设施设计。属于职业病危害严重的建设项目，建设单位主要负责人或其指定的负责人应当组织外单位职业卫生专业技术人员参加职业病防护设施涉及的评审工作，并形成评审意见。职业病防护设施设计工作的全过程应当形成书面报告备查。

此外，建设项目职业病防护设施建设期间，建设单位应当对其进行经常性的检查，对发现的问题及时进行整改。在建设项目投入生产或者使用前，建设单位应当采取设置或者指定职业卫生管理机构，配备专职或者兼职的职业卫生管理人员，以及制定职业病防治计划和实施方案等职业病危害防治管理措施，以切实降低职业病危害对相关工作人员的损害。

由于氢能项目涉及危险化学品，在正式投产前需要试运行，因此与其配套建设的职业病防护设施必须与主体工程同时投入试运行，并由建设单位在试运行期间或竣工验收前，进行职业病危害控制效果评价，编制评价报告。对属于职业病危害严重的建设项目，其建设单位主要负责人或其指定的负责人应当组织外单位职业卫生专业技术人员参加评审和验收工作，并形成评审和验收意见。建设单位应当将职业病危害控制效果评价和职业病防护设施验收工作过程形成书面报告备查，并应当在验收完成之日起 20 日内向管辖该建设项目的安全生产监督管理部门提交书面报告。[①]

[①] 《建设项目职业病防护设施"三同时"监督管理办法》。

三、运营阶段的合规性要求

1. 地方性氢能项目运营许可

尽管全国尚未就氢能项目运行形成统一规范性文件,各地对于加氢站的运营出台了一些地方性规定,但是对于加氢站的运营资质仍然存在一些争议。比如上海市发展改革委等六部门于 2022 年 1 月共同印发的《上海市燃料电池汽车加氢站建设运营管理办法》规定,所有加氢站经营企业均需依法取得有效期 8 年的燃气经营许可证(燃料电池汽车加氢站),加氢站经营企业设立的加氢站,还应当依法取得有效期 3 年的燃气供气站点许可证(燃料电池汽车加氢站)。同时,经营企业应当建立健全安全运行管理机构和管理制度,加氢站应当按照国家有关规定和技术标准,设置相应的防火、防爆、防雷等安全设施、设备和装置,定期进行维护、保养和检测,并做好相关记录,相关记录应当保存三年以上。

考虑到不同地区在加氢站运营方面的规定存在差异,投资者在运行建设项目前,应当关注各地的地方性规范文件。特别需要提示的是,由于氢能项目仍处于快速发展过程中,因此相关地方性管理规定也存在一定时效性限制(见表 2-5-5)。

表 2-5-5 全国部分城市与加氢站等氢能项目运行相关的地方性规定

序号	生效日期	有效期	地区	名称
1	2022.02.17	5 年	上海市	《上海市燃料电池汽车加氢站建设运营管理办法》
2	2022.05.16	3 年	广州市	《广州市加氢站管理暂行办法》
3	2022.08.01	2 年	南京市	《南京市加氢站安全管理暂行规定》
4	2023.10.15	2 年	嘉兴市	《嘉兴市燃料电池汽车加氢站建设运营管理实施意见(试行)》
5	2024.07.18	长期	北京市	《北京市氢燃料电池汽车车用加氢站建设审批暂行办法》

2. 危险化学品经营许可证

尽管对于加氢站的运营资质，不同地区存在不同规定，但是由于氢气属于危险化学品名录中的危险化学品，因此，加氢站等氢气运营单位应当在取得危险化学品经营资质后才能开展危险化学品经营活动。

根据《危险化学品经营许可证管理办法》的规定，经营易制爆危险化学品的企业，从事危险化学品经营活动的中央企业所属省级、设区的市级公司（分公司），以及带有储存设施经营除剧毒化学品、易制爆危险化学品以外的其他危险化学品的企业等经营单位，应当由设区的市级人民政府安全生产监督管理部门为其审批、发放经营许可证。经营许可证的有效期为3年。有效期满后，企业需要继续从事危险化学品经营活动的，应当在经营许可证有效期满3个月前，向有关市级发证机关提出经营许可证的延期申请，并提交延期申请书及相应材料。

3. 燃气许可证

实践中，由于氢气属于易燃易爆气体，因此部分地区参照燃气经营许可管理对加氢站等氢能建设项目的运营资质进行管理，并要求加氢站获得相应燃气经营许可证，以提高氢气项目运营过程的规范性。根据《燃气经营许可管理办法》的规定，燃气经营许可证由县级以上地方人民政府燃气管理部门核发，具体发证部门根据省级地方性法规、省级人民政府规章或决定确定。申请燃气经营许可的企业应当符合燃气发展规划要求，有符合国家标准的燃气气源、燃气设施，有固定的经营场所，有完善的安全管理制度和健全的经营方案，同时企业的主要负责人、安全生产管理人员等应当经专业培训并经燃气管理部门考核合格。

加氢站等氢气在使用过程中确实与燃气经营在风险管理等方面存在相似之处，但是氢气项目建设与燃气项目在化学品种类上仍然不同，因此，尽管出于合规考虑，投资者应当在进行项目运营前申请获得燃气许可证，但在实际安全风险管控的过程中，投资者仍需参考与氢气项目有关的标准文件。需要注意的是，由于各地对于企业是否需要获得燃气许可证的规定存在差别，建议投资者持续关注各地地方性规定。

4. 移动式压力容器（气瓶）充装许可证

除燃气经营许可证以外，部分地区考虑到加氢站中需要使用压力容器等特种设备，因此要求运营者获得相应特种设备许可证。例如，江苏省苏州市要求加氢站经营单位应当取得《中华人民共和国移动式压力容器（气瓶）充装许可证》，方可从事充装活动。根据《特种设备安全法》的规定，移动式压力容器、气瓶充装单位应当有与充装和管理相适应的管理人员和技术人员，有与充装和管理相适应的充装设备、检测手段、场地厂房、器具、安全设施，有健全的充装管理制度、责任制度、处理措施，并经负责特种设备安全监督管理的部门许可，方可从事充装活动。同时，气瓶充装单位应当向气体使用者提供符合安全技术规范要求的气瓶，对气体使用者进行气瓶安全使用指导，并按照安全技术规范的要求办理气瓶使用登记，及时申报定期检验。

尽管加氢站建设过程中涉及气瓶充装，但是目前来看，规定加氢站需获得相应特种设备许可证的仍是地方性规定，因此，建议投资者根据地方政策灵活调整预留行政审批的时间。

四、刑事法律责任和行政法律责任

（一）刑事法律责任

1. 与氢能项目建设、运行有关的刑事责任

目前《刑法》中尚未就氢能项目建设、运行可能涉及的刑事责任进行专门规定，这主要是考虑到氢能项目使用的物质本身相对毒副作用较小。但是，由于氢能项目在建设过程中可能涉及获得政府补贴，根据部分地区的规定，对于在氢能补贴资金申领过程中的所有违法违规行为，依照相关法律法规处理，构成犯罪的移交司法部门依法追究刑事责任。[①] 因此，投资者在利用补贴进行氢能项目建设过程中，应当注意符合补贴文件对补贴用途和考核指标的规定。

2. 因未履行相应行政规定而承担刑事责任

由于氢能项目规划、建设过程中会涉及诸多行政审批流程，如果投

---

① 《宁波市氢能示范应用扶持暂行办法》第18条。

资者未能妥善完成这些行政手续要求,特别是与生产安全、危险化学品有关的行政审批手续,违规情节严重的,也需要承担相应的刑事责任(见表2-5-6)。

表 2-5-6 氢能项目建设、运行过程中的主要刑事责任

序号	阶段	行政规定	刑事责任
1	项目立项	• 以欺骗、贿赂等不正当手段取得项目核准文件,构成犯罪的,依法追究刑事责任	• 非法经营罪:买卖行政法规规定的经营许可证或者批准文件的,情节严重的,处五年以下有期徒刑或者拘役,并处或者单处违法所得一倍以上五倍以下罚金;情节特别严重的,处五年以上有期徒刑,并处违法所得一倍以上五倍以下罚金或者没收财产
2	用地审批	• 未经批准或者采取欺骗手段骗取批准,非法占用土地,构成犯罪的,依法追究刑事责任	
3	燃气经营许可证(如需)	• 未取得燃气经营许可证从事燃气经营活动,或不按照燃气经营许可证的规定从事燃气经营活动构成犯罪的,依法追究刑事责任 • 倒卖、抵押、出租、出借、转让、涂改燃气经营许可证,或在不具备安全条件的场所储存燃气,构成犯罪的,依法追究刑事责任	
4	防雷装置涉及审核及竣工验收	• 申请单位以欺骗、贿赂等不正当手段通过设计审核或者竣工验收构成犯罪的,依法追究刑事责任 • 涂改、伪造防雷装置设计审核和竣工验收有关材料或者文件的,向监督检查机构隐瞒有关情况、提供虚假材料或者拒绝提供反映其活动情况的真实材料的,防雷装置设计未经有关气象主管机构批准,擅自施工的,防雷装置竣工未经有关气象主管机构验收合格,擅自投入使用,构成犯罪的,依法追究刑事责任	• 工程重大安全事故罪:建设单位、设计单位、施工单位、工程监理单位违反国家规定,降低工程质量标准,造成重大安全事故的,对直接责任人员,处五年以下有期徒刑或者拘役,并处罚金;后果特别严重的,处五年以上十年以下有期徒刑,并处罚金 • 强令、组织他人违章冒险作业罪:强令他人违章冒险作业,或者明知存在重大事故隐患而不排除,仍冒险组织作业,因而发生重大伤亡事故或者造成其他严重后果的,处五年以下有期徒刑或者拘役;情节特别恶劣的,处五年以上有期徒刑
5	安全设施预评价、设计审查与竣工验收	• 未对建设项目进行安全评价的,没有安全设施设计或者安全设施设计未按照规定报经安全生产监督管理部门审查同意,擅自开工的,施工单位未按照批准的安全设施设计施工的,及投入生产或者使用前,安全设施未经验收合格,构成犯罪的,依法追究刑事责任	

(续表)

序号	阶段	行政规定	刑事责任
6	消防设计与验收	• 依法应当进行消防设计审查的建设工程，未经依法审查或者审查不合格，擅自施工的，或依法应当进行消防验收的建设工程，未经消防验收或者消防验收不合格，擅自投入使用，构成犯罪的，依法追究刑事责任	• 消防责任事故罪：违反消防管理法规，经消防监督机构通知采取改正措施而拒绝执行，造成严重后果的，对直接责任人员，处三年以下有期徒刑或者拘役；后果特别严重的，处三年以上七年以下有期徒刑
7	危险化学品经营许可证	• 未取得经营许可证从事危险化学品经营的，依照《安全生产法》有关未经依法批准擅自生产、经营、储存危险物品的法律责任条款并处罚款；构成犯罪的，依法追究刑事责任 • 伪造、变造或者出租、出借、转让经营许可证，或者使用伪造、变造的经营许可证，构成犯罪的，依法追究刑事责任	• 危险物品肇事罪：违反爆炸性、易燃性、放射性、毒害性、腐蚀性物品的管理规定，在生产、储存、运输、使用中发生重大事故，造成严重后果的，处三年以下有期徒刑或者拘役；后果特别严重的，处三年以上七年以下有期徒刑

注：刑事罪名及相关刑罚规定根据2023年修正的《刑法》进行整理。

（二）行政法律责任

1. 概述

根据各地方出台的加氢站相关管理规定，目前尚未成立统一的执法部门，对于氢能建设项目过程中可能产生的违规行为进行统一执法。氢能领域项目在开发、建设阶段涉及诸多行政审批手续，如果投资者、建设者在项目建设过程中未能够妥善履行相应行政手续，将由相应的应急管理、建设、规划、公安、生态环境、市场监管等行政主管部门依法处理，建设者将面临包括罚款、行政处分甚至停业的行政责任（见表2-5-7）。

表 2-5-7　氢能项目建设、运行过程中的主要行政责任

序号	阶段	行政责任
1	项目立项	• 实行核准管理的项目，企业未依法办理核准手续开工建设或者未按照核准的建设地点、建设规模、建设内容等进行建设的，由核准机关责令停止建设或者责令停产，对企业处项目总投资额 1‰ 以上 5‰ 以下的罚款；对直接负责的主管人员和其他直接责任人员处 2 万元以上 5 万元以下的罚款，属于国家工作人员的，依法给予处分 • 以欺骗、贿赂等不正当手段取得项目核准文件，尚未开工建设的，由核准机关撤销核准文件，处项目总投资额 1‰ 以上 5‰ 以下的罚款①
2	用地审批	• 未经批准或者采取欺骗手段骗取批准，非法占用土地的，由县级以上人民政府自然资源主管部门责令退还非法占用的土地，对违反土地利用总体规划擅自将农用地改为建设用地的，限期拆除在非法占用的土地上新建的建筑物和其他设施，恢复土地原状，对符合土地利用总体规划的，没收在非法占用的土地上新建的建筑物和其他设施，可以并处罚款；对非法占用土地单位的直接负责的主管人员和其他直接责任人员，依法给予处分②
3	规划审批	• 未取得建设工程规划许可证或者未按照建设工程规划许可证的规定进行建设的，由县级以上地方人民政府城乡规划主管部门责令停止建设；尚可采取改正措施消除对规划实施的影响的，限期改正，处建设工程造价 5% 以上 10% 以下的罚款；无法采取改正措施消除影响的，限期拆除，不能拆除的，没收实物或者违法收入，可以并处建设工程造价 10% 以下的罚款③
4	施工许可证	• 建设单位未取得施工许可证或者开工报告未经批准，擅自施工的，责令停止施工，限期改正，处工程合同价款 1% 以上 2% 以下的罚款④

---

① 《企业投资项目核准和备案管理条例》。
② 《土地管理法》。
③ 《城乡规划法》。
④ 《建设工程质量管理条例》。

（续表）

序号	阶段	行政责任
5	环境影响评价文件及验收	• 规划编制机关违反本法规定，未组织环境影响评价，或者组织环境影响评价时弄虚作假或者有失职行为，造成环境影响评价严重失实的，对直接负责的主管人员和其他直接责任人员，由上级机关或者监察机关依法给予行政处分 • 规划审批机关对依法应当编写有关环境影响的篇章或者说明而未编写的规划草案，依法应当附送环境影响报告书而未附送的专项规划草案，违法予以批准的，对直接负责的主管人员和其他直接责任人员，由上级机关或者监察机关依法给予行政处分 • 建设项目环境影响报告书、报告表未经批准或者未经原审批部门重新审核同意，建设单位擅自开工建设的，由县级以上生态环境主管部门责令停止建设，根据违法情节和危害后果，处建设项目总投资额1%以上5%以下的罚款，并可以责令恢复原状；对建设单位直接负责的主管人员和其他直接责任人员，依法给予行政处分 • 建设单位未依法备案建设项目环境影响登记表的，由县级以上生态环境主管部门责令备案，处5万元以下的罚款①
6	防雷装置涉及审核及竣工验收	• 申请单位隐瞒有关情况、提供虚假材料申请设计审核或者竣工验收许可的，有关气象主管机构不予受理或者不予行政许可，并给予警告 • 申请单位以欺骗、贿赂等不正当手段通过设计审核或者竣工验收的，有关气象主管机构按照权限给予警告，撤销其许可证书，可以处1万元以上3万元以下罚款 • 涂改、伪造防雷装置设计审核和竣工验收有关材料或者文件的，向监督检查机构隐瞒有关情况、提供虚假材料或者拒绝提供反映其活动情况的真实材料的，防雷装置设计未经有关气象主管机构批准，擅自施工的，防雷装置竣工未经有关气象主管机构验收合格，擅自投入使用的，由县级以上气象主管机构按照权限责令改正，给予警告，可以处5万元以上10万元以下罚款②
7	消防设计与验收	• 依法应当进行消防设计审查的建设工程，未经依法审查或者审查不合格，擅自施工的，或依法应当进行消防验收的建设工程，未经消防验收或者消防验收不合格，擅自投入使用的，由住房和城乡建设主管部门、消防救援机构按照各自职权责令停止施工、停止使用或者停产停业，并处3万元以上30万元以下罚款③

---

① 《环境影响评价法》。
② 《防雷装置设计审核和竣工验收规定》。
③ 《消防法》。

(续表)

序号	阶段	行政责任
8	安全设施预评价、设计审查与竣工验收	• 未对建设项目进行安全评价的,没有安全设施设计或者安全设施设计未按照规定报经安全生产监督管理部门审查同意,擅自开工的,施工单位未按照批准的安全设施设计施工的,或者投入生产或者使用前,安全设施未经验收合格的,责令停止建设或者停产停业整顿,限期改正;逾期未改正的,处50万元以上100万元以下的罚款,对其直接负责的主管人员和其他直接责任人员处2万元以上5万元以下的罚款①
9	应急预案的编制、评审和实施	• 生产经营单位未按规定编制应急预案,或未按规定定期组织应急预案演练的,由县级以上人民政府应急管理等部门责令限期改正,可以处5万元以下罚款;逾期未改正的,责令停产停业整顿,并处5万元以上10万元以下罚款,对直接负责的主管人员和其他直接责任人员处1万元以上2万元以下罚款 • 生产经营单位未按规定进行应急预案备案的,由县级以上人民政府应急管理等部门依照职责责令限期改正;逾期未改正的,处3万元以上5万元以下罚款,对直接负责的主管人员和其他直接责任人员处1万元以上2万元以下罚款②
10	职业病危害预评价、防护设计、控制效果与验收	• 未进行职业病危害预评价的,建设项目的职业病防护设施未与主体工程同时设计、施工、投入生产和使用的,由安全生产监督管理部门给予警告,责令限期改正;逾期不改正的,处10万元以上50万元以下的罚款;情节严重的,责令停止产生职业病危害的作业,或提请有关人民政府按照国务院规定的权限责令停建、关闭 • 未对职业病危害预评价报告、职业病防护设施设计等进行评审或组织验收的,职业病防护设施未与主体工程同时试运行的,由安全生产监督管理部门给予警告,责令限期改正;逾期不改正的,处5000元以上3万元以下罚款 • 建设单位在职业病危害预评价报告、职业病防护设施设计等编制和验收过程中弄虚作假的,由安全生产监督管理部门责令限期改正,给予警告,可以并处5000元以上3万元以下罚款 • 建设单位未按规定及时、如实报告建设项目职业病防护设施方案的,由安全生产监督管理部门责令限期改正,给予警告,可以并处5000元以上3万元以下罚款③

① 《建设项目安全设施"三同时"监督管理暂行办法》,部分条款已根据《国家安全监管总局关于修改〈生产安全事故报告和调查处理条例〉罚款处罚暂行规定等四部规章的决定》修改。
② 《生产安全事故应急预案管理办法》。
③ 《建设项目职业病防护设施"三同时"监督管理办法》。

（续表）

序号	阶段	行政责任
11	危险化学品经营许可	• 未取得经营许可证从事危险化学品经营的，依照《安全生产法》有关未经依法批准擅自生产、经营、储存危险物品的法律责任条款并处罚款 • 伪造、变造或者出租、出借、转让经营许可证，或者使用伪造、变造的经营许可证的，处10万元以上20万元以下的罚款，有违法所得的，没收违法所得 • 已经取得经营许可证的企业不再具备法律、法规和《危险化学品经营许可证管理办法》规定的安全生产条件的，责令改正；逾期不改正的，责令停产停业整顿；经停产停业整顿仍不具备安全生产条件的，吊销其经营许可证①
12	燃气经营许可证（如需）	• 未取得燃气经营许可证从事燃气经营活动的，由燃气管理部门责令停止违法行为，处5万元以上50万元以下罚款；有违法所得的，没收违法所得 • 燃气经营者不按照燃气经营许可证的规定从事燃气经营活动的，由燃气管理部门责令限期改正，处3万元以上20万元以下罚款；有违法所得的，没收违法所得；情节严重的，吊销燃气经营许可证 • 倒卖、抵押、出租、出借、转让、涂改燃气经营许可证的，由燃气管理部门责令限期改正，处1万元以上10万元以下罚款；有违法所得的，没收违法所得；情节严重的，吊销燃气经营许可证②
13	移动式压力容器（气瓶）充装许可证（如需）	• 未按照规定实施充装前后的检查、记录制度的，或者对不符合安全技术规范要求的移动式压力容器和气瓶进行充装的，责令改正，处2万元以上20万元以下罚款；情节严重的，吊销充装许可证 • 未经许可，擅自从事移动式压力容器或者气瓶充装活动的，予以取缔，没收违法充装的气瓶，处10万元以上50万元以下罚款；有违法所得的，没收违法所得③

2. 针对国有企业的特殊行政法律责任

随着《氢能规划》及其他一系列地方性支持政策的出台，国有企业在推动氢能领域建设项目过程中发挥的作用愈加显著。与普通投资者相

---

① 《危险化学品经营许可证管理办法》。
② 《城镇燃气管理条例》。
③ 《特种设备安全法》。

比，国有企业在进行氢能项目建设的过程中，需要注意以下几方面问题：

（1）国有企业应急预案报备的行政责任。对于国有企业而言，由于氢气属于危险化学品一类的危险物品，因此在进行与之相关的生产、经营、储存、运输过程中，应当根据《生产安全事故应急预案管理办法》的规定编制相应的应急预案。根据《生产安全事故应急预案管理办法》的规定，属于中央企业的，其总部（上市公司）的应急预案，报国务院主管的负有安全生产监督管理职责的部门备案，并抄送应急管理部；其所属单位的应急预案报所在地的省、自治区、直辖市或者设区的市级人民政府主管的负有安全生产监督管理职责的部门备案，并抄送同级人民政府应急管理部门。

（2）中央企业节能减排的责任。对于氢能建设、运行过程中涉及中央企业的，根据《中央企业节约能源与生态环境保护监督管理办法》的规定，国资委对中央企业节约能源与生态环境保护实行动态分类监督管理。按照企业能源消耗、主要污染物排放水平等，将中央企业划分为三类，其中，主业处于石油石化、钢铁、有色金属、电力、化工、煤炭、建材、交通运输、建筑行业，且年耗能在 200 万吨标准煤以上，或二氧化硫、氮氧化物、化学需氧量、氨氮等主要污染物排放总量位于中央企业前 1/3，或对生态环境有较大影响的为第一类企业。第一类企业应当设置负责节能减排协调、监督管理的职能部门，并按季度上报汇总报表和总结分析报告。考虑到氢能项目运营过程中可能涉及基础化石能源的使用并会产生一定量二氧化碳的排放，对于涉及中央企业的，应当对相关节能减排义务予以关注。

3. 针对上市公司的特殊行政法律责任

近几年，以美锦能源（000723）、泛亚微投（688386）等上市公司为首的投资者通过设立合资企业、收购、新设子公司等方式对氢能行业进行投资，投资项目覆盖氢能行业产业链上下游。[①] 氢能领域内，上市

[①] 《氢能产业政策、投资及上市公司概览》，载"文艺馥欣"微信公众号 2022 年 1 月 20 日，http://pdf.dfcfw.com/pdf/H2_AN201907081338086100_1.pdf。

公司投资活跃，相较于普通投资者，上市公司在进行氢能领域项目投资时，往往更需要关注信息披露义务。上市公司目前在氢能投融资领域表现活跃，根据《上市公司信息披露管理办法》的规定，涉及上市公司的收购、合并、分立、发行股份、回购股份等行为导致上市公司股本总额、股东、实际控制人等发生重大变化的，信息披露义务人应当依法履行报告、公告义务，披露权益变动情况。因此，企业在进行氢能领域相关的投融资活动时，应当及时通过临时公告的方式向投资者进行披露，通常可选在董事会或者监事会就该重大事件形成决议、有关各方就该重大事件签署意向书或者协议，或者董事、监事或高级管理人员知悉该重大事件发生时。对于未按规定披露的上市公司，将由中国证监会责令改正，拒不改正的，给予警告并处以罚款。

五、典型案例

> 美锦能源（000723）因开发阶段延迟披露项目情况受到深交所问询[①]

美锦能源 2019 年 6 月 28 日晚间发布公告称，美锦能源与青岛工信局、青岛西海岸新区管委会签署了《青岛美锦氢能小镇合作框架协议》，协议主要内容为在青岛市西海岸新区投资建设青岛美锦氢能小镇，总投资 100 亿元，美锦能源将利用自身在氢能方面的布局优势，积极引进投资氢能上下游产业链项目落户西海岸新区。相关投资项目包括但不限于新能源（含氢燃料电池）商用车整车、膜电极、燃料电池电堆和系统、燃料电池分布式能源以及相配套的产学研科创中心、燃料电池检测中心等。

由于在美锦能源发布公告前，已经有部分媒体对交易情况进行公开报道，因此 7 月 1 日，深圳交易所向美锦能源发出关注函，要求公司就

---

① 《山西美锦能源股份有限公司董事会关于深圳证券交易所对公司关注函回复的公告》，https://static.cninfo.com.cn/finalpage/2020-04-29/1207659990.PDF，2024 年 7 月 10 日访问。

包括如下问题在内的相关情况进行说明：(1) 美锦氢能小镇的投资计划、投资主体、具体时间表；(2) 氢能小镇产业用地规模约 2000 亩，上述土地是否纳入青岛土地总体规划，取得上述土地已经履行的审批程序，开发使用相关土地仍需履行的必要的备案、审批程序，是否存在实质性障碍等；(3) 公司跨主业开展本次合作业务的主要考虑与必要性，是否与现有业务具有协同效应，是否具备开展上述业务所需的技术与人才储备，"频繁进行氢能小镇或汽车产业园投资的原因，是否存在蹭热点或概念炒作"情形等。

对此，美锦能源于 2019 年 7 月 8 日进行答复称：(1) 美锦氢能小镇的投资主体包括本公司及参控股子公司、公司氢能产业重要合作方、青岛市政府指定的投资平台及当地国有企业、产业基金，项目总体预期 6—8 年完成。根据已经签署的框架协议细化相关工作，项目启动阶段主要工作包括：与青岛市西海岸新区管委会签署投资协议，拟投项目的立项审批备案，项目用地国有土地使用权公开出让、环评审批、建设规划许可、施工许可等前置审批工作，加氢站选址及建设流程审批，启动示范加氢站以及示范公交线路运营。后期相关工作将根据启动期工作推进进度予以实施。(2) 拟定的项目用地正在进行土地利用总体规划修编，尚未纳入青岛市土地总体规划，也未履行审批程序。修编完成后，将上报西海岸新区及青岛市年度供地规划，审批后启动招拍挂程序。公司将严格按照相关土地的招拍挂程序积极竞买。目前尚未发现任何构成实质性障碍的事项。(3) 公司已经将发展氢能产业作为未来持续发展的重点战略，并在此领域内投入大量资金，积累了大量人才和合作伙伴，公司氢能板块员工人数为 339 人，占公司总人数比例为 4.91%，其中科研技术人员 142 人，占公司总人数比例为 2.06%，此次项目并非迎合市场热点，炒作公司股价。

截至 2021 年，该项目已经在西海岸正式投产，美锦能源利用青岛本地现有厂房升级改造的整车生产线，已经基本具备生产能力；取得了青岛首张新能源整车生产资质；氢能公交示范线具备正式投运能力。

[律师提示]

在该案例中，美锦能源由于在项目开发阶段未能即时披露信息，收到了深圳交易所的问询函，尽管该项目进程并未因此受到大幅延迟，但是提示公司在进行相关项目建设的过程中应当注意以下几点：

首先，由于氢能项目是当前投资热点，可能存在相关媒体超前报道的情况，因此，对于投资总额较大的项目，企业应当及时妥善完成披露义务，以免受到有关机关问询后对公司经营产生影响。

其次，尽管国家尚未出台统一的氢能建设项目合规文件，但是各地监管机构在对氢能项目进行监管的过程中，非常注意氢能建设项目用地合规性、环境、建设项目审批等一系列行政手续的完善性。由于氢能项目前期投入大，如果未能妥善完成项目开发阶段各项行政审批手续，可能会对后期项目建设产生负面影响，因此提示投资者应当妥善完成相应行政手续，特别是获得政府拨付用地的建设用地规划许可证。

最后，氢能项目建设往往能够吸引并利用较多优惠政策，但是监管机关在审核相关项目时，较为关注企业是否存在利用热点炒作股价的情况。因此，企业在进行相关业务开发时，应当注重利用自身优势技术和积累，切实推进项目进展。

> **科融环境（300152）因参股公司运营前尚未获得行政审批受到深圳交易所问询**[①]

科融环境参股子公司北京中氢环宇氢能科技服务有限公司（以下简称"中氢环宇"）于2021年8月17日晚间发布《股票交易异常波动公告》，称中氢环宇已完成位于北京市房山区万窑路与启望街交口西北侧的经济型固定加氢站（以下简称"房山加氢站"或"加氢站"）的建设工作，但在公告披露日前，加氢站尚未取得运营审批，深圳交易所据此认为房山加氢站能否顺利通过审批存在不确定性。

深圳交易所向科融环境发出关注函，要求其说明房山加氢站等各项目的投资规模、建设资金来源、用途和具体经营模式、所需的具体业务资质和环保、安全生产监督等验收条件、预计客户来源和运营收入、成本预测、中氢环宇在项目建设和运营中承担的主要工作，并充分提示各

---

① 《关于对雄安科融环境科技股份有限公司的关注函》，https：//reportdocs.static.szse.cn/UpFiles/fxklwxhj/NMK30015241124.pdf，2024年7月10日访问。

加氢站项目无法通过审批的风险和运营效益不达预期的风险。

对此，科融环境回应：房山加氢站投资规模预计约为一千万左右，建设资金计划主要来源为股东投入。加氢站中的氢原材料主要由持有北京中氢环宇科技有限公司30％股权的北京环宇京辉京城气体科技有限公司提供，初步定价低于市场价格，后期若政府调整价格，将以政府定价为准。运营加氢站需要办理气瓶充装许可、燃气经营许可、加氢经营许可等相关资质，因加氢站还未验收，故暂未办理相关业务资质。中氢环宇目前尚未营业，且科融环境持股比例较低，该事项尚存在不确定性，敬请广大投资者理性分析、谨慎决策，注意投资风险。氢能行业属于快速发展阶段，作为氢能发展的重要环节，配套加氢站建设投资成本大，加上后续运营成本投入，短期内无法盈利；若未来加氢站可稳定运行，预计可提供稳定营收。

[律师提示]

以加氢站为代表的氢能项目运营前需要获得包括特种设备许可证、燃气经营许可证在内的行政许可，行政审批的不确定性将对氢能建设项目的预期收益产生影响，因此，企业应当在建设阶段就妥善完成各类行政手续，以便项目竣工后及时完成验收并申领运营所需各类资质。

此外，需要注意的是，由于目前针对加氢站的运营尚未出台全国统一的指导性文件，不同地区对于加氢站运营资质有不同要求。例如，上海市发布了《上海市燃料电池汽车加氢站建设运营管理办法》，规定加氢站经营企业应当依法取得燃气经营许可证（燃料电池汽车加氢站），有效期8年；加氢站经营企业设立的加氢站，还应当依法取得燃气供气站点许可证（燃料电池汽车加氢站），有效期3年。因此，企业需要结合当地规定完成相应审批要求。

> **厚普股份（300471）因开展氢能业务涉及审批备案受到深圳交易所问询**[①]

2021年8月17日，深圳交易所向厚普股份下发《关于对厚普清洁

[①] 《厚普清洁能源股份有限公司关于深圳证券交易所〈关注函〉的回复》，https://static.cninfo.com.cn/finalpage/2021-08-20/1210794396.PDF，2024年7月10日访问。

能源股份有限公司的关注函》（创业板关注函〔2021〕第 348 号），就公司主营业务中涉及氢能业务的具体内容、主要产品及应用、是否为公司自主研发、市场竞争力，相关产品销售模式、是否需履行相应审批或备案机制，是否存在在研项目、实际投入、所处阶段等情况进行问询，并要求厚普股份结合上述事项就氢能业务实际开展过程中存在的风险和不确定性进行提示。

对此，厚普股份回应：2021 年上半年，公司氢能业务确认收入 978.75 万元，占公司营业总收入的 2.74%，涉及的氢能业务具体为加氢机、加氢枪、卸氢柱等加氢站成套设备。目前公司氢能业务的主要产品为：加氢站整站建设、加氢橇、加氢机、站控系统以及液氢储供系统、液氢真空绝热低温管、加氢枪、质量流量计等核心零部件等。其中加氢机、站控系统、液氢储供系统、液氢真空绝热低温管、加氢枪、质量流量计、压缩氢气加气机检定装置等产品为公司自主研发。公司产品应用场景为面向氢能车用加注站领域，诸如交通道路上的加注站点，物流园区、工业园区内的加注站点等。公司氢能产品均为直销模式，公司在全国范围内均配备有销售人员及售后技术服务人员。公司氢能产品不需要履行相应审批或备案机制。

［律师提示］

目前来看，我国对于氢能产品的强制性规定较少，氢能产品的商业化速度也有待提高。尽管在厚普股份的回应中称目前公司的氢能产品无须获得相应审批或备案，但是随着我国对于氢能产业规范化发展关注度的提高，这一领域内的规范性文件数量也会持续增加。

第六章

核电领域的合规问题与法律风险

我国对于核电领域的监管较早，相应的规范性文件也较为完善。早在1986年，国家核安全局就发布了《核电厂厂址选择安全规定》《核电厂设计安全规定》《核电厂运行安全规定》《核电厂质量保证安全规定》，作为核电厂运行监管的基础性文件。1991年，国家核安全局修改了上述文件。多年来，我国核电技术不断突破创新，相应的监管体系和合规要求也更加完善。

2018年，国务院办公厅发布《国务院办公厅关于加强核电标准化工作的指导意见》（国办发〔2018〕71号），明确安全高效发展核电是我国能源战略的重要组成部分。核电标准化是支撑我国核电安全和可持续发展的重要保障，是促进核电"走出去"的重要抓手，对推动我国由核电大国向核电强国迈进具有重要意义，也标志着我国对核电的监管由规范化向标准化进一步迈进。2020年，中核集团发布首部《合规指引手册》，并于2022年举办核进出口政策法规及管理实务研讨会，其他核电企业也不断提高自身合规程度。我国核电领域形成了自上而下的合规体系。

一、开发阶段的合规性要求

1. 项目合规性

不同于其他能源项目，考虑到核电项目风险性较高，且技术复杂、安全要求严格、政治敏感、前期收益低，我国对于核电项目实行统一集中管理。根据《国务院办公厅关于对核电建设实行集中统一管理的通知》（国办发〔1989〕19号），核电建设必须纳入国家计划。由能源部对核电建设实行统一规划和领导，授权和委托中国核工业总公司，对核电站的生产、经营、科研、开发和建设实行统一管理，并对核安全管理工作负直接责任。各地对有关核电建设问题不能自行决定。项目建议书批准后，由中国核工业总公司组织实施。集资建设核电项目，由能源部会商出资各方，成立董事会和项目公司。根据《核电管理条例（送审稿）》的规定，核电项目的控股股东或者实际控制人应当是国务院国有资产监督管理机构履行出资人职责的企业，并应符合相应的条件。

因此，从合规角度出发，对于普通投资者而言，参与甚至主导核电项目的建设具有一定难度。根据中国核能行业协会披露的数据，截至2023年9月30日，我国运行核电机组共55台（不含台湾地区），装机容量为56993.34 MWe（额定装机容量），运行核电机组累计发电量占全国累计发电量的4.87%。[1] 2023年，全国合计核准5个核电项目，共计10台核电机组。[2]

2. 项目选址

根据国家核安全局的官方指导，核电站在进行项目选址时，遵循技术经济、安全性能、环境安全和社会稳定四大原则。通常我国核电站在

---

[1] 《全国核电运行情况（2023年1—9月）》，https://www.china-nea.cn/site/content/44010.html，2024年7月10日访问。

[2] 朱学蕊：《两大核电项目，获核准！》，https://www.cnenergynews.cn/dianli/2023/12/30/detail_20231230142684.html，2024年7月10日访问。

选址时将经过厂址查勘、厂址评价和运行前三个阶段[①]，并根据《核电厂厂址选择安全规定》的要求，在若干个优先候选厂址中进行比较和筛选，证明厂址的可接受性，并获得国家核安全局颁发的建造许可证。

具体而言，根据《核电厂厂址选择安全规定》的规定，核电厂厂址选择的主要目的，是保护公众和环境免受放射性事故释放所引起的过量辐射影响，同时对于核电厂正常的放射性物质释放也应加以考虑。在评价一个厂址是否适于建造核电厂时，必须考虑以下几方面的因素：(1) 在某个特定厂址所在区域可能发生的外部自然事件或人为事件对核电厂的影响；(2) 可能影响所释放的放射性物质向人体转移的厂址特征及其环境特征；(3) 与实施应急措施的可能性及评价个人和群体风险所需要的有关外围地带的人口密度、分布及其他特征。核电厂的建设者需要考虑包括放射性物质、自然灾害以及其他极端外部事件，并基于数据分析和《核电厂厂址选择安全规定》所设定的准则向国家核安全部门提出厂址评价报告，充分说明在该厂址上能够建造拟建的核电厂，并能在整个预计寿期内安全运行。

3. 项目设计

相较于其他能源建设项目，由于核电厂的风险系数较高，自核电项目投入生产使用以来，我国对于核电厂建设项目设计一直有较为严格的规定。《核电厂设计安全规定》对核电厂的反应堆堆芯、安全壳系统、覆盖层和涂层等各方面都作了详细的说明，并明确核电厂设计的总准则包括：辐射防护、安全功能和安全性，核电厂的设计基准必须规定核电厂在确定的辐射防护要求范围内适应规定的运行状态范围和事故工况的必备能力。设计基准包括正常运行技术规格、假设始发事件引起的状态、重要的假设以及在某些情况下特定的分析方法。同时，为了保障核电厂系统和部件的可靠性，在进行核电厂项目设计过程中，需要符合多重性、单一故障准则、多样性、独立性的要求。其中，特别需要注意的是，除了极为特别的情况外，核电厂设计的每个安全组均应符合单一故

[①] 《核电站的选址有什么要求？》，https://nnsa.mee.gov.cn/ztzl/haqshmhsh/hyfsaqkp/kptw/202406/t20240624_1076600.html，2024 年 7 月 10 日访问。

障准则，在其任何部位发生单一随机故障时，仍能保持所赋予的功能。源自单一故障的各种继发故障，均视作单一故障不可分割的组成部分。因此，企业在进行核电项目设计时应当始终遵循《核电厂设计安全规定》中对核电厂各运行环节的规定。

4. 项目立项

根据《企业投资项目核准和备案管理条例》的规定，我国对企业投资项目，根据其项目类型的不同，实施核准或备案管理，其中，对关系国家安全、涉及全国重大生产力布局、战略性资源开发和重大公共利益等项目，实行核准管理。具体项目范围以及核准机关、核准权限依照政府核准的投资项目目录执行。对于核电项目而言，根据《政府核准的投资项目目录（2016年本）》，所有核电站项目均由国务院核准。

因此，投资者如拟建核电站项目，应当通过项目所在地省级政府投资主管部门、行业管理部门向国务院投资主管部门、国务院行业管理部门转送项目申请报告。在取得国务院的核准后，项目单位应当在取得该核准后的2年内开工，需要延期开工建设的，项目单位应当在2年期限届满的30个工作日前，向项目核准机关申请延期开工建设。

5. 用地审批

根据《土地管理法》第54条的规定，建设单位使用国有土地的，应当以出让等有偿方式取得，但是用于城市基础设施用地和公益事业用地以及国家重点扶持的能源、交通、水利等基础设施用地建设项目的，经县级以上人民政府依法批准，可以以划拨的方式取得。实践中，核电站项目投资一般涉及的投资金额较大，且多为国资背景主导，并且核电站的选址需要事先经过国家核安全局的审批，因此，投资者可以与当地政府协商，就土地使用审批达成一致。就以划拨方式取得土地使用权的项目而言，需省、自治区、直辖市、计划单列市人民政府城乡规划行政主管部门核发选址意见书；对于以出让方式获得土地使用权的项目，需签订国有土地使用权出让合同。

6. 规划审批

根据《城乡规划法》第35条的规定，城乡规划确定的铁路、公路、港口、机场、道路、绿地、输配电设施及输电线路走廊、通信设施、广播电视设施、管道设施、河道、水库、水源地、自然保护区、防汛通道、消防通道、核电站、垃圾填埋场及焚烧厂、污水处理厂和公共服务设施的用地以及其他需要依法保护的用地，禁止擅自改变用途。据此，城乡规划中为核电站建设预留了部分用地，投资者在申领建设用地许可证时，应当在规划范围内进行核电站选址，并在核电站建设前，应当根据获得土地的方式（划拨或出让），向有关部门申领建设用地规划许可证。

7. 报建审批

根据《城乡规划法》第 40 条的规定，在城市、镇规划区内进行建筑物、构筑物、道路、管线和其他工程建设的，建设单位或者个人应当向城市、县人民政府城乡规划主管部门或者省、自治区、直辖市人民政府确定的镇人民政府申请办理建设工程规划许可证。据此，投资者在进行核电站项目建设前，涉及使用国有土地构建新的建筑物和其他建设工程的，应当首先获得建设工程规划许可证。

二、建设阶段的合规性要求

1. 核电建设项目标准及规范

为规范核电项目的建设，我国出台了一系列针对核电厂建设标准的指导性文件，这些指导性文件聚焦于核电建设项目的各个环节，包括但不限于核电厂的设计、制造和建造。根据《核电厂质量保证安全规定》的规定，核电厂在建设之初就应当制定控制措施并形成文件，以保证把规定的相应设计要求（如国家核安全部门的要求、设计基准、规范和标准等）都正确地体现在技术规格书、图纸、程序或细则中。在项目建设过程中，建设单位应当对供应商进行控制，以确保采购物项符合设计要求所需要达到的质量。

除此以外，针对核电项目建设的各个环节，国家核安全局等部门均出台了相应指导规范，建设单位在建设及后期运营过程中，应当严格遵守这些规定的要求（见表 2-6-1）。

表 2-6-1　与核电厂建设及运营有关的规范性文件

序号	生效时间	发文机关	名称
1	1986.10.29	国务院	《中华人民共和国民用核设施安全监督管理条例》
2	1987.06.15	国务院	《中华人民共和国核材料管制条例》
3	1989.04.01	国务院办公厅	《国务院办公厅关于对核电建设实行集中统一管理的通知》（国办发〔1989〕19 号）
4	1990.09.01	国家核安全局等三部门	《中华人民共和国核材料管制条例实施细则》（〔90〕国核安法字 129 号）
5	1991.07.27	国家核安全局	《核电厂设计安全规定》（国家核安全局令第 1 号）
6	1991.07.27	国家核安全局	《核电厂厂址选择安全规定》（国家核安全局令第 1 号）
7	1991.07.27	国家核安全局	《核电厂运行安全规定》（国家核安全局令第 1 号）
8	1991.07.27	国家核安全局	《核电厂质量保证安全规定》（国家核安全局令第 1 号）
9	1993.06.17	国家核安全局	《民用核燃料循环设施安全规定》（国家核安全局令第 3 号）
10	1995.10.01	国家核安全局	《核设施的安全监督》（国核安法字〔1995〕167 号）
11	1995.10.01	国家核安全局	《研究堆运行安全规定》（国核安法字〔1995〕162 号）
12	2010.01.01	国务院	《放射性物品运输安全管理条例》（国务院令第 562 号）
13	2011.01.08	国务院	《核电厂核事故应急管理条例》（国务院令第 588 号）
14	2013.11.19	国家能源局综合司	《国家能源局综合司关于加强核电重大专项验收管理的补充通知》（国能综核电〔2013〕610 号）
15	2014.06.12	国家能源局综合司	《国家能源局综合司关于改进加强核电重大专项立项管理工作的通知》（国能综核电〔2014〕475 号）
16	2016.01.01	国家能源局	《核电厂消防安全监督管理暂行规定》（国能核电〔2015〕415 号）

(续表)

序号	生效时间	发文机关	名称
17	2016.05.01	环境保护部	《放射性物品运输安全监督管理办法》（环境保护部令第38号）
18	2018.01.01	全国人大常委会	《核安全法》
19	2018.05.22	国家发展改革委等四部门	《关于进一步加强核电运行安全管理的指导意见》（发改能源〔2018〕765号）
20	2018.12.11	国家能源局	《核电厂初步设计消防专篇内容及深度规定》和《运行核电厂消防安全管理实施细则》（国能发核电〔2018〕82号）
21	2019.07.11	国家能源局综合司	《核电厂运行性能指标（试行）》（国能综通核电〔2019〕60号）
22	2019.10.01	生态环境部	《核动力厂、研究堆、核燃料循环设施安全许可程序规定》（生态环境部令第8号）
23	2019.12.30	国家核安全局	《核电厂配置风险管理的技术政策（试行）》
24	2020.12.25	国家能源局、生态环境部	《国家能源局、生态环境部关于加强核电工程建设质量管理的通知》（国能发核电〔2020〕68号）
25	2021.01.01	生态环境部	《核动力厂营运单位核安全报告规定》（生态环境部令第13号）
26	2021.04.01	国家核安全局、国家原子能机构	《核动力厂网络安全技术政策》（国核安发〔2020〕298号）
27	2021.05.28	国家核安全局	《民用核安全设备调配管理要求》（国核安函〔2021〕63号）
28	2021.07.26	国家能源局综合司	《国家能源局综合司关于调整能源行业核电标准化管理机构的通知》（国能综通科技〔2021〕76号）
29	2021.09.23	国家能源局	《核电厂非生产区消防安全管理暂行规定》（国能发核电规〔2021〕46号）
30	2022.04.12	国家能源局	《核电厂消防验收评审实施细则》（国能发核电规〔2022〕45号）

2. 项目招投标

根据《招标投标法》的规定，在中华人民共和国境内进行大型基础设施、公用事业等关系社会公共利益、公众安全的项目，以及全部或者部分使用国有资金投资或者国家融资的项目的勘察、设计、施工、监理以及与工程建设有关的重要设备、材料等的采购时，必须进行招标。同时，根据国家发展改革委印发的《必须招标的基础设施和公用事业项目范围规定》的规定，必须招标的具体范围包括煤炭、石油、天然气、电力、新能源等能源基础设施项目。据此，建设单位在进行核电项目建设时，应当通过公开招标的方式进行采购。

根据《招标投标法》的规定，招标人应当根据招标项目的特点和需要编制招标文件。招标文件应当包括招标项目的技术要求、对投标人资格审查的标准、投标报价要求和评标标准等所有实质性要求和条件以及拟签订合同的主要条款。

3. 施工许可证与核设施建造许可证

根据《建筑工程施工许可管理办法》的规定，建设单位在开工前应当依照本办法的规定，向工程所在地的县级以上地方人民政府住房城乡建设主管部门申请领取施工许可证。

此外，针对核电项目，根据《核动力厂、研究堆、核燃料循环设施安全许可程序规定》，所有核设施建造前，核设施营运单位均应当向国家核安全局提出建造申请。核设施营运单位取得核设施建造许可证后，方可开始与核设施安全有关的重要构筑物的建造（安装）或者基础混凝土的浇筑，并按照核设施建造许可证规定的范围和条件从事相关的建造活动。据此，核电项目建设单位在开展项目建设前，除了需要获得施工许可证外，还需要获得核设施建造许可证。

4. 环境影响评价文件批复/备案及竣工验收

根据《环境影响评价法》的规定，国家根据建设项目对环境的影响程度，对建设项目的环境影响评价实行分类管理。根据《建设项目环境保护管理条例》的规定，依法应当编制环境影响报告书、环境影响报告表的建设项目，建设单位应当在开工建设前将环境影响报告书、环境影响报告表报有审批权的环境保护行政主管部门审批。

目前来看，由于核电项目在运营过程中，通常需要借助大量放射性物质作为基础燃料，因此将会对周围环境产生放射性物质的排放（废气、废水)、废热排放和化学物质的排放。实践中，多数核电厂在环境影响评价阶段均编制环境影响报告书。针对环境影响报告书中披露的配套环境保护设施，应当与主体建筑同时施工，并于竣工后申请验收。

5. 消防设计初步设计与竣工验收

根据《核电厂消防安全监督管理暂行规定》的规定，核电厂消防设计、施工和运行应当符合我国有关安全法规的要求和国家有关工程建设消防技术标准的规定，并由国家能源局负责核电厂消防工作的监督管理，实施核电厂消防初步设计审批和消防工程竣工验收，根据需要对核电厂消防工作进行检查。建设单位在核电厂建设过程中，应当编制消防初步设计，交国家能源局审批通过后进行施工，并于核电厂消防工程竣工后，由业主单位组织消防自验收，并应当在首次换料后3个月内向国家能源局申请消防验收。

在消防初步设计阶段，根据《核电厂初步设计消防专篇内容及深度规定》的规定，核电厂初步设计消防专篇应在初步设计阶段编制，应包括专篇所需的说明书和图纸。其中，说明书部分应当结合厂址的地理位置等说明核电技术方案和特点，并基于此分析消防设计；图纸部分则应当标注防火区类型、防火区边界、耐火极限以及该防火区内的房间名称、编号。建设单位应当对其选用的消防设计单位负责。

在消防竣工验收阶段，根据《核电厂消防验收评审实施细则》的规定，核电厂所有消防工程均需进行自验收，每个建构筑物及设施在正式投入使用前，应当完成该单项工程的消防自验收。核电厂营运单位应当在首个单项工程自验收前成立专门的组织机构负责消防自验收，消防重点部位和机组运行期间不能进入区域的消防工程，应当在自验收现场检查前10个工作日，将有关工作安排报专业机构，专业机构根据情况选点实施见证检查。此外，核电机组首次装料前，核电厂营运单位应当全面实施对核岛、常规岛等有关消防工程自验收工作，保证有关消防工程满足核安全要求，并通过专业机构的评估和国家核安全局的装料前审查。

6. 安全设施设计审查与竣工验收

根据《建设项目安全设施"三同时"监督管理办法》的规定，核电项目应当在建设过程中完成安全设施审查和竣工验收。但是考虑到核电项目的高风险性，实践层面对于核电项目的研究堆及项目整体运行都进行了特别规定。譬如，根据《研究堆运行安全规定》，研究堆在设计阶段就应当充分考虑安全需求；而根据《民用核燃料循环设施安全规定》，任何核燃料循环设施在设计过程中均需考虑核临界安全等特殊事项。因此，相较于其他能源开发项目，核电项目的安全设施应当参考更多专门性规定，如关于核电项目建设及营运单位所需承担的安全义务。

7. 应急预案的编制、评审和实施

根据《生产安全事故应急预案管理办法》的规定，生产经营单位应急预案分为综合应急预案、专项应急预案和现场处置方案。由于核电厂的风险种类较多，因此通常而言应当编制综合应急预案。此外，考虑到核能的特殊性，国务院办公厅发布了《国家核应急预案》，因此，除自身编制应急预案外，核设施营运单位核应急组织应当充分响应《国家核应急预案》中的规定，在发生紧急情况时，按照该预案中的内容进行应急事件处理。

8. 职业病危害预评价、防护设计、控制效果与验收

根据《建设项目职业病危害风险分类管理目录》的分类，核燃料加工（行业编码：C253）、核力发电的电力生产（行业编码：D441）、核能热力生产与供应（行业编码：D443）均属于职业病危害程度严重的行业。据此，对于一般核电厂项目而言，在进行职业病危害分析时，应将其作为职业病风险严重的行业进行相应风险控制。

根据《建设项目职业病防护设施"三同时"监督管理办法》的规定，涉及职业病风险的建设项目，建设单位应当在建设项目可行性论证阶段进行职业病危害预评价，编制预评价报告。对属于职业病危害严重的建设项目，建设单位主要负责人或其指定的负责人应当组织外单位职业卫生专业技术人员参加预评价报告的评审工作，并形成评审意见。此外，在核电项目建设期间，建设单位应当对其职业病防护措施建设进行定期检查，并在项目完成后，组织外单位职业卫生专业技术人员参加评审和验收工作，并形成评审和验收意见，在验收完成之日起20日内向管辖该建设项目的安全生产监督管理部门提交书面报告。

三、运营阶段的合规性要求

1. 核电项目运营标准

根据《中华人民共和国民用核设施安全监督管理条例》（以下简称《民用核设施安全监督管理条例》）的规定，国家实行核设施安全许可制度，由国家核安全局负责制定和批准颁发核设施安全许可证件，许可证件包括：(1)核设施建造许可证；(2)核设施运行许可证；(3)核设施操纵员执照；(4)其他需要批准的文件。据此，核设施运行前，必须向国家核安全局提交《核设施运行申请书》《最终安全分析报告》以及其他有关资料，经审核批准获得允许装料（或投料）、调试的批准文件后，方可开始装载核燃料（或投料）进行启动调试工作；在获得核设施运行许可证后，方可正式运行。核设施的运行必须遵守核设施运行许可证所规定的条件。随后，《核电厂运行安全规定》对符合运行要求的核电站的各项指标进行了定性描述。

2018年，为进一步提高我国核电厂运行水平，国家发展改革委等四部门发布的《关于进一步加强核电运行安全管理的指导意见》规定，核电厂在运行过程中应当落实安全生产主体责任、加强核电厂人员行为规范管理、加强核电厂设备可靠性管理、提高核电厂运行安全保障能力等。基于此，国家能源局综合司印发了《核电厂运行性能指标（试行）》，通过对核电厂运行过程中产生的安全质量环境事故数量、工业安全事故率、承包商工业安全事故率等运行指标的定量计算和定性评估，通过设置安全质量维度指标14个、运行生产维度指标12个，共计26个，覆盖核安全、工业安全、辐射安全、环境保护、消防、应急管理、安保、运行发电、设备管理等9个具体领域，对核电厂的运行情况进行综合评价。对一项指标，可区分为优秀、中值和待改进，以帮助核电厂及时改进运营水平。运营者在核电厂运营过程中应当尽量提高自身水平，以达到上述指标文件要求。

2. 核材料许可证

根据《核安全法》的规定，核材料主要是指铀-235 材料及其制品、铀-233 材料及其制品、钚-239 材料及其制品以及法律法规规定的其他需要管制的核材料。核电厂在运营过程中需要使用上述核材料以支撑项目运行。根据《中华人民共和国核材料管制条例》的规定，国家对核材料实行许可证制度，持有核材料超过一定数量的单位必须申请核材料许可证。据此，营运单位在核电厂正式运营前，应当获得核材料许可证以维持核电厂的正常运行。

根据《中华人民共和国核材料管制条例实施细则》的规定，申请核材料许可证的单位必须提前六个月提交核材料许可证申请报告，经国家核安全局或国防科工委核准后，办理许可证发放手续。核材料许可证持有人应当对核材料衡算管理和实物保护负责，并对其所持有的核材料负有全面安全责任。为了妥善履行对核材料的保护义务，核材料许可证持有人应当通过增强核材料存放场所的审查要求、警卫等措施加强对于核材料的实物保护。

3. 放射性物质运输

核电厂用于发电的主要物质为放射性材料，因此，核电厂在日常运营过程中，除了需要取得核材料许可证外，还应当注意对于相关放射性物质运输和使用的监管。根据《放射性物品运输安全管理条例》的规定，托运放射性物品的，托运人应当持有生产、销售、使用或者处置放射性物品的有效证明，使用与所托运的放射性物品类别相适应的运输容器进行包装，配备必要的辐射监测设备、防护用品和防盗、防破坏设备，并编制运输说明书、核与辐射事故应急响应指南、装卸作业方法、安全防护指南。托运一类放射性物品的，托运人应当编制放射性物品运输的核与辐射安全分析报告书，报国务院核安全监管部门审查批准。

4. 研究堆运行

反应堆堆芯、实验装置以及反应堆厂址内与反应堆或实验装置有关的一切其他设施统称为研究堆，研究堆是核电厂日常运营的核心，因此，营运单位应当根据《研究堆运行安全规定》的相关规定，对研究堆运行采取特别的保护措施。这些措施包括但不限于：在营运单位内部建立一个安全咨询机构（如"安全委员会"）以便在反应堆运行安全和有关实验安全方面向营运单位提供咨询；建立一套对反应堆安全重要的可被国家核安全部门接受的运行限值和条件；对研究堆进行维修、定期试验和检查，以保证研究堆的正常运行等。

5. 消防设施运行

针对核电项目的消防安全管理，除常规的消防设施竣工验收外，国家能源局还专门制定了《运行核电厂消防安全管理实施细则》以明确核电厂首次装料及正式运行后所应完成的消防安全管理措施。根据该实施细则的规定，核电厂控股企业集团负责督促、检查和指导核电厂消防安全工作，提高核电厂消防安全水平，各营运单位应当为消防安全提供必要的经费和组织保障，并设立专门的消防安全责任人，制定消防安全管理制度和操作规程，认定可能严重危及核安全、人身和财产安全以及对消防安全有重大影响的部位为消防重点部位并加强对这些部位的管理。为监督营运单位落实相关消防安全措施的具体情况，核电厂控股企业集团可采取人员访谈、文件检查、现场检查测试等方式开展核电厂消防安全监督检查，并形成检查报告。

根据国家能源局发布的《核电厂非生产区消防安全管理暂行规定》，对于核电厂内部的非生产区，即核电项目核准和建设用地审批明确的核电厂用地范围之内、控制区单围墙之外的区域，也应当由核电厂营运单位对其消防安全全面负责；对于这些非生产区，营运单位应当采取一系列措施以完善消防安全制度，包括但不限于开展经常性的消防安全宣传教育、定期对建筑消防设施进行检查和维修保养、制定灭火和应急疏散预案并至少每半年进行一次演练等。

6. 应急事故处理

由于核电厂在运行过程中需要存储大量放射性物质，因此，针对可能发生的核电厂核事故，营运单位应当根据《核电厂核事故应急管理条例》的规定，做好日常管理和应急状态处置的工作。

一方面，从日常管理角度，核电厂在选址阶段就应考虑核事故应急工作的要求，在正式装料前，应当首先通过其场内和场外核事故应急计划审查，并在运营过程中加强对职工的核安全、辐射防护和核事故应急知识的教育工作；另一方面，从应急状态处置角度，当出现可能危及核电厂安全的情况时，核电厂核事故应急机构应当及时向核电厂的上级主管部门和国务院核安全部门报告情况，并与主管机关一起做好核事故后果预测与评价以及环境放射性监测等工作，并妥善完成现场接受照射人员的救护、洗消、转运和医学处置工作。

7. 整体安全监督与报告

考虑到核电项目的特殊性，我国对于核电项目从选址、设计、建造、运行和退役的全阶段均进行了相应的安全监督。在 20 世纪 90 年代，《核电厂质量保证安全规定》就对核电厂设计控制、采购控制、物项控制等各方面应当达到的标准进行了明确。随后，《核设施的安全监督》对核设施运行过程中营运单位应当承担的安全责任进行了进一步明确。根据《核设施的安全监督》的规定，国家核安全局在核安全监督工作中负领导责任，各营运单位应当积极主动地接受和配合核安全检查，包括但不限于在国家核安全局认为必要时，对调试和运行期间的试验项目予以演示。同时，营运单位必须执行核设施营运单位报告制度，报告的类型包括：定期报告、重要活动通知、建造阶段事件报告、运行阶段事件报告、核事故应急报告。《核动力厂营运单位核安全报告规定》对营运单位的安全报告义务进行了进一步规定，核动力厂营运单位对核安全负有全面责任，应当执行核安全报告制度，按照本规定的要求向国家核安全局或者核动力厂所在地区核与辐射安全监督站提交定期报告、重要活动报告、建造阶段事件报告、运行阶段事件报告和核事故应急报告。核动力厂营运单位定期报告包括建造阶段月度报告、运行阶段月度报告、安全性能指标季度报告、建造阶段年度报告、运行阶段年度报告和设备可靠性数据年度报告。其中，月度报告应自核动力厂营运单位取得建造许可证/运行许可证之日起，至取得运行许可证/退役批准书之日止，在每个月第十个工作日前，向核动力厂所在地区核与辐射安全监督站提交上个月建造运营情况的月度报告。运行阶段事件报告的内容包括但不限于：核动力厂营运单位执行核动力厂运行限值和条件所要求的停堆、核电机组超出安全限值或者安全系统整定值等对于核电站正常运行造成重大影响的事件。

核电厂项目的营运单位应当注意到，对于核电项目安全性的监管，应当是贯穿核电项目选址、建设及退役始终的。营运单位在此过程中，均需注意核电项目的整体安全情况，并保证核电厂的运行始终符合相关规定。

四、核电领域国际合作的合规风险

目前，我国对于出口管制主要基于管制技术和管制物项的目录，根据《中华人民共和国技术进出口管理条例》（以下简称《技术进出口管理条例》）第2条第1款的规定，"技术进出口，是指从中华人民共和国境外向中华人民共和国境内，或者从中华人民共和国境内向中华人民共和国境外，通过贸易、投资或者经济技术合作的方式转移技术的行为"。根据《中华人民共和国出口管制法》（以下简称《出口管制法》）第2条第3款的规定，"本法所称出口管制，是指国家对从中华人民共和国境内向境外转移管制物项，以及中华人民共和国公民、法人和非法人组织向外国组织和个人提供管制物项，采取禁止或者限制性措施"。因此，如果拟出口的核电相关技术落入相应技术管制目录，或与核电相关的物项落入相关管制物项目录，则相关技术、物项的出口将会受到严格限制。

需要注意的是，受到限制的技术出口行为包括专利权转让、专利申请权转让、专利实施许可、技术秘密转让、技术服务和其他方式的技术转移等多种形式。根据《中华人民共和国核两用品及相关技术出口管制条例》（以下简称《核两用品及相关技术出口管制条例》）的规定，核两用品及相关技术出口，是指《核两用品及相关技术出口管制清单》所列的设备、材料、软件和相关技术的贸易性出口及对外赠送、展览、科技合作、援助、服务和以其他方式进行的转移。因此，企业在国际合作的过程中,应当特别关注涉及技术跨境的保密措施,避免违反出口管制的相关规定。

(一)《技术进出口管理条例》项下技术出口限制

1. 清单管制技术

根据《技术进出口管理条例》的相关规定,出口技术可分为自由出口的技术、限制出口的技术和禁止出口的技术。属于禁止出口的技术,不得出口。属于限制出口的技术,实行许可证管理;未经许可,不得出口。属于自由出口的技术,实行合同登记管理。根据《技术进出口管理条例》第28条的规定,国务院外经贸主管部门会同国务院有关部门,制定、调整并公布禁止或者限制出口的技术目录。但是,根据该条例第42条的规定,"出口核技术、核两用品相关技术、监控化学品生产技术、军事技术等出口管制技术的,依照有关行政法规的规定办理"。根据《核两用品及相关技术出口管制条例》的规定,国家对核两用品及相关技术出口实行许可证管理制度。据此,所有涉及核两用的物项和用品均实行许可证管理制度。需要注意的是,根据商务部、科技部2023年发布的《中国禁止出口限制出口技术目录》,以下与核两用技术相关的技术属于限制出口技术(见表2-6-2):

表 2-6-2 与核有关的限制出口技术

序号	类型	编号	技术名称	控制要点①
1	限制出口技术	083801X	电线、电缆制造技术	(1)同时满足下列条件的不燃烧电缆绝缘材料的配方及制备工艺: ① 使用温度≥250℃; ② 800℃明火≥1.5 h不燃烧; ③ 耐电压≥2500 V (2)核电站用对称射频电缆的制造工艺 (3)导电用稀土铝导线的配方和制造工艺 (4)高速挤出聚氯乙烯电缆料的配方 (5)核电站用电力、控制和仪表电缆的制造工艺 (6)高温(120℃)铝护套潜油泵电缆的制造技术

① 限制出口技术需满足针对该技术的全部控制要点。

（续表）

序号	类型	编号	技术名称	控制要点
2	限制出口技术	204401X	大型电力设备设计技术	煤炭清洁高效利用和灵活运用成套设备设计技术、大型水电机组设计技术、先进核电机组（三代压水堆、小型堆、高温气冷堆等）设计技术、特高压交直流输变电成套装备设计等关键技术
3	限制出口技术	203506X	重型机械行业战略性新产品设计技术	重型机械行业战略性新产品设计技术，如第三和第四代核电设备及材料技术、海工设备技术等

2. 特别管制技术

根据《技术进出口管理条例》第 28 条第 1 款的规定，"有对外贸易法第十六条规定情形之一的技术，禁止或者限制出口"。根据《中华人民共和国对外贸易法》第 15 条①的规定，"国家基于下列原因，可以限制或者禁止有关货物、技术的进口或者出口：（一）为维护国家安全、社会公共利益或者公共道德，需要限制或者禁止进口或者出口的；（二）为保护人的健康或者安全，保护动物、植物的生命或者健康，保护环境，需要限制或者禁止进口或者出口的；（三）为实施与黄金或者白银进出口有关的措施，需要限制或者禁止进口或者出口的；（四）国内供应短缺或者为有效保护可能用竭的自然资源，需要限制或者禁止出口的；（五）输往国家或者地区的市场容量有限，需要限制出口的；（六）出口经营秩序出现严重混乱，需要限制出口的；……（十）依照法律、行政法规的规定，其他需要限制或者禁止进口或者出口的；（十一）根据我国缔结或者参加的国际条约、协定的规定，其他需要限制或者禁止进口或者出口的"。

考虑到核电技术通常具有较高的技术要求，并且使用的核材料、设备可能与国家安全、社会公共利益具有密切关系，因此，即使该与核相关的技术尚未被列入限制出口或禁止出口技术目录，仍可能因为政策调整而受到出口管制。

---

① 2022 年修正《中华人民共和国对外贸易法》时，将原第 16 条改为第 15 条。

（二）《出口管制法》项下核两用品的出口限制

根据《出口管制法》第 2 条第 2 款的规定，"管制物项，包括物项相关的技术资料等数据"。据此，对于落入《出口管制法》限制出口物项、禁止出口物项的相关技术将一并限制或禁止其出口。《出口管制法》项下的管制物项可分为：管制清单物项、申请管制物项及临时管制物项。根据《核两用品及相关技术出口管制条例》的规定，国家对核两用品及相关技术出口实行许可证管理制度。据此，所有涉及核两用的物项和用品均实行许可证管理制度。

1. 管制清单物项

根据《两用物项和技术进出口许可证管理办法》的规定，以任何方式进口或出口，以及过境、转运、通运《两用物项和技术进出口许可证管理目录》中的两用物项和技术，均应申领两用物项和技术进口或出口许可证。

2. 申请管制物项

《出口管制法》第 12 条第 3 款规定："出口管制清单所列管制物项以及临时管制物项之外的货物、技术和服务，出口经营者知道或者应当知道，或者得到国家出口管制管理部门通知，相关货物、技术和服务可能存在以下风险的，应当向国家出口管制管理部门申请许可：（一）危害国家安全和利益；（二）被用于设计、开发、生产或者使用大规模杀伤性武器及其运载工具；（三）被用于恐怖主义目的。"由于核能发电过程中可能使用到铀及其化合物或涉及有关试验和生产设备、材料、技术的，其中包括可能被用于大规模杀伤性武器制造的物质，因此，如果拟出口的物项包含这类物质，可能面临出口管制风险。

3. 临时管制物项

《出口管制法》第 9 条第 2 款规定："根据维护国家安全和利益、履行防扩散等国际义务的需要，经国务院批准，或者经国务院、中央军事委员会批准，国家出口管制管理部门可以对出口管制清单以外的货物、技术和服务实施临时管制，并予以公告。……"据此，即使投资者目前对外出口的核电产品尚未落入《两用物项和技术进出口许可证管理目录》，仍可能面临被认定为有需要实施临时管制的物项的风险，商务部此前就曾通过发布独立公告的方式宣布对无人驾驶航空飞行器和高性能计算机实施临时出口管制。①

（三）核出口限制

特别需要注意的是，为了严格履行不扩散核武器的国际任务，我国严格限制两用物项以外的核材料、设备的出口。根据《中华人民共和国核出口管制条例》（以下简称《核出口管制条例》）的规定，国家严格限制铀浓缩设施、设备，辐照燃料后处理设施、设备，重水生产设施、设备等物项及其相关技术等核扩散敏感物项，以及可以用于核武器或者其他核爆炸装置的材料的出口。涉及核出口的，仅能由国务院指定的单位专营，任何其他单位或者个人不得经营。同时，《核出口管制条例》要求，出口《核出口管制清单》所列的核材料、核设备和反应堆用非核材料等物项及其相关技术的贸易性出口及对外赠送、展览、科技合作和援助等方式进行的转移的，应向国家原子能机构提出申请，并出示申请人从事核出口的专营资格证明等。经国家原子能机构审批同意后，才能由商务部颁发核出口许可证（见表2-6-3）。

表 2-6-3　核两用物项出口与核出口的审批对比表

	核两用物项	核
对象范围	《核两用品及相关技术出口管制清单》所列的设备、材料、软件和相关技术，主要包括用于生产、回收、提取、浓缩或处理氚的设施或工厂、浓缩氢氧化锂溶液用蒸发器等	《核出口管制清单》所列的核材料、核设备和反应堆用非核材料等物项及其相关技术，主要包括天然铀及其化合物、核反应堆、重水等
类型	许可证管理	许可证管理
出口主体	经营者	国务院指定的专营单位
审批单位	商务部，会同国家原子能机构，有需要的，并商外交部	国家原子能机构审批同意后，交商务部颁发

---

① 2015年7月31日发布的商务部、海关总署2015年第31号公告《关于加强部分两用物项出口管制的公告》。

(四)国际出口管制与制裁措施

除了核技术和产品的对外出口外,中国核电发展也会受到其他国家针对核电出口政策的影响。一方面,核电项目的国际合作受到政策影响较大。比如在 2021 年年底,美国核能监管机构出于美国的国家安全利益和共同防务安全的目的考虑,暂停了向中国最大的国有核电企业中国广核集团有限公司(中广核)运输核反应堆使用的放射性材料和氢同位素的授权,这在一定程度上影响了中国核电项目的发展。

另一方面,制裁措施增加了国际合作项目的不确定性。随着 2022 年以来全球安全形势的动荡,中国企业在进行核电领域的项目开发时,应当特别注意全球其他国家的政策变化。特别是美国对于俄罗斯的制裁自 2022 年以来不断加码,美国财政部海外资产控制办公室(OFAC)将包括俄罗斯联邦中央银行在内的多个实体以及俄罗斯政府官员等重要人员列入指定国民清单(SDN 清单)。由于 SDN 清单具有域外效力,并可能对非美国人(如中国自然人或实体)产生制裁效力,即美国在制裁目标国的同时,限制第三国的实体或自然人与受制裁国家进行金融和贸易往来,并对违反制裁规定的第三国实体或自然人施加处罚。而中国与俄罗斯在能源领域有着深入合作,如果中国企业在对外合作过程中落入域外管辖的范围内,可能会对中国的核电发展产生影响。

五、刑事法律责任和行政法律责任

(一)刑事法律责任

1. 与核电厂建设、运行有关的刑事责任

核电厂在建设、运行的过程中,涉及使用放射性物质、核材料等具有高度危险性的材料,同时核电厂可能对周围环境排放放射性废物,因此产生负面环境影响。核电厂项目建设者、运营者应当特别注意可能涉及以下刑事责任(见表 2-6-4):

表 2-6-4 核电项目建设、运行过程中可能涉及的刑事责任

序号	罪名	刑事责任
1	走私核材料罪	• 走私核材料的，处七年以上有期徒刑，并处罚金或者没收财产；情节特别严重的，处无期徒刑，并处没收财产；情节较轻的，处三年以上七年以下有期徒刑，并处罚金
2	非法制造、买卖、运输、储存危险物质罪	• 非法制造、买卖、运输、储存放射性物质，危害公共安全的，处三年以上十年以下有期徒刑；情节严重的，处十年以上有期徒刑、无期徒刑或者死刑
3	危险物品肇事罪	• 违反爆炸性、易燃性、放射性、毒害性、腐蚀性物品的管理规定，在生产、储存、运输、使用中发生重大事故，造成严重后果的，处三年以下有期徒刑或者拘役；后果特别严重的，处三年以上七年以下有期徒刑
4	污染环境罪	• 违反国家规定，排放、倾倒或者处置有放射性的废物，严重污染环境的，处三年以下有期徒刑或者拘役，并处或者单处罚金；情节严重的，处三年以上七年以下有期徒刑，并处罚金 • 在饮用水水源保护区、自然保护地核心保护区等依法确定的重点保护区域排放、倾倒、处置有放射性的废物，或者向国家确定的重要江河、湖泊水域排放、倾倒、处置有放射性的废物，情节特别严重的，处七年以上有期徒刑，并处罚金
5	不报、谎报安全事故罪	• 在安全事故发生后，负有报告职责的人员不报或者谎报事故情况，贻误事故抢救，情节严重的，处三年以下有期徒刑或者拘役；情节特别严重的，处三年以上七年以下有期徒刑

注：刑事罪名及相关刑罚规定根据 2023 年修正的《刑法》进行整理。

2. 因未遵守有关行政规定而承担刑事责任

由于核电项目的安全风险高，因此对于未能妥善履行行政法规规定的责任义务，且情节严重的，可能构成犯罪，并需承担相应的刑事责任（见表 2-6-5）。

表 2-6-5 核电项目建设、运行过程中因未遵守行政规定而可能承担的刑事责任

序号	阶段	行政规定	刑事责任
1	建设项目核准	• 以欺骗、贿赂等不正当手段取得项目核准文件，构成犯罪的，依法追究刑事责任	• 非法经营罪：买卖进出口许可证等行政法规规定的经营许可证或者批准文件，情节严重的，处五年以下有期徒刑或者拘役，并处或者单处违法所得一倍以上五倍以下罚金；情节特别严重的，处五年以上有期徒刑，并处违法所得一倍以上五倍以下罚金或者没收财产
2	违规出口管制技术	• 擅自超出许可的范围出口属于限制出口技术的，依照刑法关于非法经营罪或者其他罪的规定，依法追究刑事责任 • 伪造、编造或者买卖技术进出口许可证的，依照刑法关于非法经营罪或者伪造、编造、买卖国家机关公文、证件、印章罪的规定，依法追究刑事责任	
3	核材料管理	• 对于不服从核材料管制、违反规章制度，因而发生重大事故，造成严重后果的，或者盗窃、抢劫、破坏《中华人民共和国核材料管制条例》管制的核材料，构成犯罪的，由司法机关依法追究刑事责任	• 重大责任事故罪：在生产、作业中违反有关安全管理的规定，因而发生重大伤亡事故或者造成其他严重后果的，处三年以下有期徒刑或者拘役；情节特别恶劣的，处三年以上七年以下有期徒刑 • 危险作业罪：在生产、作业中违反有关安全管理的规定，具有发生重大伤亡事故或者其他严重后果的现实危险的，处一年以下有期徒刑、拘役或者管制
4	核事故处理	• 不按照规定制定核事故应急计划，拒绝承担核事故应急准备义务的、拒不执行核事故应急计划等行为的有关责任人员，构成犯罪的，由司法机关依法追究刑事责任	
5	核设施安全运行	• 不服从管理、违反规章制度或者强令他人违章作业，因而发生核事故，造成严重后果，构成犯罪的，依法追究刑事责任	

注：刑事罪名及相关刑罚规定根据 2023 年修正的《刑法》进行整理。

（二）行政法律责任

1. 概述

核电厂在建设、运行的过程中可能由于未能妥善完成相应行政手续而需承担相应的行政责任（见表 2-6-6）。由于我国核电厂的主要监管机关为国家核安全监管部门，因此，通常而言，由该部门对核电厂运行过程中的违规情况进行处理。此外，核电厂建设、运行过程中可能涉及的环评、消防等部分责任与氢能投资部分相同，此处不再赘述。

表 2-6-6　核电项目建设、运行过程中可能涉及的行政责任

序号	阶段	行政责任
1	建设项目核准	• 实行核准管理的项目，企业未依法办理核准手续开工建设或者未按照核准的建设地点、建设规模、建设内容等进行建设的，由核准机关责令停止建设或者责令停产，对企业处项目总投资额 1‰ 以上 5‰ 以下的罚款；对直接负责的主管人员和其他直接责任人员处 2 万元以上 5 万元以下的罚款，属于国家工作人员的，依法给予处分[①]
2	项目公开招标	• 必须进行招标的项目而不招标的，将必须进行招标的项目化整为零或者以其他任何方式规避招标的，责令限期改正，可以处项目合同金额 5‰ 以上 10‰ 以下的罚款[②]
3	消防初步设计与竣工验收	• 核电厂工程未经消防初步设计审核擅自施工的，或者已通过消防初步设计审查的核电厂工程，变更初步设计导致消防安全功能降低的，或者业主单位要求核电厂工程设计单位或者施工单位降低消防技术标准进行设计、施工的，国家能源局应当责令限期整改，逾期不改正的责令核电厂工程停止施工或停止运行[③]

[①] 《企业投资项目核准和备案管理办法》。
[②] 《招标投标法》。
[③] 《核电厂消防安全监督管理暂行规定》。

（续表）

序号	阶段	行政责任
4	放射性物质运输	• 托运人未按照规定编制放射性物品运输说明书、核与辐射事故应急响应指南、装卸作业方法、安全防护指南的，由国务院核安全监管部门责令限期改正；逾期不改正的，处1万元以上5万元以下的罚款 • 托运人未按照规定将放射性物品运输的核与辐射安全分析报告批准书、辐射监测报告备案的，由启运地的省、自治区、直辖市人民政府环境保护主管部门责令限期改正；逾期不改正的，处1万元以上5万元以下的罚款 • 托运人未取得放射性物品运输的核与辐射安全分析报告批准书托运一类放射性物品的，由国务院核安全监管部门责令停止违法行为，处50万元以上100万元以下的罚款①
5	核设施建造和运行安全	• 未经批准或违章从事核设施建造、运行、迁移、转让和退役的，或者谎报有关资料或事实，或无故拒绝监督的，或者无执照操纵或违章操纵的，或者拒绝执行强制性命令的，国家核安全局可依其情节轻重，给予警告、限期改进、停工或者停业整顿、吊销核安全许可证件②
6	核事故处理	• 不按照规定制定核事故应急计划，拒绝承担核事故应急准备义务的，或者拒不执行核事故应急计划等，对有关责任人员视情节和危害后果，由其所在单位或者上级机关给予行政处分③
7	核设施安全运行	• 在核设施选址、设计、建造、调试、运行和退役过程中对轻微违反核安全管理要求或许可证件规定条件，由国家核安全局向营运单位发出警告，严重违反的，国家核安全局可责令限期改进或停业整顿 • 对拒绝执行强制性命令或严重违章操作致使核设施损坏、功能失常造成长期不合格或严重不合格，或发生对现场工作人员、公众和环境造成不适当的辐射危害和工业危害的，国家核安全局可中止或吊销营运单位核安全许可证件④
8	违规出口管制技术	• 以欺骗或者其他不正当手段获取技术进出口许可的，由国务院外经贸主管部门吊销其技术进出口许可证，暂停直至撤销其对外贸易经营许可⑤

---

① 《放射性物品运输安全管理条例》。
② 《民用核设施安全监督管理条例》。
③ 《核电厂核事故应急管理条例》。
④ 《核设施的安全监督》。
⑤ 《技术进出口管理条例》。

（续表）

序号	阶段	行政责任
9	违规出口管制物项	• 未经许可擅自出口管制物项、超出出口许可证规定的许可范围出口管制物项的，责令停止违法行为，没收违法所得，违法经营额 50 万元以上的，并处违法经营额 5 倍以上 10 倍以下罚款；没有违法经营额或者违法经营额不足 20 万元的，并处 20 万元以上 200 万元以下罚款。 • 以欺骗、贿赂等不正当手段获取管制物项出口许可证件，或者非法转让管制物项出口许可证件的，撤销许可，收缴出口许可证，没收违法所得，违法经营额 20 万元以上的，并处违法经营额 5 倍以上 10 倍以下罚款；没有违法经营额或者违法经营额不足 5 万元的，并处 5 万元以上 50 万元以下罚款①

2. 针对国有企业的特殊行政法律责任

核电项目的前期投入较大，并且根据规定由国家进行统一集中管理，因此国有企业，特别是中央企业一直是核电项目主要的项目建设单位和投资方。尽管目前尚未出台针对国有企业核电项目合规义务的专门性规定，但是包括中国核能电力股份有限公司、江苏核电有限公司在内的国有企业均不断加强内部合规建设，与其他普通投资者相比，国有企业在核电项目投资过程中需要承担更多的合规义务。

国有企业在进行核电项目投资时，一方面应当遵循国内针对国有企业，特别是中央企业的合规性规定。如 2018 年 11 月 2 日，国务院国有资产监督管理委员会印发的《中央企业合规管理指引（试行）》，其中明确中央企业应当加强在安全环保等领域的合规管理，严格执行国家安全生产、环境保护法律法规，完善企业生产规范和安全环保制度，加强监督检查，及时发现并整改违规问题。

另一方面，我国在核电项目领域存在较多国际合作，因此，国有企业应当注意在涉及海外经营行为时的合规义务。根据国家发展改革委等七部委于 2018 年发布的《企业境外经营合规管理指引》（发改外资〔2018〕1916 号）的规定，企业在进行境外项目投资时，应当遵循独立性、适用性和全面性原则，并可建立由法律事务部门、风险防控部门等

---

① 《出口管制法》。

组成的合规管理机构。目前来看，合规管理机构的建立尚不属于强制性事项，也暂不涉及与政府有关部门的对接。

3. 针对上市公司的特殊行政法律责任

截至 2021 年，我国核电领域的上市公司超过 30 家，分布在产业链各个环节，包括核燃料、核材料、核电站建设各零部件装备、核电站运营及维修等，其中，核电站运营环节的上市公司总量最多，单一环节占比超过 20%，代表性企业有中国广核（003816、01816.HK）、中国核电（601985）、大唐发电（601991）等。[1] 上市公司在进行核电项目建设和运营的过程中，更需要注意披露义务的履行。根据上海证券交易所关于电力行业信息披露指引的规定，上市公司应当在年度报告中就主要经营模式、装机容量情况、发电量、上网电量或售电量情况、上网电价或售电电价，以及发电效率等基础信息进行披露。根据深圳证券交易所关于《深圳证券交易所上市公司自律监管指引第 3 号——行业信息披露（2023 年修订）》的规定，针对电力行业，除需在年报中披露总装机容量、新投产机组的装机容量等基础信息外，涉及新能源发电业务的，还鼓励企业披露新能源发电业务的产能投建、扩张以及资产收购进展及未来规划情况。对于未按规定披露的上市公司，根据《上市公司信息披露管理办法》第 53 条的规定，将由中国证监会责令改正；拒不改正的，给予警告并处以罚款。

六、典 型 案 例

> **江西彭泽核电厂因开发阶段选址问题导致项目延期**[2]

2008 年 12 月，国家核安全局收到中电投江西核电有限公司《关于

---

[1] 卢敏：《2022 年中国核电行业上市公司全方位对比（附业务布局汇总、业绩对比、业务规划等）》，https://www.qianzhan.com/analyst/detail/220/221021-27d38298.html，2024 年 7 月 10 日访问。

[2] 郭绪：《江西彭泽核电项目引发核电安全之争》，https://mpower.in-en.com/html/power-1301486.shtml，2024 年 11 月 1 日访问。

呈报江西彭泽核电厂环境影响报告书的请示》（赣核电计划〔2008〕16号）和《关于呈报江西彭泽核电厂厂址安全分析报告的请示》（赣核电计划〔2008〕15号）后，经初审，于当年年底决定受理江西彭泽核电厂环境影响报告书和厂址安全分析报告的审评申请[①]。2009年4月，国家环保部发布了《关于江西彭泽核电厂一期工程一、二号机组环境影响报告书（选址阶段）的批复》。根据规划，江西彭泽核电厂计划于2010年12月开工浇灌第一罐混凝土，建设总工期为56个月。

但是，2011年11月15日，安徽省望江县政府向安徽省发展改革委提交了一份《关于请求停止江西彭泽核电厂项目建设的报告》。该报告指出，彭泽核电项目在选址评估、环境影响等方面存在严重问题，包括但不限于人口数据失真、地震标准与国家规定不符、临近工业集中区以及项目选址过程中民意调查不够公开透明等。同时，受日本福岛核电站泄漏影响，2012年，国务院常务会议作出要求，"十二五"期间不安排内陆核电项目。自此，内陆核电进入蛰伏期。

之后，江西核电有限公司根据内陆核电形势，主动调整发展步伐，利用厂址空闲土地，确立开发性保护厂址的原则，对原厂址进行保护性开发，并于2020年8月，开工建设帽子山风光电站项目三期工程，完成对彭泽帽子山核电厂址光伏电站的改建。

[律师提示]

项目选址是核电项目在开发阶段需要解决的重点问题，由于核电项目前期投入大，如因选址问题导致项目延期，将对投资者的资金链产生较大影响，并造成大量空余土地浪费。因此，投资者应当在开发阶段聘请合适的环境评价团队，并谨慎选择项目地点以利于后期项目开展。

➢ **大连帝国屏蔽电泵有限公司因建设过程中环保不达标被处罚**[②]

大连帝国屏蔽电泵有限公司（以下简称"帝国电泵"）原本是日本

[①] 《关于受理江西彭泽核电厂环境影响报告书和厂址安全分析报告审评申请的通知》（国核安办〔2008〕220号）。

[②] 《核安全行政处罚决定书（大连帝国屏蔽电泵有限公司）》，https://www.mee.gov.cn/gkml/sthjbgw/qt/201702/t20170216_395924_wh.htm，2024年7月10日访问。

帝国电机制作所与原大连屏蔽电泵厂共同出资兴建的合资企业，2001年9月19日，该合资企业转制为日本独资。根据公司内部操作文件记载，帝国电泵在阳江核电厂5、6号机组核安全3级除气塔疏水泵最终配管焊接过程中存在违反操作规程实施补焊的问题，在红沿河核电厂5、6号机组核安全3级屏蔽泵设计和制造过程中存在设计活动未备案的问题。

2017年2月，环保部经调查认定：（1）帝国电泵在阳江5、6号机组核安全3级除气塔疏水泵最终配管焊接过程中违反操作规程实施补焊的行为违反了《民用核安全设备监督管理条例》第8条的关于"民用核安全设备标准是从事民用核安全设备设计、制造、安装和无损检验活动的技术依据"的规定。《民用核安全设备监督管理条例》第48条规定，"民用核安全设备设计、制造、安装和无损检验单位未按照民用核安全设备标准进行民用核安全设备设计、制造、安装和无损检验活动的，由国务院核安全监管部门责令停止违法行为，限期改正，禁止使用相关设计、设备，处10万元以上50万元以下的罚款"。根据该条规定，环保部责令帝国电泵停止违法行为，限于2017年2月28日前改正，并处20万元罚款。（2）帝国电泵在红沿河5、6号机组核安全3级屏蔽泵设计和制造过程中设计活动未备案的行为违反了《民用核安全设备监督管理条例》第22条关于"民用核安全设备设计单位，应当在设计活动开始30日前，将有关文件报国务院核安全监管部门备案"的规定。根据《民用核安全设备监督管理条例》第51条第2项规定，民用核安全设备设计、制造、安装和无损检验单位在民用核安全设备设计、制造和安装活动开始前，未按照规定将有关文件报国务院核安全监管部门备案的，由国务院核安全监管部门责令停止民用核安全设备设计、制造、安装和无损检验活动，限期改正。对帝国电泵的这一违法行为，责令帝国电泵停止民用核安全设备设计、制造活动，并限于2017年2月28日前改正。

［律师提示］

在该案例中，帝国电泵由于未能遵守《民用核安全设备监督管理条例》以及核电设施建设相关规范而受到环保部的处罚，并被责令停止项目设计、制造活动，对于公司整体项目运行造成了较大影响。可以看到，我国执法机构对于核电项目建设过程中的安全监管较为严格，提醒企业在涉及核电设施设计、制造的各个环节均应谨慎遵循相应操作指南和规范性文件的要求。

> **田湾核电站 8 号机组核岛基础浇筑第一罐混凝土前被要求整改**①

2022 年 2 月 14 日至 16 日，国家核安全局根据《核安全法》《民用核设施安全监督管理条例》的有关规定，对江苏核电有限公司、中核苏能核电有限公司田湾核电站 8 号机组核岛基础浇筑第一罐混凝土（FCD）前现场准备情况进行了例行核安全检查。检查组对包括项目质量保证体系运转情况，核岛施工组织、施工计划等施工管理条件准备情况，设计文件、施工方案等技术条件准备情况，核岛基坑负挖等前期施工遗留问题处理情况，以及核岛 FCD 前现场准备情况进行了全面检查。

结合本次检查情况，检查组共提出 6 项整改要求，包括：（1）针对反应堆厂房筏基整体浇筑施工方案不完善的问题，营运单位应在 8 号机组核岛 FCD 前进一步优化布料区划分和浇筑顺序，在方案中完善冬期施工有关措施和要求，确保反应堆厂房筏基混凝土浇筑质量；（2）针对核岛筏基预埋贯穿件抗浮分析评价不完善的问题，营运单位应在 8 号机组核岛 FCD 前完善抗浮分析评价，确保浇筑施工过程中贯穿件的位移和变形满足设计要求；（3）针对反应堆厂房筏基隐蔽工程验收记录中缺少双门洞止水带的问题，营运单位应加强验收管理工作，在 8 号机组核岛 FCD 前对相关验收工作进行全面核查；（4）针对反应堆厂房筏基部分区域拉筋弯钩未按标准要求紧靠纵向钢筋并钩住主筋、部分弹簧导向圈布置与方案要求不符等问题，营运单位应在 8 号机组核岛 FCD 前完成前期施工准备情况的全面排查和整改工作，确保满足施工要求；

---

① 《关于印发〈田湾核电站 8 号机组核岛基础浇筑第一罐混凝土前准备情况核安全检查报告〉的函》，https://www.mee.gov.cn/xxgk2018/xxgk/xxgk07/202202/t20220223_969778.html?keywords=核安全，2024 年 7 月 10 日访问。

(5) 针对混凝土罐车和应急柴油发电机等施工设备未全部到位的问题，营运单位应在 8 号机组核岛 FCD 前对混凝土浇筑施工设备到场情况进行梳理，确保施工设备及时到位和可用性；（6）针对土建承包商经验反馈应用效果评价和工作总结等未按照管理要求执行的问题，营运单位应采取有效措施，加强建造期间经验反馈体系运转管理，确保经验反馈工作有效开展。检查组认为，营运单位在完成相应的整改工作后，8 号机组核岛才基本具备浇筑第一罐混凝土的条件。

[律师提示]

不同于其他建设项目，根据《核动力厂营运单位核安全报告规定》的规定，核电站项目在建设及运行过程中均需履行定期报告义务，并应当配合国家核安全局及各地核安全主管部门的检查。该类检查往往是核电厂正式投产、运营的前置条件，如果建设者未能通过相关核查或完成相应整改，可能无法进行正式生产。

➢ 海南核电有限公司海南昌江核电厂在例行核安全检查中被要求整改[①]

2018 年 9 月 4 日至 7 日，生态环境部（国家核安全局）根据《核安全法》《民用核设施安全监督管理条例》的有关规定，对海南昌江核电厂 1、2 号机组进行了例行核安全检查。检查组听取了海南核电有限公司（以下简称"营运单位"）关于机组总体情况、质量保证体系及运转情况、运行安全管理、预防性维修和设备管理、装料批准书条件及历次核安全检查要求落实情况，以及其他核安全专题的工作汇报。

检查组认为营运单位组织机构健全、岗位责任落实、质量保证体系运转有效；海南昌江核电厂的安全重要构筑物、系统和部件及其检查、试验和维修活动能够按照执照文件及管理程序执行；装料批准书条件及历次核安全检查中提出的整改要求得到落实或正在按计划实施；营运单位开展了自查，对自查中发现的问题进行了整改；1、2 号机组运行安全是有保障的。

---

① 《海南昌江核电厂例行核安全检查报告》，https://www.mee.gov.cn/xxgk2018/xxgk/xxgk07/201809/W020181010398568423277.pdf，2024 年 7 月 10 日访问。

在此基础上，检查组针对本次检查中发现的问题提出了整改意见，包括：(1) 加强文件控制和记录管理，对主控制室和模拟机的个别纸质文件与系统中有效版本不一致、个别质量缺陷报告和报警响应操作卡存在代签的情况进行排查；(2) 对故障多发重发的安全重要设备失效机理进行分析，建立有效的缺陷信息跟踪机制，提高安全相关系统和设备可用性；(3) 进一步加强物资准备及备品备件的管理；(4) 应加快推进中长期措施的落实，加强监测预警，严格执行核电厂冷源安全专项预案，确保机组运行安全等。营运单位应将改进措施和落实情况于一个月内提交国家核安全局和华南核与辐射安全监督站。

[律师提示]

在核电站正式运营后，营运单位应当积极配合由国家核安全局主导的核安全例行检查，并对其中暴露出的问题进行及时整改。与此同时，营运单位应当积极开展自查，以免因核安全例行检查所暴露出的问题影响核电站的正常运行。

第三篇

能源行业投融资的主要类型及其法律实务

第一章

能源行业投融资和并购现状及发展趋势

一、煤炭领域的投融资和并购现状及发展趋势

(一) 煤炭领域投融资和并购现状

从我国的能源结构看,煤炭始终占据主导地位,且煤炭的产量和消费量基本维持在较高的位置。2022年的统计数据显示,煤炭消费量占能源消费总量的56.2%,相较于2021年上升了0.3个百分点。[1] 全国煤炭产量达到45.6亿吨,相较于前一年增长10.5%。就煤炭投资而言,煤炭开采和洗选业固定资产投资额比上年增长24.4%,增速比2021年加快13.3个百分点,其中民间投资增长39.0%。[2]

近年来,我国煤炭领域的企业持续向高效、绿色的方向发展。全球煤炭领域企业的投融资和并购交易也更为活跃,煤炭企业呈现出协同发展的态势。

1. 代表性交易(境内)

(1) 2018—2023年,国家能源集团乌海能源有限责任公司总计投资

---

[1] 《中华人民共和国2022年国民经济和社会发展统计公报》,http://www.stats.gov.cn/sj/zxfb/202302/t20230228_1919011.html,2024年7月15日访问。

[2] 中国煤炭工业协会:《2022年中国煤炭工业经济运行报告》,http://lwzb.stats.gov.cn/pub/lwzb/bztt/202306/W020230605413585081179.pdf,2024年7月15日访问。

19.02亿元用于矿井水提标改造、生活污水建设、煤场封闭、道路硬化、渣堆治理、燃煤锅炉改造等108个工程项目，致力于构建资源节约、环境友好的空间格局。①

（2）2023年5月，山西焦煤能源集团股份有限公司（山西焦煤，000983.SZ）完成了总计44亿元人民币的募集资金计划，用于华晋焦煤达产达效等项目。山西焦煤的本次定向增发新股是我国煤炭主业上市公司近10年来规模最大的股权类再融资项目，也创下山西省国有上市公司10余年来最大规模的融资纪录。②

（3）2023年6月，北京天玛智控科技股份有限公司（天玛智控，688570.SH）在上海证券交易所科创板完成首次公开发行上市，募集金额超过22亿元人民币。天玛智控致力于以优质产品及精准服务提高煤矿开采安全水平及生产效率，推动无人化智能采矿，其成功上市也反映出传统煤炭行业技术革新的发展趋势。③

2. 代表性交易（境外）

（1）2021年6月，矿业巨头Glencore（OTCMKTS：GLNCY）以5.88亿美元现金收购Anglo American（OTCMKTS：NGLOY）及BHP Group Ltd（NYSE：BHP）所持Cerrejon动力煤矿的全部股权，Glencore的股权从33.3％增至100％。根据Glencore发布的声明，收购Cerrejon既符合Glencore的气候变化战略，又有助于其减排目标的实现。④

（2）2022年10月，澳大利亚本地公司Stanmore Resources Ltd（OTCMKTS：STMRF）收购BHP Mitsui Coal（BMC）剩余20％的股

---

① 王建君、臧贻敏：《国家能源集团乌海能源投资19亿元改善矿区生态环境》，http：//www.coalchina.org.cn/index.php？m＝content&c＝index&a＝show&catid＝16&id＝148176，2024年7月15日访问。

② 荣毅：《山西焦煤：焦煤股份募集44亿资金项目圆满收官》，https：//coal.in-en.com/html/coal-2628673.shtml，2024年7月15日访问。

③ 《天玛智控今日正式登陆科创板》，http：//www.coalchina.org.cn/index.php？m＝content&c＝index&a＝show&catid＝18&id＝147941，2024年7月15日访问。

④ Creamer Media Reporter, Glencore, Anglo and BHP Complete Cerrejon Coal Transaction, https：//www.miningweekly.com/article/glencore-anglo-and-bhp-complete-cerrejon-coal-transaction-2022-01-11, visited on 2024-07-15.

权并完成交割。至此，Stanmore Resources Ltd 取得 BHP Mitsui Coal 的所有股权，最大化整合当地煤矿资产。①

（3）2023 年 8 月，专注于欧洲基础设施领域的投资管理公司 Asterion Industrial Partners 以 26 亿欧元的价格收购德国能源公司 Steag。被收购方 Steag 拥有 Steag Power 和 Iqony 在德国西部运营着的 6 家燃煤电厂。Asterion 不仅支持德国政府逐步淘汰煤炭的战略计划，更采用实际行动推动 Steag 转型成为可持续能源供应商。②

（二）发展趋势

1. 传统煤炭领域的投融资总量减少

经济发展使得电力需求不断增长，而与之相对应的，是各国愈发重视燃煤发电对环境造成的影响，采取更多措施加强应对气候变化。2021 年 9 月 21 日，为进一步支持发展中国家实现绿色低碳能源的发展目标，我国正式宣布停止新建境外煤电项目。2021 年 9 月 22 日，总部位于浙江温州的国内大型不锈钢制造商青山控股集团有限公司随即宣布今后在印尼等地的境外投资中不再新建煤电项目，而将大力兴建水力发电、风力发电、太阳能发电以及其他绿色清洁能源发电项目。③

根据相关统计数据，我国是海外燃煤电厂最大的公共部门出资方。在 2013—2018 年全球达成融资关闭的国家公共部门跨境融资支持的燃煤电厂中，中国进出口银行和中国国家开发银行的融资占总融资的 50%。④ 但随着全球减碳任务提上日程表，日本、韩国相继宣布停止对海外煤炭能源项目的融资，我国也紧随步伐。这也将促使国际社会收紧

---

① Ray Chan, Stanmore Acquires All of Former BHP Mitsui Coal, https://www.australianmining.com.au/stanmore-acquires-all-of-former-bhp-mitsui-coal/, visited on 2024-07-15.

② Fraser Tennant, Asterion Acquires Steag in €2.6bn Deal, https://www.financierworldwide.com/fw-news/2023/8/29/asterion-acquires-steag-in-26bn-deal, visited on 2024-07-15.

③ 杨漾：《中国承诺不再新建海外煤电项目》，http://news.china.com.cn/2021-10/08/content_77794567.htm，2024 年 7 月 15 日访问。

④ Xinyue Ma、Kevin P. Gallagher：《谁在投资海外燃煤电厂——透明度和问责的必要性》，https://www.bu.edu/gdp/files/2021/07/GCI_PB_008_CH_FIN.pdf，2024 年 7 月 15 日访问。

对于海外煤电项目的公共部门融资政策。总体而言，受限于各国对传统煤炭行业监管的收紧，预计未来传统能源领域的投融资增速将逐渐放缓。

2. 煤炭和新能源优化协同发展趋势显著

为缓解煤炭领域投融资政策收紧对于全球能源供给产生的影响，煤炭领域的投融资项目类型发生重大转变。一方面，有利于煤炭行业技术升级和设备改造的项目获得了更多投资者和融资者的青睐，企业和投资者开始更多着眼于煤炭的高效利用和清洁转型，以实现更为可持续的发展；另一方面，以其他新兴能源替代煤电，有利于减少电力工业污染物排放的其他可替代的新兴能源吸引了更多关注。尽管煤炭和新能源的协同发展仍处于初级阶段，但国家层面已明确提出积极推动煤炭和新能源优化组合。① 2021 年 12 月，习近平总书记在北京举行的中央经济工作会议上明确提出，要立足以煤为主的基本国情，抓好煤炭清洁高效利用，增加新能源消纳能力，推动煤炭和新能源优化组合。②

3. 煤炭行业融资途径多元并进

在新的政策推动和市场需求下，煤炭行业开始大力发展煤炭清洁化、高效利用的技术。许多煤炭企业也开始进行资本运作，借助上市、债券发行、并购等方式进行资金筹集，以支持新技术的研发和应用。煤炭领域的投融资模式正在随着政策调整和市场需求变化而转型，从依赖传统的煤炭开采向发展清洁、高效的煤炭利用技术转变。同时，投资者和企业的注意力也正在从传统的银行贷款和股权融资转向绿色金融、碳金融等新兴融资模式，预示着煤炭行业在未来可能会出现更多的创新和变革。

---

① 郝成亮：《煤炭与新能源协同发展的路径研究》，载《煤炭经济研究》2023 年第 2 期。
② 习近平：《正确认识和把握我国发展重大理论和实践问题》，https://m.gmw.cn/baijia/2022-05/15/35735564.html，2024 年 7 月 15 日访问。

二、油气领域的投融资和并购现状及发展趋势

（一）油气领域投融资和并购现状

根据中石油经济技术研究院发布的《2022年国内外油气行业发展报告》，面对严峻复杂的国际能源局势变化，我国油气行业在2022年保持了稳定的供应，为经济增长提供了有力支持。就国内而言，我国原油产量连续4年正增长，全年产量2.05亿吨，进口量同比下降0.9%，对外依存度降至71.2%。天然气连续6年增产超百亿立方米，全年产量2226亿立方米，进口总量出现下降，降幅约为10%。[1] 就全球而言，全球油气投资和产量均持续上涨。其中，美国油气产量继续大幅增长，而受到地缘政治动荡影响，俄罗斯油气产量持续下滑态势。[2]

在能源转型升级的大环境下，截至2023年11月底，全球油气资源并购市场完成交易182宗，实现交易金额2177亿美元，为2013年以来的最高水平。[3] 中国而言，油气行业的收并购交易类型以股权收购为主，油气企业纷纷加大在新能源投资领域的资本投入及业务布局。[4] 此外，国资背景的中国油气企业在投融资及跨境并购方面亦表现亮眼。

1. 代表性交易（境内）

（1）2021年3月31日，国家石油天然气管网集团有限公司完成了

---

[1] 余国、陆如泉主编：《2022年国内外油气行业发展报告》，石油工业出版社2023年版。

[2] 彭强：《中石油经研院：油价大幅波动或常态化，地缘政治仍将左右全球气价》，https://www.21jingji.com/article/20230327/herald/2cc80e2fc259718ee3cec87ff9b96f4c.html，2024年7月15日访问。

[3] 王馨悦：《2023全球油气市场回顾 在动荡与变局中持续重塑》，https://news.cnpc.com.cn/system/2024/01/02/030121840.shtml，2024年7月15日访问。

[4] 《2023年上半年中国并购交易市场洞察》，https://www2.deloitte.com/cn/zh/pages/finance/articles/insights-into-china-m-and-a-transaction-market-in-the-first-half-of-2023.html，2024年7月15日访问。

中国油气主干管网资产整合及并网运行。①

（2）2022年以来，中石化分别与中国航天科技、国家电网等十余家企业签署了战略合作框架协议，在新能源、新材料、煤炭清洁高效利用、充换电站建设服务等领域进行合作，并在上海、南京和雄安成立了新能源或碳产业公司。②

（3）2022年以来，中海油在广东、福建、北京等地成立新能源分公司，开展海陆风光发电、输电科技攻关，探索培育氢能等业务。③

（4）2023年6月20日，中石油与卡塔尔能源公司签署液化天然气合作协议，约定卡塔尔能源公司在未来27年内持续向中国石油供应400万吨/年的液化天然气（LNG）资源，并向中国石油转让北方气田扩容项目1.25%的股份。④

2. 代表性交易（境外）

（1）2022年年初，Chesapeake Energy（NASDAQ：CHK）宣布将以20亿美元现金和价值约944万股股票收购私营天然气生产商Chief E&D Holdings LP及其拥有的Tug Hill油气田的部分权益，旨在强化马塞勒斯页岩区的核心天然气储备。⑤

（2）2022年11月，美国石油和天然气公司Marathon Oil（NYSE：MRO）与Ensign Natural Resources签订资产收购协议，以30亿美元收购Ensign Natural Resources的Eagle Ford资产。该资产（99%的运营权、97%的开采权）涵盖Eagle Ford的凝析油、湿气和干气资源，

---

① 周雷：《油气"全国一张网"完成整合》，https：//www.nea.gov.cn/2021-04/09/c_139869434.htm，2024年7月15日访问。

② 《我国石油新增储量14.6亿吨！最新版〈国内外油气行业发展报告〉发布权威数据》，https：//moil.in-en.com/html/oil-2951503.shtml，2024年7月15日访问。

③ 同上。

④ 《中国石油与卡塔尔能源公司签署液化天然气合作文件》，http：//www.sasac.gov.cn/n2588025/n2588124/c28241407/content.html，2024年7月15日访问。

⑤ Arathy Somasekhar，Chesapeake Beefs up Shale Gas Play with $2.5 Bln Chief E&D Deal，https：//www.reuters.com/business/energy/chesapeake-buy-chief-ed-holdings-about-26-bln-2022-01-25/，visited on 2024-07-10.

油气产量为6.7万桶油当量/日，有助于Marathon Oil维持其产量水平。① 2024年5月，美国第三大石油公司ConocoPhillips（NYSE：COP）宣布以225亿美元收购Marathon Oil。该交易有助于ConocoPhillips快速扩大产量，并延续了近年来美国油气行业的并购热潮。②

（3）2023年10月，全球最大的石油天然气供应商Exxon Mobil（NYSE：XOM）以595亿美元的价格收购Pioneer Natural Resources。该交易属于全球油气行业近20年来最大的并购交易之一，双方旨在加强生产低碳强度的石油和天然气。③

（4）2023年10月，能源巨头Chevron（NYSE：CVX）宣布将以530亿美元价格收购Hess（NYSE：HES），收购完成后，Chevron将获得圭亚那超过110亿桶油当量30%的所有权。④

（二）发展趋势

1. 并购交易量与油气价格同起伏

受疫情结束后经济复苏及地缘政治动荡的双重影响，2022年，油气行业上游的资本支出大幅增长，达到2014年以来的最高水平。成本增加也推动了油气价格的上涨和该领域投资的增加，预计油气行业上游的投资在2030年将增加至6400亿美元。⑤ 其中，天然气的价格增长可能落后于石油，进而导致石油行业的交易将随价格上涨而增加，而天然

---

① Marathon Oil Announces Eagle Ford Acquisition，https://ir.marathonoil.com/2022-11-02-Marathon-Oil-Announces-Eagle-Ford-Acquisition，visited on 2024-07-10.
② Kit Norton，ConocoPhillips Scooping up Marathon Oil in $22.5 Billion Deal，https://www.investors.com/news/conocophillips-marathon-oil-22-billion-acquisition/，visited on 2024-11-01.
③ Michelle Chapman，Exxon Mobil Doubles down on Fossil Fuels with $59.5 Billion Deal for Pioneer Natural as Prices Surge，https://apnews.com/article/exxon-pioneer-acquisition-crude-oil-natural-gas-00e0e0eea67b7fb8bf3685221e5423d1，visited on 2024-07-10.
④ Chevron Announces Agreement to Acquire Hess，https://www.chevron.com/newsroom/2023/q4/chevron-announces-agreement-to-acquire-hess，visited on 2024-07-10.
⑤ Investment Needs Rise Amid Market Uncertainty，https://www.ief.org/focus/ief-reports/upstream-investment-report-2023，visited on 2024-07-10.

气行业的交易将逐步减少。① 就并购而言,部分传统油气企业倾向于剥离油气在内的高碳资产,而保留低碳组合;更多的企业开始关注下游分销及销售,整个油气行业可能通过垂直并购的方式以应对日益增加的通胀压力。②

需要注意的是,俄罗斯的油气产量是未来油气行业价格发展趋势与投融资活动中重要的不确定因素。目前部分亚洲炼油商通过折扣购买俄罗斯原油,造成了地区间油价的差异。如果未来俄罗斯的油气产量受政策影响产生较大波动,可能进一步传导至全球市场。

2. 油气行业绿色转型发展趋势明显

与煤炭行业不同,油气企业正在通过使用更为绿色、低碳的原料响应全球碳中和的号召。对于下游炼油厂而言,将谷物和植物油等生物燃料或可再生柴油作为新的燃料来源。而针对天然气燃烧过程中产生的二氧化碳和甲烷等温室气体,一些新修建的液化气项目在建设过程中就配套建设了碳捕集与封存设施,这也带动了上下游供应链的投融资活动。

中国油气企业也积极应对能源结构转型的挑战,契合油气绿色发展的要求,提高清洁能源的供应能力,比如在深水、页岩油气等重要接替领域持续勘探开发,寻求更广阔的资源获取空间。与此同时,中国油气企业在管理境外投资运营的油气项目时,也积极推动参与保护当地生态环境。③

---

① Upstream M&A Falls 13% Year-over-year in 2022 to $58B, https://www.enverus.com/newsroom/upstream-ma-falls-13-year-over-year-in-2022-to-58b/, visited on 2024-07-10.
② Deloitte, 2023 Oil and Gas Industry Outlook, https://www2.deloitte.com/content/dam/Deloitte/us/Documents/energy-resources/us-2023-outlook-oil-and-gas.pdf, visited on 2024-07-10.
③ 《中国石油坚持绿色发展 守护美好家园》,http://www.nea.gov.cn/2023-06/11/c_1310726493.htm,2024年7月15日访问。

三、风电领域的投融资和并购现状及发展趋势

(一) 风电领域投融资和并购现状

2022年以来,全球风电领域行业巨头也积极参与并购风电产业上下游的并购与投融资。

从2000年代中期开始,中国成为全球风电装机增长的驱动力。2020年,中国以56%的市场份额位居全球新增风电国家排行榜首位,领先于美国、印度和西班牙等在风电行业有长期积累的传统大国。2021年,中国风电新增装机容量位居全球第一,并持续保持增长态势。[①] 2022年,中国风电和光伏发电新增装机容量高达1.25亿千瓦,连续三年超过1亿千瓦,再次刷新历史新高。[②] 国家能源局的数据显示,2023年1—11月,全国发电设备累计平均利用3282小时。其中,风电2029小时,比上年同期增加21小时。全国主要发电企业电源工程完成投资7713亿元,其中风电2020亿元,同比增长33.7%。[③]

1. 代表性交易 (境内)

(1) 2021年5月13日,国投电力控股股份有限公司获得海南省东方市市场监管局发放的海南东方高排风力发电有限公司新营业执照,成功并购海南东方高排48MW风电项目100%股权。[④]

(2) 2021年4月28日,珠海港股份有限公司公告显示同意旗下电

[①] Leading Countries in New Installed Wind Power Capacity in 2021,https://www.statista.com/statistics/185514/leading-countries-in-new-installed-windpower-capacity/,visited on 2024-07-15.

[②] 《国家能源局:2022年全国风电、光伏发电新增装机突破1.2亿千瓦,再创历史新高》,https://news.cctv.com/2023/02/13/ARTIs1oCSX3DztjPGPwPZzhZ230213.shtml,2024年7月15日访问。

[③] 《国家能源局发布1—11月份全国电力工业统计数据》,https://www.nea.gov.cn/2023-12/20/c_1310756286.htm。

[④] 《100%股权!国投电力收购海南高排48MW风电项目》,https://www.ne21.com/news/show-161071.html,2024年7月15日访问。

力集团向广东粤电珠海海上风电有限公司增资 8918.7 万元。同年 12 月 29 日公告显示，电力集团再次增资 1.41 亿元。①

（3）2023 年 9 月，广东水电二局股份有限公司的全资子公司新疆粤水电能源有限公司与四川省成都市金堂县人民政府签订《新疆粤水电能源有限公司 100MW 分散式风电项目框架协议书》，拟在金堂县区域内开发风力发电场项目，规划风电项目 10 万千瓦，拟投资约 6 亿元。②

（4）2022 年 9 月，中国三峡新能源（集团）股份有限公司、中国长江电力股份有限公司、三峡资本控股有限责任公司、长江三峡投资管理有限公司拟分别出资认缴 34 亿元、33 亿元、16.5 亿元、16.5 亿元，共同投资设立内蒙古三峡陆上新能源投资有限公司，注册资本为 100 亿元。拟设公司的经营范围涉及火电、风光氢储等新能源及产业链上下游投资开发，以及发电业务等。③

（5）2022 年 10 月，中船集团间接控股公司中船科技股份有限公司发布重大资产重组公告，将通过发行股份及支付现金的方式购买中船集团控股下的新能源资产，交易价格为 91.98 亿元。相关资金主要用于补充上市公司和目标公司流动资金、偿还债务以及相关项目建设等，具体项目包括但不限于兴城 2 号 30 万千瓦风电项目、江苏盐城风电叶片产线升级改造项目、中国海装象山大型海上风电装备产业园总装基地建设项目，以及正镶白旗乌宁巴图风电二期 100MW 风电项目等。④

（6）2023 年 10 月，广西能源股份有限公司发布公告，称拟收购广西广投海上风电开发有限责任公司 60% 股权，交易价格为 16531.81 万

---

① 《珠海港：关于电力集团增资入股广东粤电珠海海上风电有限公司的公告》，http://vip.stock.finance.sina.com.cn/corp/view/vCB_AllBulletinDetail.php?stockid=000507&id=7153382，2024 年 7 月 15 日访问；《关于电力集团为广东粤电珠海海上风电有限公司增资的公告》，http://static.cninfo.com.cn/finalpage/2021-12-29/1212045453.PDF，2024 年 7 月 15 日访问。

② 《约 6 亿元！粤水电投建 100MW 分散式风电项目》，http://www.chinapower.com.cn/flfd/gnxw/20231009/219296.html，2024 年 7 月 15 日访问。

③ 苗诗雨：《百亿元大手笔挥师内蒙古，千亿市值巨头三峡能源的新能源"野心"》，https://www.chinatimes.net.cn/article/121261.html，2024 年 7 月 15 日访问。

④ 《中船集团风电资产大重组，中国海装等作价 92 亿注入中船科技》，https://finance.sina.cn/2022-10-12/detail-imqqsmrp2258528.d.html，2024 年 7 月 15 日访问。

元。被收购方为广西能源集团有限公司的控股子公司,其旗下现有防城港海上风电示范项目,规划总装机规模 180 万千瓦,为广西区内首个启动建设的海上风电项目,其中项目 A 场址(70 万千瓦)已获得核准,计划 2024 年部分机组并网投产,2025 年全容量并网投产。①

2. 代表性交易(境外)

(1) 2020 年 9 月 30 日,全球风电涂料界巨头科思创(OTCMKTS:COVTY)与荷兰皇家帝斯曼集团签署协议,同意以 16.1 亿欧元(约合 18.86 亿美元)的价格收购其树脂和功能材料业务,并将结合股权和债权两种方式进行融资。②

(2) 2022 年 8 月 9 日,Evergy Inc.(NASDAQ:EVRG)宣布收购俄克拉何马州伍德沃德县的 Persimmon 风电场(OTCMKTS:PSMMY)。③

(3) 2022 年 8 月,Xcel Energy Inc.(NASDAQ:XEL)子公司 Northern States Power Co. 于同时期宣布从 ALLETE Inc.(NYSE:ALE)购买 20 兆瓦风电项目。④

(二) 发展趋势

1. 风电市场向新兴市场转移

根据彭博社新能源财经(BNEF)发布的 2023 年 Climatescope 报告,BNEF 从市场基本面、机遇、经验三方面对各主要市场进行打分,中国作为最大的风能和太阳能供需市场,在新兴市场中综合得分为

---

① 《手握重要项目!这家海上风电公司 60% 股权被收购》,https://www.sohu.com/a/729282582_121194771,2024 年 7 月 15 日访问。

② 《科思创以 18.86 亿美元完成收购帝斯曼树脂和功能材料业务》,https://www.sohu.com/a/459089804_425738,2024 年 7 月 15 日访问。

③ Steve Piper, Wind Power Transactions Lift off, https://www.spglobal.com/marketintelligence/en/news-insights/research/wind-power-transactions-lift-off, visited on 2024-07-15.

④ Ibid.

2.64（满分为 5 分），位居榜单第二名，仅次于印度。① 与此同时，东南亚及阿根廷、南非等地的风电投资进一步开发其在可再生能源特别是风能方面的资源，促进风能市场的发展。新兴市场的蓬勃发展吸引了大量投资方，为风能和可再生能源领域的投融资和并购活动提供了广阔的空间。随着风能市场的发展，新兴市场在相关领域的投融资和并购也随之蓬勃兴起，风电市场及投融资业务向新兴市场转移。

2. 海上风电进入规模化发展阶段，有望快速发展

根据世界银行估算，全球海上风电可开发潜力为 710 亿千瓦，其中七成以上分布在适合发展浮式风电的深水海域。美国科学家的研究显示，北大西洋的风能占据的海域面积为 300 万平方公里，足以满足当前全球的能源需求，发展空间巨大。2022 年 3 月，中国海洋石油集团有限公司首个海上风电项目——江苏 30 万千瓦海上风电场累计实现上网电量超 5 亿千瓦时，为长三角地区提供了绿色清洁能源。在中国海洋石油集团有限公司绿色能源转型的规划中，海上风电被视为重点发展和研究的方向。②

根据相关数据统计，2023 年 1 月至 11 月，国内海上风电项目新增核准量已达到 11.67 吉瓦，相比于 2022 年增长 24.62%。同时，自 2023 年以来，包括浙江、广东、广西、江苏等地加速核准了海上风电项目，如浙江省新增核准 3.09 吉瓦、江苏省新增核准 2.66 吉瓦的项目。③ 风电向深远海发展已成为产业趋势，预计未来海上风电行业的投资将快速发展，而该行业的迅猛增长也必将吸引大量的投资和资金流入。

---

① BloombergNEF, Power Sector Results, https://www.global-climatescope.org/results/, visited on 2024-07-15.

② 李楠、赵琳、操秀英：《海上风电成能源巨头投资热点》，载《科技日报》2022 年 3 月 22 日第 006 版。

③ 国海证券：《2024 年新能源行业策略—风电：拐点将至，向"海"而生》，https://pdf.dfcfw.com/pdf/H3_AP202312291615601396_1.pdf?1704107121000.pdf，2024 年 7 月 15 日访问。

四、光伏领域的投融资和并购现状及发展趋势

（一）光伏领域投融资和并购现状

根据工信部公布的信息及相关行业协会测算，2022年全年光伏产业链各环节产量再创历史新高，全国多晶硅、硅片、电池、组件产量同比增长均超过55%；行业总价值突破1.4万亿元人民币。[①] 而截至2023年前三个季度，硅料、硅片、电池、组件产量同比增长均超过70%，光伏行业总产值已超过1.2万亿元。[②] 伴随着近些年"双碳"目标的持续推进，电力央企俨然已经成为新能源投资的主要参与者，在新能源装机目标的激励下，政府引导加快对新能源项目的开发速度，同时加大对新能源资产的收购力度。

中国光伏行业协会的统计数据显示，仅2022年就有48家光伏企业在A股和H股资本市场使用IPO、可转债等权益融资工具，涉及项目51个，募资总额超过1161亿元，其中约40%的募集资金用于扩充光伏产能。[③] 无论境内境外，光伏领域的投资新设、并购、融资等均涌现不少代表性交易。

1. 代表性交易（境内）

（1）2021年12月31日，国电电力（600795.SH）发布公告称，国电电力全资子公司国电宁波风电开发有限公司将并购正泰新能源开发有限公司51.205万千瓦分布式光伏项目。该项目共涉及1家目标公司、81家项目公司，包含201个分布式光伏电站，交易价格为10.36亿元，

[①] 刘坤：《我国光伏行业总产值突破1.4万亿元》，https：//www.gov.cn/xinwen/2023-02/18/content_5742001.htm，2024年7月15日访问。

[②] 《前三季度我国光伏产业保持高速增长》，https：//news.cctv.com/2023/11/01/ARTI4SgNJiKVdwbfJzlGQyj4231101.shtml，2024年7月15日访问。

[③] 苏南：《光伏企业瞄准公募融资新模式》，载《中国能源报》2023年4月10日第1版。

分布在浙江、江苏、上海、山东等9个省市。①

（2）2022年9月6日，广东水电二局股份有限公司（简称"粤水电"）发布公告称，拟由全资子公司新疆粤水电能源有限公司的全资子公司巴楚县粤水电能源有限公司以51.96亿元投资建设粤水电巴楚县20万千瓦/80万千瓦时配套储能和80万千瓦市场化并网光伏发电项目。该项目已于2022年7月纳入新疆维吾尔自治区2022年第二批市场化并网新能源项目清单，视同对此项目进行了备案。②

（3）2023年7月，光伏制造企业正泰新能科技有限公司宣布完成C轮融资，金额高达20亿元人民币，主要用于TOPCon电池组件产能扩张，以进一步扩大生产规模，并加大对于研发和创新技术的投入。③

（4）2023年8月，江苏国强兴晟能源科技有限公司正式完成A轮融资。其中，第三笔战略融资的投资人包括但不限于中交蓝色基金、中信金石投资、国家能源投资集团、东方三峡投资、中信证券投资、招银国际、常州市工业转型发展基金、中泰证券、至盛投资、博浩广汇基金、国华投资开发、东海投资等。④

2. 代表性交易（境外）

（1）2023年2月27日，美国可再生能源公司Ameresco（NYSE：AMRC）收购了意大利可再生能源公司Enerqos Energy Solutions，以扩大其在欧洲的清洁能源业务。Enerqos以其太阳能光伏、燃气热电联产和木质生物质锅炉产品迎合了医疗保健、房地产、零售和住宅等不同

---

① 《国电电力10.36亿元并购正泰新能源分布式光伏项目 提高光伏装机规模》，https：//new.qq.com/rain/a/20211231A0D6D700，2024年7月15日访问。
② 《粤水电：拟51.96亿元投建巴楚县20万千瓦/80万千瓦时配套储能和80万千瓦市场化并网光伏发电项目》，https：//www.jiemian.com/article/8035835.html，2024年7月15日访问。
③ 《正泰新能宣布完成20亿元C轮融资》，https：//www.in-en.com/finance/html/energy-2257034.shtml，2024年7月15日访问。
④ 《引国务院直属投资公司参与！常州一智能光伏头部企业完成A轮融资》，https：//www.hbchanyelian.com/news-21487.html，2024年7月15日访问。

行业的需求。① 双方之间的交易有效提高了能源效益与低碳化水平。

（2）2023年2月28日，全球主要可再生能源公司EDF Renewables宣布从德国项目开发商MEC Energy处收购了17个绿地光伏项目，即总容量为529MWp的太阳能光伏投资组合。EDF Renewables的战略目标是希望到2030年使全球可再生能源净装机容量从28吉瓦增加至60吉瓦，达到80%的可再生电力。②

（二）发展趋势

1. 央企投资减缓，对光伏项目合规性要求趋严

尽管央企在新能源项目的开发、建设方面拥有显著优势，中国光伏行业协会也于2023年7月成立了中国光伏行业协会金融专业委员会，但目前仍有相当数量的项目需要通过从民营企业收购或与民营企业合作来完成，项目并购往往会占到大部分央企新能源投资总规模的一半甚至更高的比例。随着国务院国有资产监督管理委员会相关考核的收紧以及央企对于新能源投资市场的愈发了解，在新能源项目合作开发与并购方面，央企的推进力度有所放缓，对合规性的要求也更加严格。以往，如果项目存在一定瑕疵，在出售方承诺兜底解决土地问题的前提下也可能得以继续推进，但现在此类问题必须得到解决后才能继续推进项目。③能源企业在光伏项目投资方面的合规性要求进一步趋严。

2. 未来关注光伏辅料及技术创新领域的投资

一方面，对于资本市场而言，硅料、硅片、电池、组件四个环节的成本已相当透明，大资本纷纷进入市场，相对削平了超过行业平均水平

---

① Ameresco Announces Acquisition of Enerqos to Expand Presence in Europe，https：//www.ameresco.com/ameresco-announces-acquisition-of-enerqos-to-expand-presence-in-europe，visited on 2024-07-15.

② EDF Renewables Acquires a 529 MWp Photovoltaic Portfolio in Germany from MEC Energy，https：//edf-renouvelables.com/en/communiques/edf-renouvelables-acquiert-aupres-de-mec-energy-un-portefeuille-de-529-mwc-de-projets-photovoltaiques-en-allemagne/，visited on 2024-07-15.

③ 《央企收紧光伏项目并购力度，项目合规性、收益率要求趋紧》，载"光伏们"微信公众号2022年4月25日，https：//mp.weixin.qq.com/s/0DRyhOlXXhku-G-caH2k5g。

的利润；相反，资本对于辅料领域的关注度较低。因此，在装机量持续增长的态势下，将会出现爆发性的机遇。部分行业相关人士认为，和主材相比，光伏辅料的机遇更多一些。[1] 预计光伏辅料相关行业的投资与并购机会将会不断涌现。

另一方面，根据《智能光伏产业创新发展行动计划（2021—2025年）》（工信部联电子〔2021〕226号），预计到2025年，光伏行业将实现智能化水平的显著提升，产业技术创新方面亦取得重要突破，包括但不限于开发长寿命、高安全的BIPV光伏构件、光伏瓦，支持建筑屋顶光伏行动等等。这一战略性计划由工信部、国家能源局等多个主管部门共同制定，标志着光伏行业在未来几年内将聚焦于智能技术的发展和技术创新的推动。光伏产业链创新和技术迭代加速，亦有利于吸引大量投资者，获得资本加持。

五、氢能领域的投融资和并购现状及发展趋势

（一）氢能领域投融资和并购现状

由于氢能清洁低碳、高效安全的特点，业界普遍认为未来30年全球氢能市场可能迎来爆发式增长。[2] 氢能产业的快速发展亦带动氢能领域的投融资和并购交易频繁涌现，且投资机构大多关注氢能产业链上游的电解水制氢、下游的氢燃料电池等领域。[3] 就投资方面而言，2021年，氢能产业链迎来发展热潮，尤其是绿氢领域，在2021年迎来新投资制氢项目约14个，吸引了中石化、中石油、宝丰能源等大型能源企

---

[1] 李兴彩：《光伏行业：技术革新看电池 投资机遇抓辅料》，载《上海证券报》2022年1月26日第5版。

[2] 《氢能独角兽再次冲击IPO，2023年氢能赛道的投资表现如何？》，载"RimeData来觅数据"微信公众号 2023年6月9日，https://mp.weixin.qq.com/s/mC_GJQClwawd8-9zIreiOg。

[3] 赵赛楠：《资本涌入氢能赛道的投资逻辑》，载"高工氢电"微信公众号 2022年4月14日，https://mp.weixin.qq.com/s/nWzF2tWaRpeZSgWHTwVqRA。

业入局,多家央企国企持续投资布局氢能。① 据不完全统计,自 2022 年下半年至 2023 年上半年共有 83 项产业资本投资氢能相关事件,主要集中在氢能综合投资、燃料电池材料、制氢、燃料电池系统方面。② 而融资方面,2022 年以来,包括东方氢能、未势能源在内的多家氢燃料电池企业获得大量融资。2023 年全年,国内共有 41 家涉足氢能领域的企业完成 49 轮融资交易,累计融资金额高达 54 亿元人民币。③

而放眼国际视野,全球氢能领域的并购交易不断增加,政府亦通过各种融资计划及政府拨款激励绿色氢能项目。

1. 代表性交易(境内)

(1)2022 年 5 月 27 日,华电重工股份有限公司发布公告称通过受让股权及增资扩股相结合方式持有深圳市通用氢能科技有限公司 51% 的股权,交易金额约为 2.5 亿元人民币。该交易有利于增强华电重工股份有限公司在氢能材料装备领域(氢燃料电池质子交换膜、气体扩散层等)的设计开发与产业化发展能力,有利于推动公司氢能业务快速起步和发展。④

(2)2023 年 1 月 12 日,北京亿华通科技股份有限公司正式在香港联合交易所主板挂牌上市成为"中国氢能 A+H 第一股"。作为中国最早投身氢能领域的企业,其始终专注于燃料电池发动机系统研发及产业化,率先实现了燃料电池系统、电堆、双极板等核心关键零部件的批量化生产,并在商业化实践中得到广泛应用。⑤

(3)2023 年 4 月 12 日,乌兰察布 150 万千瓦"风光火储氢一体化"大型风电光伏基地项目正式开建。该项目系由北京京能电力股份有限公

---

① 赵赛楠:《资本涌入氢能赛道的投资逻辑》,载"高工氢电"微信公众号 2022 年 4 月 14 日,https://mp.weixin.qq.com/s/nWzF2tWaRpeZSgWHTwVqRA。
② 华宝证券:《产业资本偏爱制取用,关键环节国产化蓄势待发》,https://pdf.dfcfw.com/pdf/H301_AP202307281592782429_1.pdf。
③ 《2023 年羚牛氢能等 41 家氢能企业完成 49 轮融资》,https://www.h2weilai.com/cms/index/shows/catid/26/id/9938.html,2024 年 7 月 15 日访问。
④ 《华电重工涉足新能源 拟 2.5 亿持股 51% 深圳通用》,https://xueqiu.com/3162185244/232701409,2024 年 7 月 15 日访问。
⑤ 吴莉:《亿华通正式登陆港股》,载《中国能源报》2023 年 1 月 16 日第 14 版。

司花费 91.79 亿元人民币进行投资，规划装机容量 150 万千瓦，风场内同步建设 3 座 220KV 变电站、35KV 集电线路和 3 回 220KV 输电线路。项目建成后，每年可生产约 36.28 亿千瓦时绿色电能，节省标煤约 125.57 万吨，约减少二氧化碳 304.69 万吨、二氧化硫 2.21 万吨、氮氧化物 3.32 万吨的排放量。①

2. 代表性交易（境外）

（1）2021 年，澳大利亚出资数百万澳元支持澳大利亚天然气基础设施集团（Australian Gas Infrastructure Group）子公司与法国 ENGIE 公司开发的绿氢混合项目，以帮助在澳大利亚大规模启动可再生氢生产。②

（2）2022 年 9 月 16 日，澳大利亚可再生能源署（ARENA）再次宣布投入 4750 万澳元支持 ENGIE 公司建设可再生能源电解制氢工厂。③

（3）2023 年 2 月 28 日，英国石油公司（BP）宣布计划在西班牙巴伦西亚地区的 Castellón 炼油厂开发一个 HyVal 绿色氢集群，用于帮助炼油厂脱碳。该项目的投资金额高达 21.2 亿美元，BP 预计每年生产 1000 万吨清洁氢，到 2030 年再进口 1000 万吨。④

（4）2023 年 10 月 3 日，美国电解槽公司 Electric Hydrogen 宣布获得 3.8 亿美元的 C 轮融资。本轮融资由 Fortescue、Fifth Wall 和 Energy Impact Partners 领投，新投资者包括 BP 风投、阿曼投资局、淡马锡、微软气候创新基金、联合航空风险投资可持续飞行基金等等。Electric Hydrogen 是一家成立于 2020 年、以 PEM 电解槽为核心产品

---

① 李璟、尚云霞、宋伟国：《150 万千瓦"风光火储氢一体化"大型风电光伏基地项目在凉城开工建设》，https：//www.wulanchabu.gov.cn/jrwlcb/494117.html，2024 年 7 月 15 日访问。

② Ivan Shumkov, AGIG, Engie Win Funds for Green Hydrogen Bending Project in Victoria, https：//renewablesnow.com/news/agig-engie-win-funds-for-green-hydrogen-blending-project-in-victoria-740093/，visited on 2024-11-01.

③ Australia's First Large Scale Hydrogen Plant to Be Built in Pilbara, https：//arena.gov.au/news/australias-first-large-scale-hydrogen-plant-to-be-built-in-pilbara/，visited on 2024-07-15.

④ 《bp 启动西班牙绿色氢集群》，http：//www.nengyuanjie.net/article/70499.html，2024 年 7 月 15 日访问。

的绿氢生产解决方案供应商，其核心目标是使用可再生绿色氢以替代天然气和煤炭。①

（二）发展趋势

1. 政府资本入局

随着近年来对氢能产业的支持政策不断出台，除前文所述国外政府机构大力出资投资绿氢、清洁氢等氢能领域，很多地方政府也会配套设立产业基金投资氢能行业、发展产业，比如来自北京、上海、山东、河南、安徽、浙江等地的氢能产业基金。如铜陵长江氢能产业创新股权投资基金合伙企业（有限合伙）系铜陵市国资委于 2020 年设立的氢能产业投资的专业基金；而青岛汇铸氢能产业投资基金合伙企业（有限合伙）系青岛市国有资本控制、自 2021 年设立的氢能产业基金。

2. 投资金额大幅增加

我国氢能产业处于初级发展阶段，长期以来产业链融资规模普遍偏小。然而，自 2022 年起氢能领域的融资金额上涨明显，部分甚至半数已经开始进入亿元级融资时代。比如，2022 年 5 月 20 日，川投集团、东方锅炉、南钢股份联合北京兴星股权投资合伙企业（有限合伙）、广州开发区氢城成长产业投资基金合伙企业（有限合伙）、南昌九畴投资合伙企业（有限合伙）共六家新战略投资者对东方电气（成都）氢燃料电池科技有限公司进行合计 2.49 亿元的增资；② 2022 年 1 月 10 日，威孚高科宣布在 2025 年前向氢能业务领域投入总额约 30 亿元人民币，携全资子公司 IRD、Borit，与 RBINT、无锡市高新区新动能产业发展基金共同投资 5 亿元设立无锡威孚氢燃料电池技术有限公司，并以合资公

---

① Electric Hydrogen Raises $380 Million to Transform the Economics of Green Hydrogen Production，https://www.businesswire.com/news/home/20231003347355/en/Electric-Hydrogen-Raises-380-Million-to-Transform-the-Economics-of-Green-Hydrogen-Production，visited on 2024-07-15.

② 《2022 氢能迎来"爆发元年"，这 10 大融资案例宣示着风口方向！》，https://www.sohu.com/a/632439075_157504，2024 年 7 月 15 日访问。

司为主体推进氢燃料电池核心零部件业务亚太基地建设，拟于 2025 年前另行规划新增投资约 7 亿元。①

六、核电领域的投融资和并购现状及发展趋势

（一）核电领域投融资和并购现状

核电作为一种清洁能源，由于其发电成本稳定且相对较低、不受季节和气候影响，以及生产过程中不排放二氧化硫、二氧化碳等特性，对实现我国"双碳"目标具有重要作用。随着国家对清洁能源领域的政策支持力度不断增大，近年来核电领域发展迅速。根据《中国核能发展报告（2023）》蓝皮书显示，我国核电关键装备自主化、国产化水平稳步提高，核能装备制造能力得到全面提升。

根据我国《"十四五"现代能源体系规划》提出的战略目标，在确保安全的前提下，积极有序推动沿海核电项目建设，保持平稳建设节奏，合理布局新增沿海核电项目；到 2025 年，核电运行装机容量达到 7000 万千瓦左右。根据 2024 年 5 月世界核协会发布的《核燃料报告：2023—2040 年全球需求和供应情景》，预计到 2040 年，可运行的核电装机容量将达到 6.86 亿千瓦。② 在我国，核电站均为国有资本控股，国家不断出台金融政策以刺激核电领域多层次多方向融资，特别是近年来出台的绿色债券等政策，鼓励了核电领域的企业以绿色债券方式进行融资。而国际方面，核电领域的并购、投融资交易也时有发生。比如法国于 2022 年出台了"2030 投资计划"，包括但不限于到 2030 年实现小型模块化反应堆技术示范和核电大规模制氢计划。③

---

① 叶玲珍：《威孚高科发布氢能投资规划 至 2025 年拟投入 30 亿元》，https：//stock.stcn.com/djjd/202201/t20220111_4058665.html，2024 年 7 月 15 日访问。
② Global Scenarios for Demand and Supply Availability 2023-2040，https：//world-nuclear.org/our-association/publications/global-trends-reports/nuclear-fuel-report，visited on 2024-07-15。
③ 《积极安全有序发展核电 建成完整核电产业链》，https：//www.china-nea.cn/site/content/43023.html，2024 年 7 月 15 日访问。

1. 代表性交易（境内）

（1）2021年1月6日，中国核电顺利完成收购中核汇能的股权交割。该项目系由中国核电收购中核汇能100％的股权，收购对价超过21.1亿元人民币。① 此次交易属于中国核电自成立以来最大规模的股权收购项目，其不仅完成了对新能源产业投资的关键布局，更加快了以"核电＋新能源"产业发展战略的步伐。

（2）2023年6月1日，中国核电发布公告称中核汇能拟收购三一重能旗下的通道驰远新能源开发有限公司，以加码布局非核电清洁能源。该收购交易的对价约3.19亿元，进一步推动中国核电的业务转变为"核电＋新能源"双轮驱动。②

2. 代表性交易（境外）

（1）2021年，日本原子能机构恢复小型高温气冷堆的运行，并于2022年与三菱重工宣布在此基础上建立一个示范性的制氢项目。③

（2）2022年2月10日，法国电力表示，已与通用电气公司签署了一项独家协议，收购后者旗下GE Steam Power的部分核电业务。尽管交易的财务细节未公开，但拟议的交易包括新核电站的常规岛设备以及未来核电站的蒸汽涡轮机技术。协议涵盖的业务和团队分布在约15个国家，其中近70％的劳动力位于法国。④

（3）2023年11月1日，日本原子能研究开发机构（JAEA）、三菱重工公司（MHI）和三菱快堆系统公司（MFBR）与美国泰拉能源公司（Terra Power）签署协议，在2022年1月合作备忘录基础上进一步拓展在钠冷快堆研发领域的合作，包括加强金属燃料的安全性以及提高泰

---

① 《中国核电21.1亿元收购中核汇能100％股权 扩大新能源版图！》，https://m.bjx.com.cn/mnews/20210111/1128616.shtml，2024年7月15日访问。

② 李映泉：《中国核电拟3亿元收购三一重能风电资产》，http://www.news.cn/fortune/2023-06/02/c_1212194906.htm，2024年7月15日访问。

③ 《积极安全有序发展核电 建成完整核电产业链》，https://www.china-nea.cn/site/content/43023.html，2024年7月15日访问。

④ 《法国电力签署独家协议，收购通用电气旗下部分核电业务》，https://www.jiemian.com/article/7091252.html，2024年7月15日访问。

拉能源 Natrium 钠冷快堆装机容量，以提高其经济竞争力。①

（二）发展趋势

1. 未来核电站由沿海向内陆发展

就选址而言，由于核电厂址的开发通常具有持续时间久、涉及环节多、开销费用高、实操难度大等特点，实现核电安全可持续发展是关键。从全球层面来看，目前有超过 440 座核电站，在内陆地区的占 50%以上。② 多个核电大国的核电站主要分布在内陆。而目前，我国所有在运及在建核电站均位于沿海地区，包括辽宁、山东、江苏、浙江、福建、广东、广西和海南。③ 由于内陆地区的资源优势、能源需求上涨、安全和环境因素考量及区域发展需求，加之内陆核电站与沿海核电站对技术要求的差异性较小，未来我国核电站的投资由沿海向内陆发展符合全球发展趋势，确保核电站的安全和可持续性发展。

2. 核电在能源转型过程中发挥重要作用

尽管核废料问题始终为全球带来困扰，但不断刷新历史记录的用电成本使得欧洲陷入能源供应紧张，因此，欧洲议会在 2022 年 7 月 18 日投票决定将核电和天然气重新纳入可持续融资类别，提议将核电和天然气投资列为气候友好的"绿色投资"。④ 此举不难看出欧盟将核电、天然气视为能源转型过程中的过渡能源，尽管不乏争议，但该提案为核电和天然气领域投资扫清了法律障碍，为金融市场重新定义了可持续的投资方向，有利于实现"碳中和"目标和维护能源安全。

随着欧盟提案的生效以及核电行业的进一步发展，全球大型能源公司、投资基金等可能会通过收购、投资、合作等形式"刷新"其在核电领域的存在感，未来核电领域的投融资和并购交易积极可观。

---

① 《美日加强钠冷快堆合作》，https：//www.caea.gov.cn/n6760338/n6760343/c10414440/content.html，2024 年 7 月 15 日访问。

② 《核电行业发展趋势分析：上升空间非常巨大》，https：//www.xianjichina.com/news/details_75377.html。

③ 《积极安全有序发展核电》，http：//www.xinhuanet.com/energy/20230607/5325248381d5402d9977b899ca7606b6/c.html，2024 年 7 月 15 日访问。

④ 《国外核能十大新闻》，https：//www.china-nea.cn/site/content/42289.html，2024 年 7 月 15 日访问。

第二章

能源行业股权投融资

一、能源行业股权投融资的主要风险

（一）政策风险

能源行业，尤其是新能源行业的形成和发展离不开不同层级的政府政策支持，常见的支持形式包括但不限于补贴、退税等，以此降低新能源项目的投资风险并提高项目的可行性和竞争力。然而，这些政策可能是基于法律法规的指导方向制定的，具有一定的时效性。随着新能源行业的逐渐成熟及市场竞争的加剧，并受限于政策的时效性，政策支持必然逐步让位于市场选择，直至最终退出。而此类政策的变化可能对依赖政府补贴、退税的新能源企业产生重大影响。

因此，潜在的投资者和新能源企业一方面有必要关注政策风向，警惕政策风险，提前应对解决政策变动带来的影响；另一方面，应积极调整战略，降低对政府补贴和退税的依赖，提高竞争力和可持续发展能力，以适应新能源行业发展的市场选择和政策变化。

（二）环境风险

环境风险是能源行业境内外股权投资的巨大隐患，可能导致境内投资方的利益受到重创。商务部、环境保护部曾于2013年2月18日发布

《对外投资合作环境保护指南》（商合函〔2013〕74号），要求中国企业进一步规范对外投资合作活动中的环境保护行为，及时识别和防范环境风险，履行环境保护社会责任，鼓励企业在收购境外目标公司前，针对目标公司开展必要的环境尽职调查，重点评估其在历史经营活动中形成的危险废物、土壤和地下水污染等情况，目标公司与此相关的环境债务，以及目标公司涉及的环境诉讼、对生产过程中可能产生的危险废物制订的管理计划。除此以外，境内投资方在履行投资决策时还应当审慎考虑所在区域的生态功能定位，对于可能受到影响的具有保护价值的动物、植物资源，企业可以在东道国政府及社区的配合下，优先采取就地、就近保护等措施，减少对当地生物多样性的不利影响，避免受到东道国的行政、民事或刑事处罚。

就境内股权投资而言，环境风险亦是项目投资过程中需要重点关注的方面。对于较为复杂或对环境事项有特殊要求的尽调，通常除了律师之外还需要环境保护专业人员参与其中，由专业人员提供专业的环境评估和风险分析，确保境内投资方在投资过程中充分考虑环境保护的要素。

（三）政治风险

对能源行业的跨境投资而言，东道国的政策及政治风向变化直接导致投资存在潜在风险。一方面，包括我国在内的多数国家在能源开发行业事实上由国有企业主导，导致该领域的发展与国家政策的变化更为紧密相关；另一方面，如美国、澳大利亚等国，将与能源、重大基础设施相关的投资纳入安全审查的范围，以此加强对能源领域的管控。但由于安全审查的标准通常难以具象化，能源行业跨境投资的难度和不确定性也显著增加，投资方面临着评估和应对东道国政策和政治风向变化的挑战。

因此，拟在新能源领域进行投资的潜在投资者应完善事前风险管理体系，正确评估东道国的经济形势、政策和过往类似案例的审查结果，以冲抵潜在的政治风险。关于外商投资安全审查的内容将在本篇第四章第五节详述。

(四）项目核准或备案的风险

就煤炭领域而言，根据《国务院关于煤炭行业化解过剩产能实现脱困发展的意见》的要求，煤矿项目新增产能受到严格控制。自 2016 年起算的三年内，原则上停止审批新建煤矿项目、新增产能的技术改造项目和产能核增项目；如确有必要新建煤矿的，也全面实行减量置换的措施。根据《政府核准的投资项目目录（2016 年本）》的有关规定，国家规划矿区内新增年生产能力 120 万吨及以上煤炭开发项目由国务院行业管理部门核准。其中，新增年生产能力 500 万吨及以上的项目由国务院投资主管部门核准并报国务院备案；国家规划矿区内的其余煤炭开发项目和一般煤炭开发项目由省级政府核准。需要特别注意的是，国家规定禁止建设或列入淘汰退出范围的项目，不得核准。因此，国家对煤炭领域的项目严格控制产量。不同规模的煤炭开发项目，需要由不同层级的国家主管部门或人民政府批准并备案。

就油气领域而言，根据《政府核准的投资项目目录（2016 年本）》，针对年产超过 20 亿立方米的煤制天然气项目、年产超过 100 万吨的煤制油项目，需要由国务院投资主管部门核准；针对液化石油气接收、存储设施（不含油气田、炼油厂的配套项目）则需要由地方政府核准；而针对进口液化天然气接收、储运设施而言，新建（含异地扩建）项目由国务院行业管理部门核准，其中新建接收储运能力 300 万吨及以上的项目由国务院投资主管部门核准并报国务院备案，其余项目则由省级政府核准；就输油管网（不含油田集输管网）而言，跨境、跨省（区、市）干线管网项目由国务院投资主管部门核准，其中跨境项目报国务院备案，其余项目则由地方政府核准；就输气管网（不含油气田集输管网）而言，跨境、跨省（区、市）干线管网项目由国务院投资主管部门核准，其中跨境项目报国务院备案，其余项目则由地方政府核准；新建炼油及扩建一次炼油项目由省级政府按照国家批准的相关规划核准，未列入国家批准的相关规划的新建炼油及扩建一次炼油项目，禁止建设。因此，不同规模、不同种类的油气项目，需要根据具体情况向国家或地方政府申请备案、批准。2022 年 9 月 28 日，国家能源局还公布了《国家能源局关于进一步做好油气开发项目备案填报工作的通知》，对各相关企业进一步完善石油天然气开发项目备案填报工作提供了明确指示和要求。

就风电领域而言，根据《政府核准的投资项目目录（2016年本）》，风电站属于由地方政府在国家依据总量控制制定的建设规划及年度开发指导规模内核准的项目。因此，风电领域的项目属于需经核准的项目。

就光伏领域而言，根据《光伏电站开发建设管理办法》的有关规定，光伏电站项目根据国务院投资项目管理规定实行备案管理制度。各省、区、市可制定本省、区、市的光伏电站项目备案管理办法，以明确备案机关及其权限等。备案机关及其工作人员应当依法对项目进行备案，不得擅自增减审查条件，不得超出办理时限。备案机关以及相关部门应当加强对光伏电站的事中事后监管。据此，光伏领域的项目属于需经备案的项目，具体备案权限可能下放至各省、区、市来进行管理和规范。

就氢能领域而言，目前氢能产业并无专门立法规制，对制氢厂、加氢站的建设审批尚无专门性法规、规章作为项目建设、管理的法律依据，目前参照一般建设项目的核准备案流程取得有关主管部门的相关审批手续，包括但不限于投资、规划、环境、土地、工程等方面，在开发建设完成后依法依规完成竣工验收方可投入使用。但需要注意的是，各地区就加氢站项目存在出台小范围试点的暂行规定的情形，如根据2018年4月25日发布的《武汉经济技术开发区（汉南区）加氢站审批及管理暂行办法》，武汉经济技术开发区（汉南区）的加氢站需要经由区行政审批局组织相关部门进行联合审查，并出具准入意见，由区发改局办理项目备案。因此，在氢能领域项目选址时需要综合考虑该地区的项目审批要求，特别是当地的专门规定，以评估项目的建设难度。

就核电领域而言，根据《政府核准的投资项目目录（2016年本）》，核电站由国务院核准。因此，核电领域的项目属于需经核准的项目。

未按上述要求履行项目核准或备案手续的，可能受到行政处罚。根据《企业投资项目核准和备案管理条例》的规定，实行核准管理的项目，企业未依照本条例规定办理核准手续开工建设或者未按照核准的建设地点、建设规模、建设内容等进行建设的，由核准机关责令停止建设或者责令停产，对企业处项目总投资额1‰以上5‰以下的罚款；对直接负责的主管人员和其他直接责任人员处2万元以上5万元以下的罚款，属于国家工作人员的，依法给予处分。实行备案管理的项目，企业未依照本条例规定将项目信息或者已备案项目的信息变更情况告知备案机关，或者向备案机关提供虚假信息的，由备案机关责令限期改正；逾期不改正的，处2万元以上5万元以下的罚款。

二、股权投融资过程中法律尽职调查的主要要点

（一）一般尽调要点

1. 资产权属

由于能源行业目标公司一般属于重资产型企业，因此，对于资产的权属的尽职调查是非常重要的。尽调过程中应当注重调查目标公司的资产上是否存在权属瑕疵，是否存在抵押、质押、查封等权利限制情形。由于资产的权属及其上的权利负担无法通过公开检索确认，一般而言，除了审查目标公司对外签署的借款合同、担保合同中是否对资产设置了权利负担，以及查询动产融资平台是否对动产融资进行了登记以及是否已经注销之外，还应当在股权投资的交易文件起草、谈判阶段加以约束。

2. 项目核准与备案

煤炭、油气、风电、光伏、氢能及核电项目均受限于项目核准或备案的要求。如未按照要求完成相应项目核准或备案手续，目标公司和/或其直接负责的主管人员和其他直接责任人员或面临行政处罚。因此，在尽调过程中有必要审查相关项目是否履行了核准或备案手续。

3. 证照与审批

能源行业目标公司的生产经营活动中一般均涉及一系列环保、健康、安全（EHS）审批或备案登记。对此，除了律师之外，较为复杂或对环境事项有特殊要求的尽调中亦会有 EHS 专业人员参与其中。不同目标公司具体涉及的证照与审批可能会不同，投资者在对能源行业目标公司进行尽调时，往往关注目标公司的技术创新与市场前景，不会将证照与审批事项作为目标公司运营情况的核心指标。但事实上，一旦存在潜在的、重大的 EHS 问题未被揭示，投资项目可能面临重大的风险。

就环保方面而言，建设阶段需要完成环境影响评价、取得环境影响评价的批复及竣工环保验收，运营阶段则根据环境影响评价、环境影响评价的批复取得相应的证照，常见的包括排污许可证或固定污染源登记、排水许可证、辐射安全许可证等。主要依据文件及未取得相关证照或未完成相关审批的法律后果如表 3-2-1 所示：

表 3-2-1　未取得有关环保资质/审批的主要法律风险

证照/审批	现行法律依据	法律后果
环境影响评价文件	• 建设项目的环境影响评价实行分类管理，建设项目应当按照规定编制环境影响报告书、环境影响报告表或者填报环境影响登记表 • 建设项目的性质、规模、地点、采用的生产工艺或者防治污染、防止生态破坏的措施发生重大变动的，建设单位应当重新报批建设项目的环境影响评价文件	• 未依法报批建设项目环境影响报告书、报告表，或发生重大变动或超过五年开工的，可能会被责令停止建设，根据违法情节和危害后果，被处建设项目总投资额 1% 以上 5% 以下的罚款，并可能被责令恢复原状；对建设单位直接负责的主管人员和其他直接责任人员，依法给予行政处分
环境影响评价的批复	• 建设项目的环境影响评价文件自批准之日起超过 5 年，方决定该项目开工建设的，其环境影响评价文件应当报原审批部门重新审核①	• 未依法备案建设项目环境影响登记表的，可能会被责令备案，处 5 万元以下的罚款②

---

① 《环境影响评价法》。
② 同上。

（续表）

证照/审批	现行法律依据	法律后果
竣工环保验收	• 编制环境影响报告书、环境影响报告表的建设项目竣工后，建设单位应当按照国务院环境保护行政主管部门规定的标准和程序，对配套建设的环境保护设施进行验收，编制验收报告①	• 需要配套建设的环境保护设施未建成、未经验收或者验收不合格，建设项目即投入生产或者使用，或者在环境保护设施验收中弄虚作假的，可能会被责令限期改正，处 20 万元以上 100 万元以下的罚款；逾期不改正的，可能被处 100 万元以上 200 万元以下的罚款；直接负责的主管人员和其他责任人员，可能被处 5 万元以上 20 万元以下的罚款；造成重大环境污染或者生态破坏的，可能会被责令停止生产或者使用，或者责令关闭 • 建设单位未依法向社会公开环境保护设施验收报告的，存在被责令公开，处 5 万元以上 20 万元以下的罚款并予以公告的风险②
排污许可	• 根据污染物产生量、排放量、对环境的影响程度等因素，对排污单位实行排污许可分类管理：（1）污染物产生量、排放量或者对环境的影响程度较大的排污单位，实行排污许可重点管理；（2）污染物产生量、排放量和对环境的影响程度都较小的排污单位，实行排污许可简化管理③ • 依照法律规定实行排污许可管理的排污单位，应当依法申请取得排污许可证，并按照排污许可证的规定排放污染物④	• 排污单位存在无排污许可证排放污染物情形的，存在被责令改正或者责令限制生产、停产整治，并处 20 万元以上 100 万元以下的罚款的风险；情节严重的，存在被责令停业、关闭的风险⑤

---

① 《建设项目环境保护管理条例》。
② 同上。
③ 《排污许可管理条例》。
④ 《排污许可管理办法》。
⑤ 《排污许可管理条例》。

（续表）

证照/审批	现行法律依据	法律后果
排水许可证	• 从事工业、建筑、餐饮、医疗等活动的企业事业单位、个体工商户（以下称"排水户"）向城镇排水设施排放污水的，应当向城镇排水主管部门申请领取污水排入排水管网许可证①	• 排水户未取得污水排入排水管网许可证向城镇排水设施排放污水的，存在受到责令停止违法行为，限期采取治理措施，补办污水排入排水管网许可证，处50万元以下罚款的处罚的风险；对列入重点排污单位名录的排水户，存在被处30万元以上50万元以下罚款的风险；造成损失的，依法承担赔偿责任；构成犯罪的，会被追究刑事责任②
辐射安全许可证	• 在中华人民共和国境内生产、销售、使用放射性同位素与射线装置的单位，应当依法取得辐射安全许可证③	• 无许可证从事放射性同位素和射线装置生产、销售、使用活动的，存在受到以下处罚的风险：责令停止违法行为，限期改正；逾期不改正的，责令停产停业或者由原发证机关吊销许可证；有违法所得的，没收违法所得；违法所得10万元以上的，并处违法所得1倍以上5倍以下的罚款；没有违法所得或者违法所得不足10万元的，并处1万元以上10万元以下的罚款④

就健康方面而言，根据《建设项目职业病防护设施"三同时"监督管理办法》，属于《建设项目职业病危害风险分类管理目录》中所述行业或生产经营中涉及《职业病危害因素分类目录》（国卫疾控发〔2015〕92号）中的职业病危害因素的目标公司，对可能产生职业病危害的建设项目，应当依照本办法进行职业病危害预评价、职业病防护设施设

---

① 《城镇排水与污水处理条例》。
② 《城镇排水与污水处理条例》《城镇污水排入排水管网许可管理办法》。
③ 《放射性同位素与射线装置安全许可管理办法》。
④ 《放射性同位素与射线装置安全许可管理办法》《放射性同位素与射线装置安全和防护条例》。

计、职业病危害控制效果评价及相应的评审，组织职业病防护设施验收，建立健全建设项目职业卫生管理制度与档案。该办法还规定，建设单位未进行职业病危害预评价，或职业病防护设施未按照规定与主体工程同时设计、同时施工、同时投入生产和使用的，由安全生产监督管理部门给予警告、责令限期改正；逾期不改正的，处 10 万元以上 50 万元以下的罚款；情节严重的，责令停止产生职业病危害的作业，或者提请有关人民政府按照国务院规定的权限责令停建、关闭。建设单位未对职业病危害预评价报告、职业病防护设施设计、职业病危害控制效果评价报告进行评审或者组织职业病防护设施验收的，由安全生产监督管理部门给予警告，责令限期改正；逾期不改正的，处 5000 元以上 3 万元以下的罚款。

就安全方面而言，通常涉及消防设计审查及验收、安全评价预案、安全生产验收等审批程序。对于生产经营过程中涉及使用易制毒易制爆危险化学品或生产危险化学品的目标公司，还需根据生产经营情况进行备案或取得相应的许可证。主要依据文件及未取得相关证照或未完成相关审批的法律后果如表 3-2-2 所示：

表 3-2-2　未取得有关安全资质/审批的主要法律风险

证照/审批	现行法律依据	法律后果
消防设计审查及验收	• 国务院住房和城乡建设主管部门规定应当申请消防验收的建设工程竣工，建设单位应当向住房和城乡建设主管部门申请消防验收①	• 依法应当进行消防验收的建设工程，未经消防验收或者消防验收不合格，擅自投入使用的，由住房和城乡建设主管部门、消防救援机构按照各自职权责令停止施工、停止使用或者停产停业，并处 3 万元以上 30 万元以下罚款②

---

① 《消防法》。

② 同上。

(续表)

证照/审批	现行法律依据	法律后果
安全评价预案	• 生产、储存、运输、使用危险化学品的企业和其他应当纳入适用范围的企业应制定环境应急预案。企业可以自行编制环境应急预案，也可以委托相关专业技术服务机构编制环境应急预案。建设单位制定的环境应急预案或者修订的企业环境应急预案，应当在建设项目投入生产或者使用前，向建设项目所在地受理部门备案①	• 企业未按照有关规定制定、备案环境应急预案，或者提供虚假文件备案的，由县级以上环境保护主管部门责令限期改正，并依据国家有关法律法规给予处罚②
安全设施竣工验收	• 生产经营单位在建设项目初步设计时，应当委托有相应资质的设计单位对建设项目安全设施同时进行设计，编制安全设施设计 • 生产、储存危险化学品（包括使用长输管道输送危险化学品）的建设项目等特殊项目需要进行安全预评价，除特殊项目外的其他建设项目，生产经营单位应当对其安全生产条件和设施进行综合分析，并形成书面报告备查；进行安全设施设计和取得安全设计审查同意，在投入生产或使用前进行安全设施竣工验收并形成书面报告③	• 未进行安全预评价、未进行安全设施设计或未取得安全设计审查同意，或在投入生产或使用前安全设施未验收合格的，可责令停止建设或者停产停业整顿，限期改正；逾期未改正的，处50万元以上100万元以下的罚款，对生产经营单位直接负责的主管人员和其他直接责任人员处2万元以上5万元以下的罚款；构成犯罪的，依照刑法有关规定追究刑事责任④

---

① 《企业事业单位突发环境事件应急预案备案管理办法（试行）》。
② 同上。
③ 《建设项目安全设施"三同时"监督管理办法》。
④ 同上。

（续表）

证照/审批	现行法律依据	法律后果
易制毒危险化学品	• 购买 申请购买第一类中的药品类易制毒化学品的，由所在地的省、自治区、直辖市人民政府药品监督管理部门审批；申请购买第一类中的非药品类易制毒化学品的，由所在地的省、自治区、直辖市人民政府公安机关审批。前款规定的行政主管部门应当自收到申请之日起 10 日内，对申请人提交的申请材料和证件进行审查。对符合规定的，发给购买许可证。购买第二类、第三类易制毒化学品的，应当在购买前将所需购买的品种、数量，向所在地的县级人民政府公安机关备案 • 生产经营 申请生产第一类易制毒化学品，应当取得生产许可证；生产第二类、第三类易制毒化学品的，应当自生产之日起 30 日内，将生产的品种、数量等情况，向所在地的设区的市级人民政府安全生产监督管理部门备案 • 运输管理 跨设区的市级行政区域（直辖市为跨市界）或者在国务院公安部门确定的禁毒形势严峻的重点地区跨县级行政区域运输第一类易制毒化学品的，由运出地的设区的市级人民政府公安机关审批；运输第二类易制毒化学品的，由运出地的县级人民政府公安机关审批。经审批取得易制毒化学品运输许可证后，方可运输。运输第三类易制毒化学品的，应当在运输前向运出地的县级人民政府公安机关备案[①]	• 未经许可或者备案擅自生产、经营、购买、运输易制毒化学品，伪造申请材料骗取易制毒化学品生产、经营、购买或者运输许可证，使用他人的或者伪造、变造、失效的许可证生产、经营、购买、运输易制毒化学品的，由公安机关没收非法生产、经营、购买或者运输的易制毒化学品、用于非法生产易制毒化学品的原料以及非法生产、经营、购买或者运输易制毒化学品的设备、工具，处非法生产、经营、购买或者运输的易制毒化学品货值 10 倍以上 20 倍以下的罚款，货值的 20 倍不足 1 万元的，按 1 万元罚款；有违法所得的，没收违法所得；有营业执照的，由市场监督管理部门吊销营业执照；构成犯罪的，依法追究刑事责任。有关行政主管部门可以自作出行政处罚决定之日起 3 年内，停止受理有前款规定违法行为的单位或者个人易制毒化学品生产、经营、购买、运输或者进口、出口许可申请[②]

[①] 《易制毒化学品管理条例》。

[②] 同上。

(续表)

证照/审批	现行法律依据	法律后果
易制爆危险化学品	• **销售与购买** 易制爆危险化学品销售、购买单位应当在销售、购买后五日内,通过易制爆危险化学品信息系统,将所销售、购买的易制爆危险化学品的品种、数量以及流向信息报所在地县级公安机关备案①	• 生产、储存、使用剧毒化学品、易制爆危险化学品的单位不如实记录生产、储存、使用的剧毒化学品、易制爆危险化学品的数量、流向的,由公安机关责令改正,可以处1万元以下的罚款;拒不改正的,处1万元以上5万元以下的罚款②
危险化学品	• **生产企业** 新建的生产企业应当在竣工验收前办理危险化学品登记。进口企业应当在首次进口前办理危险化学品登记。③ 从事危险化学品的生产活动,需要事先取得危险化学品安全生产许可证。④ 生产列入国家实行生产许可证制度的工业产品目录的危险化学品的企业,应当依照《中华人民共和国工业产品生产许可证管理条例》的规定,取得工业产品生产许可证⑤	• 登记企业不办理危险化学品登记,登记品种发生变化或者发现其生产、进口的危险化学品有新的危险特性不办理危险化学品登记内容变更手续的,责令改正,可以处5万元以下的罚款;拒不改正的,处5万元以上10万元以下的罚款;情节严重的,责令停产停业整顿⑥ • 未取得安全生产许可证擅自进行生产的,责令停止生产,没收违法所得,并处10万元以上50万元以下的罚款;造成重大事故或者其他严重后果,构成犯罪的,依法追究刑事责任⑦

---

① 《易制爆危险化学品治安管理办法》。
② 《危险化学品安全管理条例》。
③ 《危险化学品登记管理办法》。
④ 《危险化学品生产企业安全生产许可证实施办法》。
⑤ 《危险化学品安全管理条例》。
⑥ 《危险化学品登记管理办法》。
⑦ 《安全生产许可证条例》。

（续表）

证照/审批	现行法律依据	法律后果
危险化学品	• **使用企业** 列入危险化学品安全使用许可适用行业目录、使用危险化学品从事生产并且达到危险化学品使用量的数量标准的化工企业（危险化学品生产企业除外），需要办理危险化学品安全使用许可证① • **经营企业** 在中华人民共和国境内从事列入《危险化学品目录》的危险化学品的经营（包括仓储经营）活动，应当取得危险化学品经营许可证② • **运输企业** 从事危险化学品道路运输、水路运输的，应当分别依照有关道路运输、水路运输的法律、行政法规的规定，取得危险货物道路运输许可、危险货物水路运输许可，并向工商行政管理部门办理登记手续③	• 企业未依照本条例规定申请取得生产许可证而擅自生产列入目录产品的，由工业产品生产许可证主管部门责令停止生产，没收违法生产的产品，处违法生产产品货值金额等值以上3倍以下的罚款；有违法所得的，没收违法所得；构成犯罪的，依法追究刑事责任④ • 企业未取得安全使用许可证，擅自使用危险化学品从事生产，且达到危险化学品使用量的数量标准规定的，责令立即停止违法行为并限期改正，处10万元以上20万元以下的罚款；逾期不改正的，责令停产整顿⑤ • 未取得经营许可证从事危险化学品经营的，依照《中华人民共和国安全生产法》有关未经依法批准擅自生产、经营、储存危险物品的法律责任条款并处罚款；构成犯罪的，依法追究刑事责任⑥ • 未依法取得危险货物道路运输许可、危险货物水路运输许可，从事危险化学品道路运输、水路运输的，分别依照有关道路运输、水路运输的法律、行政法规的规定处罚⑦

除上所述，由于能源行业的项目多为大型建设工程，实践中还可能涉及以下证照与审批：

（1）压覆矿产资源审批：根据2024年修订的《矿产资源法》的规

---

① 《危险化学品安全使用许可证实施办法》。
② 《危险化学品经营许可证管理办法》。
③ 《危险化学品安全管理条例》。
④ 《中华人民共和国工业产品生产许可证管理条例》。
⑤ 《危险化学品安全使用许可证实施办法》。
⑥ 《危险化学品经营许可证管理办法》。
⑦ 《危险化学品安全管理条例》。

定，编制国土空间规划应当合理规划建设项目的空间布局，避免、减少压覆矿产资源。就战略性矿产资源而言，原则上不得压覆；确需压覆的，应当经国务院自然资源主管部门或者其授权的省、自治区、直辖市人民政府自然资源主管部门批准。战略性矿产资源目录由国务院确定并调整。因此，为避免项目开建后压覆重要矿床导致项目停工、拆迁或产生其他纠纷招致损失，建议在开工建设前与主管部门沟通，确认是否需要取得压覆矿产资源审批。

（2）文物保护和考古许可：根据《中华人民共和国文物保护法》（以下简称《文物保护法》）的规定，进行大型基本建设工程，建设单位应当事先报请省、自治区、直辖市人民政府文物行政部门组织从事考古发掘的单位在工程范围内有可能埋藏文物的地方进行考古调查、勘探。虽然部分地区主管部门并未强制要求风电、光伏项目必须进行考古调查、勘探，但是对于河南、陕西、甘肃地区的建设项目，建议关注该等许可并履行必要的审批手续，实践中如中广核邓州43MW分散式风电项目，取得了进行大型基本建设工程前在工程范围内有可能埋藏文物的地方进行考古调查、勘探的许可。

4. 供应链与客户稳定

能源行业目标公司的商业模式更侧重于"B to B"（Business-to-Business）的模式，因此，重要客户与供应商的稳定性亦是尽职调查的要点。由于通常的股权投资并不会导致目标公司的控制权产生变更，因此在尽调中主要应当关注与重要客户、供应商签署的合同中，对方是否享有任意解除权、目标公司是否存在潜在违约情形等，以评估目标公司与重要客户、供应商的合作关系是否良好且可持续，并作为对目标公司未来营业预测的重要基石。

5. 政府协议审查

受限于能源行业的政策指导及其运营规模，目标公司通常与地方政府、工业园区签署协议，以获取财政补贴、税收返还、项目用地支持或其他优惠政策。通常而言，政府协议可能包含以下需要关注的事项：

（1）补贴的可持续性

一些目标公司签署的政府协议中，对于免租或税收优惠仅设定在一定的时间范围内，对此，尽调过程中需要关注补贴的可持续性，并在不再享有前述补贴的情况下进一步判断目标公司的财务收入和构成成本，以及不享有补贴对目标公司财务指标的影响。

（2）补贴的依据

目标公司享受的补贴是否存在合法、合规、真实的依据往往容易在尽调过程中被忽略。根据有关法律规定，发行人及其控股子公司执行的税种、税率是否符合现行法律、法规和规范性文件的要求；若发行人享受优惠政策、财政补贴政策等，该政策是否合法、合规、真实、有效是律师、保荐人尽职调查的职责之一，[①] IPO 过程中监管部门往往会关注补贴的依据。因此，在尽调过程中应当对财政补贴的合法、合规、真实、有效予以核实，核查收取的补贴的依据，并进一步判断如果没有依据或依据有瑕疵的补贴被追缴，对目标公司的财务状况的影响。

（3）补贴承诺事项的履行情况

一些目标公司签署的政府协议中，设定了关于项目验收、投资总额、雇佣人员的承诺，对此，尽调过程中应当关注核查该等承诺的履行情况与违约后果，对于未达成承诺需要返还政府补贴的情况，应当进一步评估违反承诺的可能性。

（二）煤炭领域法律尽职调查的特殊要点

1. 前期准备工作

如前所述，我国煤矿项目属于需政府核准的投资项目。同时，根据《国务院关于印发清理规范投资项目报建审批事项实施方案的通知》的要求，煤矿项目核准后开工前需要向地方煤炭行业管理部门申请初步设计审批。根据《国家能源局关于进一步调控煤电规划建设的通知》（国能电力〔2016〕275 号）的要求，如按照《国务院关于印发清理规范投资项目报建审批事项实施方案的通知》及《国家发展改革委、国家能源

---

① 《公开发行证券公司信息披露的编报规则第 12 号——公开发行证券的法律意见书和律师工作报告》（证监发〔2001〕37 号），2001 年 3 月 1 日发布；《保荐人尽职调查工作准则》（中国证券监督管理委员会公告〔2022〕36 号），2022 年 5 月 27 日发布。

局关于进一步规范电力项目开工建设秩序的通知》（发改能源〔2016〕1698号），未取得全部开工必要支持性文件而开工建设的煤电项目，相应省级发展改革委（能源局）应责令其立即停止建设，相关部门应依法依规予以严肃处理。对于新申请质量监督注册的煤电项目，应是国家依据总量控制制定建设规划内的核准项目。未取齐开工必要支持性文件的，不得进行质量监督注册。对于已注册质量监督的煤电项目，要立即进行清理，未纳入规划、未取齐开工必要支持性文件的，要停止其质量监督注册和阶段性监督检查等工作。

此外，根据《环境保护部办公厅关于做好煤电基地规划环境影响评价工作的通知》（环办〔2014〕60号）的要求，应在煤电基地规划草案报送前编制完成规划环境影响评价报告书，并报送负责召集审查的环境保护部门。煤电基地规划环境影响报告书和审查意见应与规划草案一并报送规划审批机关，作为规划决策和实施的重要依据。

根据《政府核准的投资项目目录（2016年本）》的规定，不同规模煤矿项目的核准部门有所不同。通常而言，煤矿项目不仅需要由国务院投资主管部门、国务院行业管理部门或省级政府核准，还需要由地方煤炭行业管理部门审批初步设计方案，并积极尽早介入煤电基地规划环境影响评价，否则将受到行政处罚。因此，在尽调过程中有必要适当审查政府机构就煤矿项目的核准情况、初步设计申请情况以及环境影响评价报送情况。

2. 项目发电业务许可

根据《电力业务许可证管理规定》的规定，在中华人民共和国境内从事电力业务，应当取得电力业务许可证。根据《国家能源局关于贯彻落实"放管服"改革精神优化电力业务许可管理有关事项的通知》，除豁免情形外，发电项目应当在完成启动试运工作后3个月内（风电、光伏发电项目应当在并网后6个月内）取得电力业务许可证。按照《国家发展改革委、国家能源局关于深入推进供给侧结构性改革、进一步淘汰煤电落后产能、促进煤电行业优化升级的意见》（发改能源〔2019〕431号）的精神，对于列入淘汰关停计划的煤电机组（应急备用电源除外），派出机构应按照各省（区、市）人民政府制定的落后煤电机组关停方案和年度关停计划明确的时限，督促企业办理许可证变更或注销手续。经地方能源主管部门确认已实际关停的项目，按规定变更或注销电力业务许可证。煤电应急备用电源关停后应及时变更或注销电力业务许可证。

因此，在针对煤炭领域股权投资的尽调过程中，不仅需要关注煤炭项目是否属于需要取得发电类电力业务许可证的项目，还需要关注该项目是否存在发电类电力业务许可证应当注销或变更的情形。否则，未依法取得发电类电力业务许可证非法从事发电业务，超出许可范围或超过许可期限从事电力业务的，或未在规定的期限内申请变更的，都将受到行政处罚；构成犯罪的，还应依法追究刑事责任。

3. 水土保持批复

根据《生产建设项目水土保持方案管理办法》（水利部令第53号）的规定，在山区、丘陵区、风沙区以及县级以上人民政府或者其授权的部门批准的水土保持规划确定的容易发生水土流失的其他区域开办可能造成水土流失的生产建设项目，生产建设单位应当编报水土保持方案。可能造成水土流失的生产建设项目，是指在生产建设过程中进行地表扰动、土石方挖填，并依法需要办理审批、核准、备案手续的项目。根据《中华人民共和国水土保持法》（以下简称《水土保持法》）的规定，对于应编制而未编制水土保持方案的生产建设项目，或编制的水土保持方案未经批准而开工建设的，由县级以上人民政府水行政主管部门责令停止违法行为，限期补办手续；逾期不补办手续的，处5万元以上50万元以下的罚款；对生产建设单位直接负责的主管人员和其他直接责任人员依法给予处分。

就煤炭项目而言，相关开采活动涉及土地破坏、地表扰动、采煤废弃物排放、开挖煤矿井等活动，不可避免地会改变开采区的地形地貌和地质构造，存在引发规模不等的水土流失风险。因此，相关生产建设单位有必要结合项目的地理位置，并根据项目规模的不同编制水土保持方案报告书或水土保持方案报告表，切实规划。

4. 矿产资源许可审查

在我国，就矿产资源进行开采、勘探需要进行登记并取得采矿许可证、勘查许可证。就采矿权、探矿权进行转让也规定了严格的要求和流程。具体而言，开采、勘查不同的矿产资源，需要分别由国务院或省、自治区、直辖市人民政府地质矿产主管部门审批登记，颁发采矿许可证或勘查许可证。① 根据《探矿权采矿权转让管理办法》，在一般情况下，探矿权、采矿权不得转让，除非探矿权人有权在划定的勘查作业区内进行规定的勘查作业，有权优先取得勘查作业区内矿产资源的采矿权。探矿权人在完成规定的最低勘查投入后，经依法批准，可以将探矿权转让他人。另外，已经取得采矿权的矿山企业，因企业合并、分立，与他人合资、合作经营，或者因企业资产出售以及有其他变更企业资产产权的情形，需要变更采矿权主体的，经依法批准，可以将采矿权转让他人。除此以外，《探矿权采矿权转让管理办法》还具体规定了转让探矿权、采矿权的条件、程序、审批管理机关等。

由于煤炭项目必然涉及目标公司的采矿权、探矿权，因此，在进行相关项目的法律尽职调查时，有必要核实目标公司的以下情况：（1）是否取得了合法有效的采矿权和探矿权；（2）采矿权、探矿权的取得方式，如招标、拍卖、申请、转让等；（3）如通过转让方式取得采矿权、探矿权，是否符合《探矿权采矿权转让管理办法》的条件；（4）采矿权及探矿权许可证是否仍在有效期限内；（5）是否属于国家出资勘查形成的，以及是否根据评估备案的情况缴纳采矿权价款；（6）采矿权人、探矿权人与土地所有人签署的土地使用合同是否符合法律规定或具有法律效力；（7）采矿权、探矿权是否存在权利负担或限制等。

在以往开展的就煤炭领域股权投资项目对目标公司进行法律尽职调查的过程中，我们曾发现目标公司的采矿权存在抵押的情况，但却未收到采矿权抵押解除的书面文件。同时，我们在相关自然资源主管部门的网站核查过程中亦未发现目标公司作为采矿权人将采矿权抵押办理登记的情形，进而发现目标公司可能存在违反规定，未对采矿权存在权利负担进行登记、公示的情况。我们向客户进行了相应提示并建议在相关交易文件中要求目标公司及其实控人陈述和保证目标公司采矿权权属清

---

① 《矿产资源开采登记管理办法》《矿产资源勘查区块登记管理办法》。

晰，且不存在权利负担。此外，根据目标公司提供的资料，我们还获悉目标公司自 2018 年起即未缴纳采矿权使用费。《矿产资源开采登记管理办法》第 9 条规定："国家实行采矿权有偿取得的制度。采矿权使用费，按照矿区范围的面积逐年缴纳，标准为每平方公里每年 1000 元"；第 21 条规定："违反本办法规定，不按期缴纳本办法规定应当缴纳的费用的，由登记管理机关责令限期缴纳，并从滞纳之日起每日加收 2‰ 的滞纳金；逾期仍不缴纳的，由原发证机关吊销采矿许可证"；第 24 条规定："采矿权人被吊销采矿许可证的，自采矿许可证被吊销之日起 2 年内不得再申请采矿权。"因此，我们建议客户要求目标公司及其实控人在该项目交割完成前完成公司采矿权使用费的缴纳，并作为一项交割先决条件；同时，要求目标公司将对公司采矿许可证被吊销所导致的损失向客户承担赔偿责任作为一项交割后承诺事项。

5. 煤矿安全合规

由于煤炭项目环境的特殊性和作业条件的复杂性，其存在引发安全事故的风险，我国各机关针对煤矿领域颁布了相应的法律规定。具体而言，煤矿企业必须依照《煤矿企业安全生产许可证实施办法》的规定取得安全生产许可证。未取得安全生产许可证擅自进行生产、接受转让的安全生产许可证、冒用或使用伪造安全生产许可证的煤矿企业，将被责令停止生产，没收违法所得，并处 10 万元以上 50 万元以下的罚款；构成犯罪的，依法追究刑事责任。根据《煤矿建设项目安全设施监察规定》的规定，煤矿建设项目在可行性研究阶段，应当进行安全预评价；在投入生产或使用前，应当进行安全验收评价。煤矿建设工程必须符合煤矿安全规程和国家标准或者行业标准规定的管理和技术要求。根据《煤矿建设项目安全设施监察规定》的规定，煤矿建设项目施工前，其安全设施设计应当经煤矿安全监察机构审查同意；竣工投入生产或使用前，其安全设施和安全条件应当经煤矿建设单位验收合格。煤矿安全监察机构应当加强对建设单位验收活动和验收结果的监督核查。根据《煤矿安全生产条例》与《中华人民共和国安全生产法》（以下简称《安全生产法》）的有关规定，煤矿建设项目没有安全设施设计，或者安全设施设计未按照规定报经有关部门审查同意，或者在建设项目竣工投入生产或者使用前，安全设施未经验收合格的，责令停止建设或者停产停业整顿，限期改正，并处 10 万元以上 50 万元以下的罚款；逾期未改正的，处 50 万元以上 100 万元以下的罚款。

因此，在煤炭项目的尽调过程中有必要关注煤矿、煤炭企业及其建设项目的安全合规情况，审查目标公司是否取得安全生产许可证；是否进行安全预评价、安全验收评价；是否取得煤矿安全监察机构的同意及批复；是否符合《煤矿安全规程》等相应规定，并将尽调结果体现在交易文件的先决条件或陈述保证条款之中，以最大化保护投资方利益。

6. 税收优惠

为了推动我国煤炭行业向清洁、高效方向发展，我国出台了针对实行燃煤电厂超低排放的电价支持政策。对于燃煤发电机组大气污染排放浓度基本符合燃气机组排放限值要求的燃煤发电企业，即在基准含氧量 6% 条件下，烟尘、二氧化硫、氮氧化物排放浓度分别不高于 $10mg/Nm^3$、$35mg/Nm^3$、$50mg/Nm^3$，经所在地省级环保部门验收合格后给予适当的上网电价支持。[①] 对达到超低排放水平的燃煤发电机组，亦按照前述规定给予电价补贴。[②] 除落实电价补贴政策外，国家还鼓励对符合条件的煤电企业给予发电量奖励、落实排污费激励政策、给予财政支持、给予信贷融资支持等。如开发银行对燃煤电厂超低排放和节能改造项目落实已有政策，继续给予优惠信贷；鼓励其他金融机构给予优惠信贷支持。支持符合条件的燃煤电力企业发行企业债券直接融资，募集资金用于超低排放和节能改造。[③]

因此，在进行煤炭项目的尽职调查时，目标公司享受的税收优惠和政策补贴属于需要重点关注的方面之一。结合相关政策文件和所在地的规章制度，核实目标公司是否符合相应的税收优惠和补贴政策的要求，以进一步评估目标公司的财务状况和经营成本。此外，由于相关补贴政

---

① 《国家发展改革委、环境保护部、国家能源局关于实行燃煤电厂超低排放电价支持政策有关问题的通知》（发改价格〔2015〕2835 号），2015 年 12 月 2 日发布。

② 《环境保护部、国家发展和改革委员会、国家能源局关于印发〈全面实施燃煤电厂超低排放和节能改造工作方案〉的通知》（环发〔2015〕164 号），2015 年 12 月 11 日发布。

③ 同上。

策具有一定的时效性,在尽调报告中也应提示注明相关补贴政策的有效期限和风险。

(三)油气领域法律尽职调查的特殊要点

1. 前期工作准备

根据《油气开发项目备案及监管暂行办法》的规定,企业应当在开工建设前通过在线平台将下列信息告知备案机关:企业基本情况、项目名称、建设地点、建设规模、建设内容、项目总投资额、项目符合产业政策的声明等。企业应当对备案项目信息的真实性负责。对于企业未依照《企业投资项目核准和备案管理条例》规定将项目信息或者已备案项目的信息变更情况告知备案机关,或者向备案机关提供虚假信息的,由备案机关责令限期改正;逾期不改正的,处 2 万元以上 5 万元以下的罚款,移除已备案信息,将项目列入异常名录,并通过在线平台和"信用中国"网站向社会公开。此外,国家能源局在 2022 年发布的《国家能源局关于进一步做好油气开发项目备案填报工作的通知》对油气开发项目备案的填报内容、填报程序都进行了详尽的规定。

因此,在针对油气领域的尽调过程中,有必要核查目标公司是否就油气开发项目遵从针对油气领域的法律规定,包括是否在开工建设前将信息告知备案机关、是否在项目备案后 2 年内进行开工建设等等。

2. 矿产资源许可审查

如前所述,在我国,对于矿产资源的开采、勘探,必须进行登记并取得采矿许可证、勘查许可证。同时,转让采矿权和探矿权也受到严格的规范要求和流程限制,包括转让探矿权、采矿权的条件、程序、审批管理机关等规定。此外,根据《矿产资源开采登记管理办法》的有关规定,开采石油、天然气矿产的,经国务院指定的机关审查同意后,由国务院地质矿产主管部门登记,颁发采矿许可证;申请开采石油、天然气的,还应当提交国务院批准设立石油公司或者同意进行石油、天然气开采的批准文件以及采矿企业法人资格证明;违反前述规定开采石油、天然气矿产的,由国务院地质矿产主管部门按照本办法的有关规定给予行政处罚。

因此，在进行油气领域的尽职调查时，应适当核查目标公司的权属证明以及权属流转的历史情况，包括：（1）是否取得了合法有效的采矿权和探矿权，包括是否获得国务院批准开采的证明文件；（2）采矿权、探矿权的取得方式，如招标、拍卖、申请、转让等；（3）如通过转让方式取得采矿权、探矿权，是否符合《探矿权采矿权转让管理办法》的条件进行转让；（4）采矿权及探矿权许可证是否仍在有效期限内；（5）是否属于国家出资勘查形成的，以及是否根据评估备案的情况缴纳采矿权价款；（6）采矿权人、探矿权人与土地所有人签署的土地使用合同是否符合法律规定或具有法律效力，相关条款是否存在对目标公司严重不利的情形；（7）采矿权、探矿权是否存在权利负担或限制等。

3. 环保、健康、安全审查

一方面，就法律规定层面而言，鉴于石油、天然气属于危险化学品，因此如属于生产、经营石油、天然气等，需要根据《危险化学品生产企业安全生产许可证实施办法》《危险化学品经营许可证管理办法》取得安全生产许可证、危险化学品经营许可证，并应遵守《安全生产法》的规定，同时可参考 2023 年 1 月发布的《油气储存企业安全管理指南（试行）》（征求意见稿）的要求。另一方面，就油气项目的开发实践而言，由于油气公司肩负极高的环保责任，企业如有不慎即可能面临巨额赔偿，如英国石油公司（BP）就曾因在墨西哥湾漏油事故被罚款 616 亿美元。[①]

因此，在油气领域的相关尽调中，环保、健康、安全方面的尽职调查不容忽视，具体包括：（1）企业内部是否制定安全制度与应急处理流程等，是否定期开展安全培训；（2）相关企业是否根据法律规定取得行政许可，并在行政许可的范围内从事活动；（3）企业是否曾被环保部门处罚或存在环保方面的诉讼纠纷，以及对企业自身带来的风险评估；（4）企业与其他方签署的合同是否存在与环保、健康、安全相关的附加责

---

① 《BP 因墨西哥湾漏油再被罚 25 亿美元 累计花 616 亿美元》，https：//finance.sina.cn/2016-07-17/detail-ifxuaiwa7087330.d.html，2024 年 7 月 10 日访问。

任条款，以及履行情况等等。此外，尽调时也可以了解企业是否采用了先进的技术和进行创新来改进环保、健康、安全实践，以降低企业风险。

4. 税收优惠

在我国，如属于"从低丰度油气田开采的原油、天然气"的项目，可减征20％资源税；如属于"高含硫天然气、三次采油和从深水油田开采的原油、天然气"，可减征30％资源税；如属于"开采原油以及在油田范围内运输原油过程中用于加热的原油、天然气"，则免征资源税。[①] 此外，根据有关规定，对于（1）地质勘探、钻井、井下作业、油气田地面工程等施工临时用地；（2）企业厂区以外的铁路专用线、公路及输油（气、水）管道用地；以及（3）油气长输管线用地的石油天然气生产建设用地暂免征收城镇土地使用税。在城市、县城、建制镇以外工矿区内的消防、防洪排涝、防风、防沙设施用地，亦暂免征收城镇土地使用税。[②]

考虑到油气行业适用前述特殊税收优惠政策，在对油气行业开展尽职调查时，有必要关注企业是否享受相应的税收优惠，以进一步评估目标公司的财务状况和经营成本。鉴于相关补贴政策的时效性，在尽调报告中也应提示注明相关政策的有效期限和风险。

（四）风电领域法律尽职调查的特殊要点

1. 前期工作准备

根据《国家发展改革委关于完善风电上网电价政策的通知》（发改价格〔2019〕882号），风电项目分为陆上风电项目与海上风电项目，陆上风电项目分为集中式陆上风电项目与分散式风电项目，海上风电项目分为近海风电项目与潮间带风电项目，不同项目的上网电价遵循不同的指导价。根据《风电场工程前期工作管理暂行办法》的规定，风电场工程前期工作按照风能资源评价、风电场工程规划、预可行性研究、可

---

① 《资源税法》第6条。
② 《财政部、国家税务总局关于石油天然气生产企业城镇土地使用税政策的通知》（财税〔2015〕76号），2015年6月29日发布。

行性研究四个阶段开展工作。根据《风电开发建设管理暂行办法》，项目前期工作还包括选址测风、建设条件论证、项目开发申请等。企业开展测风要向县级以上政府能源主管部门提出申请，按照气象观测管理要求开展相关工作。风电项目开发企业开展前期工作之前应向省级以上政府能源主管部门提出开展风电场项目开发前期工作的申请。按照项目核准权限划分，5万千瓦及以上项目开发前期工作申请由省级政府能源主管部门受理后，上报国务院能源主管部门批复；风电场工程项目还须经过核准后方可开工建设，如未按规定程序和条件获得核准擅自开工建设风电场工程，除受到省级以上政府能源主管部门责令停止建设、依法追究有关责任人的法律和行政责任外，还将面临无法享受国家可再生能源发展基金的电价补贴，电网企业不予接受其并网运行的风险。

因此，对于风电项目，在尽调过程中应需要注意核查风电项目前期阶段工作的开展情况，包括是否前期每一阶段都符合国家规定，是否获得有关主管部门的批准，是否形成书面文件备查等。

2. 用地审查

根据《风电开发建设管理暂行办法》的规定，项目用地预审意见及/或规划选址意见是风电场工程项目申请报告所需的前置文件之一。风电项目选址用地的合规性在尽调过程中不容忽视。根据《国家林业和草原局关于规范风电场项目建设使用林地的通知》，风电场建设应当节约集约使用林地。自然遗产地、国家公园、自然保护区、森林公园、湿地公园、地质公园、风景名胜区、鸟类主要迁徙通道和迁徙地等区域以及沿海基干林带和消浪林带，为风电场项目禁止建设区域；风机基础、施工和检修道路、升压站、集电线路等，禁止占用天然乔木林（竹林）地、年降雨量400毫米以下区域的有林地、一级国家级公益林地和二级国家级公益林中的有林地。同时，根据该通知的要求，在通知下发之前已经核准但未取得使用林地手续的风电场项目，要重新合理优化选址和建设方案，加强生态影响分析和评估，不得占用年降雨量400毫米以下区域的有林地和一级国家级公益林地，避让二级国家级公益林中有林地集中区域。

因此，对于风电领域的项目，有必要对项目用地进行审查。不仅需要关注目标公司的风电项目规划选址是否避让了国家明令禁止或限制建设风电项目的生态红线区域，还需要核查目标公司是否获得了土地管理部门出具的关于项目用地预审意见等，确保用地合规方能为投资方提供可靠的风险评估和投资决策依据。

3. 项目发电业务许可

根据《电力业务许可证管理规定》的规定，在中华人民共和国境内从事电力业务，应当取得电力业务许可证。根据《国家能源局关于贯彻落实"放管服"改革精神优化电力业务许可管理有关事项的通知》的规定，对项目装机容量 6MW（不含）以下的太阳能、风能、生物质能（含垃圾发电）、海洋能、地热能等可再生能源发电项目及经能源主管部门以备案（核准）等方式明确的分布式发电项目实施电力业务许可豁免政策，无须取得发电类电力业务许可证；对于太阳能、风能、生物质能（含垃圾发电）、海洋能、地热能等可再生能源发电简化发电类电力业务许可申请要求，但仍需取得发电类电力业务许可证。除上述豁免情形外，风电项目应当在并网后 6 个月内取得电力业务许可证，对未按要求取得电力业务许可证的风电发电企业，派出机构要依法予以处理。对不执行相关要求，不配合监管工作的相关电网企业，给予通报批评，拒不整改的，依法予以处理。

因此，在尽调过程中应当关注风电项目是否属于需要取得发电类电力业务许可证的项目。若属于，应当适当核查相关许可证书，否则未依法取得电力业务许可证非法从事电力业务的，将面临行政处罚或刑事处罚。

4. 水土保持批复

如前所述，根据《生产建设项目水土保持方案管理办法》的规定，在山区、丘陵区、风沙区以及县级以上人民政府或者其授权的部门批准的水土保持规划确定的容易发生水土流失的其他区域开办可能造成水土流失的生产建设项目，生产建设单位应当编报水土保持方案。可能造成水土流失的生产建设项目，是指在生产建设过程中进行地表扰动、土石方挖填,并依法需要办理审批、核准、备案手续的项目。根据《水土保持法》的规定,对于应编制而未编制水土保持方案的生产建设项目,或编制的水土保持方案未经批准而开工建设的,由县级以上人民政府水行政主管部门责令停止违法行为,限期补办手续;逾期不补办手续的,处5万元以上50万元以下的罚款;对生产建设单位直接负责的主管人员和其他直接责任人员依法给予处分。

风电项目需进行大量的土方作业,工程建设期间需要进行土方回填等工作,会对土表进行扰动,进而对环境造成破坏,最终可能造成水土流失,所以风电项目应当重视编制水土保持方案,并应取得审批。近年来,风电项目因造成水土流失被处罚的案例屡见不鲜,比如,深圳某投资发展公司未编制水土保持方案开展土方施工和破除旧桩等施工,复查现场及后续调查中均未能出示已编制好、经水务主管部门备案的水土保持方案,被处以罚款30万元;① 广西玉林博白云飞嶂风力发电项目在施工过程中缺乏相应应急处置保障而被停产整改,包括要设置完善挡土墙、排水沟、防护网等防护措施。② 因此,投资方在尽调过程中应当关注水土保持的手续是否完备以及历史上是否受到相关处罚、整改情况如何。

在我们从事尽职调查等法律实务的过程中,发现存在不少目标公司无法提供水土保持设施验收报告。针对该种情况,我们建议投资人予以关注,并在相关交易文件中要求目标公司及其实控人或控股股东就遵守环境法律作出陈述保证,承诺获取其经营所需要的所有政府批文、经营资质和业务许可等,并保持相关批文、资质、许可持续有效。

5. 税收优惠

为鼓励利用风力发电、促进风电行业健康发展,国家出台了一系列税收优惠政策。根据财政部与国家税务总局联合颁布的《关于风力发电增值税政策的通知》,自2015年7月1日起,对纳税人销售自产的利用风力生产的电力产品,实行增值税即征即退50%的政策。根据《国家

---

① 广东省深圳市龙岗区水务局深龙水罚〔2023〕005号行政处罚决定书。
② 《因造成水土流失 广西云飞嶂风力发电项目被停产整改》,https://www.sohu.com/a/241802404_780310,2024年7月10日访问。

税务总局关于实施国家重点扶持的公共基础设施项目企业所得税优惠问题的通知》（国税发〔2009〕80号），对居民企业经有关部门批准，从事符合《公共基础设施项目企业所得税优惠目录》规定范围、条件和标准的公共基础设施项目的投资经营所得，自该项目取得第一笔生产经营收入所属纳税年度起，第一年至第三年免征企业所得税，第四年至第六年减半征收企业所得税。根据《公共基础设施项目企业所得税优惠目录（2008年版）》的规定，风力发电新建项目属于由政府主管部门核准的公共基础设施项目之一。因此，尽调过程中应关注目标公司所享受的税收优惠是否与政策相符。

此外，根据《风电开发建设管理暂行办法》的规定，风电开发建设管理包括风电场工程的建设规划、项目前期工作、项目核准、竣工验收、运行监督等环节的行政组织管理和技术质量管理，国务院能源主管部门依法对地方规划进行备案管理，各省（区、市）风电场工程年度开发计划内的项目经国务院能源主管部门备案后，方可享受国家可再生能源发展基金的电价补贴。因此，尽调阶段还应关注项目是否已纳入年度开发计划，若未纳入，则无法执行当年度标杆上网电价，无法享受上网补贴，可能对项目未来预期收入造成负面影响。

（五）光伏领域法律尽职调查的特殊要点

根据《国家发展改革委关于完善光伏发电上网电价机制有关问题的通知》（发改价格〔2019〕761号），光伏项目分为集中式光伏发电项目与分布式光伏发电项目，不同类型的光伏项目需要执行不同的上网电价政策。

1. 用地审查

就光伏发电领域而言，根据《自然资源部办公厅、国家林业和草原局办公室、国家能源局综合司关于支持光伏发电产业发展规范用地管理有关工作的通知》的规定，鼓励利用未利用地和存量建设用地发展光伏发电产业。根据该通知的要求，在严格保护生态前提下，鼓励在沙漠、戈壁、荒漠等区域选址建设大型光伏基地。对于油田、气田以及难以复垦或修复的采煤沉陷区，推进其中的非耕地区域规划建设光伏基地。项目选址应当避让耕地、生态保护红线、历史文化保护线、特殊自然景观价值和文化标识区域、天然林地、国家沙化土地封禁保护区（光伏发电项目输出线路允许穿越国家沙化土地封禁保护区）等；涉及自然保护地的，还应当符合自然保护地相关法规和政策要求。新建、扩建光伏发电项目，一律不得占用永久基本农田、基本草原、Ⅰ级保护林地和东北内蒙古重点国有林区。光伏发电项目用地涉及使用建设用地的，可依照土地征收规定办理土地征收手续。光伏方阵用地允许以租赁等方式取得，用地单位与农村集体经济组织或国有土地权利主体、当地乡镇政府签订用地与补偿协议，报当地县级自然资源和林草主管部门备案。

因此，在光伏领域的法律尽调过程中，项目选址用地的合规性属于需要关注的重点事项之一，包括但不限于是否在国家禁止的用地范围内建设光伏项目、是否依法办理使用林地审核审批手续、是否及时办理征地或租赁等用地手续。

2. 项目发电业务许可

如前文所述，根据《国家能源局关于贯彻落实"放管服"改革精神优化电力业务许可管理有关事项的通知》的规定，针对项目装机容量6MW（不含）以下的太阳能、风能、生物质能（含垃圾发电）、海洋能、地热能等可再生能源发电项目及经能源主管部门以备案（核准）等方式明确的分布式发电项目实施电力业务许可豁免政策，无须取得发电类电力业务许可证；对于太阳能、风能、生物质能（含垃圾发电）、海洋能、地热能等可再生能源发电简化发电类电力业务许可申请要求，但仍需取得发电类电力业务许可证。除上述豁免情形外，光伏项目应当在并网后6个月内取得电力业务许可证，对未按要求取得电力业务许可证的光伏发电企业，派出机构要依法予以处理。对不执行相关要求，不配合监管工作的相关电网企业，给予通报批评，拒不整改的，依法予以处理。对于分布式光伏发电而言，《分布式光伏发电项目管理暂行办法》还作了具体规定：省级以下能源主管部门依据国务院投资项目管理规定和国务院能源主管部门下达的本地区分布式光伏发电的年度指导规模指标，对分布式光伏发电项目实行备案管理。同时，该办法还对分布式光伏发电项目的建设和运营作出规定，比如，项目备案工作应根据分布式光伏发电项目特点尽可能简化程序，免除发电业务许可、规划选址、土地预审、水土保持、环境影响评价、节能评估及社会风险评估等支持性文件；项目单位不得自行变更项目备案文件的主要事项，包括投资主体、建设地点、项目规划、运营模式等，确需变更时，由备案部门按程序办理。

因此，在尽调过程中应当关注光伏项目是否属于需要取得发电类电力业务许可证的项目，以确保项目的合法运营。若属于需要取得发电类电力业务许可证的项目，应当适当核查相关许可证书，否则目标公司可能会面临行政处罚或刑事处罚。

3. 水土保持批复

如前所述，根据《生产建设项目水土保持方案管理办法》的规定，在山区、丘陵区、风沙区以及县级以上人民政府或者其授权的部门批准的水土保持规划确定的容易发生水土流失的其他区域开办可能造成水土流失的生产建设项目，生产建设单位应当编报水土保持方案。可能造成水土流失的生产建设项目，是指在生产建设过程中进行地表扰动、土石方挖填，并依法需要办理审批、核准、备案手续的项目。根据《水土保持法》的规定，对于应编制而未编制水土保持方案的生产建设项目，或编制的水土保持方案未经批准而开工建设的，由县级以上人民政府水行政主管部门责令停止违法行为，限期补办手续；逾期不补办手续的，处 5 万元以上 50 万元以下的罚款；对生产建设单位直接负责的主管人员和其他直接责任人员依法给予处分。

从项目建设情况分析，光伏发电项目多在工程建设期间扰动地貌，项目各区域内均有一定量的开挖断面及临时堆放土方的情形，若未及时采取合理有效的防护措施，遇到雨水及大风天气将会引起严重的水土流失。[①] 因此，在光伏项目的法律尽调过程中，有必要关注其是否会引发

[①] 王佳欣、李旭辉：《光伏发电项目水土流失特点及防治对策研究》，载《黄河规划设计》2017 年第 2 期。

水土流失,是否需要及是否完善了水土保持方案的编制工作。

4. 税收优惠

一方面,根据《国家税务总局关于实施国家重点扶持的公共基础设施项目企业所得税优惠问题的通知》,对居民企业经有关部门批准,从事符合《公共基础设施项目企业所得税优惠目录》规定范围、条件和标准的公共基础设施项目的投资经营所得,自该项目取得第一笔生产经营收入所属纳税年度起,第一年至第三年免征企业所得税,第四年至第六年减半征收企业所得税。根据《公共基础设施项目企业所得税优惠目录(2008年版)》的规定,这类公共基础设施包括由政府主管部门核准的太阳能发电新建项目。国务院发布的《国务院关于促进光伏产业健康发展的若干意见》(国发〔2013〕24号)亦表示加大光伏产业的财税政策支持力度。即完善中央财政资金支持光伏产业发展的机制,加大对太阳能资源测量、评价及信息系统建设、关键技术装备材料研发及产业化、标准制定及检测认证体系建设、新技术应用示范、农村和牧区光伏发电应用以及无电地区光伏发电项目建设的支持。对分布式光伏发电自发自用电量免收可再生能源电价附加等针对电量征收的政府性基金。企业研发费用符合有关条件的,可按照税法规定在计算应纳税所得额时加计扣除。企业符合条件的兼并重组,可以按照现行税收政策规定,享受税收优惠政策。

另一方面,根据《关于引导加大金融支持力度 促进风电和光伏发电等行业健康有序发展的通知》,金融机构按照商业化原则与可再生能源企业协商展期或续贷。对短期偿付压力较大但未来有发展前景的可再生能源企业,金融机构可以按照风险可控原则,在银企双方自主协商的基础上,根据项目实际和预期现金流,予以贷款展期、续贷或调整还款进度、期限等安排。企业结合实际情况自愿选择是否主动转为平价项目,对于自愿转为平价项目的,可优先拨付资金,贷款额度和贷款利率可自主协商确定。

因此,尽调过程中不仅应关注目标公司所享受的税收优惠是否与政策相符,还应关注目标公司是否与金融机构存在特殊安排等等。

（六）氢能领域法律尽职调查的特殊要点

1. 经营许可

目前，我国对于氢能领域的建设、投资、运营等项目缺乏统一、专门的法律法规规制，不同省份、地区出台的相关政策不尽相同。部分地方政府规定加氢站建设运营需要获得气瓶充装许可证、加氢站经营许可证等许可证，部分地区要求参照燃气经营许可相关规定核发燃气经营许可证。比如《上海市燃料电池汽车加氢站建设运营管理办法》明确加氢站经营企业应当依法取得燃气经营许可证，有效期 8 年；加氢站经营企业设立的加氢站，还应当依法取得燃气供气站点许可证，有效期 3 年。据此，上海地区要求加氢站需要取得的前置行政许可包括燃气经营许可证、燃气供气站点许可证。而部分地区尚未就加氢企业是否需取得经营许可作出明确规定，如《海南省加氢站建设审批流程（试行）》规定，法律法规尚未明确规定加氢站需要取得经营许可时，可由市县政府选定的行业主管部门组织专家对加氢站的制氢及加氢设施、经营企业的安全管理制度、经营方案、技术人员配置等方面进行评估，按专家组指导意见进行日常监督管理。据此，海南未要求取得加氢站经营许可。

此外，部分地区还就氢能项目的建设出具了行业性的指引。比如，上海市律师协会于 2021 年出台了《律师办理氢能项目法律业务操作指引（2021）》作为指导文件，因此在针对氢能项目的尽调过程中，有必要结合目标公司所在地的产业政策、规划布局等管理规定予以具体分析与评估。

2. 用地审查

如前所述，氢能产业属于新兴产业，加氢站建设又是新生事物，因此各地政府在规划、立项、审批、运营监管相关方面缺乏具体政策制度。然而，加氢站建设的关键环节即为土地审查与审批。根据《城市用地分类与规划建设用地标准》，加氢站用地属于"商业服务业设施用地"，加氢站的用地应符合"商业用地"的性质。根据《律师办理氢能项目法律业务操作指引（2021）》的规定，如需要使用国有建设用地的，应向国土部门申请用地并按照土地招拍挂流程获得使用权；如需要使用农村集体建设用地的，应办理集体建设用地公开交易的相关手续；如需要租赁土地的，应遵循土地租赁相关手续。

由于加氢站项目用地权属合规性的确认具有一定复杂性，因此在进行法律尽职调查和可行性研究时，应根据不同的用地模式对用地合规性进行充分审查，特别关注土地使用权取得手续的合法性、完整性，确保该氢能并购项目的目标公司在经营期内是项目用地的合法权利人并可以独占性地使用土地。特别是对于租赁取得土地使用权的目标公司，还应核实租赁合同的合法性与有效性、租赁期限，以及出租方是否有权对外出租等。如因用地历史遗留问题无法完全弥补土地使用权风险瑕疵，应当通过交易协议具体条款明确项目用地权属瑕疵的补救措施与违约责任，以服务于股权投资的战略目的。

3. 水土保持批复

如前所述，根据《生产建设项目水土保持方案管理办法》的规定，在山区、丘陵区、风沙区以及县级以上人民政府或者其授权的部门批准的水土保持规划确定的容易发生水土流失的其他区域开办可能造成水土流失的生产建设项目，生产建设单位应当编报水土保持方案。可能造成水土流失的生产建设项目，是指在生产建设过程中进行地表扰动、土石方挖填，并依法需要办理审批、核准、备案手续的项目。根据《水土保持法》的规定，对于应编制而未编制水土保持方案的生产建设项目，或编制的水土保持方案未经批准而开工建设的，由县级以上人民政府水行政主管部门责令停止违法行为，限期补办手续；逾期不补办手续的，处5万元以上50万元以下的罚款；对生产建设单位直接负责的主管人员和其他直接责任人员依法给予处分。

有鉴于上述规定，氢能项目应当结合所在地的规范制度及实际情况，编制项目的水土保持方案并报有关部门进行批准，并严格履行验收报备程序。

4. 税收优惠

根据《产业结构调整指导目录（2024年本）》，氢能、风电与光伏发电互补系统技术开发与应用；可再生能源制氢、运氢及高密度储氢技术开发应用及设备制造，加氢站及车用清洁替代燃料加注站均属于第一类鼓励类产业，相应可获得鼓励类产业的政策支持。不同地区对于氢能项目的支持政策可能有所不同。比如，根据上海市青浦区人民政府发布的《青浦区支持氢能产业发展激发"青氢"绿色动能实施办法》，对在青浦区依法登记注册纳税、具有独立承担民事责任能力、经营状态正常、财务管理制度健全，从事氢能及燃料电池、氢农业、氢医学生产、研发和经营的企业，给予相应扶持。具体的扶持政策包括投资落户扶持、固定资产投入补贴、研发机构认定扶持、资金配套扶持、金融扶持、土地政策支持、人才政策支持等等。同时，《广东省加快氢燃料电池汽车产业发展实施方案》明确对加氢站建设给予一定补贴：自政策发布日起，按照"总量控制，先建先得"原则进行补贴，广东省财政对 2022 年前建成并投用，且日加氢能力（按照压缩机每日工作 12 小时的加气能力计算）500 公斤及以上的加氢站给予补贴。

结合上述法律规定和各地政策，在氢能项目的尽调过程中有必要关注目标公司是否获得对应的政策补贴和扶持，以判断目标公司的经济财务状况。

（七）核电领域法律尽职调查的特殊要点

1. 前期工作准备

根据《政府核准的投资项目目录（2016 年本）》的规定，核电站属于由国务院核准的项目。根据《国家环境保护总局关于进一步加强核电建设项目前期工作管理的通知》（环函〔2006〕225 号），各核电建设单位应认真做好核电厂拟选厂址的调查、勘探及多方案比选工作，组织编制环境影响报告书和厂址选择安全分析报告，并依法办理相关审批手续；在厂址选择安全分析报告和环境影响评价报告批准前，不得擅自开工建设，不得开展核电厂拟选厂址范围内的通路、通电、通水、通信设施建设以及场地平整等工作；未经审批擅自开展项目建设工作的核电建设项目，必须立即停工，按国家法定程序开展项目前期准备工作。根据

《环境保护部关于加强核电厂址保护和规范前期施工准备工作的通知》（环函〔2015〕164号），对于未开工的新核电厂址，在选址阶段环境影响报告书批复前不得进行场地平整、通路通电通水等工作；对于已获得选址环评批复的厂址，可开展场地平整、通路通电通水等工作，但未经环境保护部门的同意不得进行核岛负挖。除上述厂址选择安全分析报告和环境影响评价报告外，《国务院关于印发清理规范投资项目报建审批事项实施方案的通知》依旧保留了核电厂工程消防初步设计审批。

实践中，不乏建设单位违反环境保护和核安全法规的有关规定，在没有报批厂址选择安全分析报告和环境影响评价报告的情况下，即开始进行场地平整等建设工作的情况。对于核电项目的法律尽职调查，不仅需要先行由国务院核准，还有必要关注前期工作准备是否将厂址选择安全分析报告、环境影响评价报告以及核电厂工程消防初步设计报批等，是否存在擅自开工建设、进行场地平整的违规情形，以向投资方进行风险提示。

2. 安全规定

根据《国务院对国家核安全局关于核电厂选址、设计、运行、质量保证四个安全规定的批复》（国函〔1986〕86号），国务院批准施行《核电厂厂址选择安全规定》《核电厂设计安全规定》《核电厂运行安全规定》以及《核电厂质量保证安全规定》，即四部与核电厂相关的法律规定。对任何单位或个人违反法规的行为，应坚决纠正，并依法追究责任。这些规定也对核电厂的设计和建设提出了特殊要求。比如，《核电厂设计安全规定》中提出了陆上固定式热中子反应堆核电厂的核安全原则，确定了保证核安全所必需的基本要求，并要求其适用范围应涵盖安全重要的构筑物、系统和部件以及有关规程和程序。不过，这些规定中只强调设计中必须满足的特定要求，对于建设者达到这些要求所采取的技术路径则不作具体限制。

鉴于核能属于高度敏感及风险较高的能源形式，又受限于国家有关核电安全方面的各种规定和实施细则，针对核电领域的尽调过程中有必要关注并审查目标公司是否遵守了前述有关核电厂选址、设计、运行、质量保证四个方面的安全管理规定，是否同时符合《放射性同位素与射线装置安全许可管理办法》及《核电厂核事故应急管理条例》等核电安全法律规范的要求，并结合目标公司所在地的政策规定，发现尽调风险，并在交易文件中进行规避。

3. 技术出口限制

由于核电技术关系到国际政治经济战略，根据《中国禁止出口限制出口技术目录》（商务部、科技部公告 2023 年第 57 号），重型机械行业战略性新产品设计技术，如第三和第四代核电设备及材料技术、海工设备技术等，属于限制出口技术。

因此，在尽调过程中应当关注目标公司的业务合同与合作协议，是否存在违反限制性规定进行技术出口的情况，其出口限制出口技术的，是否已履行了国家相关规定要求的手续。如涉及出口限制出口技术的，还需要考虑如何在交易文件中进行规避，以保障交易的合法性、合规性。

三、股权投融资的主要交易条款

在交易可行的前提下，法律尽职调查中发现的风险应当通过交易条款予以覆盖。通常而言，在股权投资项目中，除了投资人的特殊权利，陈述保证条款和交割后的承诺条款也是交易文件的重要组成部分。

（一）陈述保证条款

陈述保证条款不仅是对目标公司经营情况的全面陈述，亦是对截至交割日的经营情况的保证。对于股权投资尽职调查而言，尽调的深度与结论通常取决于目标公司的披露程度，因此，设置详尽全面的陈述保证条款有利于促使目标公司在起草交易文件阶段进一步披露相关事实，否则目标公司可能面临违反陈述保证的情况。就能源行业的目标公司而言，投资人应当关注并要求其在资产权属、合规经营、审批与批准、重要客户及供应链的稳定、政府补贴方面作出全面的陈述保证。

(二) 承诺条款

对于能源行业的目标公司而言,尽调阶段发现的环保、健康、安全(EHS)风险往往需要一段时间进行整改,而股权投资交易的交割条件一般不宜设置得过于复杂,因此,对于 EHS 不合规事项的整改通常会设置为交割后承诺事项。一方面,投资人可以依据承诺条款追究目标公司及创始股东的违约责任;另一方面,承诺事项的完成情况亦可以与投资人的特殊权利,如回购权挂钩,便于投资人掌握退出的主动权。

(三) 特殊赔偿承诺条款

在股权投资项目中,对于目标公司披露的风险,目标公司及创始股东一般不再就已披露事项对投资人承担赔偿责任。然而,对于政府补贴、重大建设项目经营等事项,若存在政府补贴被追缴或因违约被要求赔偿,重大建设项目因合规问题受到行政处罚,严重时会导致目标公司遭受重大损失。因此,建议投资人关注设置特殊赔偿承诺条款,尽调阶段的风险披露不再作为豁免目标公司及创始股东赔偿义务的条件,以此保证投资人的权益。

第三章

能源行业债权投融资

一、能源行业债权投融资的主要类型和风险

能源企业债权融资渠道除了一般的金融借款等，常见的渠道还有发行公司债。一般来说，公司债包括一般公司债和专项债等。对于能源企业而言，除了常见的公司债，在政策引导下，符合条件的新能源企业还可以通过新能源基础设施公募 REITs 进行结构化融资。本章就对相关债务融资手段进行介绍。

（一）公司债

公司债是指公司依照法定程序发行、约定在一定期限还本付息的有价证券。[①] 对于风力发电、光伏发电、氢能发电等清洁能源，还可以适用相关政策发行绿色债券。除境内发行公司债外，对于能源企业发行公司债而言，也可使用境外发债的方式筹措更多资金。根据国家发展改革委发布的《企业中长期外债审核登记管理办法》，外债通常指"中华人民共和国境内企业及其控制的境外企业或分支机构，向境外举借的、以本币或外币计价、按约定还本付息的 1 年期（不含）以上债务工具"。

---

① 资料来源：http://www.sse.com.cn/assortment/bonds/corporatebond/home/，2024 年 7 月 10 日访问。

1. 境外发债

(1) 境外发债的方式

中国企业境外发行债券的方式可以采用多种模式，包括直接发行模式、担保发行模式、维好协议模式以及股权回购承诺函模式。

直接发行模式是指不设立境外特殊目的子公司，而由母公司作为发行人直接根据自身评级发行。该方案无须在境外设立特殊目的子公司，节省了子公司设立时间及离岸律师出具法律意见书的费用，时间效率高，且母公司无须签署任何额外协议而增加财政风险。

与之相对应，担保模式发行是指在提供一定担保的情况下发行境外债券。担保模式又可以具体细分为境内母公司跨境担保和银行提供备用信用证担保两种方式。通过跨境担保方式在境外发行债券，可以设立为债券发行之目的的壳公司即境外子公司，将境外子公司作为债券的发行主体，由境内注册的母公司通过对债券提供跨境担保的方式，成为债券的实际发行主体；而针对备用信用证担保模式，主要由第三方银行担保为企业的债券进行增信，一般情况下系由担保银行开具备用信用证，承诺在发行人未能按时支付本息的情况下，债券持有人可以直接要求担保银行代为支付。[1]

在此基础上，中国发债企业在实践中也逐步探索出了维好协议模式与股权回购承诺函模式。其中，维好协议模式主要适用于境内企业在境外间接发行债券的交易之中，是指境内企业与境外发行人之间签署维好协议（Keepwell Deed）。根据该协议，境内企业承诺至少持有一定比例的境外发行人的股份，并为其提供流动性支持，确保其能够保持适当的资产、权益及流动资金，以防止出现破产等情况的发生。而股权回购承诺函模式则通常要求境内企业在境外已有存续及运营了一定时间且名下拥有一定资产的境外控股公司，由该境外控股公司出面发行债券或为境外发行人的债券偿还提供保证担保。为增强对该境外控股公司的偿债能力的信任，境内企业还需向该控股公司提供股权回购承诺，承诺如果境外发行的债券项下出现或可能出现违约，且债券受托人提出要求，则境

---

[1] 徐佩佩：《中资企业海外债发行结构比较》，载《纳税》2019 年第 7 期。

内企业将收购该控股公司持有的资产,并且收购价格不低于债券到期应付的本金、利息和相关费用的总和。①

(2) 境外发债的特点

i. 融资的便捷性

自 2015 年起,中国进行外债管理改革,取消发行外债的额度审批,转为实行备案登记制管理,发行境外债券逐渐成为中国企业一条便利的融资渠道。目前中国企业发行境外债券的政府审批备案程序主要包括向发展改革部门进行外债登记备案、向外管局进行资金出入换汇登记等。相比之下,国际层面对于债权的发行要求可能更为自由宽松,比如发行美元债无须审批,只需按照相关规定进行信息披露即可。根据美国相关监管规则,美元债发行方式主要包括三类:Reg S 规则、144A 规则以及 SEC 注册,三种发债方式的披露要求与发行对象各不相同。②

ii. 融资的高效性

通过境外发债方式进行融资的效率之高,也获得众多企业的青睐。以中资美元债为例,其发行流程通常仅需要约 6—12 周的时间。③ 因此,对于涉及跨境资本或业务的公司而言,选择发行境外债券成为一项有效提升融资效率的战略措施。同时,境外市场化发行债券的高执行效率等特点亦有助于发行企业灵活抓住市场时机,实现低成本效益的融资。

iii. 资金用途的灵活性

《企业中长期外债审核登记管理办法》第 8 条规定:"企业可根据自身资信情况和实际需要,自主决策在境内外使用外债资金,其用途应符合以下条件:(一)不违反我国法律法规;(二)不威胁、不损害我国国家利益和经济、信息数据等安全;(三)不违背我国宏观经济调控目标;(四)不违反我国有关发展规划和产业政策,不新增地方政府隐性债务;

---

① 张昕:《平台企业"探路"境外发债》,载《中国外汇》2014 年第 16 期。
② 季宇习:《国际离岸债券监管模式对我国发展离岸债券市场的启示》,载"海南省绿色金融研究院"微信公众号平台 2022 年 3 月 8 日,https://mp.weixin.qq.com/s/TukacHffJI0vDG56qASksg。
③ 《中资美元债投资科普》,https://xueqiu.com/7489073227/135253227,2024 年 7 月 10 日访问。

（五）不得用于投机、炒作等行为；除银行类金融企业外，不得转借他人，在外债审核登记申请材料中已载明相关情况并获得批准的除外。"相较于国内债券市场，国外发债的规定与政策更为宽松，发行企业可将募集资金用于多种用途和目的，包括但不限于项目建设、偿还贷款、补充运营资金等。企业还可以以新债还旧债，实现资金的滚动使用。此外，主要业务在境内的企业，也可以通过资金的回流，将境外的资金引入国内使用。

iv. 融资币种的多样化

作为境外发债的主体，企业可以根据其实际情况选择融资币种，通常以美元、欧元和港币为主。此外，企业甚至还可以根据其自身情况及市场行情，选择进行组合币种的融资。在大大降低融资成本的同时，也有利于吸引来自世界各地的投资者，在一定程度上也增加了融资币种的多样性，有利于充分利用国际资本市场的资源。

v. 有利于提高企业国际知名度

境外发债是境内企业走出国门的重要、高效的途径之一。通过赴境外发债，企业在融入资金的同时，也更有机会与国际资本市场接轨，提升其国际知名度，进一步推动企业的对外合作，甚至对企业拓展海外市场、境外上市起到积极作用。对特殊性质企业，如城投企业而言，境外发债可以在国际市场提升相关城市的知晓度，也有助于当地政府开展招商引资工作。

（3）境外发债的风险

i. 全球债券市场的监管差异

一方面，我国债券市场与全球债券市场存在规定不完全一致的地方，对于缺乏境外资本市场经验的投资人而言，可能因为不了解当地的监管要求而增加融资成本，甚至出现未能妥善履行当地监管要求的情况。另一方面，境外发债模式丰富多样，且相关规定和政策较为宽松，部分形式的间接发债游离在监管之外，容易增加跨境资金流动的风险。比如企业通过境外子公司发行一年期以下短期外债，由于发行前无须向发展改革部门备案或向外管局进行登记，容易产生监管盲区。

ii. 全球金融及汇率市场的动荡性

与国内市场不同，全球金融及汇率市场的动荡性为境外发债企业带来了更多挑战。自然灾害或者国家发起战争的突发事件都会影响国际金融市场的稳定，而全球金融动荡则可能加剧境外债市流动性的风险，极易对利润出现下行、杠杆率高和境外发债存在偏好的企业带来资金流动困境。出于风险偏好的考虑，可能导致投资者选择持有企业发行的境外债券的意愿下降，甚至使得企业陷入融资困境。因此，投资者在选择境外发债的融资方式时，应当充分考虑金融市场、汇率市场的变化，以及可能因此产生的额外的境外偿债成本。

2. 绿色债券

随着"双碳"目标的提出，引导资金流入碳减排项目离不开绿色金融的支持与引导，绿色金融工具需要在其中发挥重要作用，这为绿色金融市场提供了更大、更广阔的发展空间。其中，绿色债券是绿色金融的重要组成部分。绿色债券作为一种绿色金融工具，由欧洲投资银行和世界银行在 2007 年首次提出，主要指募集资金专门用于支持符合规定条件的绿色产业、绿色项目或绿色经济活动，依照法定程序发行并按约定还本付息的有价证券，包括但不限于绿色金融债券、绿色企业债券、绿色公司债券、绿色债务融资工具和绿色资产支持证券。[①] 绿色债券与普通债券在结构上并无差异，目前债券市场上的债券种类都可以适用绿色债券。而通常区分绿色债券与普通债券最直接的方式之一即判断该债券的募集资金是否用于支持绿色产业项目，即债券是否"绿色"。

（1）绿色债券的特点

绿色债券的最大特点即在于其"绿色"的标签和属性。根据《中国绿色债券原则》的要求，"绿色项目认定范围应依据中国人民银行会同国家发展改革委、中国证监会联合印发的《绿色债券支持项目目录（2021 年版）》（银发〔2021〕96 号），境外发行人绿色项目认定范围也可依据《可持续金融共同分类目录报告—减缓气候变化》《可持续金融

---

① 《中国人民银行、发展改革委、证监会关于印发〈绿色债券支持项目目录（2021 年版）〉的通知》（银发〔2021〕96 号），2021 年 4 月 2 日发布。

分类方案—气候授权法案》等国际绿色产业分类标准"。具体而言,"绿色"的核心要素反映在债券发行和存续的各个阶段,包括募集资金的用途、项目的专项评估、用途的专门监管以及存续期的信息披露四个方面。

i. 募集资金的用途

如前所述,现阶段境内发行绿色债券所募集的资金应全部用于支持绿色项目,包括但不限于符合规定的绿色产业、绿色经济等项目活动。绿色债券募集资金应直接用于绿色项目的建设、运营、收购、补充项目配套营运资金或偿还绿色项目的有息债务。①

尽管如此,我国现行有效的政策中也向鼓励与支持绿色金融发展的角度倾斜,主管机关也对绿色债券的资金用途作出一定让步,允许在有限范围内将募集资金用于补充公司营运资金等"非绿"用途。如《中国绿色债券原则》允许在不影响资金使用计划的情况下,经公司权力机构批准,将绿色债券暂时闲置的募集资金进行现金管理,投资于安全性高、流动性好的产品;《绿色债券发行指引》中则允许使用不超过50%的债券募集资金偿还银行贷款和补充营运资金。

ii. 项目的专项评估

随着绿色债券的兴起,各类发行市场纷纷采取积极措施,鼓励第三方认证机构对发行人发行的绿色债券进行评估。比如中国人民银行与中国证券监督管理委员会于2017年联合发布《绿色债券评估认证行为指引(暂行)》(中国人民银行、中国证券监督管理委员会公告〔2017〕第20号),对绿色债券评估认证机构的资质及业务开展提出要求。

根据《上海证券交易所公司债券发行上市审核规则适用指引第2号——专项品种公司债券》(上证发〔2023〕168号)第5.7条规定,对于绿色项目符合国家绿色债券支持项目目录或者国际绿色产业分类标准相关要求的,发行人可以在申报发行阶段和存续期内自主选择是否聘请独立的专业评估或认证机构出具评估意见或者认证报告。绿色项目不易由投资者清晰识别的,发行人应当在申报阶段聘请独立评估认证机构

---

① 《中国绿色债券原则》。

出具评估意见或者认证报告。同时，上海证券交易所鼓励发行人在债券存续期内按年度向市场披露由独立评估认证机构出具的评估意见或认证报告，持续跟踪评估认证绿色项目进展及实际或预期环境效益等。

尽管目前我国尚未建立成熟的绿色认证体系，国内发行绿色债券尚未强制要求进行第三方评估认证，但各类绿色债券发行仍需就是否与《绿色债券支持项目目录（2021年版）》范围内的绿色项目匹配进行说明，包括绿色债券是否符合四项核心要素进行说明。如项目不易识别，或发行人认为需要聘请第三方评估认证的绿色项目，申报发行时应聘请独立的专业评估或认证机构出具评估意见或认证报告。①

iii. 用途的专门监管

与普通的债券存续期监管要求相似，已发行的绿色债券应有明确的资金用途监管制度，目前主流的监管方式为"专户专用"监管，即发行人开立募集资金监管账户或建立专项台账，全流程追踪募集资金流向，以确保募集资金严格按照发行文件中的"绿色"用途使用。② 如存在变更绿色债券募集资金使用用途的情况，则变更后的使用用途仍需符合用于绿色产业、绿色项目、绿色经济活动等绿色债券募投项目的要求。

债券募集资金使用的监管是绿色债券在存续期间绿色属性的保证，也是绿色债券可持续取得市场信赖的基础。实践中看，监管方通常由监管行、债券受托管理人或发行人担任，发行人对债券权利人还有相应披露的义务，包括绿色项目进展情况、预期或实际环境效益。

iv. 存续期的信息披露

绿色债券在存续期内还应完善信息披露工作，发行人有义务对绿色债券的绿色效益及社会影响进行跟踪披露。包括《中国绿色债券原则》以及深圳证券交易所、上海证券交易所的绿色债券指引在内的多个发行指引均要求，发行人在绿色公司债券的存续过程中，应按照相关规则规定或约定在定期报告等文件中披露募集资金的使用情况、绿色项目进展情况、预期或实际环境效益等内容，并对所披露的内容进行详细分析与

---

① 职慧、文俏骄：《借力绿色债券，助力绿色经济》，https://www.zhonglun.com/research/articles/8728.html，2024年7月10日访问。

② 《中国绿色债券原则》。

展示。

（2）绿色债券的风险

i. 绿色债券的回报率较低

诸如风电、水电、光伏等清洁能源以及绿色交通、低碳改造类等项目，绿色债券的募投项目往往需要较高的投资金额、较长的投资期限，但却可能面临较低的投资回报率。这类项目初期需要大量资金投入，且依赖政府的补贴支持。项目在运营初期的收益存在较低的可能，正收益一般在运营后期得以显现，而此类项目的绿色债券期限多集中在 3 年期、5 年期，因此对项目收益稳定性和再融资能力要求较高。同时，部分绿色债券项目具有较强的公益性和政策性，如环境修复、生态保护、污水防治、灾害应急防控等项目，这类项目本身的盈利性能较低，现金流存在较大的波动性和不稳定性，发行主体主要依靠政府的资产划拨和税收优惠等方面的支持。由于项目建设过程的各个阶段环环相扣，如其中一环出现问题，还会产生连环违约风险。

因此，针对公益性和政策性较强的绿色债券需重点关注：① 支持政策和补贴的长期性和稳定性，以确保项目在运营期间能够持续受益；② 项目获得支持政策和补贴的资质和资格，确保支持政策和补贴的可获得性，以降低项目未来受益的不确定性；③ 发行人划拨资产的变现能力，以维持项目的资金流动性和可持续性。

ii. 绿色债券项目存在"洗绿"风险

"洗绿"风险通常是指在绿色债券发行后，由于目前无强制性规定要求发行人聘请独立的第三方机构对所发行的绿色债券进行评估或认证，发行人存在改变资金用途的行为，即不再按照募集资金时承诺的绿色项目进行投资。从目前发行的公开募集绿色债券发行信息披露情况来看，部分企业存在选择性披露对其有利的信息、蓄意隐瞒负面信息，回避不利于企业环境保护形象构建的信息披露的情况，或者通过虚假、夸大或误导性方式获得高分评级等。[1] 绿色债券信息存在不透明、披露缺

---

[1] 李万祥，《依法披露环境信息 防范"洗绿""漂绿"》，http：//www.news.cn/energy/20230320/c423a4a5411b40b09117b93f87d20a5f/c.html，2024 年 7 月 10 日访问。

乏强制性的现象，资金用途亦缺乏外部监督与约束。

一方面，"洗绿"行为对绿色债券整体产生了负面效应。"洗绿"行为使绿色债券失去了独有的特性，导致其与一般债券实质上无区别，进一步减少了绿色投资者为获取环境效益而愿意支付的额外费用，迫使发行主体面临更高的成本，包括通过其他手段证明其环保承诺的真实性。另一方面，"洗绿"行为直接影响发行主体或债券项目的现金流，具体体现在与绿色相关的补贴收入减少，面临环境税费、惩罚性税收或罚款、环境诉讼等，不仅降低了公众对绿色产品的信任及购买意愿，而且使企业的再融资渠道与信用风险受到负面影响。

iii. 绿色债券项目易受环境影响

由于绿色债券的"绿色"特征，绿色债券项目与环境相关的风险之间存在紧密联系，环境问题将显著提高绿色债券项目的违约风险。具体而言，如发生造成企业关闭、赔付、诉讼、罚款等情况的环境风险事件，将直接影响企业的现金流及外部融资能力，从而增加企业的信用风险。此外，随着有害物质和碳排放的行业标准趋严，相关企业的设备、设置会相应进行更新和改造，进一步提高了企业的环保成本，进而带来主体的财务变动和现金流的不稳定性。[①] 因此，在关注一般风险的同时，绿色债券项目还需要重点关注与其所在行业或项目相关的环境风险，有必要聘请专业机构对绿色项目的环境风险、环境效益情况进行分析、评估与认证。

（二）新能源基础设施公募 REITs

1. 新能源基础设施公募 REITs 的特点

基础设施公募 REITs（Real Estate Investment Trusts）是指依法向社会投资者公开募集资金形成基金财产，通过基础设施资产支持证券等特殊目的载体持有基础设施项目，由基金管理人等主动管理运营上述

---

① 张琦：《我国绿色债券发展现状与风险关注点分析》，https://www.cspengyuan.com/static/clientlibs/pengyuancmscn/pdf/CreditResearch/BondMarketResearch/ThematicStudies/我国绿色债券发展现状与风险关注点分析 0602.pdf，2024 年 7 月 10 日访问。

基础设施项目，并将产生的绝大部分收益分配给投资者的标准化金融产品。① 新能源基础设施公募 REITs 主要聚焦在新能源行业及领域，目前在我国仍处于起步状态。2023 年 3 月，中信建投国家电投新能源 REIT 和中航京能光伏 REIT 作为国内首批新能源基础设施公募 REITs 顺利获批并落地。②

作为与股票、债券、基金和衍生品并列的证券品种，基础设施公募 REITs 产品主要具有流动性高、投资回报率良好、安全系数高等特点。基础设施公募 REITs 由拥有持续、稳定经营现金流的一个或多个基础设施项目作为底层基础资产，从底层资产经营和物业资产增值获取收益，有利于盘活存量资产，改善负债水平，降低企业杠杆。同时，透明健全的基础设施公募 REITs 产品规则也有利于提高直接融资占比，引导金融资金参与实体项目建设，实现高质量发展。而在新能源行业引入基础设施公募 REITs，更可以利用其长期限、低成本的直接融资方式，减轻重资产负担，获得较高的融资金额，降低投资风险等等，以此优化新能源发电企业的负债结构，为企业获取更大的发展空间提供支持。③

2. 新能源基础设施公募 REITs 的风险

新能源基础设施公募 REITs 的收益来源主要依赖于底层资产的基础设施与物业资产的增值，通常有稳定的现金流，且项目本身多为国有或政府资源背景，法律风险相对较为可控。一般来说，基础设施公募 REITs 的风险主要来自项目的特定风险。

鉴于新能源基础设施公募 REITs 系以新能源基础设施项目为基础，因此，新能源基础设施项目所面临的一切风险，包括但不限于项目运营风险、政策风险、环境风险，都会对新能源基础设施公募 REITs 产生一定的影响。举例来说，太阳能、光伏、风能等项目依赖于政府给予的优惠政策，也会受到环境因素的一定影响，该类影响将间接作用于新能

---

① 《基础设施公募 REITs 介绍》，http://www.sse.com.cn/reits/intro/，2024 年 7 月 10 日访问。
② 张琴琴：《新能源 REITs 落地》，载《国家电网报》2023 年 7 月 25 日第 6 版。
③ 《基础设施公募 REITs 介绍》，http://www.sse.com.cn/reits/intro/，2024 年 7 月 10 日访问。

源基础设施公募 REITs 的有关产品，进而导致相关产品的运营成本上升，价值降低。

除此以外，新能源基础设施公募 REITs 还可能面临信用风险、流动性风险等。如鹏华深圳能源 REIT 属于封闭性投资基金，在封闭期间内基金投资者不可以申购和赎回，只能在二级市场进行交易，该情形可能使基金持有人面临无法在合理时间内以合理价格卖出的风险，导致基金的流通性存在不足。[1]

二、债权投融资过程中法律尽职调查的主要要点

（一）一般尽调要点

1. 公司债的一般尽调要点

发行公司债等债权融资手段与股权融资手段对尽职调查的侧重点不同。中国证券业协会于 2023 年发布的《公司债券主承销商尽职调查指引》（以下简称《尽职调查指引》）第 12 条规定："发行公司债券的，尽职调查内容包括但不限于：（一）发行人基本情况；（二）发行人主要财务情况；（三）发行人及本次债券的信用情况；（四）募集资金运用；（五）增信机制、偿债计划及其他保障措施；（六）重大利害关系；（七）发行人履行规定的内部决策程序情况；（八）发行文件中与发行条件相关的内容；（九）发行人存在的主要风险；（十）信息披露安排；（十一）投资者保护机制；（十二）在承销业务中涉及的、可能影响发行人偿债能力的其他重大事项。"

就法律尽职调查而言，实践中依据《尽职调查指引》对境内发行人的核查要点如下：

---

[1] 奚琪：《清洁能源类基础设施公募 REITs 风险研究——以鹏华深圳能源 REIT 为例》，东北农业大学 2023 年硕士学位论文。

(1) 本次发行债券的批准和授权

核查发行人关于本次债券发行的董事会决议、股东会决议以及公司章程等内部管理制度的规定，确认发行人内部决策机构是否已依法定程序作出批准本次发行的决议，以及根据有关法律、法规及发行人章程的规定，决议的内容是否合法有效，是否符合董事会、股东会的职权范围。

(2) 发行人的主体资格

核查发行人最新的营业执照、公司章程，调取发行人完整的工商底档资料，并查询国家企业信用信息公示系统核查发行人的历史沿革资料，核查发行人是否具备发行本次债券的主体资格，发行人设立及历次变更是否合法合规，发行人是否依法有效存续，即根据法律、法规、规范性文件及发行人章程，发行人是否有终止的情形。

与股权类项目相比，债券类项目对发行人历史沿革的核查要求相对较低，一般确认历史沿革中不存在显著影响发行人有效存续、权属归属、偿债能力等的情况即可。针对改制重组、增资减资、合并分立等发行人重大事项，则可以从发行人处获取并核查决策文件、批准许可、交易文件、审计报告及验资报告等。

(3) 发行人的控股股东及实际控制人

就控股股东及实际控制人而言，《尽职调查指引》区分了自然人和法人的情形。如发行人的控股股东或实际控制人为自然人的，主承销商应当关注其简要背景、诚信情况（包括但不限于报告期内是否涉嫌违法违规被有权机关调查、被采取强制措施；是否存在严重失信行为；是否存在债务违约等负面情形；是否存在重大负面舆情）、与其他主要股东关系说明、直接或间接持有发行人股份/股权的质押情况及其是否存在高比例质押、冻结或发生诉讼仲裁等可能造成发行人股权结构不稳定事项的情况、对其他企业的主要投资情况。如发行人的控股股东或实际控制人为法人的，则核查重点应在于该法人的工商信息、该法人的诚信情况（包括但不限于报告期内是否涉嫌违法违规被有权机关调查；是否被采取强制措施；是否存在严重失信行为；是否存在债务违约等负面情形；是否存在重大负面舆情）、主要业务及资产情况、最近一年合并财务报表的主要财务数据（关注是否经审计）、所持有的发行人股份/股权的质押情况及其是否存在高比例质押、冻结或发生诉讼仲裁等可能造成发行人股权结构不稳定事项的情况。

通过调取发行人的工商底档资料、查询国家企业信用信息系统，确认发行人最新股权结构并认定控股股东、最终实际控制人，并对应审核上述材料。发行人需出具承诺及说明，确认发行人股权不存在被冻结、查封、质押等权利负担，股权权属清晰无争议。此外，报告期内实际控制人的变化情况也应进行核查与披露。

（4）发行的实质条件

一方面，应当核查与发行条件相关的内容是否符合相关法律法规及部门规章制度，是否已经完善了必要的审批流程，取得了必要的审批手续。另一方面，通过核查发行人近两年的审计报告及企业信用报告等资料，确认发行人财务制度健全，财务会计文件不存在虚假记载，不存在其他重大违法行为，发行人目前不存在对已发行债券或其他债务的违约或延迟支付本息的事实，确认发行人不存在被中国证监会采取监管措施的情况，不存在擅自改变前次发行公司债券募集资金的用途而未做纠正的情形，以及发行人及子公司不存在失信情形，募集资金用途符合法律规定及约定用途，信用评级情况符合相关规定，转让条件符合相关法律法规规定等。

（5）发行人内部治理情况

公司治理风险是导致发行人违约的重要因素之一。因此，法律尽职调查有必要核查发行人是否设立职能部门，确认发行人是否形成了独立与完善的管理体系和经营体系，并建立了完善的内部管理制度，包括但不限于"三会"议事制度、信息披露制度、关联交易制度、对外担保制度等。如发行人报告期内存在对外担保、关联交易、对外融资等情况，还应确认该等重大事项是否已履行必要的决策程序。如发行人报告期内存在控股股东、实际控制人及其关联方的资金占用情况，还应结合财务报表、审计报告分析，了解占用原因、期限、金额以及未来偿还计划，确认是否存在违规占用情况。此外，还需要通过获取现任高管的简历及任职文件，并结合公开渠道核查，综合判断发行人现任董事、监事和高级管理人员是否符合相关法律法规规定的任职资格,以及对发行债券的影响。

(6) 发行人的主营业务情况

作为尽职调查和信息披露的重点内容之一,发行人的主营业务情况需要律师重点关注发行人是否存在超出经营范围经营,发行人是否取得与主营业务相关的资格许可证或其他重要资质文件,以及能源行业部分需要特许经营权的,需要确认资质文件是否在有效期内;如果资质文件已过有效期,则需发行人出具资质续办的难度、进度等情况的说明等文件。另外,要核查发行人与重要客户和重要供应商的往来情况和变动情况,审查相关合同以确认发行人业务经营的可持续性;能源行业涉及已建、在建、拟建项目的,应当详细核查建设项目的审批及法定程序的履行情况等,包括投资协议、立项文件、可研报告、环评报告、竣工验收报告、已投入金额的证明以及从政府机构取得的审批文件等。

(7) 发行人的主要资产情况

核查发行人是否拥有土地、房产等不动产;主要生产经营设备及知识产权等无形资产的情况,是否已经履行相应登记手续,是否拥有合法的权利凭证,是否存在权利纠纷或潜在纠纷,相关主要资产的所有权和使用权是否受到限制等。

建议通过公开核查中国人民银行征信中心动产融资统一登记公示系统、国家企业信用信息公示系统以及第三方平台,和获取人行征信报告等外部调取手段,结合发行人出具的不动产权证书或知识产权证书、与发行人的访谈记录等,就发行人的主要资产情况进行比对与核查。

(8) 发行人的重大债务情况

就重大债务情况而言,结合发行人的审计报告和企业信用报告,核查发行人正在履行的所有重大债务合同,包括金融借款合同、融资租赁合同和信托贷款合同等,确认发行人正在履行的重大债务合同是否存在潜在纠纷,是否存在潜在违约或延迟支付的风险,是否会对本次发行产生影响。此外，如果发行人涉及对内外担保事项，则还需核查所涉担保事项是否合法合规，是否会对本次发行构成实质法律障碍，是否会对发行人存在重大不利影响等。

（9）发行人的诉讼、仲裁及行政处罚情况

核查发行人是否存在尚未了结或者可预见的重大诉讼、仲裁以及行政处罚情况，也是尽职调查过程中的重要环节。如存在相关诉讼、仲裁或受处罚的情形，应说明对本次发行的影响。此外，还可以通过查询发行人所在地的税务、国土、环保、安全生产、劳动人事、质量监督、食药监等部门的官方网站，并依据发行人出具的说明，核查发行人及其主要子公司是否存在违法违规情况。

（10）本次发行的增信措施或其他偿债保障措施

在发行债券的过程中，增信措施被视为一种管理信用风险的综合性金融服务工具，以提高债项的信用等级，增强债务履约能力。2023年10月20日中国证监会发布的《公司债券发行与交易管理办法》第64条规定，发行人可以采取的内外部增信机制、偿债保障措施包括但不限于：第三方担保；商业保险；资产抵押、质押担保；限制发行人债务及对外担保规模；限制发行人对外投资规模；限制发行人向第三方出售或抵押主要资产；设置债券回售条款。

若本次发行采用保证方式，需要关注保证人情况以及保证人对外担保决策程序的合规性，如担保决策制度是否符合保证人公司章程和内部制度的规定；针对担保文件，是否经过合法、有效的内部签署和授权等程序，对担保内容、担保条款需要进行逐条审阅核实，并与保证人进行访谈确认等。

若采用资产抵押或者质押担保的方式，则不仅需要关注获取担保物的权属证明文件，如土地使用权证、不动产权证、股权登记证明文件等权属证明，同时需要注意抵押和质押登记/备案程序的真实性，就相关抵押或质押登记备案证明文件进行核实。

(11) 境内非公开发行公司债券需要排除负面清单规定的企业

根据《非公开发行公司债券项目承接负面清单指引（2022年修订）》的规定，由于我国对于非公开发行公司债券项目承接实行负面清单管理，因此，境内非公开发行公司债券的发行人不得存在相关违法违规情形或者属于相关规定限制的特殊行业或类型。具体而言，违法违规情形主要是指最近24个月内公司财务会计文件存在虚假记载等重大违法违规行为；对已公开发行的公司债券或者其他债务有违约或延迟支付本息的事实，并仍处于继续状态；存在违规对外担保资金或者被关联方或第三方以借款、代偿债务、代垫款项等方式违规占用的情形，并仍处于继续状态等等。特殊行业或类型的发行人主要是指主管部门认定的存在"闲置土地""炒地""捂盘惜售""哄抬房价"等违法违规行为的房地产公司等。

2. 绿色债券的一般尽调要点

如前文所述，"绿色"属性是绿色债券区别于其他债券的核心之处，因此在针对绿色债券的尽调过程中，除需要注意前述一般尽调要点外，还需要根据其"绿色"属性，特别注意与"绿色"属性定性相关的要素的核查，重点核查发行人的主体资格、发行人募集资金的用途、发行人项目是否符合《绿色债券支持项目目录（2021年版）》等。此外，重点关注相关项目的环保合规情况，如项目是否经过环评备案和验收、运营过程中是否存在超标排放等行为。如果绿色债券发行人或其子公司存在环保方面的潜在瑕疵，可能会导致行政处罚等，对项目的"绿色"属性确认产生风险。

在实践中，曾经发生过发行人发行绿色债券，但是其子公司存在环保瑕疵后续被处罚的情形。比如，2016年8月8日，华能新能源股份有限公司上市发行11.4亿元绿色公司债券。但在陕西省榆林市环保局2016年12月10日的调查中，其子公司华能定边新能源发电有限公司建成投运的50座风力发电机未通过环保设施竣工验收，被处以立即停产、罚款 10 万元的行政处罚。① 此外，绿色债券在发行过程中也应当履行相应的信息披露义务。比如，兴业银行于 2021 年发行的一只绿色债券因未按照规定披露债券募集资金的使用情况，被中国证监会处以罚款 60 万元的行政处罚。②

3. 新能源基础设施公募 REITs 的一般尽调要点

对于风电、光伏等新能源基础设施公募 REITs 而言，其特点决定了尽调中不仅要关注原始权益人等相关主体的合法合规性，还需要对项目现金流所依赖的底层资产的合法合规性和稳定运行进行尽职调查和风险识别。具体而言，尽调要点主要包括如下方面③：

（1）原始权益人的基本情况和实际控制人的情况

核查原始权益人的基本情况，包括但不限于核查原始权益人的工商底档和公司章程等，梳理原始权益人的历史沿革情况，包括原始权益人的组织架构文件，以确认原始权益人的合法存续。

（2）原始权益人的财务及资信情况

核查原始权益人的审计报告和财务报告等文件，通过企业信用报告等核查原始权益人正在履行的授信合同、借款合同等文件，确认原始权益人借款合同的履行情况、还款情况、对外担保情况等，并确认原始权益人的资信稳健，内部控制制度健全，具有持续经营能力，不存在重大违法违规记录。

（3）本次发行的授权与批准

通过核查原始权益人股东会或者董事会就本次发行相关事宜作出的授权、批准、决策文件，及主管部门的批复文件（若有），核查本次发行相关事项是否已经取得批准，相关内部程序是否合法、有效。

---

① 崔慧莹：《关联公司吃环保罚单｜绿色债券"染黑"》，载"千篇一绿"微信公众号 2018 年 2 月 9 日，https://mp.weixin.qq.com/s/VKNGkHbAcDZxEBtN8M6zTA。

② 《兴业银行绿色债券处罚（如何为债券估价做准备）》，https://www.dzhui.com/zhaiquan/24476.html，2024 年 7 月 10 日访问。

③ 根据 2018 年 6 月 8 日发布的《上海证券交易所基础设施类资产支持证券挂牌条件确认指南》进行整理。

(4) 项目公司的基本情况

需要核查基础资产所在的项目公司是否依法设立并合法存续,财务管理制度是否规范,是否合法持有基础设施项目相关资产等,核查项目公司的出资凭证、银行回单、验资报告、公司章程等;同时确认项目公司近三年在投资建设、生产运营、金融监管、市场监管、税务等方面无重大违法违规记录。确认项目公司的资信情况、资产权属无异议,并关注项目公司的重大合同,特别是与项目相关的租赁合同、特许经营权协议等;关注项目公司的同业竞争、关联交易等问题,确认项目公司的股权转让合法合规。

(5) 基础资产(基础设施项目)相关的情况

i. 基础资产的法律权属及状态

需核查基础资产的所有权情况,包括如何取得以及存续状态的真实性和合法性;核查基础资产的权属是否存在涉诉、限制和担保负担等情况等等。具体而言,如涉及项目用地系通过转让或租赁而来的,则需要核查项目用地是否已经取得了合法的土地使用权,是否存在合法有效的土地权属、用途、批准流程,是否存在租赁纠纷,项目建设过程中的施工、环评等手续是否完备,是否取得了业务资质等。

ii. 基础资产的权利负担情况

需核实原始权益人是否拥有基础资产相关权属证明或运营许可,并关注原始权益人是否提供了关于基础资产是否附带担保负担或者其他权利限制的说明(如有)等,包括根据穿透原则核查基础资产对应抵押、质押登记部门的有关资料。基础资产应当不存在重大经济或法律纠纷,且不存在其他抵押、质押等权利负担。

iii. 基础资产的可转让性及相关程序的合法性

除上述外,还应当核查基础资产转让的完整性,并注意基础资产转让登记的履行情况。具体而言,包括关注原始权益人是否就关于基础资产是否存在禁止或者不得转让的情形作出说明;是否完善包括附属权益在内的基础资产转让所需履行的批准、登记、通知等程序及相关资料,包括但不限于政府、监管机构等。

(二) 煤炭与油气领域法律尽职调查的特殊要点

煤炭与油气领域内债权投资的主要关注要点与股权投资领域的关注要点存在较高的重复度。有关该两个领域债权投资关注要点的内容，可详见本篇第二章"能源行业股权投融资"之"煤炭领域法律尽职调查的特殊要点""油气领域法律尽职调查的特殊要点"的说明。

(三) 风电领域法律尽职调查的特殊要点

1. 项目用地的合法合规性

鉴于风电项目一般占地面积较大，涉及的用地审批程序严苛，项目涉及的建设项目及用地性质如表 3-3-1 所示[①]：

表 3-3-1　风电项目建设用地性质

序号	建设项目部分		用地性质
1	风电机组		永久用地
2	机组变电站		永久用地
3	风电场 10kV、35kV 集电线路	采用电缆沟敷设方式	永久用地
		采用直埋电缆敷设方式	临时用地
4	风电场 10kV、35kV 集电线路采用架空线路架设		永久用地（只计算杆塔基础用地）
5	升压变电站及运行管理中心		永久用地
6	道路	对外交通道路和运行期检修道路	永久用地
		施工期施工道路	临时用地
7	风电机组拼装、安装场用地以及其他施工用地		临时用地
8	风电机组、机组变电站基础、接地等土建施工用地		临时用地

---

① 《住房和城乡建设部、国土资源部、国家电力监管委员会关于批准发布〈电力工程项目建设用地指标（风电场）〉的通知》（建标〔2011〕209 号）。

对于临时用地，可以采用租赁土地等方式，期满后恢复原状即可；对于永久用地，则需要获得建设用地使用权。一般来说，发电企业在通过出让等方式获得永久用地的土地使用权之前，需要政府主导对风电场涉及的非建设用地，办理农用地转用和土地征收手续。对于不同的土地类型，一般的适用要求如表 3-3-2 所示：

表 3-3-2　风电项目可能涉及的主要非建设用地类型

序号	原始土地类型	要求	法律依据
1	永久基本农田	若需转用或者土地征收，必须经过国务院批准	《土地管理法》第 35 条
2		转为建设用地需经国务院批准方可实施项目建设	《土地管理法》第 44 条
3	农用地	转为建设用地需经有关主管部门批准方可实施项目建设	
4	林地	需经过林业主管部门审批后，转为建设用地	《中华人民共和国森林法实施条例》第 16 条
5	草原	需要由林业和草原主管部门出具准予使用草地的批复，再经自然资源主管部门审转为建设用地	《草原征占用审核审批管理规范》第 6、16 条
6	未利用地	优先利用未利用地，鼓励按复合型方式用地，降低可再生能源项目土地等场址相关成本	《国家能源局关于减轻可再生能源领域企业负担有关事项的通知》："减少土地成本及不合理收费。各地区能源管理部门应编制好可再生能源开发利用规划，并与相关土地利用、农牧林业、生态环保等规划衔接，优先利用未利用土地，鼓励按复合型方式用地，降低可再生能源项目土地等场址相关成本。"

2. 项目前期审批手续是否合法

对于路上风电项目的债权投资，项目审批和建设过程的合法合规往往影响项目基础资产的合法合规性，需要特别关注。风电项目所需的前期审批和程序如表 3-3-3 所示①：

表 3-3-3　风电项目涉及的主要前期审批程序

序号	阶段	办理事项	法律依据
1	开展前期工作前	向省级以上政府能源主管部门申请开展前期工作并获得许可	• 《风电开发建设管理暂行办法》第 12 条
2	前期工作	选址测风。需向县级以上政府能源主管部门申请测风，并在获准后开展测风工作	• 《风电开发建设管理暂行办法》第 11、18 条
3		风能资源评价	
4		建设条件论证	
5		项目开发申请	
6		可行性研究	
7	前期手续	对于建设用地，获取自然资源管理部门出具的建设项目用地预审与选址意见书	• 《土地管理法实施条例》第 24 条
8		取得环境保护管理部门出具的环境影响评价批复意见，涉及环境敏感区的总装机容量 5 万千瓦及以上的陆上风力发电编制环境影响报告书，其他风力发电编制环境影响报告表	• 《国务院办公厅关于全面开展工程建设项目审批制度改革的实施意见》 • 《环境影响评价法》第 16、25 条 • 《建设项目环境影响评价分类管理名录（2021 年版）》
9		如果项目范围内涉及文物的，需取得文物保护主管部门出具的文物保护意见	• 《文物保护法》第 20 条
10		如果项目范围内涉及风景名胜区的，需通过风景名胜区管理机构审核	• 《风景名胜区条例》第 26—28 条

---

① 徐明浩、王宏月：《陆上风电场项目开发及相关法律问题探析（上）：用地和开发建设手续》，https://www.glo.com.cn/Content/2022/04-07/1618243950.html，2024 年 7 月 10 日访问。

（续表）

序号	阶段	办理事项	法律依据
11	前期手续	如果项目范围内涉及军事禁区、军事管理区、作战工程安全保护范围、军用机场净空保护区等的，需取得主管军事机关出具的审批意见或军事设施保护意见	•《中华人民共和国军事设施保护法》第18、23、34条 •《中华人民共和国军事设施保护法实施办法》第16、23条
12	前期手续	战略性矿产资源原则上不得压覆；确需压覆的，应当经国务院自然资源主管部门或者其授权的省、自治区、直辖市人民政府自然资源主管部门批准	•《矿产资源法》第32条
13	前期手续	如果项目涉及压覆重要矿产资源的，需通过自然资源管理部门出具的压覆矿产资源审批	•《国土资源部关于进一步做好建设项目压覆重要矿产资源审批管理工作的通知》 •《建设项目用地预审管理办法》第8条
14	前期手续	如果项目在山区、丘陵区、风沙区以及水土保持规划确定的容易发生水土流失的其他区域，需通过水土保持方案审批	•《水土保持法》第25、26条
15	前期手续	如果项目在地质灾害易发区内的，需进行地质灾害危险性评估	•《地质灾害防治条例》第21条 •《建设项目用地预审管理办法》第8条
	前期手续	进行安全预评价	•《安全生产法》第32条 •《建设项目安全设施"三同时"监督管理办法》第7条第4项、第15条
16	前期手续	项目所属地方电网公司对项目电力系统接入方案进行评审，需取得电网公司同意接入的意见	•《国家电网公司风电场和光伏电站等电源接入系统管理意见》

(续表)

序号	阶段	办理事项	法律依据
17	项目核准	向省级或省级以下地方政府申请核准并取得批复文件	• 《国务院关于取消和下放一批行政审批项目等事项的决定》：国务院决定取消和下放管理层级的行政审批项目目录第75项，企业投资风电站项目下放给地方政府投资主管部门核准 • 《国家发展改革委、国家能源局关于做好电力项目核准权限下放后规划建设有关工作的通知》第（十二）项 • 《政府核准的投资项目目录（2016年本）》：风电站，由地方政府在国家依据总量控制制定的建设规划及年度开发指导规模内核准
18	用地手续	对于永久用地，需通过出让或划拨的方式获取建设用地使用权；对于临时用地，需通过土地租赁等方式获取使用权	• 《土地管理法》第4、44、53、54、57条 • 《风电场工程建设用地和环境保护管理暂行办法》第4、8条
19	土建施工	如涉及土建工程［升压站、集控中心、送出工程（如需）等］的，办理土建方面常规的建设手续，如建设工程规划许可证、建筑工程施工许可证	• 《国家发展改革委、国家能源局关于做好电力项目核准权限下放后规划建设有关工作的通知》第（十八）项 • 《城乡规划法》第40条 • 《建筑法》第7条
20	风电机组及设备安装	对风电机组和电气设备进行安装，安装单位需要具有相应资质	• 《承装（修、试）电力设施许可证管理办法》第4、6、7条 • 《风力发电场并网验收规范》（NB/T 31076—2016）第5.1、5.2条
21	专项验收	申请竣工验收的风电场工程应完成主体工程建设内容，通过用地、环保、消防、安全、并网、节能、档案及其他规定的各项专项验收	• 《风电场工程竣工验收管理暂行办法》第6条

（四）光伏领域法律尽职调查的特殊要点

1. 项目用地的合法合规性

光伏电站原始项目用地的种类不同，对光伏项目建设也存在不同的限制和要求（见表 3-3-4）：

表 3-3-4　光伏项目涉及的主要用地类型

序号	原始土地类型	要求	法规
1	基本农田	• 不得占用	• 《自然资源部办公厅、国家林业和草原局办公室、国家能源局综合司关于支持光伏发电产业发展规范用地管理有关工作的通知》
2	一般农用地	• 转为建设用地方可实施项目建设 • 需保证合理使用，节约集约用地，避免对生态和农业生产造成影响	• 《土地管理法》第 44 条 • 《自然资源部办公厅、国家林业和草原局办公室、国家能源局综合司关于支持光伏发电产业发展规范用地管理有关工作的通知》
3	未利用地	• 鼓励利用未利用地和存量建设用地发展光伏发电产业	• 《自然资源部办公厅、国家林业和草原局办公室、国家能源局综合司关于支持光伏发电产业发展规范用地管理有关工作的通知》
4	林地	• 需经过林业主管部门审批后，转为建设用地 • 对于天然林地，应尽量避开；对于 I 级保护林地，一律不得占用 • 使用林地时，必须采用林光互补模式	• 《中华人民共和国森林法实施条例》第 16 条 • 《自然资源部办公厅、国家林业和草原局办公室、国家能源局综合司关于支持光伏发电产业发展规范用地管理有关工作的通知》
5	草原	• 需要由林业和草原主管部门出具准予使用草地的批复，再转为建设用地	• 《草原征占用审核审批管理规范》第 6、16 条
6	自然保护地	• 需遵守自然保护地相关法规和政策要求	• 《自然资源部办公厅、国家林业和草原局办公室、国家能源局综合司关于支持光伏发电产业发展规范用地管理有关工作的通知》

2. 项目备案文件是否合法取得

对于光伏电站项目，应当特别注意确认是否已经合法取得有效的项目备案文件（"路条"）。《光伏电站开发建设管理办法》第 12 条规定："按照国务院投资项目管理规定，光伏电站项目实行备案管理。各省（区、市）可制定本省（区、市）光伏电站项目备案管理办法，明确备案机关及其权限等，并向社会公布。备案机关及其工作人员应当依法对项目进行备案，不得擅自增减审查条件，不得超出办理时限。备案机关及有关部门应当加强对光伏电站的事中事后监管"；第 14 条规定，项目单位不得自行变更项目备案信息的重要事项，而应按照备案信息进行建设。此外，《国家能源局关于下达 2015 年光伏电站建设实施方案的通知》（国能新能〔2015〕73 号）也规定，未经备案机关同意，实施方案中的项目在投产前，不得擅自变更投资主体和建设内容。

对于在投产前擅自变更投资主体等主要建设内容的，有关部门应当将项目从年度建设规模中取消，禁止该项目申请国家可再生能源补贴，并禁止相关投资主体在一定期限内参与后续光伏电站项目的配置。

另外，根据《民法典》第 153 的规定，违反法律、行政法规的强制性规定的民事法律行为无效。如果监管部门认为股权出让方以倒卖"路条"牟利为目的，并不进行实际开发建设，收购方明知出让方属于倒卖"路条"目的，仍然配合进行交易，或者收购方收购"路条"以转售牟利为目的，会因股权转让双方的行为违反行政法规的强制性规定，而可能导致双方因股权转让而签订的一系列合同被认定为无效，因此使收购方遭受经济损失。

（五）氢能领域法律尽职调查的特殊要点

对于底层资产主要为氢能项目的债权投资项目，除同样的项目土地使用的合规性及项目立项、报建、施工、验收等环节的审批外，由于氢能项目本身的特殊性，还应当注意如下要点：

1. 危险化学品生产、使用及经营许可

氢燃料属于危险化学品，在有关氢能项目的尽调中，应当注意对项目公司有关资质的核查。氢属于危险化学品和危险货物，相关设备和作

业仍属于特种设备和特种作业,与其相关的生产、使用、经营、运输均需要取得相应的行政许可。一般来说,根据具体操作内容的不同,所需的许可如表 3-3-5 所示:

表 3-3-5　氢能项目涉及的主要危化品许可证

序号	内容	许可证名称	依据
1	危险化学品生产	工业产品生产许可证	• 《市场监管总局关于公布工业产品生产许可证实施通则及实施细则的公告》附件 25 • 《中华人民共和国工业产品生产许可证管理条例实施办法》第 2、4 条
		危险化学品安全生产许可证	• 《危险化学品安全管理条例》第 14 条 • 《安全生产许可证条例》第 2 条
		危险化学品建设项目的安全许可	• 《危险化学品建设项目安全监督管理办法》第 28 条
2	危险化学品操作	中华人民共和国特种作业操作证	• 《特种作业人员安全技术培训考核管理规定》第 5 条
3	危险化学品储存及包装	工业产品生产许可证	• 《中华人民共和国工业产品生产许可证管理条例》第 2 条 • 《市场监管总局关于公布工业产品生产许可证实施通则及实施细则的公告》附件 29
		特种设备安全监督管理部门许可	• 《特种设备安全监察条例》第 22 条 • 《特种设备安全法》第 49 条
4	危险化学品使用与经营	危险化学品经营许可证	• 《危险化学品安全管理条例》第 33—35 条 • 《危险化学品经营许可证管理办法》第 3 条
		危险化学品安全使用许可证	• 《危险化学品安全管理条例》第 29 条 • 《危险化学品安全使用许可证实施办法》第 2、3 条

2. 财政补贴的合法合规性

随着我国以氢能燃料电池与加氢站为代表的氢能产业快速发展,我国自 2006 年起陆续出台了一系列政策以鼓励、支持和引导氢能产业的发展,在此过程中各级政府纷纷出台补贴政策以支持地方氢能产业的发展。

氢能项目前期以政府补贴为主导，考虑到地方政府目前对于氢能规划较多，可能会对后期申请补贴产生一定影响。在进行债权投资时，因还款来源主要来自于底层资产项目现金流，所以应结合当地政策，审查项目预期收益情况，对补贴申请、报批流程、补贴批准、发放迟延等情况进行评估，考虑是否会影响底层项目收益情况。特别地，根据《公开募集基础设施证券投资基金指引（试行）》第8条的规定，若项目主要依赖于第三方补贴等非经常性收入，而非市场化运营收入，则不满足基础设施基金持有的基础设施项目的要求。

（六）核电领域法律尽职调查的特殊要点

对于核电领域的债权投资来讲，因目前中国的核电站运营主体仍为国有控股主体，故发行人本身的风险相对于民营主体来讲相对较为可控。但是，考虑到核电站本身的特殊性，在进行债权投资时，尽调过程中需注意如下要点：

1. 核电项目建设风险

根据《核安全法》的规定，国家建立核设施安全许可制度。核设施营运单位进行核设施选址、建造、运行、退役等活动，应当向国务院核安全监督管理部门申请许可。核设施建造前，核设施营运单位应当向国务院核安全监督管理部门提出建造申请，并提交下列材料：（1）核设施建造申请书；（2）初步安全分析报告；（3）环境影响评价文件；（4）质量保证文件；（5）法律、行政法规规定的其他材料。《核安全法》还要求在核设施营运单位取得核设施建造许可证后，应注意核设施建造许可证的有效期不得超过十年。有效期届满，需要延期建造的，应当报国务院核安全监督管理部门审查批准。

因此，在对核电站项目进行法律尽调时，除关注一般建设项目的许可外，还应当格外注意核设施营运单位是否按照法律规定取得核设施建造许可证，及核设施的实际建造施工是否在许可证的有效期限内。

2. 运营过程的合法合规性

受核电行业自身生产特点的影响，核电设施运行均存在一定的安全风险。核电站的安全运营需要先进而复杂的科学技术作支持，对设备、软件和人员的操作水平要求很高。根据《核安全法》的规定，核设施操纵人员以及核安全设备焊接人员、无损检验人员等特种工艺人员应当按照国家规定取得相应资格证书。核设施营运单位以及核安全设备制造、安装和无损检验单位应当聘用取得相应资格证书的人员从事与核设施安全专业技术有关的工作。

同时，核设施营运单位应当按照有关规定和要求持有核材料，建立专门的管理制度，并严格处理其放射性固体废弃物和废液、废气等。任何一个环节上的失误都可能产生不同程度的安全问题，若未来核电机组发生安全问题，将有可能影响核电站的正常运营，降低公司的盈利水平，从而影响底层资产的现金流回款情况。

3. 原材料供应协议

核电站的主要生产原料为铀，作为核燃料，铀的来源有限，目前只有少数国家或地区能够生产原料铀，并对原料铀的出口持谨慎态度。原料铀对于核电站的正常运营至关重要，在债权投资项目的尽职调查中，应当注意审阅发行人签署的原料供应协议，确认是否存在原料供应风险，保持项目持续运营，避免还款风险。

三、债权投融资的主要交易条款和交易文件 ——以新能源基础设施公募REITs为例

2022年1月30日，国家发展改革委与国家能源局联合发布的《关于完善能源绿色低碳转型体制机制和政策措施的意见》明确提出："推动清洁低碳能源相关基础设施项目开展市场化投融资，研究将清洁低碳能源项目纳入基础设施领域不动产投资信托基金（REITs）试点范围。"

政策支持的同时，风电、光伏等新能源发电企业对新能源基础设施公募REITs作为融资方式也多加青睐，自2022年以来，就有多家新能源电力企业宣布将开展基础设施公募REITs。2022年4月8日，北京

能源集团有限责任公司（京能集团）旗下港股上市公司北京能源国际（00686.HK）发布公告表示，其计划向有关监管机构提交正式申请，透过公开募集基础设施证券投资基金之结构，将公司两间附属公司持有的合计400兆瓦光伏发电项目于中国境内证券交易所上市，所募集资金将用于投资同类型的光伏及风力发电项目。① 2022年4月11日，特变电工旗下港股上市公司新特能源（01799.HK）宣布审议并通过了关于开展公开募集基础设施证券投资基金（基础设施公募REITS）申报发行工作的议案。新特能源以附属公司特变电工新疆新能源股份有限公司的全资子公司哈密华风新能源发电有限公司和哈密风尚发电有限公司持有的风能及光伏发电运营项目作为基础设施资产，开展基础设施公募REITs的申报发行工作。②

鉴于前文就新能源基础设施公募REITs的特点和风险进行了概述，这里将对新能源基础设施公募REITs的交易结构、交易文件和主要条款等进行进一步介绍。

1. 新能源基础设施公募REITs的交易结构

新能源基础设施公募REITs的原始权益人以风电、光伏发电等作为基础设施项目，新能源基础设施公募REITs的交易结构主要为"公募基金＋专项计划（资产支持证券或'ABS'）＋项目公司股权"。具体而言，首先，由符合条件、取得公募基金管理资格的证券公司或基金管理公司依法设立基础设施公募REITs，经证监会注册后公开发售基金份额募集资金，由投资者购买并持有基础设施公募基金的基金份额；其次，募集而来的公募基金将投资于ABS，并通过ABS收购项目公司股权，以此穿透取得基础设施项目完全所有权或经营权利。③ 在此基础上，通过拥有特殊目的载体及基础设施项目完全的控制权和处置权，开展新能源基础设施公募REITs业务，进而使得投资者可以间接持有基

---

① 《自愿性公告—公开募集基础设施证券投资基金之申请》，https://pdf.dfcfw.com/pdf/H2_AN202204081558073015_1.pdf?1649456668000.pdf，2024年7月10日访问。

② 《自愿性公告—公开募集基础设施证券投资基金》，https://pdf.dfcfw.com/pdf/H2_AN202204111558687937_1.pdf?1649718028000.pdf，2024年7月10日访问。

③ 高金山、顾磊：《碳中和背景下风电公募REITs探索实践》，载《现代金融导刊》2021年第11期。

础设施项目并获得投资收益。①

2. 新能源基础设施公募 REITs 的参与主体

根据前述新能源基础设施公募 REITs 的交易结构，新能源基础设施公募 REITs 的参与主体及各自的主要职责如表 3-3-6 所示：

表 3-3-6　新能源基础设施公募 REITs 的参与主体及各自的主要职责

序号	主体名称	主要职责
1	原始权益人	基础设施基金持有的基础设施项目的原所有人，主要负责项目的报批决策及实施，并按照指引要求参与战略配售②
2	基金管理人	基金管理人须与专项计划管理人存在实际控制关系或受同一控制人控制。③ 基金管理人的主要职责包括：主导基础设施证券投资基金，对基础资产进行尽职调查；根据指引要求直接或委托第三方对基础资产进行运营维护；履行公募基金日常运营管理工作，包括但不限于信息披露；组织 REITs 持有人大会，审议有关重大事项；监督专项计划管理人履行其各项职责④
3	资产支持证券管理人	代表资产支持证券，与项目公司原股东签署股权转让协议，收购项目公司股权；以资产支持证券名义在托管人处开立独立资金账户等与资产支持计划管理有关的运营工作
4	银行	托管银行：为公募基金、资产支持专项计划基金提供资金保管服务（应为同一机构）
		监管银行：为资产支持专项计划提供资金监管服务
5	中介机构	律师：起草、审阅相关交易文件；出具法律意见书
		评估机构：对标的资产进行评估并出具评估报告
		会计师：出具专项计划现金流预测执行商定报告、会计处理意见；对于基础设施项目财务情况出具审计报告
6	财务顾问（如有）	财务顾问须由取得保荐机构资格的证券公司担任，其主要负责对基础设施项目进行全面的尽职调查，并出具财务顾问报告，负责在基金管理人的委托下办理基础设施基金份额发售的路演推介、询价、定价、配售等相关业务活动⑤

---

① 张树伟、李楠：《中国 REITs 市场发展研究》，载《黑龙江金融》2023 年 8 月刊。
② 曾渡：《公募基建 REITs 的双层委托代理问题研究》，外交学院 2021 年硕士学位论文。
③ 李熙来：《产业园区公募 REITs 绩效评价体系研究》，天津理工大学 2023 年硕士学位论文。
④ 曾渡：《公募基建 REITs 的双层委托代理问题研究》，外交学院 2021 年硕士学位论文。
⑤ 李熙来：《产业园区公募 REITs 绩效评价体系研究》，天津理工大学 2023 年硕士学位论文。

3. 新能源基础设施公募 REITs 的交易文件和主要条款

一般来说，新能源基础设施公募 REITs 所涉及的交易文件和主要条款如表 3-3-7 所示：

表 3-3-7 新能源基础设施公募 REITs 所涉及的交易文件和主要条款

序号	交易文件名称	签署方/出具对方	主要条款
1	资产支持专项计划说明书、标准条款（如有）、风险揭示书	• 出具给专项计划投资者（认购人） • 风险揭示书供认购人签字确认	• 资产支持专项计划说明书为专项计划主要募集文件，内容为专项计划说明，主要条款包括资产支持证券的基本介绍；认购资金概况；专项计划资金的运用和收益；认购人和计划管理人的陈述和保证；介绍资产支持证券持有人、计划管理人等主体的权利和义务等内容 • 风险揭示书主要约定签订目的、风险揭示、特殊风险揭示、风险承担、认购人声明等，供认购人签字确认
2	基础设施资产支持证券认购协议	• 公募基金管理人与资产支持证券管理人	• 基础设施资产支持认购协议将对资产支持证券的认购金额、数量、收益率，认购资金的交付，本息分配，认购资金的托管，专项计划的备案以及常规合同条款内容进行约定 • 基础设施资产支持认购协议将由公募基金管理人代表基金与资产支持证券管理人签署，将基础设施基金认购资金以专项资产管理方式委托给资产支持证券管理人，资产支持证券管理人设立资产支持专项计划，基金管理人代表基金取得资产支持证券，称为资产支持证券持有人①
3	基金合同	• 基金投资者与基金管理人	• 基金管理人依法募集资金，依据基金合同独立运用并管理基金财产，基金合同中写明基金管理人的权利义务、基金托管人的权利义务、基金份额持有人的权利义务以及基金收益分配原则和执行方式等，列明基金财产的投资方向为主要投资于基础设施资产支持专项计划全部资产支持证券份额等

---

① 王朗：《成雅高速 REITs 方案设计》，中南财经政法大学 2022 年硕士学位论文。

(续表)

序号	交易文件名称	签署方/出具对方	主要条款
4	基金托管协议	• 基金管理人与基金托管人	• 基金托管协议的主要内容包括基金托管人与基金管理人之间的业务监督和核查；基金财产的独立性；有关基金账户的管理；基金财产投资的有关有价凭证和重大合同的保管；基金净资产计算、估值和会计核算；基金份额持有人名册的保管等
5	基金招募说明书	• 向基金投资者出具	• 基金招募说明书一般包括有关基础设施基金的整体架构、基础设施基金治理、相关参与机构的基础信息、风险揭示、基金募集、基金合同的生效、基金份额的上市交易与结算、基金的投资、基金的财产、基础设施项目的基本情况、基础设施项目的财务状况及经营分析、现金流预测分析及未来运营展望、原始权益人、基础设施项目运营管理机构、利益冲突和关联交易、基金的扩募、基金资产估值、基金的收益与分配、基金的费用与税收、基金的会计与审计、基金的信息披露、基金合同的变更终止和基金财产的清算、基金合同的内容摘要、基金托管协议的内容摘要、基金份额持有人服务、招募说明书的存放及其查阅方式以及备查文件等
6	基础资产买卖协议/股权转让协议	• 资产支持证券管理人代表资产支持专项计划与原始权益人签署	• 股权转让协议主要包括资产支持专项计划从原始权益人处购买项目公司的全部股权，项目公司持有基础设施项目的有关规定
7	专项计划托管协议	• 资产支持证券管理人与资产支持证券托管人	• 专项计划托管协议系为资产支持证券管理人委托资产支持证券托管人托管专项计划资金之目的签订，主要条款涵盖：资产支持证券托管人的委任，合同双方的陈述和保证，合同双方的权利和义务，相关账户的开立与管理，划款指令的发送、确认和执行，资金的保管和运用，专项计划的会计核算和账户核对，信息披露及相关报告，合同双方之间的业务监督，资产支持证券托管人的解任和资产支持证券管理人的更换，保密及反洗钱义务以及其他合同常规条款内容

（续表）

序号	交易文件名称	签署方/出具对方	主要条款
8	监管协议	• 基金管理人、资产支持证券管理人与监管银行	• 监管协议主要包括监管银行的资质、监管银行的委任、各方的陈述和保证、项目公司的业务经营、监管账户的开立与管理、监管内容及方式、监管账户资金的运用、监管费、账户核对、业务监督、监管银行的解任以及其他合同常规条款内容

第四章

能源行业并购

统计数据显示，2023年上半年中国新能源行业总交易金额为1371亿元人民币，较2022年同期下降23%，总交易数量约为395笔，较2022年同期上升7%。主要投资领域包括锂电池产业链、基础设施和储能行业。2023年上半年共有2笔超过人民币百亿的大型交易，总计近326亿元。[1]尽管2023年上半年中国新能源行业的并购交易不如过往，但依旧在风光储氢等各个细分领域不断加深、外延拓展，新能源行业的发展空间和前景依旧被看好。

一、股权并购和资产并购

通常而言，并购的形式包括股权并购与资产并购，股权并购主要是指从目标公司股东处购买目标公司股权，从而达到控制目标公司的并购方式；而资产并购则是由并购方支付有偿对价，从而取得目标公司资产所有权的一种并购方式。

两种并购方式各有优劣，就股权并购而言，并购方成为目标公司的股东，并购方仅在出资范围内承担责任，目标公司的原有债务仍然由目

---

[1]《2023年中期中国新能源行业并购交易回顾及展望——储电相倚，风光无限》，https://www.pwccn.com/zh/energy-utilities-mining/china-ma-mid-year-review-outlook-new-energy-2023.pdf，2024年7月10日访问。

标公司承担，但由于原有债务对今后股东的收益可能产生巨大影响[①]，因此并购方应当谨慎进行全面、详尽的尽职调查，以充分揭示目标公司在运营过程中存在的潜在风险。同时，并购方可以较为快捷、便利地取得目标公司的全部资产，包括任何建设项目及目标公司拥有的资质证照。而就资产并购而言，并购方可以直接取得拟购买的优质资产，且尽调的范围可以适当限缩，无须进行全面细致的尽调，就目标公司存续过程中的任何对外负债或其他与目标资产无关的或有风险，均与并购方无关，资产并购完成后仍由目标公司承担。但是，经营资质、特许经营权、生产资源等无法延续至通过资产并购的并购方。

对于能源行业的并购而言，由于能源行业本身建设项目所涉及的审批、资质与证照通常需要花费较长的时间，如项目投资主体发生变更，则需要重新取得相应的审批、资质和证照，费时费力、程序烦琐。因此，能源行业常见的并购多为股权并购，当然也存在股权并购与资产并购结合的方式，通过二者的结合以取得优质资产，并最大程度排除或有风险。特别地，对于受到限制的光伏电站项目，通常需要签订预约合同约定项目并网后进行并购，以符合监管的规定。虽然签订预约合同的方式可以用来锁定项目，但由于未直接进行交割，实践中并购方可能面临项目开发失败、目标公司股东拒绝交割等风险。

二、并购基本流程

并购的流程主要分为初步谈判阶段、尽职调查与文件谈判阶段、文件签署与公证阶段、审批阶段及交割阶段。

在初步谈判阶段，并购双方一般会签署保密协议，以初步披露目标公司的一些基础信息，在对基础信息有了初步评估之后，并购双方一般会签署一份备忘录，对后续的收购范围、收购安排作出约定。虽然除了特定条款，备忘录并没有法律强制约束力，但对于并购双方来说，备忘

[①] 郝洁：《跨国并购的法律问题研究》，中国政法大学 2006 年博士学位论文。

录是后续交易文件的谈判基础，应当谨慎对待，为后续谈判留有空间。

就尽职调查与文件谈判阶段而言，并购双方首先确定交易架构和尽调范围，由律师、会计师、评估师等开展尽职调查、资产评估与估值程序。尽职调查的详尽程度将直接影响：（1）买卖双方的决策；（2）交易架构、对亏损资产的剥离；（3）并购保证保险的承保；（4）交易文件的陈述保证、责任条款和披露函等等。尤其对于跨境并购，通常尽职调查会借助数据库开展，而对于一些比较关键的客户、供应商的信息资料，卖方有时会要求设立有特定访问权限的数据库，并仅对特定的买方顾问人员、买方非业务人员开放，以在此阶段满足当地竞争法的要求。此外，大多跨境并购都要求引入陈述保证保险经纪公司，对目标公司的陈述保证事项进行兜底保护。在尽调后期，强势的卖方一般会要求买方发出有约束力的要约，以作为交易文件的谈判基础，而作为买方而言，受限于后续谈判的不确定性，建议争取要求以非约束性的要约作为开启交易文件谈判的基础。交易文件通常会涉及收购协议、股东协议、新的章程及与前述文件相关的附属性文件。尽职调查过程中发现的风险提示都将一一体现在交易文件和交易价款之中。

在文件签署与公证阶段，交易双方需要就并购事项履行各自内部决策审批程序，方可签署协议。如涉及国有企业，则交易文件还需要经过上级或国资部门审批同意后方可生效。此外，受限于目标公司所在地的法律要求，如德国等国家或地区要求签署的交易文件应当经过公证生效。针对这些可能存在的东道国的特殊规定，双方应当在此阶段事先对交易文件签署与公证的流程予以约定，并妥善履行签署交易文件可能涉及的公证认证手续。

交易后期，在审批阶段及交割阶段，交易双方应视交易的推进情况及相关法律的具体规定履行政府审批程序，包括但不限于企业境外投资备案（即ODI备案）、反垄断审查、外商投资审查等。交易双方应当积极沟通，并就交割条件的达成情况随时跟进进展，并适时准备交割文件。交割阶段所涉及的流程和文件可能比较琐碎复杂，对此，建议并购双方律师就文件签署后的安排按照时间顺序予以整理，帮助并购双方在签署后有序推进各项流程，同时对于对方应当提交的文件、完成的事项也建议整理成清单，以避免交割阶段有任何遗漏。

三、并购过程中尽职调查的主要要点

在法律实践中,存在不少由于尽职调查的疏忽而导致并购方无法实现收购目标公司的情况。例如,某并购方收购某目标公司 100% 的股权。在股权转让交割前,目标公司完成了首期 10 兆瓦光伏并网;在股权转让交割后的 6 个月,目标公司完成了剩余容量 20 兆瓦并网。然而,在开展国家可再生能源发电补贴核查的过程中,相关监管部门根据《国家发展改革委办公厅、财政部办公厅、国家能源局综合司关于开展可再生能源发电补贴自查工作的通知》《关于明确可再生能源发电补贴核查认定有关政策解释的通知》的有关规定,认为该目标公司的光伏发电项目在完成全容量并网之前就已进行股权转让,存在"分批次并网""买卖路条"等情况,故取消了目标公司获得补贴的资格,使得并购方遭受了巨大损失。如在针对目标公司的法律尽职调查过程中,就光伏并网项目实际并网时间、并网情况以及并网手续进行全面核查,或可以避免不必要的风险和损失。因此,除了上文提到的尽调过程中的关注要点及下文详述的政府审批之外,并购过程中还应当关注以下事项:

(一)政府审批与第三方同意

由于能源行业的特殊性,大型建设项目可能需要外部融资的支持,为了确保目标公司的偿债能力,融资协议中通常会要求目标公司的股权质押、资产抵押或对股权变更设置限制,对此,建议在并购项目备忘录沟通、签署阶段即要求目标公司先行披露其股权上的限制及股权变更所受的第三方同意事项,并就目标公司股权上的限制与中介机构充分沟通,寻求建议。若股权上的限制可以通过设置交易架构进行规避,应当就拟议的交易架构与目标公司进行沟通;但若股权上的限制无法规避,应当要求目标公司就并购项目事先告知第三方,并确认第三方的意向后方可推动尽职调查及后续安排,以避免在存在实质障碍的前提下盲目开展项目。

特别地，在光伏电站领域的股权并购中，还应当在备忘录签署时期关注其运行阶段，以进一步判断后续流程的可行性。《光伏电站开发建设管理办法》第 14 条规定："……项目单位应按照备案信息进行建设，不得自行变更项目备案信息的重要事项。项目备案后，项目法人发生变化，项目建设地点、规模、内容发生重大变更，或者放弃项目建设的，项目单位应当及时告知备案机关并修改相关信息……"因此，对于并购光伏电站企业，已办理备案手续的项目的投资主体在项目投产之前，除非经过备案机关的许可，否则不得擅自将项目转让给其他投资主体。而在项目的实施过程中，如果投资主体发生重大变化、建设地点或建设内容等发生变更，亦需要向项目备案机关提出申请，重新办理备案手续，以使项目合法合规。

（二）控制权变更

就股权并购而言，不同于股权投资，由于并购通常会导致目标公司的控制权产生变更，因此，在尽调中主要应当关注与重要客户、供应商签署的合同中，对方是否享有任意解除权以及是否设置控制权变更条款。如设置控制权变更条款，目标公司应当在并购完成前，依据相应的合同规定与重要客户、供应商协商确认，取得重要客户、供应商不行使控制权变更的书面说明文件。此外，对于享有任意解除权的重要客户、供应商，并购过程中应当要求目标公司在并购完成前与之沟通，并尽量取得对方的书面确认，以维持与重要客户、供应商的良好合作关系。

此外，在目标公司与政府部门签署的协议中，政府部门由于看好目标公司的创始团队及运营情况，往往会要求设置控制权变更条款，或要求承诺实际控制人不得发生变更，或将控制权变更与财政补贴及一系列优惠措施挂钩。对此，如果并购导致控制权变更，可能会影响该等协议的履行，一方面，并购方应当要求目标公司原股东与政府部门进行积极沟通，争取签署补充协议以降低并购交易对现有政府协议的履行的影响；另一方面，并购方应当就政府协议终止对于目标公司项目开展、财务指标的一系列影响进行评估，并在并购估值中予以考虑。而就资产并购而言，由于与政府部门签署协议一般需要耗费一定的时间并且一般无法通过资产转让一并承接，建议并购方与政府部门先行沟通并取得意向性答复。

而就资产并购而言，通常会在资产并购过程中完成重要客户、供应商协议的转让，并购方承接目标公司的销售渠道和供应渠道。对此，并购方应当关注在尽调阶段对于重要客户、重要供应商名单及正在履行的重大合同的梳理，确定拟承接的重大合同，并与相关重要客户、重要供应商有序沟通，取得书面承诺。此外，由于相关证照一般不能通过资产并购进行转让，对于拟承接的业务合同，并购方亦应当先行判断自身是否具备相关资质，对于没有资质而无法承接的业务合同，建议在并购估值中予以考虑。

四、并购的主要交易条款

（一）交割先决条件

就能源行业的并购而言，惯常的交割先决条件包括以下四类：一是与并购所需的第三方许可、通知、同意相关的事项；二是与政府审批相关的事项；三是与项目能取得所有的备案、批复、许可、验收文件和证照齐全且合法合规相关的事项；四是陈述保证的真实、准确。

（二）陈述保证

并购交易中的陈述保证条款往往比股权投资更为详尽、全面和细致，卖方出于从目标公司全身而退的目的，并购方则出于依赖卖方和目标公司的全面陈述保证以降低顾虑的目的进行谈判，双方在陈述保证条款上的拉锯是交易条款谈判的主要组成部分。通常而言，并购交易中陈述保证条款的分歧主要体现在以下几方面：

（1）作出陈述保证的主体。作出陈述保证的主体通常是目标公司，不过，对于并购方占据谈判优势的项目，并购方也会要求卖方作出陈述保证。

(2) 陈述保证的范围。陈述保证的范围通常是谈判过程中的主要分歧点。就卖方而言，一般通过限缩陈述保证的所知范围来减少所需承担的义务，比如将所知范围限定在特定的某几个高管之中。此外，卖方还会要求仅对重大事项的真实、准确、无误导作出陈述保证（一般包括股权的权属和无权利负担），对于非重大事项，仅对其在实质上真实、准确、无误导作出陈述保证，从而进一步减少陈述保证的义务。就并购方而言，建议结合项目本身的情况及咨询顾问的建议，在所知范围和真实、准确、无误导的陈述保证上与卖方进行谈判。

(3) 陈述保证的内容。陈述保证覆盖的内容视项目具体情况而定，一些在尽调阶段无法通过有限的资料明确判断的事项，或在尽调过程中发现的风险和提示事项，建议在并购交易条款中予以明确体现。

（三）价格调整机制

价格调整机制包括锁箱机制（Locked Box Mechanism）和交割后价格调整机制（Post-closing Purchase Price Adjustment Mechanism）两种方式。锁箱机制一般是指买卖双方在签署股权购买协议（SPA）时即确定目标公司的固定股权价值的机制。该固定股权价值一般通过对锁箱日公司的资产负债表的数据计算获得，确定之后不再作调整，由买方在交割日支付与前述数据一致的对价。锁箱机制的优势在于价格具有一定的确定性，后期争议范围较小，且流程简易，能够降低时间成本和管理成本。然而，锁箱机制对尽职调查的依赖度较高，交易价格或无法准确反映交割时目标公司的情况，买方需要承担从锁箱日到交割期间目标公司经营状况下滑的风险等等。因此，通常情况下，卖方希望采纳锁箱机制。而交割后价格调整机制又称"交割账目机制"，主要指在签署SPA时，买卖双方即对初始价格达成一致，但该等价格将根据目标公司的交割账目在交割后进行调整，因此可以较为直观地了解目标公司在定价基准日到交割日之间的运营变化。交割后价格调整机制能相对准确地反映评估基准日至交割日之间目标公司的价值变化，且买方需要承担的总风险相对较低，因此买方多希望采纳交割后价格调整机制。不过，该机制也存在导致交易不确定性增高、争议范围扩大、交易时限相应延长等问题。

因此,在选择定价机制时,建议买卖双方不能仅仅考虑自身的情况,还需要结合交易中需要承担的风险、目标公司的经营状况、行业的预期发展以及各类定价机制可能带来的影响等综合性因素,最终结合具体情况选择更有利的定价机制。

(四)"分手费""反向分手费"及"赴汤蹈火条款"

"分手费"(Breakup Fee)、"反向分手费"(Reverse Breakup Fee)与"赴汤蹈火条款"(Hell or High Water Clause)在海外并购项目中较为常见。"分手费"主要指在某些情况下,如果卖方在成交前终止协议,则卖方应向买方支付的费用。惯常的触发"分手费"的条件包括但不限于卖方董事会为了接受竞争要约而终止协议等等。相反,"反向分手费"则需由买方向卖方支付约定的费用,触发因素在于签署交易文件后未能获得政府审批、买方未能获得融资等特定事项,导致买方无法完成拟议交易。

而"赴汤蹈火条款"主要指,如果投资交易被政府机构否决或附条件批准,则并购方需要不惜一切代价按照相关政府机构的要求进行整改以取得相关政府审批。可能的整改措施包括剥离并购方资产、拆分等等。此种条款极大地加剧了并购方的投资风险,因此境内企业在跨境并购时,应尽力避免同意该类条款。如不得不接受,建议中国投资方向专业人士了解并知悉在并购交易中设置"赴汤蹈火条款"所面临的风险与责任,并争取设置除外条款。

在跨境并购中,涉及基础设施的能源行业的并购除了可能受限于反垄断审查外,亦可能受限于外商投资安全审查,因此,作为并购方应当积极与目标公司及卖方沟通,将相关政府审批作为交割先决条件,避免承担因未取得相关政府审批而导致违反"赴汤蹈火条款",并需要支付反向分手费。

(五)违约赔偿条款

违约赔偿条款为并购交易文件的必备条款之一。通常而言,各方需要对其违反陈述保证或承诺事项或并购协议约定的其他义务的行为作出赔偿、承担违约责任。视谈判情况，一些并购交易项目中卖方还被要求承担特殊赔偿责任，即无论风险是否已经通过披露函予以披露，卖方均应当承担的赔偿责任。在跨境并购交易中，卖方通常会要求设置免赔额门槛和赔偿上限，对于并购方而言，一方面，建议结合中介机构的意见合理确定前述免赔额门槛和赔偿上限的金额标准；另一方面，建议将有赔偿上限的赔偿义务限定于对于非重大事项的陈述保证或承诺的违反，由于重大事项的陈述保证或承诺被违反后的后果可以远超预期，不建议并购方同意就该些事项设置赔偿上限。

五、主要政府审批

（一）反垄断审查

能源行业企业反垄断主要防范三个方面：一是防范垄断协议；二是防范滥用市场支配地位；三是防范对经营者集中申报依法开展审查。对于能源行业的境内并购而言，主要关注是否需要进行对经营者集中申报。经营者集中申报的触发条件主要取决于交易是否属于《中华人民共和国反垄断法》（以下简称《反垄断法》）中定义的"经营者集中"以及交易方上一年度营业额是否达到申报门槛。

根据《反垄断法》第25条的规定，经营者集中情形包括：（1）经营者合并；（2）经营者通过取得股权或者资产的方式取得对其他经营者的控制权；（3）经营者通过合同等方式取得对其他经营者的控制权或者能够对其他经营者施加决定性影响。根据2024年修订的《国务院关于经营者集中申报标准的规定》第3条的规定，交易方上一年度营业额的申报门槛为：（1）参与集中的所有经营者上一会计年度在全球范围内的营业额合计超过120亿元人民币，并且其中至少两个经营者上一会计年度在中国境内的营业额均超过8亿元人民币；（2）参与集中的所有经营者上一会计年度在中国境内的营业额合计超过40亿元人民币，并且其中至少两个经营者上一会计年度在中国境内的营业额均超过8亿元人民币。此外，就营业额的计算，应当参照《国家市场监督管理总局反垄断局关于经营者集中申报的指导意见》第 6 条[①]的指引进行。

就跨境并购而言，除了应当关注中国境内反垄断法的要求外，还应当适用目标公司所在国反垄断法的要求。举例而言，欧盟层面的反垄断审查受限于满足"集中""共同体规模"以及"在欧盟境内开展重大经营活动"三个条件。判断是否构成集中的关键因素，在于是否存在取得"控制"，根据欧盟《关于企业集中控制的 2004 年 1 月 20 日第 139/2004 号理事会条例》（以下简称为《欧盟合并条例》）第 3 条第 2 款规定，"控制"是指："凡单独或共同通过权利、合同或任何其他手段，并考虑有关事实和法律因素，尤其是通过（1）对一家企业享有所有权或使用一家企业全部或部分资产的权利；或（2）享有对一家企业的组织结构、投票权或决策施加决定性影响的权利或合同手段，有可能对一家企业施加决定性影响的，都构成控制"。管辖机关主要审查的集中行为必须达到"共同体规模"。[②] 具体而言，《欧盟合并条例》第 1 条认为，满足以下情形之一，具有共同体规模：

（1）参与集中的企业在全世界的营业总额超过 50 亿欧元，且至少其中两家企业在欧盟范围内的营业额分别超过 2.5 亿欧元。

（2）同时符合以下条件：（a）参与集中的企业在全世界的营业总额

[①] 《国家市场监督管理总局反垄断局关于经营者集中申报的指导意见》第 6 条规定："参与集中的单个经营者的营业额应当为下述经营者的营业额总和：（一）该单个经营者；（二）第（一）项所指经营者直接或间接控制的其他经营者；（三）直接或间接控制第（一）项所指经营者的其他经营者；（四）第（三）项所指经营者直接或间接控制的其他经营者；（五）第（一）至（四）项所指经营者中两个或两个以上经营者共同控制的其他经营者。参与集中的单个经营者的营业额不包括上述（一）至（五）项所列经营者之间发生的营业额，也不包括其在上一会计年度或之前已出售或不再具有控制权的经营者的营业额。参与集中的单个经营者之间或者参与集中的经营者和未参与集中的经营者之间有共同控制的其他经营者，参与集中的单个经营者的营业额应当包括被共同控制的经营者与第三方经营者之间的营业额，且此营业额只计算一次。如果参与集中的单个经营者之间有共同控制的其他经营者，则参与集中的所有经营者的合计营业额不应包括被共同控制的经营者与任何一个共同控制他的参与集中的经营者，或与后者有控制关系的经营者之间发生的营业额。如果参与集中的经营者被两个或两个以上经营者共同控制，其营业额应包括所有控制方的营业额。"

[②] Council Regulation (EC) No 139/2004 of 20 January 2004 on the Control of Concentrations Between Undertakings, https：//eur-lex. europa. eu/legal-content/EN/ALL/? uri = celex%3A32004R0139，visited on 2024-07-10.

超过25亿欧元；（b）这些企业在三个以上成员国境内的营业总额分别超过1亿欧元；（c）在符合（b）中条件的每个成员国内，至少两个企业的营业总额分别超过2500万欧元；（d）至少两家企业在欧盟范围内的营业额分别超过1亿欧元。但是，参与合并的各个企业在欧盟市场年销售额的2/3以上不是来自同一个成员国。如果拟合并的企业在某一欧盟成员国内的营业总额超过各自在欧盟范围内营业总额的2/3，那么即使拟合并的企业达到（1）与（2）所设定的标准，也会由于其业务集中于某一成员国，与该国而不是与欧盟的联系更为紧密，因而没有达到共同体规模的申报标准。①

需要指出的是，营业额计算规则的核心是：如果参加并购的企业属于一家集团，则整个集团的营业额均须计算在内。如果并购未达到共同体规模，但是该并购对欧盟成员国之间的交易产生影响，且该并购对提出审查请求的欧盟成员国领土内的竞争产生严重威胁，则欧盟委员会也将视情况根据欧盟成员国的并购审查请求展开审查。②

就美国而言，一项并购交易是否需要进行反垄断申报应根据交易的规模和交易方体量进行判断。具体而言，满足如下标准的应当申报：

（1）并购方将持有被并购方的投票权证券和资产的总金额超过4.455亿美元；或

（2）并购方将持有被并购方的投票权证券和资产的总金额超过1.114亿美元但不超过4.455亿美元，且交易一方的总资产或年净销售额不低于2.227亿美元，另一方不低于2230万美元。③

需要注意的是，美国上述金额门槛每年都会进行调整，建议根据并购交易进行时最新发布的标准界定是否需要进行反垄断申报。

---

① Council Regulation (EC) No 139/2004 of 20 January 2004 on the Control of Concentrations Between Undertakings, https://eur-lex.europa.eu/legal-content/EN/ALL/? uri = celex%3A32004R0139, visited on 2024-07-10.

② 李国海、王潇：《论反垄断法对未达申报标准的经营者集中之规制》，载《中南大学学报（社会科学版）》2023年第4期。

③ The Premerger Notification Office Staff, HSR Threshold Adjustments and Reportability for 2023, https://www.ftc.gov/enforcement/competition-matters/2023/02/hsr-threshold-adjustments-reportability-2023, visited on 2024-07-10.

综上所述，在进行跨境并购交易时，应当就境内外反垄断合并控制的标准积极咨询当地律师并进行评估，若达到申报门槛，应当提前准备材料，避免因反垄断申报而延长交割时间，或因不了解当地反垄断申报规定而构成"抢跑"，导致受到处罚。

（二）外商投资安全审查

1. 外商投资

对于外商投资境内企业，能源行业的投资受限于投资准入限制。根据《外商投资准入特别管理措施（负面清单）（2024年版）》与《自由贸易试验区外商投资准入特别管理措施（负面清单）（2021年版）》，核电站的建设、经营须由中方控股。不过，中国对大部分能源行业的外商投资持鼓励与支持的态度。《可再生能源法》第4条第2款规定："国家鼓励各种所有制经济主体参与可再生能源的开发利用，依法保护可再生能源开发利用者的合法权益。"而《鼓励外商投资产业目录（2022年版）》中，将众多新能源产品列入鼓励外商投资的名单之中，包括但不限于氢燃料绿色制备技术开发、储存、运输、液化氢能制备与储运设备及检查系统制造，高技术绿色电池制造，加氢站建设、经营，新能源汽车关键零部件研发、制造等等。同时，根据外商投资负面清单的有关规定，风电、光伏、氢能相关产业均不在其中列示。因此，风电、光伏、氢能相关产业的外商投资比例亦不受限制。

对影响或者可能影响国家安全的外商投资，依照《外商投资安全审查办法》的规定进行安全审查。外商投资包括外国投资者单独或者与其他投资者共同在境内投资新建项目或者设立企业、外国投资者通过并购方式取得境内企业的股权或者资产、外国投资者通过其他方式在境内投资。根据《外商投资安全审查办法》的规定，外国投资者或境内相关当事人对关系国家安全的重要能源和资源、重要基础设施、重要运输服务、关键技术以及其他重要领域进行投资，并取得所投资企业的实际控制权的，有关主体应当在实施投资前主动向有关主管部门申报。取得所投资企业的实际控制权包括以下几种情形：（1）外国投资者持有企业

50%以上股权；（2）外国投资者持有企业股权不足50%，但其所享有的表决权能够对董事会、股东会或者股东大会的决议产生重大影响；（3）其他导致外国投资者能够对企业的经营决策、人事、财务、技术等产生重大影响的情形。由此可见，对于能源行业的投资，若取得所投资企业的实际控制权，则可能涉及国家安全审查。由于外商投资安全审查的时间节点设置在实施投资前，因此，建议并购双方在确定交易架构并完成初步尽调，确定投资意向之后，提前与相关政府部门沟通是否需要申报审查，为审查预留相应的时间。

2. 境外投资

在中国对外投资力度持续加大、投资流量不断增加的同时，各国对于并购交易的国家安全审查也日趋严格。能源行业作为关键基础设施，一般为各国或地区外商投资安全审查的重点关注领域。

就欧盟层面的外商直接投资审查来说，鉴于中国企业不仅在投资规模上持续增加，且中国企业越来越多地投资于先进工业机械行业、信息技术行业、交通和基础设施行业以及能源领域等敏感行业。为了维护在外国投资者进入欧盟时的当地安全、公共秩序和战略性利益，欧盟议会和欧盟理事会于2019年3月19日颁布了《欧盟外商直接投资审查条例》。该条例于2020年10月11日适用于欧盟全体成员国，其拟建立一个以"安全或公共秩序"为基础的全欧盟范围框架，审查对欧盟的任何外商直接投资，以加强国家之间的信息沟通，并识别涉及外国投资者在欧盟收购或控制战略性资产可能威胁安全或公共秩序的风险。不过，该等全欧盟范围内的审查框架并不影响成员国的唯一管辖权，如何对待一项外商直接投资的最终决定权在外商直接投资所在地的成员国手中，《欧盟外商直接投资审查条例》仅要求东道国将相关并购信息通报欧盟其他国家。如果关注的国家超过一定的数量比例，欧盟还应该对该笔并购交易发表意见。该条例中所列的审查考量的关键因素主要涉及高科技产业、关键基础设施和敏感数据，具体包括：关键基础设施，如能源、交通、水利、健康、通信、媒体、数据处理或存储、军事，以及选举或金融基础设施；关键技术，包括人工智能、机器人、半导体、网络安全、太空技术、军事、能源、存储、量子与核技术、纳米技术及生物技术；关键产品的供应，如能源或原始材料以及食品安全；获取敏感信息，包括个人数据，以及控制上述数据的能力；媒体自由和多元化。① 通过该条例，欧盟鼓励其成员国以保护国家安全和公共秩序为指导原则，参考条例所规定的标准，建立或更新各自国内的外商投资审查机制。截至 2023 年 10 月底，已有 21 个欧盟成员国建立了外商投资审查机制。②

就美国层面的国家安全审查而言，美国外国投资委员会（Committee on Foreign Investment in the United States，CFIUS）针对外国主体在美国的直接或间接投资进行审查，以确保该等投资不会对美国的国家安全造成威胁。对于外国人士对涉及关键技术、关键基础设施和敏感个人数据的美国企业（以下简称"TID 美国企业"）的投资，如果外国人士可以获得该美国企业拥有的任何重大非公开技术信息，或在 TID 美国企业的董事会或同等管理机构中担任成员或观察员，或拥有提名前述人员的权利，或除通过股份投票外，参与 TID 美国企业在以下方面的实质性决策：（1）使用、开发、获取、保管或发布由 TID 美国企业维护或收集的美国公民的敏感个人数据；（2）关键技术的使用、开发、获取或发布；或（3）对关键基础设施的管理、操作、制造或供应，则需要受到 CFIUS 的审查。③ CFIUS 审查范围涵盖关键基础设施和关键基础设施相关的功能投资，尤其包括半导体、人工智能、生命科学、量子计算、清洁能源等领域。深圳能源集团股份有限公司曾由于未能在规定时间内通过 CFIUS 审核，终止对美国 RE Mojave Holdings LLC、RE Cantua Holdings LLC、RE Arabian Holdings LLC 三家公司 100％股权的收购事项。④ 即使交易已经完成交割，仍可能受到 CFIUS 的干预。2020

---

① Regulation (EU) 2019/452 of the European Parliament and of the Council of 19 March 2019 Establishing a Framework for the Screening of Foreign Direct Investments into the Union，https：//eur-lex. europa. eu/eli/reg/2019/452/oj，visited on 2024-07-10.

② EU Foreign Investment Screening and Export Controls Help Underpin European Security，https：//ec. europa. eu/commission/presscorner/detail/en/ip_23_5125，visited on 2024-07-10.

③ 31 CFR § 800.211.

④ 《又一中企并购案被美国拦下 收购总价达 2.32 亿美元》，https：//news. sina. com. cn/c/2018-08-09/doc-ihhnunsp7128143. shtml，2024 年 7 月 10 日访问。

年 3 月 6 日，美国相关部门就北京中长石基信息技术股份有限公司收购 StayNTouch 发布行政命令，以可能会采取威胁损害美国国家安全的行动为由要求该公司及其全资子公司石基（香港）在行政命令发布后 120 天内剥离与 StayNTouch 相关的所有权益。石基（香港）不得不完成出售 StayNTouch 100％股权的交割手续，并向 CFIUS 提交了对 StayNTouch 撤资完成的证明。①

受限于各地区的外商投资安全审查政策，对能源行业的交易应当秉持更加谨慎的态度，并且考虑到交易的不确定性，我们建议境内并购方在投资项目启动之前做好项目风险评估。若项目已经开展或决定开展，应当聘请专业顾问参与商业谈判，并尽量在交易文件中约定，若该项投资被外商投资安全审查拒绝，境内并购方可以在无须赔偿的情况下退出交易，以此保护境内并购方的自身利益。

---

① 《美方以国家安全为由签发行政命令，石基信息拟于 120 天内剥离 StayNTouch》，https：//finance.sina.cn/2020-03-08/detail-iimxxstf7451157.d.html，2024 年 7 月 10 日访问。

附录

能源项目法律尽职调查报告模板

严格保密
【日期】

【目标公司】
法律尽职调查报告

关于
【目标公司】之法律尽职调查报告

致：【客户】

【律所】（以下简称"本所"或"我们"）作为【客户】（以下简称"贵司"）本次与目标公司【项目】的专聘法律顾问，就【公司的概况、历史沿革、经营情况、主要财产、劳动人事、重大合同以及重大诉讼、仲裁和行政处罚】等事项进行了法律尽职调查并出具本法律尽职调查报告（以下简称"本报告"）。

本所律师仅就截至本报告出具日现行有效的、与本项目有关的中国法项下的法律问题发表意见，不对有关会计、审计及资产评估等非法律专业事项发表意见，也不对非中国法事项发表意见。

本报告系就本项目而向贵司准备的，未经本所书面同意，本报告不得：

- 被任何其他人信赖、引述或用于任何其他目的
- 披露给任何其他方
- 提交或允许他人提交给政府或其他机构，或在公开文件中引用或提及本报告

基于上述及本报告附录所述的本报告出具所基于的前提及假设，本所律师出具本报告如下：

释义

在本报告内，除非文义另有所指，下列词语具有下述涵义【可根据各项目实际情况补充释义部分】：

B	本报告/本法律尽职调查报告	指	【】
	本所	指	【】
G	贵司	指	【】
	《公司法》	指	《中华人民共和国公司法》（2023年修订）

（续表）

M	目标公司/公司	指	〔 〕
Y	元/万元	指	人民币元/万元
Z	中国	指	中国大陆地区，为本报告之目的，不包括港澳台地区

第一部分　尽职调查工作计划及过程

根据工作计划，本所律师对目标公司进行了法律尽职调查。

1. 本所律师在收到【目标公司】提供的书面资料的同时，通过网络查询等形式对【目标公司】开展法律尽职调查，收集相关的文件和资料；

2. 本所律师在起草法律尽职调查报告的过程中，一直与【目标公司】【客户】保持联系，向其了解、核实有关信息；

3. 本所律师于【日期】完成了本法律尽职调查报告终稿。

第二部分　主要法律问题提示

请注意，基于对本报告附件一所列之文件展开的法律尽调，本报告第二部分列出了本所认为就本项目应当给予特别关注的主要问题。另请注意，在本报告的各个部分中标注出了其他提示贵司的问题。本报告第三部分列出了本所对于本次尽调的主要调查事实。本报告应从整体来解读，单独阅读第二部分不能替代阅读本报告剩余部分包含的信息，尤其不能替代阅读本报告附件内容。任何附件和附录都构成本报告不可分割的部分。标记的关注级别表示如下：

高	表明我们基于经验认为这个问题需要在交割前解决或高度关注
中	表明我们基于经验认为这个问题需要在交割后解决或中度关注
低	表明我们基于经验认为这个问题需要在交割后解决或一般关注

请注意,在设定关注级别时,本所律师依据我们的商业判断来帮助贵司决定应对每一个问题的方法。然而,贵司可以就特定事项采用不同的关注级别,且可以不依赖于相关指示。

本所律师针对主要法律问题汇总如下表,详细内容参见本报告第三部分的详细分析。

关注	事实	问题与分析	建议
1.1 关于【 】的法律提示			
中	【阐明某一法律问题的事实情况】	【列示与该法律问题相关的法条,并分析可能存在的法律风险及重点关注事项】	【就该法律问题提出建议,包括但不限于交割先决条件、陈述保证、交割后承诺等,以便将相关法律问题纳入将来的交易文件之中】

第三部分 调查的事实内容

一、公司的基本概况

【通过网络核查以及目标公司提供的尽调资料,以列表方式写明目标公司/集团公司的公司名称、统一社会信用代码、注册地址、注册资本、营业期限、公司类型、法定代表人、经营范围、股权结构、董事、监事等信息】

公司名称	
统一社会信用代码	
注册地址	
营业期限	

（续表）

公司类型			
法定代表人			
经营范围			
登记状态			
股权结构	股东名称	认缴出资（万元人民币）	持股比例（%）

【律所/律师提示】：

【该部分的关注重点主要包括：目标公司的股权结构、股东、注册资本等基本情况；目标公司的注册地址与实际经营地址是否一致等。通过事实部分的核查如发现存在法律问题，则需阐明某一法律问题的事实情况，罗列与该法律问题相关的法条，并进行分析，再就该法律问题提出建议，包括但不限于交割先决条件、陈述保证、交割后承诺等，以便将相关法律问题纳入将来的交易文件之中】

二、公司的设立和历史沿革

【通过网络核查以及目标公司提供的尽调资料，以列表方式写明目标公司/集团公司自设立以来的历次工商变更情况】

【律所/律师提示】：

【该部分的关注重点主要包括：目标公司的股权结构是否清晰；历史上历次股权转让和/或增资是否均已缴纳相应价款，是否可能存在潜在纠纷；目标公司的股东情况是否与工商登记情况一致等。通过事实部分的核查如发现存在法律问题，则需阐明某一法律问题的事实情况，罗列与该法律问题相关的法条，并进行分析，再就该法律问题提出建议，包括但不限于交割先决条件、陈述保证、交割后承诺等，以便将相关法律问题纳入将来的交易文件之中】

三、目标公司的对外投资

【通过网络核查以及目标公司提供的尽调资料，以列表方式写明目标公司/集团公司的对外投资情况】

【律所/律师提示】：

【该部分的关注重点主要包括：目标公司的子公司和/或分支机构等对外投资的基本情况。通过事实部分的核查如发现存在法律问题，则需阐明某一法律问题的事实情况，罗列与该法律问题相关的法条，并进行分析，再就该法律问题提出建议，包括但不限于交割先决条件、陈述保证、交割后承诺等，以便将相关法律问题纳入将来的交易文件之中】

四、业务及经营情况

【通过网络核查以及目标公司提供的尽调资料，写明目标公司/集团公司的业务及经营情况，包括但不限于经营范围、经营情况、经营资质、业务相关合同（可按以下表格列示）】

序号	合同名称	合同类型	与合同相关的在建工程	工程状态	主要内容	合同金额	合同期间	应付金额	履行情况
合同相对方：									
1									

【律所/律师提示】：

【该部分的关注重点主要包括：目标公司是否具备经营所需的全部资质；目标公司业务合同的履行情况，是否存在违约或预期违约的情况；目标公司的供应商和客户的构成情况，是否存在单一客户依赖；目标公司业务开展过程中是否涉及出口管制物项等。通过事实部分的核查如发现存在法律问题，则需阐明某一法律问题的事实情况，罗列与该法律问题相关的法条，并进行分析，再就该法律问题提出建议，包括但不限于交割先决条件、陈述保证、交割后承诺等，以便将相关法律问题纳入将来的交易文件之中】

五、劳动用工

【通过网络核查以及目标公司提供的尽调资料，写明目标公司/集团公司的：（一）员工构成情况及签订劳动合同的情况；（二）劳务派遣和劳务外包；（三）社会保险制度】

【律所/律师提示】：

【该部分的关注重点主要包括：目标公司是否与员工签署了劳动合同；目标公司的社保公积金缴纳情况是否合法合规；目标公司使用劳务派遣员工的，是否符合相关规定；目标公司是否实行不定时工作制或综合工时制等特殊的工时制度等。通过事实部分的核查如发现存在法律问题，则需罗列与该法律问题相关的法条，并进行分析，再就该法律问题提出建议，包括但不限于交割先决条件、陈述保证、交割后承诺等，以便将相关法律问题纳入将来的交易文件之中】

六、公司治理

【通过网络核查以及目标公司提供的尽调资料，写明目标公司/集团公司的：（一）治理结构；（二）股东会、董事会和监事会议事规则】

【律所/律师提示】：

【该部分的关注重点主要包括：目标公司的主要治理结构；目标公司就公司经营一般事项和特殊事项的审议机构等。通过事实部分的核查如发现存在法律问题，则需罗列与该法律问题相关的法条，并进行分析，再就该法律问题提出建议，包括但不限于交割先决条件、陈述保证、交割后承诺等，以便将相关法律问题纳入将来的交易文件之中。特别是，投资人可能针对目标公司的治理结构，综合考虑是否在目标公司董事会、监事会争取席位】

七、关联交易

【通过网络核查以及目标公司提供的尽调资料，写明目标公司/集团公司的：（一）关联方；（二）关联交易】

【律所/律师提示】：

【该部分的关注重点主要包括：目标公司的主要关联方；目标公司的关联交易占比；目标公司的关联交易是否履行了必要的程序等。通过事实部分的核查如发现存在法律问题，则需阐明该等法律问题的事实情况，罗列与该法律问题相关的法条，并进行分析，再就该法律问题提出建议，包括但不限于交割先决条件、陈述保证、交割后承诺等，以便将相关法律问题纳入将来的交易文件之中】

八、主要财产

【通过网络核查以及目标公司提供的尽调资料,写明目标公司/集团公司的(如有):(一)探矿权与采矿权;(二)房屋所有权及土地使用权;(三)在建工程;(四)知识产权;(五)租赁财产;(六)车辆;(七)主要财产权利限制情况】

【律所/律师提示】:

【该部分的关注重点主要包括:目标公司拥有资产的情况,包括目标公司的自有资产、租赁资产;目标公司拥有资产的独立性;目标公司在知识产权方面的独立研发能力;目标公司就其所拥有的资产未来发生争议的潜在风险等。通过事实部分的核查如发现存在问题,则需阐明该等法律问题的事实情况,罗列与该法律问题相关的法条,并进行分析,再就该法律问题提出建议,包括但不限于交割先决条件、陈述保证、交割后承诺等,以便将相关法律问题纳入将来的交易文件之中】

九、重大债权债务

【通过网络核查以及目标公司提供的尽调资料,写明目标公司/集团公司的:(一)重大债权债务合同;(二)其他应收、应付情况】

【律所/律师提示】:

【该部分的关注重点主要包括:目标公司现有重大债权债务的履行情况,是否存在违约或预期违约的风险;目标公司的应收应付明细是否合理;目标公司就拟议交易是否需向第三人履行额外的通知手续或取得其他第三人的同意等。通过事实部分的核查如发现存在法律问题,则需阐明该等法律问题的事实情况,罗列与该法律问题相关的法条,并进行分析,再就该法律问题提出建议,包括但不限于交割先决条件、陈述保证、交割后承诺等,以便将相关法律问题纳入将来的交易文件之中】

十、重大资产变化及收购兼并

【通过网络核查以及目标公司提供的尽调资料,写明目标公司/集团公司是否存在收购/出售资产的情况、收购其他公司或被其他公司收购的情况】

【律所/律师提示】：

【该部分的关注重点主要包括：目标公司近期是否曾发生重大资产和/或股权的变化；目标公司未来是否预期进行重大资产和/或股权收购或处置的安排等。通过事实部分的核查如发现存在法律问题，则需阐明该等法律问题的事实情况，罗列与该法律问题相关的法条，并进行分析，再就该法律问题提出建议，包括但不限于交割先决条件、陈述保证、交割后承诺等，以便将相关法律问题纳入将来的交易文件之中】

十一、税收及政府补贴优惠政策

【通过网络核查以及目标公司提供的尽调资料，写明目标公司/集团公司的：（一）主要税种、税率；（二）税收优惠；（三）政府补贴】

【律所/律师提示】：

【该部分的关注重点主要包括：目标公司取得的税收及政府补贴是否具有合理依据；目标公司是否存在依赖税收及补贴构成主要收入来源的情况等。通过事实部分的核查如发现存在法律问题，则需阐明该等法律问题的事实情况，罗列与该法律问题相关的法条，并进行分析，再就该法律问题提出建议，包括但不限于交割先决条件、陈述保证、交割后承诺等，以便将相关法律问题纳入将来的交易文件之中】

十二、生产经营合规情况

【通过网络核查以及目标公司提供的尽调资料，写明目标公司/集团公司的：（一）工商管理（包括行政许可、行政处罚）；（二）发改立项；（三）采矿许可；（四）节能审查；（五）环境保护（包括环保处罚、环保许可、水土保持）；（六）安全生产；（七）消防；（八）职业病保护；（九）房屋和土地管理；（十）其他行政处罚】

【律所/律师提示】：

【该部分的关注重点主要包括：目标公司是否已取得建设项目所需的各类审批；目标公司是否已妥善完成发改、节能、环保、安评、消防、职业病等方面的相关文件编制；目标公司是否合规使用危险化学品（如涉及）；目标公司是否妥善处置危废等。通过事实部分的核查如发现存在法律问题，则需阐明该等法律问题的事实情况，罗列与该法律问题相关的法条,并进行分析,再就该法律问题提出建议,包括但不限于交割先决条件、陈述保证、交割后承诺等,以便将相关法律问题纳入将来的交易文件之中】

十三、诉讼仲裁

【通过网络核查以及目标公司提供的尽调资料,写明目标公司/集团公司的:(一)涉诉讼、仲裁情况;(二)目标公司股东、董事、监事和高级管理人员的被执行情况】

【律所/律师提示】:

【该部分的关注重点主要包括:目标公司是否存在重大的诉讼风险,是否可能影响目标公司的持续运营或对目标公司的预期盈利可能造成重大负面影响;目标公司的董事、监事及高级管理人员是否符合《公司法》关于任职资格的规定;目标公司及其董事、监事、高级管理人员是否存在被列为失信被执行人和/或被限制高消费的情况等。通过事实部分的核查如发现存在法律问题,则需阐明该等法律问题的事实情况,罗列与该法律问题相关的法条,并进行分析,再就该法律问题提出建议,包括但不限于交割先决条件、陈述保证、交割后承诺等,以便将相关法律问题纳入将来的交易文件之中】

十四、荣誉证书及其他相关证书

【通过网络核查以及目标公司提供的尽调资料,写明目标公司/集团公司历年来获得的荣誉证书和其他相关证书的情况】

【律所/律师提示】:

【该部分的关注重点主要包括:目标公司经营过程中取得的荣誉,以了解目标公司经营的整体情况。通过事实部分的核查如发现存在法律问题,则需阐明该等法律问题的事实情况,罗列与该法律问题相关的法条,并进行分析,再就该法律问题提出建议,包括但不限于交割先决条件、陈述保证、交割后承诺等,以便将相关法律问题纳入将来的交易文件之中】

第四部分　结论性意见

【需提供结论性意见，如：综上，除本报告中披露的法律风险及法律问题外，本所律师未发现影响目标公司合法成立并依法存续的其他重大法律事实】

本法律尽职调查报告谨供贵司及贵司授权的相关单位/人士审阅。未经本所律师书面同意，不得将本报告外传及用于佐证、说明与前述事宜无关的其他事务及行为。

【律所】

【日期】

参考文献

一、中文著作

1. 蔡安辉、蔡勇、周建明编著：《能源企业海外业务融资管理》，中国金融出版社 2023 年版。

2. 国家发展和改革委员会能源研究所编：《能效及可再生能源项目融资指导手册》，中国环境科学出版社 2010 年版。

3. 黄珺仪：《低碳金融：可再生能源产业融资机制与创新研究》，中国财政经济出版社 2020 年版。

4. 贾国栋主编：《新能源项目法律实务精要》，法律出版社 2024 年版。

5. 尚天成：《合同能源管理理论研究——融资模式、信用风险、节能收益分配及评价》，高等教育出版社 2021 年版。

6. 石旻：《公司治理与我国能源上市企业投融资决策》，经济科学出版社 2019 年版。

7. 王小雪：《中国融资租赁与合同能源管理研究》，天津社会科学院出版社 2013 年版。

8. 徐洪峰、王晶：《中国能源金融发展报告（2019）：中国与"一带一路"国家可再生能源合作及投融资》，清华大学出版社 2019 年版。

9. 余国、陆如泉主编：《2022 年国内外油气行业发展报告》，石油工业出版社 2023 年版。

10. 中伦研究院编：《能源与自然资源：法律赋能可持续发展》，法律出版社 2023 年版。

二、中文论文

1. 邓立、李子慧：《积极扩大利用外资加快煤炭行业结构调整》，载《中国外资》2005 年第 5 期。

2. 傅文君：《我国石油投融资体制存在的问题及对策分析》，载《中国管理信息化》2018 年第 24 期。

3. 高金山、顾磊：《碳中和背景下风电公募 REITs 探索实践》，载《现代金融导刊》2021 年第 11 期。

4. 高俊莲、张佳琪、张博：《构建全国统一煤炭大市场的思考与对策》，载《煤炭经济研究》2023 年第 7 期。

5. 顾有为：《"一带一路"核电出口融资模式竞争力分析》，载《中国能源》2019 第 4 期。

6. 韩建丽、张瑞稳：《我国能源类企业资本结构研究》，载《消费导刊》2009 年第 6 期。

7. 郝成亮：《煤炭与新能源协同发展的路径研究》，载《煤炭经济研究》2023 年第 2 期。

8. 郝洁：《跨国并购的法律问题研究》，中国政法大学 2006 年博士学位论文。

9. 黄典剑：《安全风险分级管控和隐患排查治理双重预防机制建设探讨》，载《中国安全生产》2017 年第 7 期。

10. 黄梦哲：《光伏发电企业融资现状及创新路径》，载《商业会计》2023 年第 3 期。

11. 李国海、王潇：《论反垄断法对未达申报标准的经营者集中之规制》，载《中南大学学报（社会科学版）》2023 年第 4 期。

12. 李世君：《能源企业投融资相关问题及发展策略探讨》，载《财会学习》2017 年第 24 期。

13. 李熙来：《产业园区公募 REITs 绩效评价体系研究》，天津理工大学 2023 年硕士学位论文。

14. 李兴平、宁童祯、张维：《"中三角"区域核电企业融资模式研究》，载《东华理工大学学报（社会科学版）》2019 年第 4 期。

15. 马晓微：《我国未来能源融资环境展望与融资模式设计》，载《中国能源》2010 年第 8 期。

16. 马晓微、魏一鸣：《我国能源投融资现状及面临的机遇与挑战》，载《中国能源》2009 年第 12 期。

17. 马智胜、孟寒雪：《"双碳"背景下核电收益权资产证券化定价研究》，载《东华理工大学学报（社会科学版）》2022 年第 5 期。

18. 潘绍贵：《浅析风电企业新项目融资的合理规划》，载《中国产经》2024 年第 1 期。

19. 邱中建、赵文智、胡素云、张国生：《我国油气中长期发展趋势与战略选择》，载《中国工程科学》2011 年第 6 期。

20. 尚莉、曹宏、弓晶：《甘肃省利用外资发展风电产业调查》，载《甘肃金融》2009 年第 9 期。

21. 宋瑞：《新能源光伏发电企业融资风险分析》，载《国际商务财会》2024 年第 3 期。

22. 王佳欣、李旭辉：《光伏发电项目水土流失特点及防治对策研究》，载《黄河规划设计》2017 年第 2 期。

23. 王朗：《成雅高速 REITs 方案设计》，中南财经政法大学 2022 年硕士学位论文。

24. 吴荣明：《商业银行支持风电行业发展的调研与思考》，载《金融纵横》2019 年第 7 期。

25. 徐淑顺：《风力发电行业的资金筹措与融资渠道研究》，载《现代营销（下）》2023 年第 9 期。

26. 许余洁、谭盛钰、孙李平：《央行专项再贷款如何保障能源安全》，载《金融市场研究》2022 年第 7 期。

27. 张树伟、李楠：《中国 REITs 市场发展研究》，载《黑龙江金融》2023 年第 8 期。

28. 左越：《浅谈核电项目融资中的问题和发展前景》，载《财富时代》2022 年第 4 期。

后 记

上海市锦天城律师事务所王清华律师团队在能源投融资方面有丰富的执业经验，曾为多家能源企业提供法律服务，包括正在为上海能源科技发展有限公司跨境投融资业务提供常年法律顾问服务；担任中国石油集团资本股份有限公司常年法律顾问；曾为潞安集团与美国空气产品（AP）公司合资成立空气产品潞安（长治）有限公司提供法律服务；曾为中银集团投资有限公司对蜂巢能源科技有限公司进行股权投资项目提供法律服务；曾为某地方煤业国企拟投资德国某机械公司股权项目提供法律服务；曾为某地方煤业国企拟与新加坡某能源精炼厂设立合资公司事宜提供法律服务；曾为某煤电企业与新加坡某公司子公司境内合作设立公司项目提供法律服务；曾为某央企上市公司在刚果共和国的矿产项目债务重组提供法律服务；曾为阳光电源股份有限公司在越南进行光伏电站项目开发、建设等事宜提供法律服务；曾为济宁矿业集团有限公司改制重组提供法律服务；曾为上海航天汽车机电股份有限公司多个新能源跨境投资项目提供法律服务；曾为某餐饮连锁公司提供 ESG 报告撰写服务等。

在公司投融资法律服务方面，王清华律师团队曾为数十家内、外资企业的直接和间接投融资项目提供法律服务，包括私募股权投资、新设公司、境内外收购兼并、改制和资产重组，以及有关企业申请在中国内地和香港地区、马来西亚等地首次公开发行股票等法律服务；曾为多家外国投资机构在中国实施外资并购项目提供法律服务。曾为彤程新材料集团股份有限公司发行可转换公司债券项目提供法律服务；曾主办上海佳豪船舶工程设计股份有限公司（证券代码：300008）A股股票首次公开发行并在创业板上市项目；曾参与华菱星马汽车（集团）股份有限公司（证券代码：600375，曾用名：安徽星马汽车股份有限公司）A股股票的首次发行上市工作及上海耀皮玻璃集团股份有限公司（证券代码：600819）股权转让项目；曾参与格尔软件股份有限公司（证券代码：603232）首次公开发行股票项目；曾为中科创达软件股份有限公司（证券代码：300496）发行可转换公司债券项目提供法律服务；曾参与上海航天汽车机电股份有限公司（证券代码：600151）内部重组项目；曾为国内数十家企业的股份制改造并在全国中小企业股份转让系统挂牌交易提供法律服务。

  在多年的执业过程中，王清华律师团队发表过许多关于投融资实务的文章，也一直想对团队的律师实务进行总结。在王律师的倡议下，团队共同努力，总结执业过程中的经验和得失，完成本书的构思和写作。施理博士参与了王律师团队的大多数项目，本书的整体框架和内容也得益于施博士的精心设计和指导。王沁怡律师参与了本书整体框架的修订、联络、统稿等复杂的工作。团队的于艾可律师、颉音律师参与资料的整理与修编，党颖律师参与了初稿写作的部分工作，李怡文律师参与了本书写作的协调工作。袁柳雅律师助理参与了第一篇的写作，傅天涵律师助理、金忆馨律师分别参与了第二篇和第三篇的写作。上海交通大学凯原法学院法律硕士袁广萍、潘云莹参加了本书的校对工作。本书是团队律师实务的总结，也是团队集体智慧的结晶，希望对于有志于能源行业投融资业务的实务工作者有所裨益。当然，由于执业案例所限，其中可能存在一些错误，欢迎各位读者批评指正。

本书作者
2024年10月20日